# 조선 연극과
# 무대미술
## II

**조선 연극과 무대미술 II**

**초판인쇄** 2021년 7월 10일  **초판발행** 2021년 7월 15일
**지은이** 김남석  **펴낸이** 박성모  **펴낸곳** 소명출판  **출판등록** 제13-522호
**주소** 서울시 서초구 서초중앙로6길 15, 2층
**전화** 02-585-7840  **팩스** 02-585-7848
**전자우편** somyungbooks@daum.net  **홈페이지** www.somyong.co.kr

값 33,000원  ⓒ 김남석, 2021
ISBN 979-11-5905-616-1 93680
ISBN 979-11-5905-599-7 (세트)

이 저서는 2016년 대한민국 교육부와 한국연구재단의 지원을 받아 수행된 연구임 (NRF-2016S1A6A4A01019639)

Korean Theater
and Stage Art
in 1911 to 1945

# 조선 연극과
# 무대미술
## II

신극 진영 무대미술가를 포함하여

**김남석**

옛 연극의 무대(디자인)에 관해 공부해야겠다는 생각은 다소 우발적으로 이루어졌다. 일제 강점기 조선의 대중극단에 관한 연구를 시행하면서 곳곳에서 원우전의 명성(이름)을 듣곤 했는데, 이름 자체가 유달리 특이해서 저절로 기억하지 않을 수 없었다. 그러던 중 그가 남겼다는 팸플릿에 대한 소문을 들을 수 있었다. 그는 일제 강점기뿐만 아니라 해방 이후에도 활발하게 활동한 바 있다. 특히 그의 활동 범위가 신극, 대중극, 친일(목적)극, 창극, 국극, 심지어는 영화에 이르기까지 확장되면서, 그가 참여했던 다양한 공연의 팸플릿이 남아 전해지고 있다는 소문이었다. 그리고 그 팸플릿을 소장했다는 사람에 대한 소문도 들을 수 있었다.

원우전의 지난 행적과 극단에 대한 자료를 얻을 수 있다면, 어쩌면 그토록 미스터리한 근대 연극의 시작과 중간을 엿볼 수 있지 않을까. 참으로 막연한 기대였지만, 지금보다 자료가 더 귀했던 20년 전쯤에는 이러한 막연한 꿈이라도 소중하지 않을 수 없었다. 그러다가 2007년 용기를 내어 원우전 연구를 시작하기로 결심했다. 이 연구는 비록 요원하지만 부딪쳐 볼 만한 일이라고 생각했다. 솔직하게 말하면, 원우전이라는 연극인이 궁금해서 더 견딜 수 없었다고 해야 할 것이다.

당시 상황을 조금 과장한다면, 원우전은 토월회 연극 어디에나 있었던 것처럼 느껴졌다. 토월회가 활동을 시작할 무렵 어느새 그는 토월회 스태프로 참여하여 무대화를 그리고 있었고, 박진과 박승희가 함께했었다는 술자리에도 그는 어김없이 끼어 앉아 있었다. 박진이 동양극장으로 영입될 때나 아랑으로 떠날 때도 그는 함께였다. 원우전은 박진, 임선규와 함께 동양극장과 아랑의 전성기를 이끌었던 핵심 연극인이었고, 당대의 거의 모든 대중극단이 탐내는 최초의 전문 무디디자이너였다.

이러한 그의 이력을 앞세워 2007년 인천학연구원 연구과제로 '최초의 무대미술가 원우전'이라는 다소 거창한 제목의 연구를 신청할 수 있었고, 재단 측의 배려로 첫 번째 원우전 논문을 쓸 수 있었다. 지금으로서는 고백할 수밖에 없는데, 그때 논문은 상당히 미흡한 논문이었고 감추고 싶을 정도로 엉성한 연구에 불과했다. 작은 의의가 있다면, 드디어 원우전 연구를 할 수 있다는 가능성과 막연한 성취감 정도였다고 해야 할 것이다.

당시 나는 무대미술에 대해 진지하게 접근하고 싶어 했지만, 아직은 학문적 역량이 부족했고 경력 역시 일천하기 그지없는 상태였다. 무대미술은 흥미로운 분야임에는 틀림없었지만, 실패 우려 또한 큰 분야라는 요원하고 막연한 짐작이 전부였다고나 할까. 답보 상태에 있던 나에게 또 하나의 기회가 주어졌다. 2013년 예술자료원에서 원우전이 남겼다는 무대디자인, 즉 '원우전 무대 도면'에 대한 전문 감정을 의뢰해 온 것이다.

아마도 원우전에 대한 기존 연구가 해당 검증 작업에서 도움이 될 것이라는 감정자 측의 판단 때문이었으리라. 경위야 어떻든 간에 원우전이 그린 스케치를 볼 수 있다는 생각만으로도 기쁘기 이를 데 없었다. 처음에는 뛸 듯이 기뻤고, 연구에 진척이 있을 것이라는 사실에 고무되기까지 했다. 감정 평가를 위해 스케치를 (받아)보는 순간 이러한 짐작은 거의 확신에 가까운 예견으로 번졌다.

스케치는 진품으로 여겨졌고, 이 스케치가 적지 않은 도움을 가져올 것이라는 판단 역시 자연스럽게 내려졌다. 그런데 이 스케치를 보고 놀라지 않을 수 없는 사연은 따로 있었다. 황당하게도, 이미 이 스케치를 본 사람들이 다수였기 때문에 이 스케치는 의외로 연극계, 그것도 연극학계에서 제법 알려진 스케치였던 것이다.

신문 기사에도 이러한 사실은 적시되어 있었다. 원우전으로부터 해당 스케치를 어떤 연극인이 넘겨받았다는 소식도, 이 스케치가 주인이 바뀌면서 이곳저곳에서 공개되었다는 소식도 이미 세상에 존재했다. 황당한 기분이 드는 것을 참을 수 없었다. 이렇게 많은 사람이 알고 있는데도, 도대체 왜?

비슷한 황당함이 이후에도 유사하게 반복된다는 점에서, 이 충격은 이후의 나에게 일종의 면역 효과마저 가져왔다. 이 스케치가 없어서 관련 연구를 잇지 못하는 사람이 세상에 있었는데, 다른 쪽 세상에서는 이미 이 스케치를 구경하고 돌려본 후 조용히 묻어 두었다니.

불평은 잠시였다. 중요한 것은 해당 스케치가 가져올 파장일 것이다. 해당 스케치와 대조/비교/참조할 수 있는 다른 자료들을 찾기 시작했다. 그때 다시 한번 둔기로 머리를 맞는 듯한 충격을 받았다. 왜냐하면 의외로 세상에는 알려지지 않은 무대디자인이 많이 공개되어 있었기 때문이다. 비록 정식 무대디자인은 아니었지만, 상당한 관련 자료들이 한 묶음의 종이 뭉치로, 관련 기사로, 연관성을 갖춘 서적으로, 그것도 상당한 분량의 연속 자료로 남아 있었다.

그러니까 이 세상 곳곳에는 이미 지난 시대의 무대디자인이 남아 있었다. 어떤 경우에는 기억도 없는 연극사의 초창기 무대디자인이 버젓이 존재하고 있기도 했다. 양이 방대하거나 정밀한 도면이 갖추어져 있지는 않을지언정, 분명 세상에는 잊힌 디자인이 존재하고 있었다. 사진이나 그림 자체만으로는 이해되지 않을 수도 있지만, 대본과 겹쳐보고 당시 상황과 맞추어보면 발굴 무대디자인은 조선의 연극에 대해 매우 중요한 사실을 시사하고 있었다. 이러한 디자인은 기본적으로 무대디자인 분야에서도 중요한 자료였지만, 조선의 연극 시스템을 이해하고 잃어버린 공연의 흔적을 찾는 유용한 단서이기도 했다.

이렇게 다방면에서 '원우전 무대 도면'은 관련 연구의 새로운 길을 열어주었다. 해당 도면을 먼저 보고 연구할 수 있었다는 이유만으로, 2015년 한국연극학회와 한국문화예술위원회(예술자료원)가 공동으로 기획한 학술대회에서 이 저술의 서두 격인 논문「새롭게 발견된 원우전 무대―스케치의 기원과 무대 미학에 관한 연구」를 발표할 기회도 확보했다. 이 발표 기회를 제공하고 후원한 두 단체에게 지금도 감사한다.

이후 나는 예전과는 다른 시각으로 무대미술을 바라볼 수 있게 되었다. 내가 전문적인 무대미술 관련 연구자로 탈바꿈할 수는 없겠지만, 기존 대중극단(사) 연구나 지금 시행하고 있는 신극(사) 정리 과정에서 무대미술 분야는 새로운 시각을 열어줄 수 있었다. 귀중한 무대미술 관련 자료는 잃어버린 연극, 사라진 공연의 촬영되지 않은 영상 자료 역할을 톡톡히 해내고 있다. 그동안 자료가 없고 근거가 없다고 미루어두었던 작품들을 끼내 그 작품의 실제 연극화, 무대 형상화에 대한 소견을 짚어낼 수 있었다. 희미하게 남은 도면, 스케치, 사진, 삽화는 공연을 반추할 수 있도록 해주었고, 나아가서는 연출가의 의도나 극작가의 공유 관념을 확인할 수 있도록 해주었다. 단서가 되었고, 방법이 되었고, 근거가 되었고, 확신이 되었다. 수집된 자료들은 그 자체로도 중요했고 무대미술을 위한 분석 대상으로도 소중했지만 희미하지만 남아 있는 좁은 접근로로서의 역할도 훌륭히 수행했다. 불가능했던 공연을 들여다볼 수 있다고 믿게 되었을 때 ─ 설령 그것이 오판이라고 할지라도 ─ 느낄 수 있는 희열은 무대미술 관련 연구가 내 곁에 있어야 하는 이유도 저절로 만들어주었다.

2016년 무대미술에 관한 통시적인 저술에 도전하기로 결심했고, 한국연구재단에 '조선의 연극과 무대미술가─1911∼1945'라는 제명으로 저술 출판(연구)을 지원 신청했다. 다행히 한국연구재단은 이 연구의 필요성을 인정해 주었다. 다시 3년의 시간이 흘렀고, 무대미술과 관련된 자료만 발견되면 그 연관성을 찾는 작업을 동시다발적으로 시행하면서 그 시간을 참아내었다. 하지만 무대미술 자료가 방대하고 해당 응용 분야가 많아서 ─ 순전히 나의 판단이지만 ─ 이 동네 저 동네를 마구 파고 다니는 꼴을 피할 수는 없었다. 이 역시 원래 내가 원한 연구의 최종 방향은 아니었을지언정, 어쩔 수 없이 그 길 또한 감당해야 했다.

내가 진정으로 꿈꾸고 기획했던 연구(저술)는 조선 연극(1911∼1945년 시점까지를 잠정적으로 지칭)에서 무대미술이 차지하는 역할과 분야에 대해 충분히 논구하고, 무대미술을 통해 이해될 수 있는 조선 연극의 흐름을 정리하는 작업(책)이었다. 그러니까 조선 연극 속에서 무대미술의 위상을 발견하고 싶었고, 무대미술을 통해 조선 연극의 흐름을 개관하고 싶었다. 어느 한쪽이어야 한다는 생각보다는 양자가 모두 곁들여져야 한다는 생각에 가까웠다.

혹자들은 이러한 생각이 잘못되었다고 비판할 것이다. 나 역시 어느 한쪽으로만 남아야 하는 것이 아닌가를, 지금 이 시점까지 고민하고 있다. 어느 것 하나 만족스럽지 못한 상태에서, 기존의 시각으로는 허용될 수 없는 범주로 들어선 것 같아 내심 불안하기 때문이다. 하지만 지금으로서는 그 두 길을 모두 포기하지 않기로 한다.

흥미로운 점은 무대미술(자료)은 조선 연극을 이해하는 데 중요한 지점을 점유할 수 있다는 사실이다. 토월회도, 동양극장도, 극예술연구회도 이러한 범위에 모두 들어 있다. 2018년에 출간한『조선 대중극의 용광로 동양극장』(1~2)의 저술 과정에서도 이러한 무대미술의 영향력은 깊숙하게 투영되었다. 동양극장은 원우전이 주요하게 활동한 극장(극단)이었기 때문에, 이러한 영향력은 각별한 결과를 자아냈다. 이 저술에서는 이러한 영향력을 숨기지 않기로 했다. 해당 책에서 동양극장 무대미술의 특징을 제거하고 조선 연극(사)에서 무대미술이 차지하는 비중을 올곧게 논할 수 없었기 때문이다. 대신 기존 원고의 골자를 수용하면서도, 추후 보강된 자료와 저술을 포함시켰고 한 걸음이라도 진전된 결론을 얻기 위해서 심화 연구에 도전했다. 한정된 자료로 인해 분석 대상이 일부 겹치지만, 해당 작품과 무대 디자인은 대거 보강되었으며, 그 이후 진행된 연구 결과를 포함하여 그 결론을 확대하고자 했다.

이처럼 원우전은 토월회에서도, 동양극장에서도, 1940년대 연극에서도, 무대미술에서도, 심지어는 조선성악연구회에서도 늘 주요한 화두이자 주요 거론 대상일 수밖에 없었다. 계속해서 그를 추적하는 작업이 이어졌고 그 과정에서 정태성의 자취를 발견하기도 했고 라이벌인 김일영을 새롭게 발견하기도 했다. 신극 진영 무대디자이너들은 분명 원우전과 달랐다. 그렇기 때문에 원우전과의 비교 대조를 통해 더욱 분명하게 그들의 자리를 확정지을 수 있었다.

이렇게 원우전에 대한 연구가 확대되면서, 그에 대해서 그리고 그의 무대미술에 대해서 접근할 수 있는 방법 역시 늘어나기 시작했다. 이 책에서도 시기상의 문제로 원우전의 해방 이후의 행적은 거의 담지 못했지만, 추후 보완 연구를 통해 그의 행적과 함께 무대미술(사)의 특징도 계속 기록 정리하고자 한다.

전술한 대로, 대중극 지점에 원우전이 있다면, 신극 진영에는 극예술연구회를 중심으로 한 일련의 신진 무대미술가가 포진되어 있었다. 그들에 대한 접근도 이 저술의 중요한 목표 중 하나였다. 그들에 관한 연구 역시 어설프고 성근 연구일 터이지만, 이후 연구의 밑거름이 되었으면 한다.

조선의 연극과 무대미술은 상보적인 관계이기 때문에, 이 책에서는 이러한 관계를 보여 줄 방법을 함께 노출하고자 했다. 무대미술 자료를 활용한 다양한 분석 방법—너무 느리고 더디게 진전하는 것 같은 인상을 자아낼망정—을 야심차게 텍스트 분석(정리)에 시도해 보고 싶었다. 이 역시 지나친 욕심일 수도 있겠지만, 어쩌면 인연을 맺어온 무대미술(가)과의 교점이라는 생각에서 이러한 시도와 모색을 숨기지 않기로 했다.

마지막으로 이 책의 우여곡절을 간단하게 담아두고자 한다. 지금 이 서문을 쓰는 순간에도 이 책이 정상적으로 출간될 수 없을지도 모른다는 막연한 두려움에 휩싸여 있다. 해당 원고를 2020년대 9월에 정리했음에도 불구하고 2021년 3월 15일이 된 이 시점에서도 내 손에는 편집

원고도 없는 상태이다. 아직은 무대미술을 세상에 내놓을 수 없고, 이 책이 지나치게 모자라 출간해서는 안 된다는 뜻일까 싶기도 하다. 언제나 그렇듯 이 책은 세상에 작은 파문 하나도 던지지 못할 것이다. 큰 파문을 섬기는 것이 학문이 아니기에, 그 점에 대해서는 불만을 갖지 않기로 한다. 다만 그 많은 자료들과 시간들을 허비한 것은 아닐까 하는 자괴감은 남을 듯하다. 내가 할 수 있는 일은, 그저 그 소모와 허비의 시간에도 불구하고 걷던 길을 걷는 것일 뿐이겠지만 말이다.

2021년 3월 15일 자정 무렵
원우전으로부터 시작하여
꽤 장시간 잃어버린 무대를 찾아
서성거려야 했던 사람이 쓰다

# 차례

제3장

# 정태성과 동양극장의
# 무대미술

# 1. 동양극장의 호화선 연구의 필요성과 목표

동양극장에 대한 학계의 관심과 연구는 전반적으로 확산 추세에 놓여 있다고 할 수 있다. 고설봉의 『증언 연극사』에서 집중적으로 다루어진 이후,[1] 관련 연구자들이 동양극장에 대한 학문적 접근을 시도했고, 그 결과 분야에 따라서는 괄목할 만한 연구 결과를 산출한 바 있다. 하지만 종합적으로 볼 때, 이러한 연구 성과가 '인물'과 '작품'에 집중되어 있는 것이 부인할 수 없는 사실이며, 그러한 집중 분야 역시 '소수의 주요 인물'이나 '공연 대본이 남아 있는 작품'에 한정되어 있다는 한계를 벗어나지는 못했다.

이 장에서는 주로 동양극장 무대미술 연구 중에서도 비교적 진척된 연구 성과를 드러내지 못한 호화선의 무대미술 분야에 초점을 맞추어 논의를 전개하고자 한다. 이 장의 기술은 크게 세 가지 목표를 겨냥하고 있다. 우선, 동양극장 관련 연구(분야) 중에서 비교적 미해결 분야에 대한 연구를 조속히 시행해야 한다는 현실적 요구를 충족하기 위해서이다. 해당 인물과 관련 작품에 대한 연구는 매우 중요하고 또 필요하지만, 현재로서는 일정한 한계에 봉착한 상황이다. 새로운 대본이 발굴되고 있지 않으며, 관련 증언 역시 확대될 기미가 없기 때문이다. 그럼에도 동양극장 연구의 필요성은 증대되고 있기 때문에, 이러한 현실적 요구를 충족하기 위해서는 한계(공연 대본 미발굴 상황) 바깥으로 눈을 돌릴 필요가 있다고 하겠다.

다음으로, 이러한 연구상의 효과가 가져 올 부대 이익을 들 수 있다.

---

1  고설봉, 『증언 연극사』, 진양, 1990.

무대미술에 관한 자료 역시 충분하지 않은데, 더욱 문제적인 상황은 이러한 무대미술을 연구하기 위해서 동양극장 공연 작품에 대한 연구 역시 필연적으로 수행되어야 한다는 점이다. 그러니까 어떠한 공연이 시행되었고, 공연된 작품의 내용이 어떠하며, 그러한 내용의 공연을 어떻게 무대에 올렸는가를 전반적으로 살필 수 있는 기반 연구가 필요한 상황이다. 그런데 이러한 기반 연구 — 공연 작품과 관련 내용에 대한 기본적 정보 — 가 소홀하게 다루어지는 바람에, 해당 작품의 무대적 표현 상황(무대미술 연구)을 살피는 연구에도 제약이 가해지고 있는 셈이다.

따라서 작금의 상황에서는 공연 텍스트가 부재하는 작품에 대한 연구(분야)도 무대미술 분야에 대한 접근과 아울러 이루어질 수밖에 없다. 이 장에서는 무대미술 분야에 대한 접근을 위해 관련 무대디자인(무대 사진)을 바탕으로 해당 작품에 대한 정보를 최대한 수집하고 정리하며 때로는 추정하여 일정한 내용적 접근도 함께 모색하고자 한다. 이것은 전술한 대로 부대 효과까지 고려한 연구에 해당한다.

편의상 기반 연구를 '내용'에 대한 연구라고 단정했지만, 실질적으로는 작품 관련 기본 사항(정보)부터 작품 분석 결과 그리고 전반적 영향 관계를 동시에 포괄하는 연구를 가리킨다. 예를 들어 작품 제목, 집필 작가, 공연 일시, 재공연 여부 등의 기본 사실을 수집하여 정리하고, 각종 관련 정보(광고와 선전을 통해)를 통해 그 개요와 출연진과 연기 특성, 그리고 전체적인 평가와 성패 판정을 아우르고 있다. 이러한 기초적인 연구 작업은 별도의 대본(텍스트)이 부재하는 상황에서 실시하는 것이기에 내용상 만족할 만한 수준에 도달하지 못할 수도 있을 것이다. 다만 지금까지는 공연작인지조차 확인되지 않은 작품에 대한 학문적/미학적 접근과 분석 기회를 확보하는 데에는 문제가 없을 것으로 기대된다.

마지막으로 이 장에서 중점적으로 겨냥하는 목표는, 1930년대 동양극장의 성공 요인을 가늠할 수 있는 척도를 확인하는 것이다. 동양극장은 1930년대 후반 조선의 연극계를 실질적으로 좌우한 극장이면서, 동시에 연예 기획사였고, 실질적으로는 대규모 극단이자 연극 동인이었다. 이러한 동양극장이 생겨나서 또 흥행에 성공할 수 있었던 이유는 여러 가지 측면에서 분석 평가될 수 있지만, 지금까지의 그 분석과 평가 분야에서 무대미술 분야는 제외되어 있었다.

따라서 III장에서는 호화선 무대미술 분야에 대한 접근을 통해 동양극장의 성공 요인을 살펴보고, 1930년대 조선 연극계의 수준을 가늠하고자 하는 거시적 목표 역시 함께 수확하고자 했다. 이러한 목표가 달성된다면, 동양극장이 지니는 무대미술상의 중요성 그러니까 한국 무대미술사에서 위상도 어느 정도는 확인될 것으로 기대된다.


## 2. 동양극장 무대장치부

공식적으로 동양극장은 문예부, 사업부, 영화부로 나누어져 있었다고 알려져 있지만, 실질적으로는 연출부, 문예부, 사업부, 무대제작부, 영화부 등으로 세분할 수 있었다. 이중 '무대제작부'는 원우전과 김운선이 담당하는 부서였고, 길본흥업에서 이적한 정태성도 원래 소속은 무대제작부였다. 원우전은 청춘좌를 비롯하여 동양극장 연극의 무대디자인을 주로 담당했고, 김운선 역시 원우전과 비슷한 일을 담당했다. 두 사람의 업무가 어떻게 분할되었는지는 확인할 수 없으나, 무대디자인과 청춘좌 계통의 제작 업무 분야에서는 원우전이 더욱 주도적으로 활동했던 사실 만큼은 확실해 보인다. 그 이유는 아무래도 원우전이 토월회 일맥으로 청춘좌의 주요 멤버들(가령 박진과 주요 배우들)과 오래 전부터 공연 제작 작업을 함께 수행했기 때문으로 풀이된다.

다만 이러한 특징은 조직 외적인 활동에 속하고 동양극장 측은 무대제작부를 하나의 지원 부서로 운영했다고 보아야 한다. 정리하면 동양극장 무대장치부에는 김운선과 원우전, 정태성 등이 배치되어 있었고, 이들은 각자의 개성을 지닌 장치가로 알려져 있었으며, 각자의 전문 분야뿐만 아니라 개인적 특색도 강하게 지니고 있었다.

무대제작부와 함께 스태프 진용 가운데 주목되는 부서가 '조명부'이다. 조명부는 대외적으로는 업무 전담 부서로 거론되는 부서가 아니며, 일종의 무대제작부의 하위 부서로 보는 편이 온당한 이해일 것이다.[2] 특히 조명부는 지역 순회공연에 참여하여 동행하는 부서로 더욱 잘 알려져 있는데, 이러한 부서가 무대 셋업set-up을 조율하면서 동양극장의 연기자들이 더욱 안정된 환경 하에서 공연을 펼칠 수 있었다.[3] 특히 지역의 극장에는 조명 시설이 부족하거나 경성 동양극장과 달라 어려움을 겪는 경우가 많았기 때문에, 지역 순회공연에서 조명부의 역할은 상당했다고 해야 한다. 정태성이 대표적인 인물이며[4], 정태성이 무대장치

---

2  조명부의 존재를 실제로 인정한다면, 무대제작부는 무대장치부와 조명부로 나누어서 이해해도 무방하다. 이 저술에서는 무대제작부를 공식적인 명칭으로 인정하되, 장치만을 국한하여 거론할 때에는 '무대장치부'라는 용어도 함께 사용하고자 한다.
3  지역 순회공연의 규모를 살펴보면, 연기진과 조명부가 25~30명 정도의 규모를 유지했다고 증언되고 있다(고설봉, 『증언 연극사』, 진양, 1990, 60~67면 참조).
4  「연예」, 『매일신보』, 1936.1.31, 1면 참조.

에 보다 힘을 기울이는 1940년대에는 최동희가 부상한 바 있다.[5]

당대에도 동양극장의 무대장치는 매우 세련된 수준에 도달해 있다고 알려져 있었으며, 동양극장 측은 이러한 수준을 계속 유지하기 위해서 상당한 인력을 상주시키고자 했다.[6] 이러한 인력 중 김운선은 초기 무대장치가로서의 의의를 지니고 있었고, 원우전은 토월회 시절부터 창의적인 무대장치로 이름이 높았다. 정태성 역시 다채로운 활동과 개성적인 무대장치로 상당한 신망을 얻고 있었다.

무대장치부는 수행 업무에서 원칙적으로는 청춘좌와 호화선의 구별이 없었던 것으로 알려져 있다. 그 이유는 동양극장의 공연 시스템과 관련이 깊다. 동양극장의 공연 시스템은 좌부작가(전속작가)의 집필 → 검열본 제작 → 검열 시행 → 공연 연습 → 무대 공연이 대단히 촉박한 시간 내에 이루어져야 했으며, 그 과정에서 '새로운 작품의 공연 연습'과 '기존 작품의 실제 공연'이 중첩 반복되는 일정을 소화해야 했다.

이러한 일정 내에서 청춘좌 공연과 호화선 공연을 나누어야 할 필요가 없었으며 그에 해당하는 여가도 별도로 챙길 수 없었다. 가령 〈단종애사〉 공연 당시에는 지나치게 많은 무대장치를 소화해야 했기 때문에, 전 스태프가 동원되고 결국에는 대본의 개요만을 바탕으로 무대장치를 먼저 제작하는 진풍경이 펼쳐지기도 했다.[7]

이러한 공연 체제(일정)로 인해 무대장치부는 독립적으로 심지어는 실제 공연과 관련 없이 완전히 자율적으로 무대디자인을 담당한 사례

---

5  최동희는 연극 〈무정〉과 〈수호지〉의 무대 조명을 담당했다(「〈무정(無情)〉」, 『동아일보』, 1939.11.17, 2면 참조).
6  고설봉, 『증언 연극사』, 진양, 1990, 60~67면 참조.
7  박진, 『세세연년』, 세손, 1991, 158~159면.

도 있었다. 가령 〈명기 황진이〉를 공연할 때에는 원우전의 책임 하에 자율적인 무대 공간을 형성했다.

이러한 원우전과 함께 무대제작부(무대장치부)에 소속되어 있으면서도 상대적으로 호화선 참여 비율이 높고 1940년대 이후 무대제작부의 주도권을 장악한 인물로 정태성을 들 수 있다. 정태성의 구체적인 활동상은 현재까지 제한적으로만 파악되고 있지만, 호화선의 무대미술을 살피는 과정에서 그에 대한 탐구도 필요하다고 판단된다.


## 3. 정태성의 실체와 활동 영역 그리고 호화선과의 관련성

본래 정태성鄭泰成은 길본흥업(요시모도)에서 일하면서 무대미술을 담당했던 인물이다.[8] 실제로 정태성은 동양극장에서 호화선의 연출을 담당하기도 했지만, 조명이나 장치를 담당하는 스태프로 보는 편이 보다 올바르다고 해야 한다.[9] 조명을 맡은 대표적인 공연은 1936년 1월 24일부터 시행된 청춘좌 공연이었다. 또한 무대장치를 맡은 대표적인 작품이 이광수 원작, 안종화 연출, 정태성 장치의 〈무정〉(5막 7장, 1939년 11월 공연)[10]과 송영 각색, 홍해성 연출, 정태성 장치의 〈수호지〉(4막 5장, 1939년 12월 공연)[11] 그리고 이광수 원작, 안종화 연출, 정태성 장치의 〈유정〉(3막 6장, 1939년 12월 공연)[12]이었다. 특히 이 시기는 1939년 9월

---

8 　고설봉, 『증언 연극사』, 진양, 1990, 40면 참조.
9 　「연예」, 『매일신보』, 1936.1.31, 1면 참조.
10 　「〈무정(無情)〉 '무대화'」, 『동아일보』, 1939.11.18, 5면 참조.
11 　「〈수호지(水滸誌)〉 각색 동극에서 상연」, 『동아일보』, 1939.12.3, 5면 참조.

아랑의 창립과 맞물린 시기로, 무대장치부의 대표 격이었던 원우전이 동양극장에서 아랑으로 이적한 직후여서 무엇보다 정태성의 무대장치술에 대한 의존도가 높았던 시기였다. 즉 정태성은 1939년 이후 동양극장의 무대장치부를 대표하는 스태프로 격상되었다.[13]

정태성의 이력에 대해 살펴보자. 정태성이 홍순언과 인연을 맺게 된 것은 1930년 배구자 일행과 길본흥업(와케지마) 사이에 계약이 체결되면서부터이다. 그로 인해 배구자 일행은 일본 공연을 시행하게 되었는데, 1934년 8월 대판 공연에서 정태성은 배구자무용단의 무대장치 스태프로 참여하였다.[14] 그는 길본흥업의 무대장치 스태프로 활동하고 있었고, 지금까지 확인된 바로는 배구자 일행과 이러한 인연으로 접촉하게 된다. 이후 정태성은 동양극장 무대장치부로 이적하여, 창립 시부터 함께 활동하게 된다.

정태성이 무대 스태프로 출발한 점은 분명해 보이지만, 그렇다고 그가 무대 스태프로만 활동한 것은 아니었다. 실제로 정태성의 활동 분야는 다양했다. 특히 동양극장 초기에는 이러한 다양한 활동이 비중 있게 전개되었다.

우선 그는 길본흥업에서 자신의 업무를 정리하면서 뮤지컬 대본을 소장하고 입국했고, 이러한 대본을 활용하여 음악극 제작 작업을 전개했다. 정태성의 음악극으로 〈최멍텅구리와 킹콩〉, 〈나의 청춘 너의 청춘〉, 〈멕시코 장미〉 등을 꼽을 수 있다.[15] 이러한 음악을 기획 제작하면

---

12 「춘원의 〈유정(有情)〉」, 『동아일보』, 1939.12.12, 5면 참조.
13 정태성에 대한 기본적인 사항은 다음의 책을 참조했다(김남석, 『조선 대중극의 용광로 동양극장』(2), 서강대 출판부, 2018, 73~76면 참조).
14 「본사대판지국 주최 동정음악무용대회」, 『조선일보』, 1934.8.13, 2면 참조.

서 정태성은 자연스럽게 연출 작업을 시행하게 되었다. 연출가로서의 정태성은 오페렛타-쑈를 연출하기도 했는데, 그 작품이 〈스타가 될 때까지〉(4경)였다. 장르명(칭)으로서 오페렛타operetta는 '희극적 소가극'을 지칭하는데, 레뷰 등과 함께 인기를 끈 장르로 1920~30년대 각광받기 시작한 음악극의 일종이었다. 오페레타는 감각적 표현을 중시했고, 이국적인 시각적 장관 속에서 사랑에 빠지고 갈등을 겪다가 재결합하는 이야기가 대세를 이루었다.[17]

정태성은 대본 작가로도 활동한 바 있다. 가장 대표적인 경우가 호화선의 창립 과정에서 나타난 정태성의 작품 공급 활동일 것이다. 1936

| 시기 | 공연 작품 |
|---|---|
| 1936.9.29~10.6<br>극단 호화선 제1회 공연 | 인정활극 이운방 작 〈정의의 복수〉(2막3장)<br>만극 정태성 각색 〈나의 청춘 너의 청춘〉(9경)<br>소희극 〈호사다마〉(1막3장) |

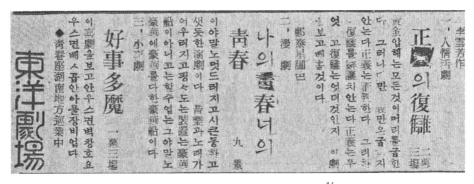

그림183 「극단 호화선 제1회 공연 9월 29일부터」[16]

---

15  고설봉, 『증언 연극사』, 진양, 1990, 40~41면 참조.
16  「극단 호화선 제1회 공연 9월 29일부터」, 『매일신보』, 1936.9.30, 1면.
17  백현미, 「어트렉션의 몽타주와 모더니티」, 『한국극예술연구』 32집, 한국극예술학회, 2010, 86면 참조.

년 9월 29일에 개시된 호화선 창립 공연에서는 정태성은 만극 〈나의 청춘 너의 청춘〉을 발표하며 창단 멤버로 그 이름을 올렸다. 1936년 10월 13일부터 무대에 오른 호화선 공연에서 〈스타가 될 때까지〉(4경)를 각색한 바 있고, 10월 24일부터 시작된 호화선 공연에서는 〈최멍텅구리와 킹콩〉(4경)을 무대에 올렸다.

그 이후 그의 작품은 간헐적으로 재공연되면서 호화선 작품 공급의 일익을 담당했고, 정태성은 1936년 12월에 접어들면서 새로운 작품들을 발표했다. 그 대략적인 정리는 〈표 9〉와 같다.

〈표 9〉

| 시기 | 공연 작품(강조 : 인용자) |
|---|---|
| 1936.12.23~12.27<br>호화선 개선공연 제1주 | 문예부 각색 〈부활(카추샤)〉(4막)<br>**만극 정태성 각색 〈금덩이 건져서 부자는 됫지만〉(5경)**<br>희극 남궁춘 작 〈임대차계약〉(1막) |
| 1936.12.28~12.30<br>호화선 공연<br>(도미(掉尾) 공연) | 비극 이운방 작 〈남아의 세계〉(2막)<br>**만극 정태성 각색 〈노다지는 캣지만〉(5경)**<br>희극 남궁춘 작 〈장기광 수난시대〉(1막) |
| 1936.12.31~1937.1.4<br>호화선 신년 특별공연<br>(1월 1일부터 3일간 청춘좌 〈사랑에 속고 돈에 울고〉 부민관 공연) | 비극 이운방 각색 〈재생〉(3막4장)<br>**오페랏타·쑈 정태성 작 〈멕시코 장미〉(9경)**<br>청춘좌 부민관에서 〈사랑에 속고 돈에 울고〉(전후편 동시 상연) |

호화선의 좌부작가는 이서구, 이운방 등으로 점차 안정을 찾게 되지만, 최초에는 작품의 공급이 원활하지 않았다고 해야 한다. 이러한 여건 하에서 정태성은 만극 형식의 작품을 공급하고, 레퍼토리의 한 축을 담당하는 공로를 세운다. 당시에는 1일 3작품 공연이 시행되고 있었기 때문에, 레퍼토리의 다양화는 중요한 과제 중 하나였다. 정태성은 주로 희극류의 작품을 담당했을 것으로 판단된다.

특기할 것은 이러한 정태성의 역할이 호화선의 창립에 중대한 밑거름이 되었다는 사실이다. 심지어 정태성은 호화선 제1회 공연(1936년 9월 19일부터 10월 6일)에 작품 만극 〈나의 청춘 너의 청춘〉(9경)을 공급하면서 창립 극단의 자양분을 제공하기도 했다. 이운방의 인정활극 〈정의의 복수〉(2막 3장)를 중심으로 하여, 만극 정태성 각색 〈나의 청춘 너의 청춘〉(9경)과 소희극 〈호사다마〉(1막 3장)가 함께 곁들여지면서 비로소 호화선이 출범할 수 있었다.

마지막으로 정태성은 지방 순회공연 시 조명 담당자로 순업 업무를 보조하고 지역극장에서 조명을 조율하는 역할을 맡았다. 실제로 동양극장은 조명팀을 순회공연에 동행시켜, 미비한 조명 시설을 개선하여 공연의 질적 향상을 도모했는데, 그 책임자가 정태성이었다.

이처럼 정태성의 역할과 활동 범위는 동양극장 곳곳에 영향을 미치고 있었다. 동양극장 창설부터 호화선의 창립까지, 초기 레퍼토리의 공급부터 새로운 장르의 연출까지, 그리고 무대장치부의 일원이자 조명 담당자의 역할까지, 그는 동양극장의 숨은 일꾼으로 극장 경영과 작품 제작을 도운 인물이었다. 한국연극사에서는 그의 이름에 대해 거의 알려진 바가 없지만, 그가 동양극장에서 담당했던 역할과 비중은 상당했다고 해야 한다. 무엇보다 그는 1937년이나 1939년 동양극장 소속인들의 대규모 탈퇴와 변경에도 아랑곳하지 않고 일제 강점기 내내 동양극장을 지키는 끈끈한 소속감을 보여주기도 했다.

특히 정태성의 이력을 주목할 필요가 있는데, 그가 호화선을 중심으로 활동했다는 점을 특기할만하다. 현재까지 발굴된 자료로는 호화선의 무대장치를 누군가의 개별적인 활동이나 업적만으로 단정 짓기는 곤란하다. 앞에서 논의한 대로 무대장치부는 기본적으로 청춘좌와 호화선의 공연에 별도로 투입되지는 않았다. 그럼에도 불구하고 원우전이 주로 청춘좌 공연에 깊게 관여한 흔적이 강하다면, 정태성은 이와 상반되는 행로를 보인다. 특히 청춘좌와 호화선이 경쟁 관계에 놓인 극단이었다는 점에서, 작품 발표의 측면에서는 오로지 호화선의 활동만 했던 정태성이 주로 호화선의 장치에 주력했을 것이라는 추정은 무리한 것이 아니라고 해야 한다.[18]

주목해야 할 점은 1939년 11월 18일부터 시작된 송영 각색 〈무정〉(5막 7장)과 12월 2일부터 시작된 송영 각색 〈수호지〉 공연이다. 〈무정〉은 이광수 원작, 안종화 연출, 김인수 음악, 최동희 조명으로 제작되었고, 정태성은 장치를 담당했다. 〈수호지〉는 홍해성 연출, 홍로작 고증, 최동희 조명, 김태윤 기획으로 제작되었는데, 이 공연에서도 정태성은 '장치'를 맡았다. 이 시점은 동양극장이 매각되어 배구자(최상덕)의 손을 떠난 상태이고, 김태윤이 새로운 경영자로 등장하여 청춘좌 단원의 대거 이탈로 붕괴된 공연 체제(전속극단과 교호 시스템)를 정비하는 시점이었다. 당연히 호화선은 청춘좌의 공백(단원 이탈로 단독 공연 불가능)을 메워야 하는 입장에 있었는데, 이 시점에서 공연된 〈무정〉과 〈수호지〉는 1일 1작품 체제를 적용한 호화선의 야심찬 기획작이었다. 이러한 위기와 반등을 겪으면서 정태성은 아랑으로 이적한 원우전을 대신하여 동양극장을 대표하는 장치가로 격상된 셈이다. 특히 조명 분야를 최동희가 분할하여 담당함으로써, 정태성은 명실공히 동양극장을 대표하는 장치가

---

18 다만 호화선이 출범하기 이전(1936년 1월 24일~31일 청춘좌 공연)에는 청춘좌 공연에서 무대장치와 조명을 맡은 것으로 조사된 자료는 존재한다.

로 올라섰다고 할 수 있다.

이후 정태성은 호화선에서 기획한 〈춘향전〉의 무대장치를 맡으면서, 청춘좌 원우전 장치의 〈춘향전〉이라는 기존 관념도 파괴했다. 정태성은 분명 호화선을 중심으로 그 활동을 전개했고, 그에 따라 무대장치가로서의 역할도 호화선을 중심으로 살피는 것이 마땅해 보인다.

## 4. 무대 사진으로 재구하는 호화선 공연과 작품 개요

### 1) 이운방 작 〈남편의 정조〉(1937년 6월 5일~11일)와 대비적 무대 공간의 공존

동양극장의 전속극단 호화선은 1937년 6월 5일부터 11일까지 이운방 작 비극 〈남편의 정조〉(3막4장)를 공연하였다(남궁춘 작 풍자극 〈회장 오활란 선생〉(1막)도 함께 공연되었다). 이것은 호화선 제5주 공연이었다. 이후 〈남편의 정조〉는 약 석 달 후에 다시 공연되었다. 호화선은 1937년 9월 6일부터 10일까지 이 작품을 공연하였다. 〈남편의 정조〉를 재공연할 때는 남궁춘 작 희극 〈그보다 더 큰 일〉(1막)이 함께 공연되었다.

〈표10〉

| 기간 | 공연 작품과 관련 정보 |
|---|---|
| 1937.6.5~6.11<br>호화선 제5주 공연 | 비극 이운방 작 〈남편의 정조〉(3막 4장)<br>풍자극 남궁춘(박진) 작 〈회장 오활란 선생〉(1막) |
| 1937.9.6~9.10<br>호화선 제4주 공연 | 비극 이운방 작 〈남편의 정조〉(3막 4장)<br>희극 남궁춘(박진) 작 〈그보다 더 큰일〉(1막) |

〈남편의 정조〉는 장르상 '비극'으로 표기되었다. 당시 1일 3작품 공연 체제 하에서 비극과 희극이 두루 공연되는 대중극의 관례를 참조하면, 〈남편의 정조〉는 '정극'으로 공연되었다고 볼 수 있다.[19] 정극은 해당 회차 공연에서 가장 중심(메인 공연작)이 되는 작품을 주로 지칭한다(본래는 '정통연극'이라는 뜻에 가깝지만 1일 다작품 체제에서는 중심이 되는 공연을 지칭할 때 사용되는 용어이다). 비극 〈남편의 정조〉와 비교해 볼 때, 남궁춘의 희극(혹은 풍자극, 〈회장 오활란 선생〉)은 관객들에게 웃음을 전달하여 비극의 분위기를 중화시키는 역할을 했다고 볼 수 있다.

아쉽게도 〈남편의 정조〉는 대본이 남아 있지 않을 뿐만 아니라, 대강의 개요도 알려져 있지 않다. 따라서 이 작품에 대해 논의하는 것 자체가 적지 않은 제약을 받을 수밖에 없다. 하지만 원우전과 김운선이 무대장치를 맡았다는 단편적인 정보와, 그들이 설치했던 무대에 대한 관련 사진을 어렵게 구할 수 있었다. 즉 무대장치를 통해서는 〈남편의 정조〉라는 작품에 접근할 수 있다고 할 수 있다.

더구나 당시 동양극장 광고에는 **그림 184**의 ② 무대 사진이 실리면서, 단편적인 내용 일부가 소개되어 있다. 주인공 '인숙'은 남편에게 정조를 직혀달나고 부르짖는 현대 여성'으로 설정되고, 그녀의 '고뇌를 얼마나 애처롭게 그려냇'는가에 공연의 초점을 맞추고 있다. 그러니까 이 작품 광고는 가련한 인숙의 처지를 보여주고 그녀의 '눈물겨운 이야기'를 묘사하는 것에 공연의 목적이 있음을 알려준다고 하겠다.[20]

---

19  고설봉에 따르면 당시 대중극은 인정극/비극(정극)/희극의 순서로 공연되었다(고설봉, 『증언 연극사』, 진양, 1990, 23면 참조).
20  「〈남편의 정조〉」, 『동아일보』, 1937.6.9, 1면 참조.

당시 호화선의 출연진은 서일성, 김양춘, 장진, 이정순, 박고송, 유계선, 박군실, 강현금, 김원호, 엄미화, 홍창성, 지춘몽, 전경희, 강석제 등이었다.[21] 배역의 크기와 호화선 배역 수행으로 볼 때, 남편 역은 서일성, 아내 역은 김양춘이 맡았을 가능성이 농후하다. 윤재동[22]과 엄미화는 동양극장을 대표하는 아역 배우였다. 윤재동은 〈단종애사〉의 단종 역으로,[23] 엄미화는 〈어머니의 힘〉의 아역으로 크게 주목받는데, 이 작품에 출연하고 있다. 간략하지만 출연진에 대한 정보는 다음의 사진을 이해할 수 있는 단서를 제공한다.

무대사진 ②를 보면 상수 쪽에 한 남자가 서 있고, 남자의 오른쪽(무대에서 객석을 바라볼 때, 하수 쪽)으로 아이를 안은 인물이 남자를 보며 서 있으며, 그 오른쪽에 다시 꿇어앉은 여인이 포착되고 있다. 그리고 하수 쪽에 한 사람이 세 사람의 정경을 지켜보고 있다. 간략한 내용과 함께 이러한 구도를 이해할 때, 아내는 남편으로 보이는 남자에게 간절히 애원하고 있는 형국이며, 남녀 사이에는 아이가 결부되어 있는 것으로 간주할 수 있는 연극적 상황이다. '인숙'으로 보이는 여인은 남편에게 눈물로 '가정'과 '정조' 혹은 '아이'를 지켜줄 것을 호소하고 있다고 볼 수 있다.

이처럼 관련 내용을 이해하고 남아 있는 무대 정경을 결합하여 〈남편의 정조〉에 대해 살펴보자.

---

21  「〈남편의 정조〉」, 『동아일보』, 1937.6.9, 1면 참조.
22  윤재동은 호화선의 전신인 희극좌의 창단 멤버였다(「명(明) 이십육일부터 희극좌 탄생 공연 동양극장에서」, 『매일신보』, 1936.3.26, 3면 참조).
23  「〈단종애사〉 청춘좌 제이주공연(第二週公演)」, 『매일신보』, 1936.7.19, 3면 참조.

① 서양식 응접실로서의 실내 장면[24]　　　　② 눈 덮인 야산을 배경으로 한 장면[25]

그림184 원우전과 김운선 장치로 소개된 〈남편의 정조〉

무대 사진 ①은 〈남편의 정조〉의 '실내 무대'에 해당한다. 공간적 배경은 서양식 주택의 거실이다. 거실에는 세 개의 문이 배치되어 있고, 무대 양쪽(상/하수)으로는 각각 하나씩 통로가 배치되어 있는 것으로 보인다. 세 개의 문 중 상수 쪽 문은 발코니나 창틀일 수도 있다.

거실 가운데에는 탁자가 있고, 주위에 의자가 배치되어 있다. 중앙의 남자는 의자에 앉아 있으며, 여성으로 보이는 상대 역할(배우)은 남자 주변에 서 있다. 탁자 위에는 화병이 놓여 있고, 거실 여기저기에 적지 않은 화분이 배치되어 있다. 오른쪽 벽에는 달력이, 왼쪽 벽에는 그림이 걸려 있고, 왼쪽과 오른쪽 통로에는 커튼이 달려 있다.

이 무대 사진만 놓고 보면, 시대와 인물이 서양식으로 보인다. 남자는 양복을 입고 넥타이를 매고 있으며, 거실은 의자에 앉는 서양식 응접실의 구조를 취하고 있다. 화분이나 그림 역시 조선식 삶의 패턴과는 다소 거리를 둔 장식물에 속한다. 이러한 건축 구조와 실내 배치는 당시

---

24　「'호화선' 소연(所演) 〈남편의 정조〉 무대면」, 『동아일보』, 1937.6.8, 8면.
　　https://newslibrary.naver.com/viewer/index.nhn?articleId=1937060800209
　　108019&editNo=2&printCount=1&publishDate=1937-06-08&officeId=000
　　20&pageNo=8&printNo=5666&publishType=00010
25　「〈남편의 정조〉」, 『동아일보』, 1937.6.9, 1면 참조.

최신식 주거 공간으로 부상하던 '문화주택'의 개념을 무대에 옮겨 온 것으로 볼 수 있다.[26]

정리하면 ①을 통해 본 〈남편의 정조〉는 서양식 삶의 패턴을 지향하고 있는 작품이다. 하지만 무대 사진 ①은 상반되는 분위기를 풍기는 것도 일면 사실이다. 일단 무대 사진 ②의 공간은 야외이고, 등장인물들은 전통적인 복장을 하고 있다. 야외 공간은 눈 덮인 야산으로 표현되었는데, 이로 인해 춥고 황량한 느낌을 강하게 전달한다.

무대 사진 ①이 각종 집기들로 촘촘하게 둘러싸인 갇힌 공간을 표현하고 있다면—그래서 등장인물들이 움직일 틈이 그렇게 넓어 보이지 않는다면—무대 사진 ②는 간단한 걸개그림으로 배경을 드러내어 무대 자체를 온전히 배우들이 사용할 수 있도록 꾸몄다. 무대 사진 ①은 내부 공간을 촘촘히 채우는 형태의 무대를, 반면 무대 사진 ②는 공간을 그대로 비워 두어 배우들의 연기가 자유로워질 수 있는 무대를 보여주고 있다고 해야 한다.

특히 무대 사진 ①과 ②는 '폐쇄감 : 개방감' 혹은 '안락함 : 황량함'이라는 극단적인 대조를 이루고 있다. 이 점은 주목되는 사안이다. 왜냐하면 극적 분위기의 반전 혹은 변화를 자연스럽게 꾀할 수 있고, 관객들에게 다양한 볼거리를 제공할 수 있을 것으로 여겨지기 때문이다.

물론 이러한 공간은 대본의 설정에 따라 창조된 것으로 보이지만, 그 대본이 '화양절충식' 삶에 익숙해진 1930년대 조선의 현실에서 발원했

---

26  안성호, 「일제 강점기 주택개량운동에 나타난 문화주택의 의미」, 『한국주거학회지』 12권 4호, 한국주거학회, 2001, 186~190면 참조; 이경아 · 전봉희, 「1920년대 일본의 문화주택에 대한 고찰」, 『대한건축학회 논문집－계획계』 21권 8호, 대한건축학회, 2005, 102면 참조.

을 것은 자명해 보인다. 무대에는 어느새 조선인의 삶과 라이프스타일로 자리잡은 서양식 실내와 조선의 자연, 양복과 한복, 남녀의 자연스러운 대화와 전통적인 여인의 복종 등이 인상 깊게 표현되어 있다. 무대 집기의 다양한 배치(①)와 간략한 무대 걸개그림(②)의 대비 역시 주목되는 대조점이다.

결과적으로 무대의 대비는 작품의 특성에 따라 연출되었을 것으로 여겨진다. 다시 말해서 〈남편의 정조〉에서 필요한 공간감을 표현하기 위해서, 그리고 인물의 연기를 뒷받침하기 위해서 무대 공간은 서로 다른 방식으로 구성되었다고 볼 수 있다. 작품의 내용을 좀 더 면밀하게 파악할 수 있다면, 이러한 공간감의 대비가 얼마나 효율적인지 확인할 수 있을 것으로 생각된다.

### 2) 이운방 작 〈항구의 새벽〉(1937년 6월 12일~16일)과 밝혀진 무대디자인의 정체

〈항구의 새벽〉은 1937년 6월 12일(~16일)에 개막하여 일차 초연되었고, 곧 6월 19일부터 20일 이틀에 걸쳐 연장 공연되었다(6월 17일과 18일에는 당초 예정되었던 길본흥업의 공연). 그리고 1937년 8월 31일부터 9월 5일까지 재공연되었다. 1937년 6월에서 9월까지 횟수로는 3회, 일자로는 13일 동안 공연된 것이다.

이 작품의 내용은 다소 파격적이다. 주인공은 '정수'라는 인물인데, 아버지를 죽이는 죄를 저질렀다. 그는 '사형이 무죄가 될 때까지', 그러니까 공소 시효가 만료될 때까지 도피행각을 벌이기로 작정한다. 그래

| 기간 | 공연 작품과 관련 정보 |
|---|---|
| 1937.6.12~6.16<br>호화선 제6주 공연 | 비극 이운방 작 〈항구의 새벽〉(3막 5장)<br>희극 남궁춘(박진) 작 〈연애전선이상있다〉(1막) |
| 1937.8.31~9.5<br>호화선 제3주 공연 | 비극 이운방 작 〈항구의 새벽〉(3막 5장)<br>정희극 최독견 작 〈아우의 행복〉(1막) |

서 그는 애인과 함께 이향촌理鄕村을 찾아 항구를 떠나게 된다.[27]

정수가 애인과 항구를 떠나는 시점은 새벽 무렵으로 판단된다. 새벽
녘의 어스름을 이용해야 행적을 감추기 편하기 때문이다. **그림 185**는 어
스름을 이용하여 조그만 배를 타고 바다로 나가는 정수와 여인의 모습
을 포착하고 있다.

당시 이 〈항구의 새벽〉에는 호화선의 '남녀제우男女諸優'가 출연했고,
대규모의 무대장치는 전례가 없는 것으로 고평되었다.[28] 실제로 〈항구
의 새벽〉의 무대장치는 초연 시점의 관객과 평론가들뿐만 아니라, 후대

그림185 **동양극장 호화선 〈항구의 새벽〉**(무대 사진)[29]

27  「〈항구(港口)의 새벽〉의 무대면」, 『동아일보』, 1937.6.15, 7면 참조.
28  「〈항구(港口)의 새벽〉의 무대면」, 『동아일보』, 1937.6.15, 7면 참조.
    https://newslibrary.naver.com/viewer/index.nhn?articleId=1937061500209
    107010&editNo=2&printCount=1&publishDate=1937-06-15&officeId=000
    20&pageNo=7&printNo=5673&publishType=00010

의 미술사가 혹은 무대장치가들에게도 경외의 대상이 되었다. 그래서 〈항구의 새벽〉의 무대디자인이 '작품 미상'의 형태로, 후대의 저서에 무대 전경 사진으로 삽입된 바 있었다. **그림 186**이 그것이다.

그림186 **최상철의 『무대미술 감상법』에 수록된 무대 사진**(작자 미상으로 표기됨)[30]

결국 최상철이 자신의 책에 수록한 무대 사진은, 동양극장 호화선의 〈항구의 새벽〉이었으며, 그 작자는 동양극장 '무대장치부'였다. 원우전이 이 무대장치를 디자인한 가장 유력한 인물로 추정되며, 설령 직접 디자인하지 않았다고 해도 무대팀으로서 이 작업에 참여했고 무대팀의 수뇌로서 작업을 통솔했다고 보아야 한다.

위 무대 사진에서 주목되는 점은 걸개그림(배경화)과 무대장치가 만나는 지점, 즉 먼 바다의 풍경과 가까운 파도라는 무대장치가 실제로 합

---

29  「〈항구(港口)의 새벽〉의 무대면」, 『동아일보』, 1937.6.15, 7면 참조.
30  최상철, 『무대미술 감상법』, 대원사, 2006, 121면.

쳐지는 기술이다. 즉 이 제작팀은 걸개그림만으로 바다를 표현하지 않고, 무대 위에 파도 높이의 단을 설치하고 채색하여 먼 바다에서부터 물결이 밀려오는 듯한 인상의 무대 풍경을 만들어 내었다.

이를 위해 걸개그림과 무대 바닥이 만나는 지점(upstage의 무대 끝 지점)에 방파제를 배치하여, 자칫하면 부자연스러울 수 있었던 무대 바닥과의 접합 면을 교묘하게 감추고 시각적으로 연결된 상황을 강조하고자 했다. 그러면서 방파제가 제법 멀리 있다는 설정을 활용하여, 작은 무대장치로 방파제를 표현하는 데에 성공했다. 방파제부터 무대 바닥을 따라 물결(파도 높이의 단)을 장치한 것이다. 배경화(걸개그림)와 실제 장치를 접합하여 연극 무대에서 관례적인 원근감을 구현하면서도,[31] 전체적인 통일성을 잃지 않도록 배려한 점이 이채로운 무대디자인이라 하겠다.

이러한 '물결'의 중앙 부분(LC에서 RC 방향으로 이동)에 배를 배치했고 그 위에 남녀가 승선하고 있다. 작품의 내용상 이 배는 무대를 가로질러 파도를 타고 움직이는 동(작)선을 수행했을 것이다. 무대미술가가 연출자의 작품 해석 혹은 희곡의 의미를 분명하게 표현하고, 때로는 이를 뒷받침하는 역할을 해야 한다고 할 때,[32] 〈항구의 새벽〉에서 바다 풍경과 이를 가로지르는 배는 등장인물의 떠남(탈출)을 시각적으로 구현할 수 있는 기회를 제공했던 것이다.

고설봉은 무대장치부원 중에서 원우전이 세트를 제작하기 전에 모형

---

31  권현정, 「무대미술의 관례성」, 『프랑스어문교육』 15권, 한국프랑스어문교육학회, 2003, 314~315면 참조.
32  송관우, 「무대미술의 활성화에 대한 일고」, 『미술세계』(35), 미술세계, 1987, 64면 참조.

그림187 **동양극장 청춘좌의 〈외로운 사람들〉**(무대 사진)[35]   그림188 **동양극장 청춘좌의 〈남아행장기(男兒行狀記)〉**(무대 사진)[36]

을 만드는 작업 스타일을 지녔다고 증언한 바 있다.[33] 〈항구의 새벽〉 세
트야말로 모형으로 사전 작업을 했을 것으로 보이는 사례가 아닐 수 없
다. 걸개그림과 무대장치가 정교하게 조합을 이루었을 때, 실제적인 사
실성과 구조적인 완결성이 높아지기 때문이다.

　걸개그림과 관련하여 〈항구의 새벽〉은 흥미로운 시사점을 주고 있
다. 〈항구의 새벽〉은 비록 호화선의 공연이었지만, 공연 시점이 1937
년이기 때문에, 당시 집중적으로 대외에 소개된 청춘좌의 공연과 관련
이 깊었던 것으로 보인다.

　당시 소개된 청춘좌의 작품 가운데 시기적으로 〈항구의 새벽〉과 인
접한 작품의 무대 사진을 모아 보겠다.

　청춘좌의 〈외로운 사람들〉과 〈남아행장기〉는 모두 정교한 걸개그림
을 사용하여 무대디자인을 도안한 경우이다.[34] 〈항구의 새벽〉과 비교할
때, 공연 시기도 근 1달 정도밖에 차이가 나지 않는다. 〈항구의 새벽〉이

---

**33**　고설봉, 「무대미술 담당자 원우전」, 『증언 연극사』, 진양, 1990, 138면 참조.
**34**　〈외로운 사람들〉과 〈남아행장기〉의 무대 사진과 기본 정보 그리고 관련 해석은 다음
　　의 논문을 참조했다(김남석, 「동양극장 발굴 자료로 살펴본 장치가 원우전의 무대미
　　술 연구」, 『동서인문』 5호, 경북대 인문학술원, 2016, 126~129면 참조).

1937년 6월에 공연되었다면, 〈외로운 사람들〉과 〈남아행장기〉는 모두 1937년 7월에 공연되었기 때문이다. 따라서 1937년 6~7월에 이르는 시기는, 동양극장의 공연에서 걸개그림의 사용 빈도와 의존도가 높았던 시기라고 할 수 있겠다.

하지만 주목해야 할 세 작품의 공통점은 걸개그림이 배경으로서만 기능하는 것이 아니라, 무대장치와의 연속적인 결합(일종의 접합면)을 중시 여겼다는 사실이다. 〈항구의 새벽〉에서 먼 바다와 가까운 물결의 자연스러운 접합(배치)가 나타난 것처럼, 〈외로운 사람들〉과 〈남아행장기〉에서는 걸개그림이 집 혹은 마을의 무대장치와 조화를 이루도록 배려하고 있다. 특히 나무를 통해 걸개그림과 무대장치가 만나는 지점을 자연스럽게 보이도록 유도하고 있는 점은 주목되지 않을 수 없다.

따라서 동양극장 무대장치부는 단순하게 걸개그림을 걸고 극적 배경을 축조하려 했다기보다는, 걸개그림의 무대미술 효과를 최대로 활용하여 이를 무대 면(특히 접합지점)의 실제 무대장치와 융합하려 했음을 확인할 수 있다. 이러한 융합의 기술이 정점에서 실현된 무대장치가 〈항구의 새벽〉이었다고 하겠다.

〈항구의 새벽〉에서 다른 한편으로 주목되는 점은 움직이는 배이다.

---

35 「청춘좌소연(靑春座所演) 〈외로운 사람들〉 무대면(동양극장에서)」, 『동아일보』, 1937.7.9, 6면.
https://newslibrary.naver.com/viewer/index.nhn?articleId=1937070900209
106008&editNo=2&printCount=1&publishDate=1937-07-09&officeId=000
20&pageNo=6&printNo=5697&publishType=00010

36 「〈남아행장기(男兒行狀記)〉의 무대면」, 『동아일보』, 1937.7.25, 7면.
https://newslibrary.naver.com/viewer/index.nhn?articleId=1937072500209
107009&editNo=2&printCount=1&publishDate=1937-07-25&officeId=000
20&pageNo=7&printNo=5713&publishType=00010

무대에서 배를 움직이게 하는 것은 관객들에게 일상적인 관람 요소는 아니라고 해야 한다. 배가 매끄럽게 움직이게 하는 것에는 적지 않은 기술과 시간이 요구되기 때문에, 그에 따른 준비가 필요하기 마련이며, 연극이 지닌 실시간 감상으로 인해 이러한 준비는 관람 효과를 상승시키는 요인이 되기에 충분하다.

게다가 배의 움직임은 간접적으로 물길의 존재를 상기시킨다는 점에서, 약 2개월 후에 공연되는 〈명기 황진이〉(1936년 8월 1일 개막)류의 '흐르는 물(폭포)'의 창조와 그 아이디어와 무대 콘셉트가 닿아 있다고 하겠다.

### 3) 이운방 작 〈단풍이 붉을 제〉(1937년 9월 11일~15일)의 황폐한 공간

호화선의 극작가 이운방은 1937년 9월 11일부터 15일까지 〈단풍이 붉을 제(때)〉(3막)를 공연했다. 이 시점은 〈항구의 새벽〉 재공연과, 〈남편의 정조〉 재공연이 시행된 이후에 해당한다.

〈표12〉

| 기간 | 공연 작품과 관련 정보 |
|---|---|
| 1937.8.31~9.5<br>호화선 제3주 공연 | 비극 이운방 작 〈항구의 새벽〉(3막 5장)<br>정희극 최독견 작 〈아우의 행복〉(1막) |
| 1937.9.1963년 6월,.10<br>호화선 제4주 공연 | 비극 이운방 작 〈남편의 정조〉(3막 4장)<br>희극 남궁춘(박진) 작 〈그보다 더 큰일〉(1막) |
| 1937.9.11~9.15<br>호화선 제5주 공연 | 비극 이운방 작 〈단풍이 붉을 때〉(3막)<br>희극 남궁춘(박진) 작 〈아버지 이백근〉(1막) |

당시 이 작품은 박진 작 〈아버지 이백근〉과 함께 공연되었다. 당시

비극이자 정극 작품이었고, 3막의 다막극이었다. 지금까지 조사된 바로는, 〈단풍이 붉을 때〉는 이후 한 차례도 재공연되지 않았다. 공연 대본은 남아 있지 않지만, 다행히 당시 무대디자인이 간략한 사진으로 남아 있다.

그림189 **동양극장 호화선의 〈단풍이 붉을 제〉**(무대 사진)[37]

이 작품의 무대디자인은 상당히 파격적이다. 동양극장 무대 벽면이 상당 부분 그대로 드러날 정도로 과감하게 노출한 세트를 설치했다. 배경막(걸개그림)이나 설치된 세트로 무대 후면(벽)을 가리는 것이 일반적인 무대 제작 방식이었다면, 〈단풍이 붉을 제〉의 세트는 간결하고 단출한 인상을 자아내고 있다.

흥미롭게도 위의 사진에서 실제로 무대를 가로질러 무대 상단에 놓

---

**37** 「〈단풍이 붉을 제〉의 무대면(舞臺面)」, 『동아일보』, 1937.9.14, 6면.
https://newslibrary.naver.com/viewer/index.nhn?articleId=1937091400209
106025&editNo=2&printCount=1&publishDate=1937-09-14&officeId=000
20&pageNo=6&printNo=5764&publishType=00010

여 있었다는 창공막의 윤곽을 찾아 그 실체를 엿볼 수 있다. 동양극장은 호리존트가 설치된 극장으로 그 위명이 높았다. 각종 증언에서 동양극장이 현대적 시설을 갖춘 증거로 호리존트와 회전무대를 꼽곤 했다. 회전무대가 실질적으로 거의 사용된 적이 없다고 할 때, 호리존트는 동양극장 시설의 자랑이 아닐 수 없는 셈이다.

그런데 〈단풍이 붉을 제〉는 헐벗은 무대 콘셉트로 인해 이러한 호리존트의 실체를 확인할 수 있었다. 주지하듯 호리존트horizont는 무대 바닥에서 천장까지 이어져 있는 세트의 면을 가리킨다.[38] 물론 〈단풍이 붉을 제〉는 3막의 작품이므로, 이 장면(무대 사진)만으로 다른 막까지 판단해서는 안 되겠지만, 적어도 이 막만을 놓고 본다면 '대담한 생략 기법'과 '거친 표현법'이 주목을 끄는 세트라고 하겠다.

더구나 무대는 벽면을 그대로 드러내는 과감한 선택을 통해 폐허의 느낌을 극대화하고자 했다. 낮은 담장이 하수 쪽에 배치되었고, 상수 쪽은 무너질 듯 위태롭게 서 있는 건물 벽면(정상적인 출입구가 아니라 임시로 변통한 인상을 강하게 풍긴다)이 차지하고 있다. 하수 쪽에 나무가 배치되었다면, 상수 쪽에는 자질구레한 소품이 놓였다. 농기구나 목책 등으로 보이는 소품들을 통해, 비록 현재에는 황폐화된 공간이지만 과거에는 인간의 온기가 풍성했던 공간임을 은연중에 드러내고 있다.

무대 사진에서 배우들은 무대 중앙에 몰려 있다. 이 장면에서 배우들이 집중해야 하는 사건이 일어났거나 상호 간의 대화가 활발하게 진행되고 있기 때문으로 여겨진다. 훤하게 드러난 무대 벽면으로 인해 배우

---

38  색을 칠하거나 조명을 가하여 무한 공간처럼 보이게 할 수 있다는 뜻에서 '창공막'이라고 부르기도 하는데, 고설봉은 창공막이라고 설명한 바 있다.

들의 모습이 일목요연해 보이는 효과를 거두고 있고, 반면 이로 인해 황
량한 풍경은 더욱 가중되는 인상이다.

폐허가 된 공간이 어떠한 이유로 필요했는지는 확인할 수 없지만, 단
풍이 붉게 물드는 가을 시점에서, 이러한 무대 정서는 쓸쓸한 정감을 북
돋우는 역할을 했다고 할 수 있다.

〈단풍이 붉을 때〉는 무대 배치를 정교하고 풍요롭게 시행하지 않은
디자인으로서 주목된다. 걸개그림을 걸지도 않았고, 무대 곳곳을 장치
물로 채우지도 않았다. 극적 배경을 형성하는 세트 역시 상당히 간략화
된 형태로 구현되었다. 그로 인해 복잡한 세트가 담보할 수 없는 연극적
집중, 그러니까 배우들의 연기에 대한 주목 효과가 커질 수 있었다.

### 4) 이서구 작 〈불타는 순정〉(1937년 12월 8일~13일)의
### 벤치와 야외 풍경이 어우러진 세련미

이서구 작 〈불타는 순정〉은 1937년 12월 8일부터 13일까지 호화선
의 공연으로 무대에 올랐다.

〈표13〉

| 기간 | 공연 작품과 관련 정보 |
|---|---|
| 1937.12.8~12.13<br>호화선 제2주 공연 | 수양산인(송영) 작 〈벙어리 냉가슴〉(1막)<br>이서구 작 〈불타는 순정〉(3막 4장) |

〈불타는 순정〉의 대본은 남아 있지 않으나, 관련 신문 광고를 통해
그 개요를 어렴풋하게나마 엿볼 수 있다.

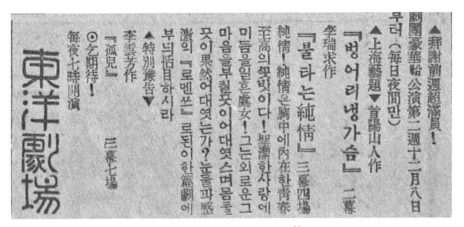

그림190 〈불타는 순정〉의 신문 광고[39]

주인공은 여성으로, 그녀는 '성결한 사랑'에 대한 믿음을 가지고 있던 처녀로 설정된다. 하지만 그녀는 사랑으로 인해 '외로운 처지'(실연)로 전락하고 사랑에 대한 믿음을 잃어버린 채, 자신의 몸을 둘 곳마저 잃어버리고 만다. 당시 광고는 '눈물과 감격의 로맨스'를 강조하면서 멜로드라마의 정서를 암시하고 있다.[40]

아쉬운 대로 개략적인 작품 내용을 참조하여, 아래 무대디자인을 살펴보자. 여인은 두 남자 사이에서 주저앉아 있다. 비록 무대 사진은 단편적인 광경만을 포착하고 있으나, 주인공 여성이 사랑에 대한 믿음을 잃어버리고 실의에 빠진다는 작품 내용과 상통하며, 두 남자는 이 여성으로 하여금 사랑을 상실하도록 반 강요하는 기본적인 요인을 연상하도록 만든다. 두 남자 사이에서 오도 가도 못하는 여성 심리를 상징적으로 담아낸 장면(사진)이라고 볼 수 있다.

39  『매일신보』, 1937.12.10, 2면 참조.
40  『매일신보』, 1937.12.10, 2면 참조.

그림191 **동양극장 호화선 〈불타는 순정〉**(무대 사진)[41]

이 작품의 무대디자인은 상당히 세련된 스타일로 구현되었다. 벽돌
을 쌓아 올린 건물의 외관이 품위 있게 살아났으며, 담장 너머와 무대
공간 사이의 대비도 비교적 선명하게 성립되었다. 무대 하수에 위치한
건물도 정교한 디테일이 살아 있다.

〈불타는 순정〉의 무대는 기본적으로 실외에 해당한다. 상수 쪽에는
건물의 현관이 배치되어 있어, 해당 공간에 별도의 건물이 존재한다는
인상을 창출하고 있다. 마찬가지로 하수에도 작은 건축물이 자리 잡고
있어 두 건물(형해)은 상호 대칭되는 형세를 이루고 있다. 작은 예배당
처럼 보이는 이 건물은 한두 사람이 들어갈 수 있는 좁은 공간만 허용되
고 있지만, 상수에 세워진 현관과 실제 크기는 비슷한 편이어서, 두 개

41 「사진은 〈불타는 순정〉의 일 장면」, 『동아일보』, 1937.12.11, 5면.
   https://newslibrary.naver.com/viewer/index.nhn?articleId=1937121100209
   105013&editNo=2&printCount=1&publishDate=1937-12-11&officeId=000
   20&pageNo=5&printNo=5852&publishType=00010

의 건물이 등치된 인상을 강하게 풍긴다.

좌우 두 건물 사이에는 사람 목 높이의 담장이 둘러 있다. 이 담장을 보면 두 개의 건물은 하나의 정원으로 여겨질 수도 있다. 중앙에 벤치는 이러한 인상을 부각시킨다. 자세히 보면, 담장 가운데 부분 벤치 왼쪽에 작은 문이 있다. 사람이 허리를 구부려야 통과할 수 있는 크기인데, 비상구로 여겨진다.

이러한 인상을 종합하면, 무대에 구현된 공간은 실외이기는 하지만 야외라기보다는 정원이나 후원의 인상을 풍긴다. 하수에 세워진 건물을 예배당으로 간주한다면, 전체적인 무대 인상은 한적한 성당이나 수녀원의 정원쯤으로 보인다. 이렇게 전체적인 인상을 정리하면, 한적한 뒤뜰의 무대 중앙에 놓인 벤치에 관심을 기울이지 않을 수 없다. 이 벤치는 청춘좌가 공연했던 〈눈물을 건너온 행복〉에서 사용된 벤치와 근본적으로 흡사한 모양이다.

1937년 10월에 공연된 〈눈물을 건너온 행복〉(1937년 10월 1일~6일)은 청춘좌의 공연작이긴 하였지만, 동양극장 무대장치부가 제작한 세트답게 호화선의 〈불타는 순정〉과 흡사한 구도를 풍기고 있다. 이것은 아무래도 제작자가 유사할 뿐만 아니라, 시기적으로도 인접해 있기 때문으로 풀이된다.

하지만 벤치의 모양이 비슷한 것보다 더 중요한 사실이 있다. 단순히 벤치의 모양이 비슷하다는 것은 실제 현실의 그것을 모방하는 차원에

---

42  「〈눈물을 건너온 행복(幸福)〉 무대면」, 『동아일보』, 1937.10.5, 5면 참조.
https://newslibrary.naver.com/viewer/index.nhn?articleId=1937100500209
105001&officeId=00020

〈불타는 순정〉의 벤치

〈눈물을 건너온 행복〉의 벤치

그림192 **동양극장 청춘좌의 〈눈물을 건너온 행복〉**(무대 사진)42      그림193 **두 작품의 벤치**

서도 얼마든지 나타날 수 있는 현상이기 때문이다. 벤치를 주목해야 하는 이유는 두 작품의 무대 구도에서 찾을 수 있다.

먼저 두 작품은 상수에 현관을 두었다는 점이 닮아 있다. 상수의 건물은 현관 혹은 테라스를 둔 입구이고, 사람 크기의 출입구를 연상시키며, 동시에 계단을 거느리고 있다. 그러니까 이 건물(현관)을 통해 출입하는 배우들은 자연스럽게 몇 개의 단 높이를 형성할 수 있을 뿐만 아니라, 시선 방향을 무대 중앙 혹은 벤치 방향으로 돌릴 수밖에 없다.

발굴된 〈불타는 순정〉의 무대 사진에서는 이 단을 활용하여 배우가 높이 차(시선 차)를 곁들인 연기를 펼치고 있다. 상수의 남자는 두 단 정도를 확보하여 우뚝한 인상을 만들고 있고, 그 오른쪽 여인은 그 계단에 걸터앉는 방식으로 높이 차를 극대화하고 있다. 그러자 무대 평면에 위치한 제3의 인물(무대 중앙)은 두 남녀의 높이 가운데에 위치하게 된다.

이러한 높이 조정은 일률적이거나 평면적인 동작선을 없애고, 높이를 활용한 위상 차를 표현할 수 있도록 돕는다. 그러한 측면에서 상수의 현관은 무대의 단조로움을 없애는 역할을 한다고 하겠다. 물론 두 작품 모두 이러한 높이와 역할을 염두에 둔 경우이다.

하수의 공간 조형(〈눈물을 건너온 행복〉에서는 '나무') 역시 일면 유사하다. 〈불타는 순정〉의 하수 쪽 건축물(작은 예배당)은 내부가 살짝 들어간 형태(내부 공간 확보)인데, 이로 인해 이 공간에 들어간 인물(배역)들은 안온한 인상을 받을 수 있다. 〈눈물을 건너온 행복〉에서 하수 쪽 나무 역시 나뭇가지가 벤치를 둘러싸는 형국이어서, 동일한 안온함을 형성한다고 하겠다. 비록 건물의 유무에서는 차이를 보이지만, 은밀한 공간을 창출하고 독립적인 장면 전개가 가능하다는 점에서는 유사하다고 하겠다.

이러한 유사한 좌우 대칭 속에서 벤치의 위치는 다소 차이를 보인다. 〈눈물을 건너온 행복〉에서 벤치가 하수 쪽에 위치하여 일종의 독립 공간을 형성하였는데, 이러한 독립 공간은 중세시대의 무대 공간인 맨션을 연상시킨다.[43] 반면 〈불타는 순정〉에서는 벤치가 무대 정중앙에 위치한다.

더구나 〈불타는 순정〉에서는 벤치를 둘러싼 일련의 연기 영역이 독립적인 형태의 공간을 조성하는 환경의 뒷받침을 받지는 못한다. 오히려 반대로 앙상한 나무만이 한 그루 서 있는 정원 정중앙에 놓여 있어, 주위의 공간으로 열려 있는 인상— 그러니까 상수/하수 방향의 인물들

---

**43** 맨션에 대해서는 다음의 논문을 참조했다(권현정, 「무대미술의 형태미학」, 『한국프랑스학논집』 53집, 한국프랑스학회, 2006, 366~367면 참조).

과 대화나 연기를 주고받기에 최적화된 공간이라는 느낌 — 을 자아내고 있다. 따라서 벤치에서 대화가 전개될 경우, 사적인 영역을 담보받기 어려운 상황이라 하겠다. 벤치로 인해 평온하고 따뜻한 느낌을 자아냈던 〈눈물을 건너온 행복〉에 비해, 〈불타는 순정〉은 쓸쓸하고 황량한(펼쳐져 있는) 인상을 전하고 있다고 해야 한다.

〈불타는 순정〉은 연장 공연을 해야 할 정도 만원사례를 일으키며 관객의 마음을 사로잡은 것으로 알려져 있다.[44] 정서상 이러한 관객의 호응은 감성적 자극에 기인하는 바가 컸다고 하겠는데, 벤치(그 주변의 황량함)와 주변 오브제가 자아내는 공간감이 이러한 정서 전달에 한 축이 되었을 것이다. 더구나 〈불타는 순정〉의 무대디자인이 담보하고 있는 세련미도 관객들에게 호소하는 바가 컸다고 할 수 있다.


### 5) 이운방 작 〈고아〉(1937년 12월 14일~20일)의 마루

이운방 작 〈고아〉(일명 '외로운 아해', 2막 7장)는 1937년 12월 14일부터 20일까지 호화선에 의해 공연된 작품이었다. 주연 배우로 엄미화嚴美花가 등장한 점이 특기할 만한 사항이다. 엄미화가 〈어머니의 힘〉으로 대중의 인기를 모으자, 동양극장 측은 엄미화가 출연하는 작품을 일부러 기획했다. 이 작품이 〈고아〉였는데, 〈고아〉 역시 만원사례를 기록하며 흥행에 성공했다.[45] 이어 호화선은 엄미화를 주인공으로 하는 작품 〈단장비곡(혹은 '단양비곡')〉(3막)을 〈고아〉에 이어 연달아 발표했다.[46]

---

44  「만원사례(滿員謝禮)」, 『동아일보』, 1937.12.15, 1면 참조.
45  「만원사례(滿員謝禮)」, 『동아일보』, 1937.12.15, 1면 참조.

흥행 요인을 포착하면, 이러한 요인을 확실하게 활용하여 대중적 지지
와 인기를 확보하려는 동양극장의 상업성이 여실히 확인되는 사례라
할 것이다.

〈표14〉

| 기간 | 공연 작품과 관련 정보 |
|---|---|
| 1937.12.14~12.20<br>호화선 공연 | 남궁춘(박진) 작 〈부친상경〉(1막3장)<br>이운방 작 〈고아〉(외로운 아해)(2막 7장) |
| 1940.3.17~3.22<br>호화선 공연 | 이운방 작 〈나는 고아요〉(2막 5장)<br>은구산(송영) 작 희극 〈아버지는 사람이 좋아〉(1막) |

표면적으로 이운방의 〈고아〉의 재공연 사례는 발견되지 않지만,
1940년 3월 17일부터(22일까지) 이운방 작 〈나는 고아요〉(2막 5장)가
공연된 기록을 찾아낼 수 있다. 전후 정황을 볼 때, 〈나는 고아요〉는
〈고아〉의 재공연작일 가능성이 있다고 하겠다. 또한 이운방의 〈고아〉
와 동일 제목의 영화 〈家なき兒〉가 1936년 1월(15~17일)에 동양극장
에서 상영된 기록이 있어, 추후 관련성을 논의할 필요를 남기고 있다.

그림 196 무대 사진 중앙에서 중절모를 쓴 남자와 함께 연기를 펼치는
아역 배우가 '엄미화'이다. 엄미화는 1935년에 호화선에 입단해서
(1937년 엄미화의 나이는 7세로 선전됨) 1939년 아랑의 창단 멤버가 될 때
까지 호화선의 배우로 활동하였다.[47] 엄미화는 〈어머니의 힘〉, 〈고아〉,
〈단장비곡〉을 거치면서 호화선의 주연 배우로 성장했고, 그녀를 중심
으로 한 일종의 연극적 창작 기류를 창출하기도 했다. 대표적인 예로

---

46  「〈단장비곡(斷腸悲曲)〉」, 『동아일보』, 1937.12.21, 1면 참조.
47  서일성, 「뾰족집으로 간 엄미화」, 『삼천리』 13권 3호, 1941.3, 202~203면 참조;
    박진, 「아랑소사」, 『삼천리』 13권 3호, 1941.3, 201~202면 참조.

1938년 5월 20일(~24일)에 공연된 이서구(이고범) 작 〈집 없는 아해〉(3막 4장)를 들 수 있다. 이 작품 역시 엄미화가 주연인 공연으로, '엄미화 주연'임을 공표한 경우에 해당한다. 즉 엄미화가 주역인 점을 강조하여 관객들에게 정서적인 자극과 공감대를 형성하도록 만들어 궁극적으로 흥행 효과를 노린 공연이다.

그림194 **극단 아랑의 창단 당시 단체 사진 속 엄미화 모습**[48]

그림195 **엄미화 사진**

실제로 엄미화가 출연한 작품은 흥행에서 성공을 거두는 경우가 빈번했다. 동양극장 공연에서 엄미화는 〈어머니의 힘〉뿐만 아니라 〈유랑삼천리〉나 〈북두칠성〉에서 연기자로서 성공을 거둔 바 있다.[49] 위의 사진 속 엄미화는 치마를 입은 모습이지만, 아래 무대 사진 속 엄미화는 남장을 하고 있다. 여아가 아닌 남아 배역을 맡은 것으로 보인다. 관련 증언을 찾아보면, 서일성은 엄미화가 손자나 아들로 출연하는 경우가 상당했다고 증언한 바 있다. 1937년 당시 엄미화의 연령은 7세였다. 따라서 다른 배우들과 달리 무대 위의 단이 상당히 높게 보일 수밖에 없었

48 「새로 창립된 극단 아랑(阿娘)」, 『동아일보』, 1939.9.23, 5면.
49 서일성, 「뾰족집으로 간 엄미화」, 『삼천리』 13권 3호, 1941.3, 202~203면 참조.

다. 또한 키 큰 어른 배역들 사이에서 시선의 높이 차를 자연스럽게 유
도하는 역할을 했다.

그림196 **동양극장 호화선의 〈고아〉**(무대 사진)[50]

위의 무대 사진에서 가장 주목되는 무대장치는 '마루'이다. 동양극장
무대장치부는 무대의 후면에 제법 긴 마루를 설치하여, 배우들이 서고
앉는 연기가 가능할 수 있도록 무대 공간을 창출했다. 그래서 배우들은
무대 사진처럼, 무대 면에서 연기를 펼칠 수도 있고, 단(마루) 위의 공간
에서도 연기를 수행할 수 있다. 비록 단 위에서 펼치는 연기는 포착되지

---

**50** 「극단 '호화선' 소연 〈고아〉(이운방 작)의 무대면(舞臺面)」, 『동아일보』, 1937.12.19,
4면.
http://newslibrary.naver.com/viewer/index.nhn?articleId=19371219002091
04006&editNo=2&printCount=1&publishDate=1937-12-19&officeId=0002
0&pageNo=4&printNo=5860&publishType=00010

않았지만 충분한 공간을 확보했다고 볼 수 있다. 앞서 살펴본 대로, 〈애원십자로〉의 경우에는 무대 전체 길이의 2/3에 해당하는 길이를 단이 차지하고 있었고, 〈행화촌〉의 경우에도 무대의 1/3에 달하는 넓은 폭을 이러한 '단', 즉 마루가 차지하고 있었다.

이때, 마루의 기능은 두 가지로 정리될 수 있다. 하나는 서민들이 살아가는 실제 공간을 묘사하려는 의도이다. 1930년대 후반 문화주택에 대한 인식이 확산되고 있었고,[51] 무대(미술)에서도 이러한 문화주택의 이미지를 도용하려는 움직임이 확대되고 있는 상황이기는 했다. 하지만 1930년대 대다수 서민들의 주거 공간은 입식 구조의 서양식 집은 아니었다. 따라서 마루가 문화주택에 융합되면 〈애원십자로〉와 유사한 내부 공간이 창출되겠지만, 문화주택이 아닌 한식(조선식) 주거 공간에 근사한 무대를 필요로 할 때에는 〈고아〉의 마루에 해당하는 무대장치가 요구될 수밖에 없었다. 이 경우 마루는 좌식 생활을 하고 있는 서민들의 정서를 반영한 무대장치라고 하겠다.

다른 하나는 배우들의 다양한 연기를 지원할 수 있기 때문이다. 좌식 생활공간은 '(걸터)앉는 연기'를 가능하게 한다. 실제로 〈애원십자로〉에서도 그러하고, 〈행화촌〉에서도 그러하지만, 등장한 배우들은 앉는 연기와 서는 연기를 혼합해서 병행하고 있다. 〈애원십자로〉에서는 두 명이 앉아, 서 있는 두 명이 나누는 대화에 주목하고 있다. 거꾸로 〈행

---

51  당시 조선에 등장하는 문화주택은 서구식 건축물로서의 위상을 드러내기도 하지만, 한식과 양식의 절충형 문화주택의 양식을 내보이기도 한다(이경아·전봉희, 「1920년대 일본의 문화주택에 대한 고찰」, 『대한건축학회 논문집-계획계』 21권 8호, 대한건축학회, 2005, 103~105면 참조).

화촌〉에서는 앉은 두 사람이 나누는 대화에, 서 있는 여인이 끼어들고 있는 형색이다. 여러 명의 배우가 등장할 경우, 배우에 따라서는 시선의 높이 차를 마련할 수 있는 발판이 무대 위의 단, 즉 마루였다고 하겠다.

〈고아〉의 무대 사진을 보면, 서 있는 사람만 포착되고 있어, 마루의 구체적인 쓰임새까지는 확인하기 힘들다. 하지만 인물들의 크기를 염두에 둘 때, 이 마루는 하수로부터 무대 중앙까지 연결되어 있을 가능성이 높고, 적어도 무대 중앙 1/3 길이에서 올라서고 앉는 연기가 가능하도록 설치되어 있다. 따라서 장면에 따라 배우들이 적극적으로 무대 면과 마루 단을 번갈아 활용하며 다양한 동작과 입체적인 동선을 창출했을 것으로 보인다. 앞에서 말한 대로 〈고아〉에서는 아역 배우 엄미화의 존재로 인해, 무대 단이 더욱 높고 길어 보이는 효과가 창출되기도 했다.

### 6) 이서구 작 〈단장비곡〉(1937년 12월 21일~2일)의 화려한 실내 디자인

이서구 작 〈단장비곡〉('단양비곡'으로도 표기, 3막)은 1937년 12월 21일부터 26일까지 호화선에 의해 공연되었다. 엄미화가 주인공을 맡은 공연으로 호화선은 1937년 12월에 접어들면서 이서구 작 〈불타는 순정〉과 이운방 작 〈고아〉에 이어 다막작을 연달아 무대에 올리고 있었다. 특히 이 시기 호화선 연극 공연의 중심은 엄미화였다.

〈표 15〉의 호화선 공연 일정을 보면, 지방 순회공연을 마치고 1937년 11월 29일 귀경한 호화선이 약 1개월 간 중앙공연을 한 공연 일정이 나타나고 있다. 귀경 첫 주에는 〈어머니의 힘〉을 공연한다. 이 작품은 호화선의 재기, 즉 자립 경영의 기틀을 유지시키는 계기가 된다. 그 이

| 기간 | 공연 작품과 관련 정보 |
|---|---|
| 1937.11.29~12.7<br>극단 호화선 귀경 제1주 공연 | 이서구 작 〈어머니의 힘〉(3막 5장)<br>수양산인(송영) 작 〈벙어리 냉가슴〉(1막) |
| 1937.12.8~12.13<br>호화선 제2주 공연 | 수양산인(송영) 작 〈벙어리 냉가슴〉(1막)<br>이서구 작 〈불타는 순정〉(3막 4장) |
| 1937.12.14~12.20<br>호화선 공연 | 남궁춘(박진) 작 〈부친상경〉(1막3장)<br>이운방 작 〈고아〉(외로운 아해)(2막 7장) |
| 1937.12.21~12.26<br>호화선 공연 | 남궁춘(박진) 작 〈아버지 이백척(근)〉(1막)<br>이서구 작 〈단장비곡〉(3막) |
| 1937.12.27~12.30<br>호화선 공연 | 남궁춘(박진) 작 〈연애전선 이상있다〉(1막)<br>이서구 작 〈어머니의 힘〉(3막 5장) |

유는 1937년 7월 경으로 거슬러 올라간다.

1937년 7월 전후 사정을 살펴보면, 청춘좌가 받고 있었던 대외적인 압력이 대단했다는 사실을 이해할 수 있다. 당시 청춘좌의 주요 단원 중에서 일부는 새롭게 창립된 중앙무대로 이적했고, 이로 인해 청춘좌에는 일시적일지라도 배우의 누수가 생겨났다.[52] 하지만 이러한 상황에서도 청춘좌는 자신의 몫 이상을 수행하고 있었다. 그 결과 도리어 호화선이 청춘좌에 합병되는 형태의 전속극단 통합설이 나돌기도 했다.[53] 더구나 이 시기는 극장의 주도권을 두고 동양극장 간부들 사이에서 알력과 폭력이 난무할 정도로, 대내외적인 상황이 어수선한 시기이기도 했다.[54]

하지만 동양극장 측은 청춘좌와 호화선의 공연 체제를 당분간 유지하기로 결정했고, 결과적으로 호화선은 1937년 시점에서 재기를 통해

---

52 「별다른 이유(理由) 없고는 봉급(俸給)때문이지요」, 『동아일보』, 1937.6.18, 7면 참조.

53 「최근 극영계의 동정(動靜) 신추(新秋) 씨즌을 앞두고 다사다채(多事多彩)」(2), 『동아일보』, 1937.7.29, 6면 참조.

54 「극단 '호화선' 귀항(歸港)하자 간분 간에 대격투」, 『동아일보』, 1937.12.7, 2면 참조.

1940년대까지 극단 체제를 유지할 수 있었다. 이 결정적인 계기가 1937년 11월 29일부터 12월 7일까지 동양극장에서 공연된 〈어머니의 힘〉이었다. 호화선의 해체를 고민하고 있던 간부진은 〈어머니의 힘〉이 대대적인 성공을 거두면서, 호화선의 자립적인 운영 실력을 신뢰하기로 결정했다. 사실 이 작품이 공연되는 호화선의 귀경 공연은 호화선에게 주어진 거의 마지막 기회였다는 점에서 매우 주목되는 공연이 아닐 수 없었다.

전술했지만 동양극장 측은 이러한 성공 요인이 엄미화라는 아역 배우에게 있다고 단정했다. 그래서 엄미화를 활용할 수 있는 작품 산출에 집중하게 되었고, 〈어머니의 힘〉 이후 〈고아〉와 〈단장비곡〉을 차례로 기획하면서 엄미화의 인기를 활용하려는 공연 전략을 앞세웠다.

천재아 엄미화 양 열연
손꼽아 기대리든 명극 〈단장비곡〉은 마츰내 천재아 엄미화 양의 열연으로 그 막을 열게 되엇습니다. 이 연극을 보고 흔릴 눈물은 결코 지나가는 감상의 그것이 아니라 인간의 저류를 흐르고 잇는 순방한 눈물일 것입니다. 극의 사명인 고귀한 감격의 발로로서써 일적천금의 눈물일 것입니다. 꼭 보아두서요.

그림197 호화선의 〈단장비곡〉 신문 광고[55]

---

55 「천재아 엄미화 양 열연」, 『동아일보』, 1937.12.21, 1면.

그림 197의 문구는 〈단장비곡〉의 신문 광고 문안이다. 특히 엄미화의 연기를 강조하며, 관객들이 엄미화의 열연을 보러 와야 한다는 자극적인 유혹을 내세우고 있다. 앞에서 거론한 대로, 당시 호화선은 재정적인 침몰과 함께 내분과 인기 하락으로 어려움을 겪고 있었는데, 이를 극복하도록 도운 엄미화의 힘을 느낄 수 있는 대목이다.

아쉽게도 이러한 〈단장비곡〉의 내용은 현재 알려져 있지 않다. 대본도 부재하고 관련 증언이나 공연평도 찾기 어려운 형편이다. 하지만 당시 〈단장비곡〉에 대한 흥미로운 정보가 담겨 있는 무대 사진이 남아 있다. 이 사진에 따르면 〈단장비곡〉은 화려한 내부 치장을 동반한 서구식 실내를 공간적 배경으로 삼고 있는 작품이었다.

그림198 **동양극장 호화선의 〈단장비곡〉**(무대 사진)[56]

---

**56**　「동양극장에서 상연 중인 〈단장비곡〉의 일 장면(一場面)」, 『동아일보』, 1937.12.25,
4면 참조.
http://newslibrary.naver.com/viewer/index.nhn?articleId=19371225002091
04007&editNo=2&printCount=1&publishDate=1937-12-25&officeId=0002

무대는 격자형 대형 유리창이 있는 방이다. 1930년대 문화주택의 이미지를 풍기고 있으며, 탁자의 모양이나 내부 장식이 이러한 문화주택을 무대에서 적극적으로 구현하려고 했음을 보여준다. 하수 방향에는 여인 세 명이, 상수 방향에는 남자 네 명이 서 있다.

하수 방향 세 명의 여인은 무대 왼쪽<sup>left side</sup>을 보고 서 있고, 상수 방향 남자 세 명은 무대 오른쪽<sup>right side</sup>을 보고 서 있다. 자연히 그 가운데 관객석 방향을 바라보고 서 있는 남자가 중심축을 이루고, 나머지 세 명씩의 인물들은 이 남자를 중심으로 좌우로 벌려서 있는 형국인 셈이다.

이러한 분위기는 마치 주례를 사이에 두고 결혼할 신랑과 신부가 마주 보고 있는 듯한 형상이다. 그렇다면 가운데 남녀의 뒤로 자리를 잡은 각각 2명씩 인물들은 하객이거나 들러리라고 할 수 있다. 지금으로서는 추정에 불과하지만, 한 가지 확실한 것은 이 공연(장면)의 무대 중심이 가운데에 위치한 채로 정면(관객)을 응시하는 사람에게 모아졌으며, 나머지 인물들은 전체적으로 좌우대칭을 맞추듯 상/하수 방향으로 늘어서 있다는 점이다.

연기 공간이 수평적으로 늘어서는 바람에 무대 깊이를 활용한 연기에는 다소 제약이 가해졌다. 무대에서 원근감은 수평적인 움직임보다는 수직적인 움직임에 의해 좌우되는데, 위의 장면은 이러한 수직적 움직임에 아무래도 제약을 가할 수밖에 없다.

지금까지 발견된 1937년 무렵의 호화선 무대디자인은 대체로 수평적인 움직임에 익숙하도록 구성되어 있다. 즉 9등분 된 무대의 후면(UR-

0&pageNo=4&printNo=5866&publishType=00010

UC-UL)에 장치가 구축되면서 배우들이 움직일 수 있는 연기 영역이 자연스럽게(RC-C-LC 라인과, DR-DC-DL라인으로) 위축되기 때문이다.

특히 UR-UC-UL 라인에 무대장치가 구축되고, C(center)에 탁자가 놓이면, 배우들은 RC-C-LC 라인도 자유롭게 활용하기 어렵게 된다. 그렇다면 실질적으로 배우들이 움직일 수 있는 공간은 DR-DC-DL 라인만 남게 되고, C의 점유로 인해 RC와 LC 또한 자유롭게 들고 나기 어려운 공간으로 변한다. 그러니 위의 사진처럼 여자들은 DC에서 DR로 수평적인 줄을 서게 되고, 남자들은 DC에서 DL로 수평적인 줄을 서게 된다. 무대 가운데 위치한 남자는 C에 놓인 탁자로 인해 탁자 뒷공간인 UC 인근에 머물게 된다.

이러한 인물 배치는 남자와 여자의 균형을 가져오기는 하지만 전반적으로 배우의 움직임을 둔탁하게 만들고 만다. 사실 이러한 배치 속에서 인물들이 자유롭게 편안하게 움직일 수 있는 공간은 제약을 받게 되고, 결국 경직된 공간 속에서 꼼짝없이 갇히는 신세가 된다. 만일 이러한 공간을 고의적으로 필요로 했다면, 〈단장비곡〉은 그 정수를 보여주는 작품이라고 할 수 있겠다.

## 7) 이서구 작 〈애별곡哀別曲〉(1938년 3월 4일~9일)의 항구 풍경과 수평적 움직임

등장인물들의 수평적인 움직임을 보여주는 대표적인 작품으로 〈애별곡〉을 꼽을 수 있다. 이서구 작 〈애별곡〉(3막 6장)은 1938년 3월 4일부터 9일까지 호화선에 의해 공연된 작품이다. 초연 시에는 관악산인

(이서구) 작 〈국경은 소란타〉(2경)와 함께 공연되었다. 이후 〈애별곡〉은 1941년 6월 6일부터(10일까지) 재공연되었다. 재공연될 시점에서는 청춘좌와 합동 공연으로 진행되었고, 3막 5장으로 한 장이 축소되었다.

〈표16〉

| 기간 | 공연 작품과 관련 정보 |
|---|---|
| 1938.3.4~3.9<br>호화선 공연 | 관악산인(이서구) 작 〈국경은 소란타〉(2경)<br>이서구 작 〈애별곡〉(3막 6장) |
| 1941.6.6~6.10<br>청춘좌·호화선 합동대공연 | 이서구 작 〈애별곡〉(3막 5장) |

1938년 초연 시에는 휴연 중이던 최선이 출연하여 주연 배우 역할을 수행했다.[57] 초연 시 공연 사진이 아래의 사진이다. 작품의 공간적 배경은 항구이다. 특이한 점은 무대 upstage에 배가 드나드는 수로를 만들고, 무대 downstage에 사람이 드나드는 보도를 만들었다는 점이다. 현재 사진으로 포착된 장면을 관찰하면, upstage의 배가 상수 쪽으로 나가고 있다는 추정을 할 수 있다. 전송하는 여인들은 남자들이 탄 배를 향해 손을 흔들고 있고, 남자들은 부두에 모인 여인들을 향해 모자를 벗어 흔들고 있다. 전형적인 항구에서 이별 혹은 전송 장면이라고 할 수 있다. 1938년이라는 시기를 감안하면, 전쟁과 관련된 이별일 가능성도 함부로 배제할 수 없다.

여인들이 떠나는 배를 향하여 환송하는 풍경이 인상적인 이 사진은 앞에서 언급한 〈단장비곡〉의 무대 사용과 유사한 쓰임새를 추구하고 있다. UR-UC-UL 라인에는 배가 드나들어야 하고, RC-C-LC 라인에는

---

57 「사진 동양극장 전속극단 '호화선' 금주 소연의 이서구 작 〈애별곡(哀別曲)〉의 일 장면」, 『동아일보』, 1938.3.9, 5면 참조.

그림199 **동양극장 호화선의 〈애별곡〉**[58]

부두의 인도가 자리 잡고 있어, 두 라인으로의 자유로운 이동이 상당히 제약될 수밖에 없다. **그림 199**의 사진은 이러한 상황을 보여준다. 떠나는 배 위의 남자들은 UR-UC-UL 라인를 통해 상수 쪽으로 빠져나가고 있고, 이를 환송하는 여인들은 RC-C-LC 라인에 일렬로 도열해 있다.

여기에 높이 차 때문에 DR-DC-DL 라인은 거의 사용할 수 없으며, 설령 사용한다고 해도 DR-DC-DL 라인에서 수평적인 이동만 가능하다. 그러니까 Downstage에서 Center 라인으로의 이동이 극도로 제한될 수밖에 없다. 그뿐만 아니라 Center 라인에서 Upstage 라인으로의 이동은 거의 없다. 배를 타는 동선을 제외하고는 이동할 수 없는 움직임이라고 해야 한다.

---

58 「사진 동양극장 전속극단 '호회선' 금주 소연의 이서구 작 〈애별곡(哀別曲)〉의 일 장면」, 『동아일보』, 1938.3.9, 5면 참조.
http://newslibrary.naver.com/viewer/index.nhn?articleId=19380309002091
05010&editNo=2&printCount=1&publishDate=1938-03-09&officeId=0002
0&pageNo=5&printNo=5939&publishType=00010

그렇다면 이 공연에서 수직적인 움직임은 매우 둔화될 수밖에 없었고, 배우들의 이동 경로는 수평적인 두 줄기 라인밖에는 없다고 해야 할 것이다. 그렇다면 무대 외적인 문제로 단조로운 동선을 지적하지 않을 수 없다.

무대장치의 측면에서 흥미로운 점은 배가 움직이도록 설계된 점이다. 동양극장 무대미술팀은 〈항구의 새벽〉에서도 배가 상수에서 하수로 이동할 수 있도록 무대를 배치한 바 있었다. 마찬가지로 〈애별곡〉에서도 제법 큰 배가 하수에서 상수로 이동하는 장면을 연출하고자 한 것으로 보인다. 이러한 배의 움직임은 관객들의 흥미를 끌 뿐만 아니라, 극 중 흐름의 유연한 전개를 가능하게 한다는 점에서 이채로운 대목이 아닐 수 없다.

동양극장 무대미술팀은 무대에서 흐르고 움직이는 것에 대한 관심이 많았다. 가령 청춘좌 〈명기 황진이〉 공연에서 나타났던 '흐르는 물'이 대표적이며, 〈항구의 새벽〉에서 물결을 따라 움직일 수 있게 설정되었던 '배' 역시 이러한 움직이는 기물에 속한다고 하겠다. 〈애별곡〉에서는 더욱 적극적인 차원에서 움직이는 배를 고안했다고 할 수 있다.

한편, 이와 유사한 무대미술 조건을 가진 공연작으로 〈청춘일기〉(청춘좌 제작)를 들 수 있다. 이운방 작 〈청춘일기〉는 1937년 8월(10일~15일)에 공연된 작품으로, 〈애별곡〉보다 거의 6개월 이전에 발표된 작품이다. 〈청춘일기〉는 재공연된 적이 없는 작품이었고, 〈애별곡〉과는 달리 청춘좌에서 제작된 작품이었다.

이 작품은 호화선 제작 작품이 아니기 때문에, 원칙적으로는 분석 대상에서 제외될 수밖에 없지만, 참조를 위해 인용하면 아래의 사진과 같

| 기간 | 공연 작품과 관련 정보 |
|---|---|
| 1937.8.10~8.15<br>청춘좌 공연 | 비극 이운방 작 〈청춘일기〉(3막 6장)<br>폭소극 구월산인(최독견) 작 〈장가보내주〉(1막) |

다. 우선, 관련 무대 사진을 비교하여 두 작품에 존재하는 무대미술의
유사점을 찾아보자.

그림200 이운방 작 〈청춘일기〉[59]

〈청춘일기〉의 공간적 배경은 지방 철도역으로 여겨진다. 그림200의
무대 사진을 보면, '경성행'이라는 푯말이 걸려 있고, 무대 좌우는 철길
을 연상시키는 담장이 둘러쳐 있다. 만일 기차가 이 역을 도착하고 떠난
다면, 목책 너머 존재할 것으로 여겨지는 철로를 따라 출입이 이루어질
것이다. 그러니 목책 뒤로 기차가 들어왔다가 또 사라지는 동선이 생겨
날 수밖에 없다.

---

59 「〈청춘일기〉의 무대면」, 『동아일보』, 1937.8.15, 6면.
http://newslibrary.naver.com/viewer/index.nhn?articleId=19370815002091
06015&editNo=2&printCount=1&publishDate=1937-08-15&officeId=0002
0&pageNo=6&printNo=5734&publishType=00010

그로 인해 UR-UC-UL 라인이 점유될 수밖에 없고, RC-C-LC 라인도 인물들의 수평적인 움직임에 따를 수밖에 없어진다. 전반적으로 철도와 항로가 동일하고, 철로변의 인도와 부두의 포도鋪道가 서로 흡사하다. 그러니 두 개의 라인이 생겨나는 이유 또한 같을 수밖에 없다. 이러한 철도역의 존재는 사실 흥미로운 무대 설정이 아닐 수 없다. 더 정확하게 말하면 1937년 8월 〈청춘일기〉에서 '철도역'으로 구획된 무대디자인은, 반 년 후인 1938년 3월 〈애별곡〉의 '항구'의 설정으로 재도입된다고 하겠다.

무엇보다 이 무대미술에서는 철도역을 따라 둘러쳐진 목책으로 인해 무대 좌우의 움직임이 편안해지는 반면, 무대 전면↔후면(그러니까 Upstage↔Downstage)으로 이어지는 수직적 움직임이 크게 제약을 받을 수밖에 없다. 이러한 무대 배치와 인물 동선은 결국 수평으로 움직이고 연기하는 동선을 지향할 수밖에 없다.

〈애별곡〉이나 〈청춘일기〉의 모든 장면이 이러한 무대 공간에 의존했다는 속단은 내릴 수 없다. 두 작품은 모두 3막 6장의 다막작이었기 때문에, 무대 배경(장면 설정)은 얼마든지 변화할 수 있기 때문이다. 더구나 철도역이나 부두 같은 공간은 특정한 사건을 위해 도입된 공간일 가능성이 높으며, 이로 인해 입체적인 동선과 연기에 제약을 받으면서도 무대 효과를 위해 그 불편함을 감수했을 가능성도 존재한다. 그만큼 움직이는 기물(배나 기차)의 역동적인 모습을 포착해야 할 필요가 컸다고 보아야 할 것이다.

## 5. 1937~1938년 호화선 무대디자인을 통해 본
## 동양극장 무대미술의 장점과 미학

### 1) 걸개그림과 무대장치의 앙상블 - 무대 전체의 장치화

과거 동양극장의 연극에서 걸개그림은 요긴한 역할을 수행하곤 했
다. 걸개그림은 배경의 직접적인 설명이 가능했기 때문에, 걸개그림에
의존하는 무대장치는 해당 사건이 인지되어야 할 시공간적 배경을 요
약적으로 설명할 수 있다. 그러니까 해당 사건이 일어나는 시점과 공간
을 걸개그림은 충실하게 시각적 정보로 환원할 수 있었던 것이다.

반면 걸개그림은 평면으로 표현된 그림이기 때문에, 이러한 그림이
무대 위에서 입체적인 오브제와 만날 경우 어색한 접합면을 지니게 된
다. 따라서 걸개그림 자체가 주는 사실성은 뛰어나다고 해야 하지만, 이
걸개그림이 3차원의 무대와 만날 경우에는 오히려 사실성을 저하시킬
가능성도 농후하다고 하겠다.

〈항구의 새벽〉은 이러한 문제를 원천적으로 인식한 무대디자인을 선
보였다. 걸개그림과 무대장치(단) 사이에는 방파제를 설치했고, 그 이
후 파도 높이의 단을 연속적으로 재현하여, 먼 풍경(원경)으로서의 걸개
그림과 중경으로서의 방파제 그리고 근경으로서의 파도를 효과적으로

---

60 「〈항구(港口)의 새벽〉의 무대면」,『동아일보』, 1937.6.15, 7면 참조.
https://ncwslibrary.naver.com/viewer/index.nhn?articleId=1937061500209
107010&editNo=2&printCount=1&publishDate=1937-06-15&officeId=000
20&pageNo=7&printNo=5673&publishType=00010

61 「사진은 〈불타는 순정〉의 일 장면」,『동아일보』, 1937.12.11, 5면.
https://newslibrary.naver.com/viewer/index.nhn?articleId=1937121100209

그림201 〈항구의 새벽〉[60]　　그림202 〈불타는 순정〉[61]　　그림203 〈단풍이 붉을 제〉[62]

접합시켰다. 이러한 무대 효과는 보는 이들로 하여금 실제로 파도가 치고 그 사이로 배가 운항하는 사실감을 가중시켰다.

하지만 이러한 걸개그림 자체를 사용하지 않음으로써, 사실감과 무대 효과를 증폭시키는 효과를 낳은 작품도 존재한다. 〈단풍이 붉을 제〉는 걸개그림을 생략함으로써 과감하게 무대 벽면을 노출시킨 경우이다. 이렇게 노출된 벽은 무대장치를 더욱 또렷하게 보이도록 만들었으나, 휑한 벽면으로 인해 안정적인 공간 창출이 어려울 수 있다는 우려를 낳기도 했다.

문제는 이 작품의 무대장치가 허름한 목책 초소를 연상시킨다는 점이다. 작품 내용을 파악할 수 없기 때문에 극적 배경에 대한 소견은 다소 무대디자인에 의해 촉발된 것이겠지만, 황량한 풍경과 허름한 옷차림 등으로 볼 때 정교한 무대장치보다는 날것 그대로의 초라함이 효과적일 수 있다고 보인다.

이 무대에서 상수 방향은 건축물에 의해 가려지고 있지만, 하수 방향

105013&editNo=2&printCount=1&publishDate=1937-12-11&officeId=00020&pageNo=5&printNo=5852&publishType=00010

**62**　「〈단풍이 붉을 제〉의 무대면(舞臺面)」, 『동아일보』, 1937.9.14, 6면.
https://newslibrary.naver.com/viewer/index.nhn?articleId=1937091400209106025&editNo=2&printCount=1&publishDate=1937-09-14&officeId=00020&pageNo=6&printNo=5764&publishType=00010

은 심하게 벽면을 드러내고 있는데 이를 더욱 부각하기 위해서 가냘픈 나무 몇 그루가 심어져 있다. 이러한 효과는 무대디자이너(혹은 무대장치부)가 무언가를 가려 일루전illusion을 확충해야 한다는 고정 관념에서 벗어나 있음을 간접적으로 증명한다고 하겠다.

〈불타는 순정〉의 무대장치는 〈항구의 새벽〉과 〈단풍 붉을 제〉의 중도에 위치한다. 〈항구의 새벽〉처럼 걸개그림과 무대장치의 자연스러운 조화를 강조하지도 않았고, 그렇다고 〈단풍 붉을 제〉처럼 걸개그림 자체를 지나치게 생략해서 날것 그대로의 무대를 드러내지도 않았다.

〈불타는 순정〉에서는 상수의 현관과, 하수의 작은 건물을 통해 중요한 세트를 완성하고 그 중간에 얕은 담장을 통해 시각적 안정감을 형성한다. 대신 담장 위의 공간에는 군이 배경을 그려 넣음으로써 무대 전체를 장치로 채워야 한다는 편견에서는 벗어났다. 앞에서 말한 대로, 무대장치를 통해 무대 전반을 설계하되 전체를 감당해야 한다는 고정 관념에는 사로잡히지 않았다.

이러한 무대디자인으로 인해, 〈불타는 순정〉은 채움과 비움이 공존할 수 있는 방안을 마련했고, 그 안에서 등장인물들이 자유롭게 활동하면서도 다양한 무대장치의 도움을 받을 수 있었다. 가령 단 위로 올라가 높이를 형성한다든지, 벤치에 앉거나 단에 앉을 수 있다든지, 하수 쪽 건물에 들어가거나, 무대 전체 영역을 연기 영역으로 사용할 수 있는 이점을 취하게 된다. 단순하지만 효과적인 연기 영역을 산출했다는 점에서, 화려하지는 않지만 상당히 효율적인 무대배치였다고 할 수 있겠다.

## 2) 움직이는 물체에 대한 표현 욕구 – 운항하는 배와 관객의 시선

1937~1938년 호화선의 공연 작품 중에서 움직이는 기물을 염두에
둔 무대디자인이 발견되고 있다. 앞에서 살펴본 대로, 두 편의 작품에서
움직이는 배를 무대에서 형상화하고 이를 탑승한 인물들을 시각적으로
노출하고 있다.

그림204 〈항구의 새벽〉에서 움직이는 배

그림205 〈애별곡〉에서 운항하는 배

그림206 〈청춘일기〉에서 기차역

연극 무대에서 물의 흐름을 도입하거나 활용하는 작업은 무대 제작
의 측면에서 늘상 난제로 여겨졌다. 물을 직접 흐르게 하는 방식의 무대
디자인뿐만 아니라(동양극장 공연작 중에서 〈명기 황진이〉가 대표적이다), 배
를 타거나 움직이는 물체 자체를 보여주는 일은 관객들의 흥미와 지지
를 이끌어낼 수 있기 때문이다.

〈항구의 새벽〉에서는 파도를 형상화하고 그 사이를 헤쳐 나가는 배
를 형상화하여 관객들의 시선을 집중시키고자 했고, 〈애별곡〉에서는
일렬로 도열한 전송 인파와 떠나는 이의 손짓을 대비하여 보여주고자
했다. 해당 화면만으로도 이러한 의도는 상당한 고심과 모색을 동반했
음을 확인할 수 있다.

동양극장 연극은 대중성이 높았다고 알려져 있다. 많은 이들이 동양

극장 연극을 선호했고 심지어는 지방에서 올라오는 이들도 동양극장(상연 연극뿐만 아니라 건물 그 자체도)을 구경하기를 원했다. 그러한 호평의 이유로 종래의 연극이 보여줄 수 있었던 볼거리를 뛰어넘으려는 새로운 시도가 존재했다. 위의 두 작품—범위를 넓혀 기차가 움직였을 것으로 보이는 〈청춘일기〉까지 포함하면 세 작품—은 그러한 범주에 해당한다고 하겠다. 집이나 거리 혹은 후원이나 일반적인 실외가 아니라, 기차역이나 부두 같은 특별한 공간을 무대적 배경으로 삼았다는 점에서 그러하며, 이러한 공간을 디자인할 때 통례적으로 생략할 수 있는 움직이는 기물로서의 배를 최우선적으로 염두에 두었다는 점에서 그러하다.

〈항구의 새벽〉에서 두 사람의 도피자를 태운 배가 파도 사이를 미끄러지듯 움직이거나, 〈애별곡〉에서 유유하게 멀어지는 배의 움직임에 맞추어 아쉬운 손을 흔들어야 하는 리듬감은 특별한 관극 체험을 선사했던 것이다. 무대미술은 사실성의 재현에만 소용된 것이 아니라, 관극에서 심리적 체험이나 의외성 혹은 리듬감 같은 세부적인 요인을 좌우할 수 있는 것이어야 했다.

### 3) 높이(감)를 창출하기 위한 세밀한 모색 - 계단과 마루

무대는 평면이고 기본적으로 높이는 동일하다. 하지만 현실이나 일상에서 공간은 평면만 존재하는 것이 아니다. 오히려 높이감에 충실한 다양한 요철이 존재하며 이로 인해 입체감이 살아날 수 있다. 일단 무대 가운데 무대 평면에만 등장인물들이 위치하는 경우를 살펴보자.

그림207 〈남편의 정조〉[63]

그림208 〈단장비곡〉[64]

그림209 〈단풍이 붉을 제〉[65]

위의 세 장면에서 출연 배우들은 평면 바닥을 공유하고 있다. 이들은 모두 자신의 키 높이 이외에는 별도의 높이차를 생성시키지 못하고 있다. 그것은 연기에 필요한 요건 때문이기도 하지만, 무대장치로서 이러한 높이를 생성시킬 오브제가 부족하기 때문이다.

〈남편의 정조〉에서는 이러한 평면성을 극복하기 위해서 여인이 무릎을 꿇어 높이차(여기서는 신분과 용건)를 구현하고 있다. 〈단장비곡〉에서는 탁자가 놓여 있기는 하지만 기본적으로 탁자로는 높이차를 구현할수 없었고, 출연한 7명의 인물을 일렬로 도하하는 동선에 고착되었다. 〈단풍이 붉을 제〉 역시 마찬가지인데, 세심하게 살피면 상수 쪽 여성 옆에 의자가 하나 놓여 있지만, 실제로는 활용되지 못하고 있다(정황으로 볼 때 앉을 수 있는 용도의 의자는 아닌 것으로 판단된다).

---

63  「〈남편의 정조〉」, 『동아일보』, 1937.6.9, 1면 참조.
64  「동양극장에서 상연 중인 〈단장비곡〉의 일 장면(一場面)」, 『동아일보』, 1937.12.25, 4면.
   http://newslibrary.naver.com/viewer/index.nhn?articleId=19371225002091
   04007&editNo=2&printCount=1&publishDate=1937-12-25&officeId=0002
   0&pageNo=4&printNo=5866&publishType=00010
65  「〈단풍이 붉을 제〉의 무대면(舞臺面)」, 『동아일보』, 1937.9.14, 6면.
   https://newslibrary.naver.com/viewer/index.nhn?articleId=1937091400209
   106025&editNo=2&printCount=1&publishDate=1937-09-14&officeId=000
   20&pageNo=6&printNo=5764&publishType=00010

이러한 평면성은 무대의 분위기를 다소 경직되게 만들고 시각적 선택(취택)의 기회를 위축시키는 악영향을 끼칠 수 있다. 세 장면에서 이러한 약점은 무대디자인으로 극복하기 어려운 문제라는 점에서 무대미술 분야에서 숙고할 필요가 있었다고 해야 한다.

다음으로는 높이차를 구현할 방안 내지는 무대장치를 포함하고 있는 무대디자인이다.

그림210 〈남편의 정조〉　　　그림211 〈불타는 순정〉[66]　　　그림212 〈애별곡〉[67]

〈남편의 정조〉에서는 의자를 활용하여, 〈불타는 순정〉에서는 계단을 활용하여, 그리고 〈애별곡〉에서는 배의 높이와 기본 단(부두의 포도)을 활용하여, 등장인물들 사이의 높이차를 구현하고 있다. 〈남편의 정조〉에서 나타나는 의자를 활용하는 방식은 상식적이고 또 일반적이다. 다만 무대장치가 겹겹이 무대를 점령하고 있는 시점에서 이러한 의자의 역할은 실질적인 장치를 보완하는 효과를 가져온다고 하겠다.

---

66　「사진은 〈불타는 순정〉의 일 장면」, 『동아일보』, 1937.12.11, 5면.
　　https://newslibrary.naver.com/viewer/index.nhn?articleId=1937121100209
　　105013&editNo=2&printCount=1&publishDate=1937-12-11&officeId=000
　　20&pageNo=5&printNo=5852&publishType=00010
67　「사진 동양극장 전속극단 '호화선' 금주 소연의 이서구 작 〈애별곡(哀別曲)〉의 일 장면」, 『동아일보』, 1938.3.9, 5면 참조.
　　http://newslibrary.naver.com/viewer/index.nhn?articleId=19380309002091
　　105010&editNo=2&printCount=1&publishDate=1938-03-09&officeId=0002
　　0&pageNo=5&printNo=5939&publishType=00010

〈불타는 순정〉에서는 작은 설치물이지만, 계단이 다양한 변화를 가져오도록 만들 수 있다는 점을 확인시키고 있다. 상수 쪽 남자의 앙각, 하수 쪽 남자의 부감 각도는 이러한 높이차를 더욱 확연하게 구현하는 역할을 하며, 가운데 앉은 여인의 시선은 좌우뿐만 아니라 상하를 지목할 수 있다는 점에서 다양한 취사선택이 가능하다고 하겠다.

〈애별곡〉은 무대 위에서 인물들의 수평적인 움직임만 허용하고 있는 세트이기는 하지만, 눈빛과 손짓으로 높이차를 구현하여 고찰될 수 있는 답답한 동선에 심리적 물꼬를 트는 기능을 곁들이고 있다. 배에 올라탄 남자들과 이를 전송하는 여인들의 대조가 시각 차이로도 구현되고 있는 점이 인상적이다.


## 4) 독립된 공간의 창출과 그 효과

무대 위에서 연기는 다양한 공간을 요구하기 마련이다. 대규모의 인물들이 무대에 등장하는 경우에는 인물들이 모두 출연할 수 있는 일정한 크기의 공간을 요구하기 때문에, 극적 배경으로서의 무대 공간은 이러한 크기를 확보할 수 있어야 한다.

반대로 소규모의 인물들이 그에 걸맞은 공간을 요구하는 장면이 존재한다면, 작고 아담한 공간―경우에 따라서는 밀폐되어 외부와 차단된 공간까지―이 요구될 수 있다. 그렇다면 한 작품 내에서도 대규모 인물 등장과 움직임(동선)이 가능한 공간과 동시에 소규모의 인물들이 오붓하고 독립적으로 자신들의 연기를 펼칠 수 있는 반대 성향의 공간이 함께 있어야 한다.

동양극장은 작품에 따라 이러한 공간들을 양면적으로 창출하기 위해서 애쓴 흔적이 있지만, 전체적으로는 무대장치의 자체적 세련미를 추구하는 경향 또한 농후하여, 두 개의 공간을 모두 확보하지 못하는 사례도 보인다. 앞에서 살펴본 작품 중에서 다음의 〈애별곡〉과 〈항구의 새벽〉은 대표적이다.

그림213 〈애별곡〉

그림214 〈항구의 새벽〉

그림215 〈불타는 순정〉[68]

〈애별곡〉의 경우에는 좁은 포도로 인해 많은 인물이 등장하기에 적지 않은 불편함이 있었다(그래서 일렬로 늘어서는 동선이 생겨날 수밖에 없었다고 언급한 바 있다). 비슷한 구조를 지닌 〈청춘일기〉의 사례를 동일하게 언급할 수 있다. 〈애별곡〉에서 배 위의 공간은 포도 위의 대규모 사람들과 변별되는 독립된 공간을 이루고 있다. 그러니까 〈애별곡〉은 배 위라는 독립된 공간을 마련하는 과정에서 포도 위의 공간을 충분히 확보하지 못한 결과를 창출하고 말았다. 다만 이러한 비례적 차이에도 불구하고, 일단 전송인들을 무대에 등장시킬 수 있는 방안을 찾았다는 점에서는 고무적이라 하겠다.

---

68 「사진은 〈불타는 순정〉의 일 장면」, 『동아일보』, 1937.12.11, 5면.
https://newslibrary.naver.com/viewer/index.nhn?articleId=1937121100209
105013&editNo=2&printCount=1&publishDate=1937-12-11&officeId=000
20&pageNo=5&printNo=5852&publishType=00010

이러한 공간적 배치는 〈내가 사랑하는 사람들〉(1937년 5월 28일~6월 4일 초연, 6월 19일~20일과 1937년 8월 27일~30일 재연, 호화선 제작)을 보면, 더욱 일목요연하게 살펴볼 수 있다.

그림216 **동양극장 호화선의 〈내가 사랑하는 사람들〉의 무대 사진**[69]

호화선에서 제작하여 무대에 올린 〈내가 사랑하는 사람들〉은 화려한 무대장치로 당대부터 주목받는 작품이다.[70] 따라서 공연이 시행될 1937년 당시뿐만 아니라 그 후대에도 감탄을 자아내는 무대디자인으로 인정받은 바 있다. 따라서 그 자체로 호화선의 무대미술이 도달한 정점의 한 예로 설명될 수 있을 것이다.

더구나 이 작품의 무대디자인이 주목되는 이유는 이러한 무대미술이

69  「동양극장 호화 주간 극단 호화선의 공연」, 『동아일보』, 1937.6.3, 5면.
    https://newslibrary.naver.com/viewer/index.nhn?articleId=1937060300209
    204020&editNo=2&printCount=1&publishDate=1937-06-03&officeId=000
    20&pageNo=4&printNo=5661&publishType=00020
70  「동양극장 호화 주간 극단 호화선의 공연」, 『동아일보』, 1937.6.3, 5면.

견지하고 있는 기본 구도이다. 일단 당대의 평가를 보면, 산목생은 과거에는 좀처럼 보기 드문 '위관偉觀'을 갖춘 경우라고 상찬하면서도, '공지空地'를 동시에 확보하지 못한 것에 대해서는 비판적으로 평가했다.[71] 이 말은 무대장치 자체가 도달한 미학적 수준은 높지만, 그 내부에서 연기를 펼쳐야 하는 배우들에게는 적지 않은 장애 요인이 발생할 수 있다는 뜻이다.

실제로 위의 무대 사진을 보면, 매우들이 암석 그림들 사이로, 혹은 산 배경화와 각종 오브제 사이로 걸어 다니는 모습이 보인다. 실제로 이러한 좁은 길을 통한 무대 등장은 폭넓은 동선과 연기를 허용할 수는 없으며, 일정한 패턴을 반복하는 매너리즘도 양산할 수 있다. 위의 〈애별곡〉의 사례로 환원하면, 부두의 포도를 제외하거는 인물들이 해당 장면에서 움직이거나 위치할 수 있는 공간이 전무하다고 해야 한다.

더구나 위의 금강산 공간은 〈내가 사랑하는 사람들〉은 2막 전체의 배경이 되고 있으며, 2막 자체의 사건 전개가 다양한 등장인물과 각종 사건(만남)을 예비하고 있다는 점에서 서사 전개상의 제약을 초래했을 것으로 여겨진다.[72] 따라서 이러한 공간을 창출하기 위해서는 과감한 시도가 결부되지 않을 수 없다고 해야 한다. 하지만 호화선은 무대미술상의 효과를 거두기 위해서 이러한 시도를 두려워하지 않았던 것으로 보이며, 그 결과 무대장치가 전반적으로 부각되는 공연도 간헐적으로 나타났다고 해야 한다.

---

71  산목생. 「〈내가 사랑하는 사람들〉」, 〈동아일보〉, 1937.6.3. 5면 참조.
72  〈내가 사랑하는 사람들〉의 무대미술과 그 효과에 대해서는 다음의 논문을 참조했다 (김남석, 「새롭게 발굴된 원우전 무대 스케치의 역사적 맥락과 무대미술의 특징에 관한 연구」, 『한국연극학』 56호, 한국연극학회, 2015.8.30, 329~364면).

다시 초점을 독립적인 공간의 유무에 맞춘다면, 〈내가 사랑하는 사람들〉에서는 전반적으로 독립적인 공간을 마련한 흔적은 찾기 어렵다. 후대에 이 무대디자인을 다시 수록한 저서(무대 사진)에서도 비슷한 양상을 보이고 있다.

그림217 **후대 저서에 해당 무대 사진**(당시에는 작자 미상으로 표기됨)[73]

최상철이 수록한 〈내가 사랑하는 사람들〉의 무대 사진에서도 산 중간에 난 산길이나 암석 사이로 가려진 길 정도만 확인되고 있다. 하수 방향에서 산기슭을 돌아나가는 격류로 보이는 물줄기 근처(당시 기록에서는 이 물줄기를 폭포라고 칭했다)에 또 다른 공간이 있다는 사실 정도만 확인된다.

그러니까 무대 위에는 배경을 상징하는 금강산 걸개 장치가 육중하게 그 위치를 차지하고 있고, 금강산 장치 사이로 극도로 제한된 연기

---

[73]　최상철. 『무대미술 감상법』, 대원사, 2006, 121면.

공간만 허용되어 있다. 이러한 배치는 독립된 공간이 크게 결여된 특수한 사례에 해당하는데, 넓은 의미에서 볼 때 〈항구의 새벽〉의 무대 배치와 그 원리가 동일하다 하겠다. 등장인물들은 무대장치 사이로 난 길(산길과 뱃길)을 중심으로 이동할 수 있으며, 그로 인해 연기 공간과 동선에 제약을 상당 부분 받게 마련이었다.

위의 무대 사진에 국한하여 볼 때, 〈항구의 새벽〉은 소수(2인)의 등장인물을 위한 무대장치를 추구했다. 〈애별곡〉이 포도 위에 일렬로 전송인(들)을 등장시켰다면, 〈항구의 새벽〉은 독립 공간(소수의 등장인물을 위한)을 위해 무대 위에 다른 인물들이 등장할 수 있는 공간 자체를 소거한 형태이다. 〈항구의 새벽〉에서 무대(장치)는 전반적으로 바다(해안)의 풍경을 따르고 있고, 그러한 풍경 속에 배가 떠나는 장면을 뒷받침하도록 기획되었다. 따라서 다른 인물들(그러니까 밀항자를 제외한 사람들)이 무대 위에 나타날 여지를 고려하지 않았다고도 할 수 있다. 이럴 경우 무대는 온전히 밀항자들의 위한 공간이고, 배 위의 공간을 제외하고는 모두 미학적 효과를 위해 할애될 수 있었을 것이다. 하지만 이러한 장면상의 목표에도 불구하고 〈항구의 새벽〉은 여타의 등장인물을 위한 공간을 제대로 확보하지 못했다는 혐의를 지울 길이 없다.

이러한 작품들(〈애별곡〉과 〈항구의 새벽〉 그리고 〈내가 사랑하는 사람들〉까지)은 무대미술적 효과를 극대화하려는 목표에 충실한 경우라고 하겠다. 무대 위에서 표현상의 제약을 감수할 정도로 이러한 목표는 중요했으며, 또 이 작품들이 후대에 그나마 그 이름만이라도 명맥을 보존할 수 있었던 이유가 되었다고 하겠다.

반면 〈불타는 순정〉은 세 작품에 비해, 일견 평범해 보이는 스타일의 무대장치를 선보였다. 그러니까 압도적인 위용도 없고, 신기한 장치도 별도로 마련된 것은 아니었다. 언뜻 보면 좌우대칭형 건물 배치에 가운데로 담장이 지나가고, 간략한 후원의 형태를 보이고 있는 것으로 보이기 때문이다. 하지만 이 〈불타는 순정〉은 넓은 동선과, 작은 동선, 건물의 위용과 빈 무대 효과, 개방된 공간과 폐쇄된 공간, 심지어는 작은 단과 의자까지 매우 실용적인 양면성을 골고루 갖춘 경우이다.

이 작품에서 대규모 몹 씬이 있었는지, 혹은 얼마나 많은 규모의 등장인물이 등장해야 했는지를 파악할 수 없지만, 동양극장이 수용할 수 있는 작품 크기를 감안한다면 어떠한 작품도 부족함이 없었을 것으로 보인다. 그뿐만 아니라 하수 쪽 독립 건물이나, 중앙의 벤치 등을 활용하여, 오붓하고 독립적인 장면도 가능했던 것으로 판단된다. 다시 말하면 다목적 공연/연기 공간을 지니고 있으면서도, 건물의 외관과 자연의 풍경도 지닐 수 있었다. 처음부터 무대미술이 자체의 아름다움을 강조하기보다는, 무대(적) 요소의 한 부분으로 존재한 양상을 보여주는 사례라고 하겠다.


## 6. 호화선의 무대미술을 통해 본
### 1930년 조선(연극)의 무대미술

동양극장의 두 전속극단 중 호화선은 나머지 전속극단인 청춘좌에 비해 인기나 흥행성 심지어는 작품의 완성도까지 뒤처지는 극단으로 이해되고 있었다. 청춘좌가 1935년 12월(15일) 출범한 이래 승승장구하며 1940년대까지 긴 극단 수명을 유지한 것에 비해, 호화선은 출범부터 위태로운 측면이 적지 않았고 극단이 유지되는 도중에도 해산과 해체 위기를 몇 번씩 맞이해야 했으며, 결국에는 1941년 성군으로 발전적 해체/재편성을 경험해야 했다.

이러한 차이는 별도의 연구를 통해 다루어야겠지만, 두 극단의 운명을 나눈 가장 큰 차이는 사실 연기 진용이었다. 청춘좌에는 1939년까지 황철과 차홍녀가 소속되어 있었고, 심영이나 박제행, 서월영, 이에 더하여 김선초나 김선영 등의 여배우까지 포진하고 있었기 때문에 작품 제작이나 인지도 향상에서 유리한 위치를 점유할 수 있었다.

더구나 이들은 대부분 토월회 인맥에서 연유한 배우들인지라, 오래전부터 한 무대에서 호흡을 맞추어 오던 사이이기도 했다. 이로 인해 청춘좌는 공연의 장점과 숙련을 극대화할 수 있는 장점을 보유할 수 있었다. 초기 작품 중 토월회나 태양극장의 기 공연작을 공연했다는 보이지 않는 이점도 작용했다(청춘좌의 성공에는 토월회 레퍼토리의 재공연과 축적된 노하우의 적극적 활용 전략도 포함된다). 반면 호화선은 특급 배우의 부재와 함께, 연기 진용에서 대체로 청춘좌에 비해 인지도가 약하다는 약점을 좀처럼 면하기 어려웠다.

동양극장의 연극 공연은 기본적으로 청춘좌와 호화선의 교호 공연 ― 약 1달 간격으로 경성 공연과 지역 공연의 교차 공연 ― 으로 충당되었다. 무대제작부(무대장치부)는 이러한 교호 시스템을 이용하여 무대미술을 준비할 수 있는 시간을 벌곤 했는데, 호화선의 무대장치는 지금까지 발굴된 같은 시기의 청춘좌에 비해 기발한 것이 적지 않았다는 특징을 보인다. 물론 동양극장의 모든 무대미술이 분석된 것은 아니지만, 주요 작품에 대한 고찰을 통해 상대적인 차이점을 인지할 수 있다.

1937~1938년 시기의 청춘좌 무대미술은 걸개그림을 중용하고 나무 등의 오브제를 통해 원근감을 확보하는 기본 구도를 고수하고 있다. 이러한 기본 구도는 야외 혹은 실외 풍경을 바탕으로 극적 배경을 설정할 때 유리하다. 반면 실내 혹은 정원의 풍경을 도입하고자 할 때에는 문화주택의 개념을 무대에 수용하여 세련된 현대식 내부 공간을 보여주는 데에 주력했다. 만일 정원이 필요한 경우에는 무대를 3분하여 실내와 실외 공간을 일정한 비율로 확보하고자 했고, 그 결과 무대의 단이 마루 등으로 변용되어 실내 공간을 축조하는 데에 활용되었다.[74]

호화선의 무대에서도 이러한 특징이자 공통점을 찾을 수 있다. 〈남편의 정조〉는 대표적인 작품으로 3분 구도가 뚜렷한 경우이다. 〈고아〉는 단을 통해 마루를 형성하고 높이를 사용할 수 있도록 축조한 실내/실외 겸용 무대디자인이다. 한편 〈불타는 순정〉은 간략하지만 실내와 실외를 모두 사용할 수 있도록 후원을 극적 공간으로 설정한 경우이고, 계단과 벤치를 통해 앉고/서는 연기와 동선이 가능하도록 디자인된 경우이다.

하지만 〈항구의 새벽〉, 〈애별곡〉 그리고 〈내가 사랑하는 사람들〉은 청춘좌의 무대미술에서 좀처럼 찾아보기 힘든 파격적인 무대디자인을 선보인 사례에 해당한다. 이들 작품에서는 인물의 연기나 동선을 위한 무대디자인보다는, 해당 상황을 무대미술적으로 부각하기 위한 디자인이 채택되었다. 무대는 인물들이 자유롭게 움직일 수 없을 정도로 각종

---

**74** 동양극장 청춘좌의 무대미술의 성과와 특성에 대해서는 다음의 논문을 참조했다(김남석, 「동양극장 발굴 자료로 살펴본 장치가 원우전의 무대미술 연구」, 『동서인문』 5호, 경북대 인문학술원, 2016.4.30, 123~160면 참조).

기물로 들어찼고, 이로 인해 인물들의 시선은 실제로 제약을 받을 수밖에 없었다.

따라서 이러한 디자인은 연기나 인물에 대한 관객의 집중도를 흐트러뜨릴 수 있는 약점을 숨기기 어렵다. 앞에서 정리한 대로, 실용적이지 못한 무대를 창출해서 〈애별곡〉의 사례처럼 인물들이 일렬로 도열하거나, 〈내가 사랑하는 사람들〉의 경우처럼 인물들이 좁은 길에 의존해서 무대 위에 등장해야 하는 상황을 연출할 수밖에 없었다.

이러한 차이는 호화선의 입장에서 볼 때, 어느 정도 설명이 가능하다고 판단된다. 청춘좌의 경우에는 인지도와 매력도가 높은 배우들이 자유롭게 연기하고 그들의 흥행력을 펼칠 수 있는 자유로운 연기 구역이 필요했다고 볼 수 있다. 특히 청춘좌 배우진영의 최전성기에 해당하는 1937~1938년의 경우에는, 별도로 마련된 특별 무대장치에 의존하기보다 배우의 면모와 연기력을 앞세우는 전략이 최선의 방안이었을 법하다.

하지만 호화선의 경우는 상황이 달랐다. 실제로 호화선은 공연에 관객을 집중시킬 별도의 매력적 요인을 확보해야 할 필요성을 강하게 인지하고 있다. 가령 〈어머니의 힘〉에서 아역 배우 엄미화 같은 관극 촉진 요인이 그것이다. 엄미화는 당대 유명 배우의 반열에 올랐는데, 호화선은 이러한 상황을 이용하여 극단 해체의 위기에서 벗어날 수 있었다. 이러한 전략은 이후 조미령의 등장으로도 여전히 유효하다는 사실을 입증한다.

호화선의 무대디자인 역시 이러한 관극 매력을 촉진하는 역할을 수행해야 했다. 〈애별곡〉의 움직이는 배는 1930년대에 평범하게 설치할 수 있는 무대장치는 아니었다. 관련 사진을 참조하면 육중한 배가 무대에서 이동해야 하기 때문에, 이동을 위한 인력이 상당히 투입되거나 기계(식) 장치가 동원되어야 했을 것으로 보인다. 발상 단계에서 축소 조정될 수도 있었음에도 호화선에서는 불편한 동선을 감수하면서까지 이 무대를 실현했다.

〈항구의 새벽〉역시 마찬가지이다. 지금까지 조사된 작품 개요로는 새벽에 항구를 빠져나가는 장면은 여러 명의 인물이 개입되어 오랫동안 진행되는 막이 아니었음에도, 비교적 짧고 간단한 장면을 구현하기 위해서 무대장치상으로는 막대한 심력을 투입했던 것이다.

사실 〈애별곡〉이나 〈항구의 새벽〉은 무대장치만 놓고 본다면, 당대 최고 수준에 도달한 무대이며, 〈내가 사랑하는 사람들〉과 함께 1930년 대 후반 호화선을 대표하는 무대장치로 손꼽힐 수 있겠다. 대체적으로 실용적이었던 청춘좌의 무대디자인과 비교해도 매우 놀라운 수준에 도 달한 경우라고 하겠다.

호화선이 동양극장에서는 만성 적자를 야기하는 극단이었다는 점을 감안한다면, 그리고 〈애별곡〉이나 〈항구의 새벽〉같은 무대디자인을 지역 순회공연에서 재구하기 쉽지 않다는 점을 고려한다면, 이러한 무 대장치는 사실 이례적인 것이라고 해야 한다. 그럼에도 호화선은 이러한 무대장치들을 공들여 제작한 흔적이 역력하다.

앞에서 언급한 대로, 호화선은 인기 면에서 청춘좌에 뒤쳐졌고 흥행 면에서 적자를 누적시키는 약점을 지니고 있었다. 하지만 두 극단 교호 시스템을 유지하고 다양한 볼거리를 제공하기 위해서는 필수불가결한 극단이었다. 청춘좌가 실력과 인기 그리고 흥행 면에서 호화선에 비해 월등했지만, 동양극장 내에 청춘좌만 존재했을 경우 그러한 성과는 반감될 가능성이 적지 않았다.

호화선은 부족한 인기와 관극 매력을 무대장치를 통해 보완하고자 했으며, 그것이 모호했던 정체성을 확보하는 길로 인식되곤 했다. 청춘좌가 비극을 전문으로 하는 극단이었다면, 동극좌(사극)와 희극좌(희극)가 통합되어 탄생한 호화선은 사극과 희극을 전문으로 하는 극단의 전통을 올곧게 수용할 수 없었다. 따라서 호화선의 연극은 기존 1일 3작품(인정극/정극/희극) 공연 체제 하에서 어정쩡한 위치를 고수할 수밖에 없었다.

무대장치로 호화선의 한계와 약점이 모두 보완되고 만회되었던 것은 아니었다. 하지만 호화선은 배우의 운영(등장)에서도 상대적으로 약점이 많았고 특별한 무언가를 찾아야 할 필요성도 강했기 때문에, 무대미술에 의한 관람 요소를 강조할 수밖에 없는 입장이었다. 지금 남아 있는 호화선의 무대미술에서 그러한 기미를 느끼는 것은 무대 외적인 매력을 찾아야 했던 호화선으로서는 어쩌면 당연한 선택이었음을 읽어내는 작업에 해당할 것이다. 다만 이러한 호화선의 입장은 1930년대 후반 대중극의 총화로서의 동양극장 연극에 관람 요인을 추가하는 결과를 가져왔던 것으로 볼 수 있다.


## 7. 배경으로서의 집과 동선으로서 무대를 디자인하는 동양극장의 무대미술

## 1) '고가'를 표현하는 서로 다른 방식과 차이

### (1) 이서구 작 〈젊은 안해의 일기〉(1938년 2월 18일~23일, 호화선 제작)의 고가

동양극장의 호화선 극단은 1938년 2월 18일부터 이서구 작 〈젊은 안해의 일기〉(3막)를 공연했다. 이때 함께 공연된 작품은 남궁춘 작 〈부친상경〉(1막 2장)이었다. 다막극인 〈젊은 안해의 일기〉가 메인(비극) 공연(작)이었고, 〈부친상경〉은 희극이나 인정극류에 해당하는 작품이었다. 그러니까 〈젊은 안해의 일기〉를 정극으로 하고, 〈부친상경〉을 인정극으로 하여 다막극 공연을 시행했는데, 이러한 장르 구조로 판단하건대, 〈젊은 안해의 일기〉는 비극이었을 가능성이 커 보인다.

〈표18〉

| 기간 | 공연 작품과 관련 정보 |
|---|---|
| 1938.2.18~2.23<br>호화선 공연 | 남궁춘(박진) 작 〈부친상경〉(1막 2장)<br>이서구 작 〈젊은 안해의 일기〉(3막) |

유감스럽게도 〈젊은 안해의 일기〉의 작품 개요는 매우 부분적으로만 알려져 있다. 광고를 통해 개략적인 줄거리만 확인할 수 있다. 이것은 〈젊은 안해의 일기〉를 정밀하게 파악할 수 없는 주요한 요인이다. 하지만 당시 무대 사진이 남아 있어, 당시 공연 상황에 대한 일정한 정보를 취득할 수 있다. 우선, 이 작품이 고가古家를 공간적 배경으로 삼았다는 사실부터 확인된다.

---

75 「사진은 동양극장 전속획단 '호화선' 소연의 〈젊은 안해의 일기(日記)〉의 일 장면,

그림218 동양극장 호화선의 〈젊은 안해의 일기〉[75]

공연(무대) 사진 속 풍경은 비록 흐릿하게 포착되기는 했지만, 다른 한편으로 볼 때 후락한 인상을 강하게 선보이려는 인상을 강하게 풍기고 있다. 해당 집안 풍경은 음침할 뿐만 아니라, 누적된 시간의 더께를 분명하게 느끼도록 구석구석 의도적으로 조율된 인상이다. 공간적 배경이 함축하는 오래된 인상을 자연스럽게 체현하고 있으며, 동시대 현실적 흐름에서 다소 멀어진 집안 분위기를 아울러 전달하려는 의도를 피력하고 있다.

이러한 후락한 인상은 화면 왼쪽에 배치된 창호지와 관련이 깊다. 창호지 격자 문은 무대의 하수 부분에서 가장 인상적인 장치로, 오래된 집의 인상을 강하게 구현하는 역할을 하고 있다. 아울러 젊은 아내의 자연스러운 짐이기도 한, 고가 내 며느리의 무거운 짐을 상징하는 역할도 동시에 수행한다. 그리고 이러한 상징적 '짐'은 문의 존재를 통해 더욱 무

---

『동아일보』, 1938.2.24, 5면 참조.
http://newslibrary.naver.com/viewer/index.nhn?articleId=19380224002091
05007&editNo=2&printCount=1&publishDate=1938-02-24&officeId=0002
0&pageNo=5&printNo=5926&publishType=00010

대미학적으로 확고해진다.

그림219 〈젊은 안해의 일기〉의 확대[76]   그림220 임서방 작 〈며누리〉의 확대[77]

　　1931년 6월에 개막된 연극시장의 〈며누리〉에서도 창호(지) 격자문을 하수 방향에 배치하고 무대 중앙에 대청마루를 설치하여 전형적인 고택의 구도를 형성했다. 더구나 이러한 구도는 집안 어른들의 권위적인 등장을 가능하도록 만들었다. 〈며누리〉에서 대청을 점유한 이는 가부장 혹은 그에 부합하는 위치를 점유한 인물로 보인다.

　　〈며누리〉가 〈젊은 안해의 일기〉와 비견될 수 있는 까닭은 시집온 젊은 여성의 심리적, 육체적 처지를 이러한 고택의 이미지로 치환하여 보

---

76 「사진은 동양극장 전속획단 '호화선' 소연의 〈젊은 안해의 일기(日記)〉의 일 장면,
　　『동아일보』, 1938.2.24, 5면 참조.
　　http://newslibrary.naver.com/viewer/index.nhn?articleId=19380224002091
　　05007&editNo=2&printCount=1&publishDate=1938-02-24&officeId=0002
　　0&pageNo=5&printNo=5926&publishType=00010
77 「임서방 작 〈며누리〉의 한 장면(단성사 상연)」, 『매일신보』, 1931.6.10, 5면.
　　http://211.43.216.33/OLD_NEWS_IMG3/MIN/MIN19310610y00_05.pdf

여주고 있다는 점이다. 특히 비교의 대상이 되는 창호 격자문은 전통의 상징이며, 폐쇄된 문 너머의 공간은 미지의 영역이자 접근 불허의 구역으로 남게 된다. 따라서 젊은 여성으로서 받게 되는 심리적 구속의 의미를 지니게 된다. 여기에 창호 격자문 위에 편액이 더해지면, 심리적 무게는 더해지지 않을 수 없다.

그림221 〈자매〉의 무대디자인(전체)[78]   그림222 〈자매〉의 실제 공연 무대(부분)[79]

이러한 창호(지) 격자문은 신극 진영에 등장한 김일영에 의해서는 상당한 변형이 이루어진다. 무대디자인 시 김일영은 전통적인 창문을 사용하지 않았다(**그림 221**). 오히려 무대디자인상으로만 보면 격자문은 작

**78** 「사진(상)(上)은 〈호상(湖上)의 비극(悲劇) 하(下)는 〈자매(姉妹)〉」, 『동아일보』, 1936.5.27, 3면.
https://newslibrary.naver.com/viewer/index.nhn?articleId=1936052700209
203010&editNo=2&printCount=1&publishDate=1936-05-27&officeId=000
20&pageNo=3&printNo=5567&publishType=00020

**79** 유치진, 〈자매〉, 『조광』(9~11), 1936년 7~9월.
https://encykorea.aks.ac.kr/Contents/Item/E0047905#modal

고 귀엽고 유쾌한 인상을 풍긴다. 실제 무대 제작에서는 이러한 인상이 더욱 변형되어, 현대적이고 세련된 느낌을 준다. 다시 말해서 1930년 전반 〈며느리〉나, 1930년대 중후반 〈젊은 안해의 일기〉와는 다른 고택의 분위기와 격자문을 상상해낸 것이다.

그 이유는 김일영의 상상력에서 찾을 수도 있지만, 작품 내용에서도 찾을 수 있다. 일단 유치진 〈자매〉에서 해당 방에 머무는 여인은 시집 온 며느리가 아니라, 시집갔다 돌아온 딸이다. 즉 〈자매〉 역시 고택을 구현하고 있기는 하지만, 그 압력이 며느리에게 전달되는 구조가 아닌 것이다. 오히려 시집 안 간 둘째 딸과 함께, 이 고택의 젊은 여성은 결혼 과 시대의 압력에서 자유로운 여성들이었다.

이러한 구조는 김일영으로 하여금 전통적인 문살이나, 짓누르는 듯 한 편액, 그리고 고택의 후락한 인상에 얽매일 필요를 느끼지 못하도록 만들었다고 해야 한다. 거꾸로 말하면, 〈며느리〉와 마찬가지로 〈젊은 안해의 일기〉에서 재현된 고택은 시대과 결혼 그리고 살림(살이)의 압 력을 고스란히 젊은 여인에게 전가하는 구도를 취할 필요가 있었다고 해야 한다.

더구나 이 작품에서 집을 상징하는 무대장치 대청과 툇마루는 '마루' 로 연결되어 있다. 이 마루를 중심으로 무대 하수에는 방(사랑)으로 통 하는 '창호지문'이, 상수에는 부엌이나 광으로 통하는 문이 배치되어 있다. 마루 너머 무대 후면upstage에는 '안방'으로 통하는 문이 배치되어 있다. 전술한 대로 창호(지)문 위로는 편액이 걸려 있고 마루 한쪽에는 옛날 가구가 놓여 있어, 고풍스러운 느낌을 한껏 강조하고 있다.

이러한 고풍미는 인물들이 착용하고 있는 전통 의상과 함께 오랫동안 내려온 가풍을 상징한다. 이러한 가풍을 한껏 강조하기라도 하려는 듯, 마루 앞에는 한복을 걸치고 비녀와 상투를 한 인물들이 서 있다. 하수 방향에는 차례로 세 명의 여인이 서 있고, 그 사이에 아이가 여인에게 안겨 있다. 하수 방향에는 가장으로 보이는 남자가 세 여인과 대면한 채로 대화를 나누고 있다. 안겨 있는 아이의 표정으로 보건대, 이 대화는 '아이'와 무관하지 않은 것으로 생각된다.

그림223 〈젊은 안해의 일기〉 신문 광고[80]

관련 내용을 참조하면, 〈젊은 안해의 일기〉는 여인의 수난사 혹은 생존기에 해당하는 작품임을 알 수 있다. 신문 광고에 의거하면, 여주인공 '아내'는 '좋은 며느리 좋은 아내 좋은 어머니'가 되기를 소망하면서 자기의 '쓰린 한'을 가슴에 담아내는 인고의 여인이다. 위의 장면에서 아이를 품에 안은 인물이 이 아내일 가능성이 농후하다.

동양극장 연극 중에서 가난과 질곡으로 인해 고통받는 여인들의 사연을 다룬 작품은 상당수에 달한다. 대표작인 〈사랑에 속고 돈에 울고〉

---

80  『매일신보』, 1938.2.18, 2면.

이후에는 기생 소재 희곡을 노골적으로 선전하고 공연하는 사례도 빈번했고, 돈과 남성의 성욕에 현혹되어 자신의 인생을 망치는 '팔려 가는 여인들'의 모티프도 드물지 않게 무대화되었다. 〈젊은 안해의 일기〉도 넓은 의미에서는 여인의 수난을 다룬 작품 계보에 포함된다.

다만 이전 작품들과 차이가 있다면, '고가'라는 분위기에서 연원할 것이다. 고가는 전통 있는 집안의 내력을 상징하기 때문에, 시어머니-며느리-자식으로 이어지는 3대의 가법을 상기하도록 만든다. 그래서 무대장치인 고가는 단순한 사실 재현을 넘어, 명망과 가법이 전하는 무언의 압력을 상징한다고 하겠다.

실제로 관객들은 무거운 형상으로 축조된 고가와, 그 고가 곳곳에 묻어 있는 세월의 흔적, 그리고 마루 너머 무대 뒤편에 존재하는 어둠에 침윤되어 3대의 가법이 형성한 전통의 무게를 느낄 수 있어야 했다. 그래서 이러한 집의 형상(화)은 연기하는 배우들이나 지켜보는 관객들에게 지나간 세월(역사) 속으로 사라지는 과거 삶의 방식을 상기시키는 역할을 겹으로 수행했던 셈이다.


### (2) **임선규 작 〈유정무정〉**(1936년 8월 8일~13일 초연, 1936년 12월과 1938년 11월 재공연, 청춘좌 제작)**의 흐릿한 인상과 과감한 생략**

임선규 작 〈유정무정〉(3막 4장)은 1936년 8월(8일~13일)에 동양극장에서 공연되었고, 이후 1936년 12월과 1938년 11월에 각각 재공연된 작품이다. 초연과 재공연 시 공히 3막 4장의 작품 규모를 유지했으며, 극단 청춘좌에서만 의해서만 제작되었다. 초연 시에는 1일 3작품 체제로 공연되었으나, 1936년 12월과 1938년 11월 공연에서는 간단한 희극 작품만을 동반한 채, 거의 단독 정극 작품으로 공연되었다(공식적으로는 1일 2작품 공연 체제).

<표19>

| 기간 | 공연 작품과 관련 정보 |
|---|---|
| 1936.8.8~8.13<br>청춘좌 제5주 공연 | 비극 임선규 작 〈유정무정〉(3막 4장)<br>희극 화산학인 작 〈임대차관계〉(1막 2장)<br>희극 낙산인(박진) 작 〈하마트면〉(2장) |
| 1936.12.2~12.5<br>청춘좌 공연 | 비극 임선규 작 〈유정무정〉(3막 4장)<br>희극 구월산인(최독견) 작 〈팔자 없는 출세〉(1막) |
| 1938.11.21~11.25<br>청춘좌 공연 | 임선규 작 〈유정무정〉(3막 4장)<br>남궁춘(박진) 작 〈극락행특급〉(1막) |

우선, 1936년 공연의 배역 상황을 보자. 초연 시 '대학생 동생' 역은 심영이 맡았고, '시골 형' 역은 황철이 맡았으며, 동생의 '애인' 역은 차홍녀가 맡았다. 이른바 전성기 청춘좌(배우)의 정예 진용이 모두 출연한 공연이었으며, 출연진의 면모를 보면 청춘좌의 최고 인기 배우들이 누구였는지를 보여주는 공연이었다고 해야 한다.

고설봉도 이 작품이 여러 차례 '재상연'되었다고 회고했는데, 아무래도 그 이유는 엽기적인 사건과 감동적인 형제애(헌신) 때문으로 판단된다. 이 작품의 대본은 남아 있지 않지만, 다행히 고설봉의 술회를 통해, 대강의 내용을 확인할 수는 있다.[81] 그 내용을 간략하게 정리해 보겠다.

시골 지주의 자제(동생, 심영 분)는 상경하여 전문학교에 다니고 있는 학생이었다. 하지만 이 지주의 자제는 경성에서 혼자 지내는 외로움을 이기지 못하고, 여자(애인, 차홍녀 분)를 사귀게 되었다. 그러다가 여자의

---

81 이하 〈유정무정〉의 내용은 다음의 저서를 참조했다(고설봉, 『증언 연극사』, 진양, 1990, 73면 참조.

마음이 변하자, 아들은 여자를 살해하고 암매장할 계획을 세우게 된다. 고향에서 동생을 만나러 일부러 상경한 형(시골 형, 황철 분)이 살인 사건을 알게 되고, 동생 대신 시체를 암매장하려다 그만 경찰에 체포된다. 이로 인해 형제는 살인 혐의를 적용 받아 구금되었는데, 결국 범인을 가리기 위한 현장 검증을 받게 된다. 그러자 형은 동생의 죄를 모두 자신의 죄로 인정하고 대신 처벌을 받기를 희망한다. 그 이유는 동생에 대한 헌신적 사랑 때문이다. 특히 형이 끌려가면서 했다는 "너는 대학에서 공부를 한 사람이다.(하지만) 나는 공부를 못했다"(그래서 형인 내가 수감되어야 한다)는 대사는 늘 관객들의 박수를 이끌어 내었다고 한다. 이 작품에서 우직한 형은 공부하는 동생을 위해 자신을 희생하는 용기를 내보인 것이다.

이러한 측면에서 우직한 형 역을 맡은 황철과, 세련된 도시 청년의 이미지를 풍기는 심영의 배역 구분은 그들의 대외적 이미지와 연관되었다고 할 수 있으며, 황철에 비해 인기가 뒤졌던 심영의 배역이 어떻게 형성되는지를 확인할 수 있다. 따라서 청춘좌의 배우 구도와 배역 결정 요인을 엿보게 하는 작품이라고 할 수 있으며, 황철이 당대의 인기 배우로 부상했던 이유도 함께 보여주는 작품이라고 할 수 있다.

하지만 당시 광고는 동생을 위하는 형의 마음(우직함)이나 선택(희생정신)을 강조하기보다는, 동생의 잔혹한 독살과 그로 인해 애절하게 죽은 여인의 모습을 부각하고자 했다. 그만큼 이 작품이 다루고 있는 범죄는 엽기적인 성향을 지니고 있었다.

그림224 〈유정무정〉 광고[82]

　위 〈유정무정〉의 광고에서 극의 초점은 '며느리', 그러니까 지주의
자제가 사귄 여인을 가리킨다. 지주의 자제는 외로움 때문에 여인을 사
귀었지만, 여인은 지주의 자제에 의해 살해되고 만다. 그리고 광고에는
그 방법이 독약이었음을 강조하여 선전하고 있다. 즉 자제가 여인을 독
살하는 광경을 전면으로 내세워 '애절비절한 비극'을 만들었다는 논리
를 앞세운 것이다.

　현재 남아 있는 〈유정무정〉의 무대 사진은 그 형해를 제대로 분간하
기 어려울 정도로 화질이 좋지 않은 상태이다. 그럼에도 무대장치에 대
한 대략적인 정보를 얻을 수는 있다. 일단 무대 위에는 간략한 세트가
세워져 있다. 무대 왼쪽(left side, 상수 방향)에 병풍이 세워진 것으로 보
아 다소 '고풍스러운 집'이 주요 배경인 것 같다. 하지만 이러한 고풍스
러운 풍경에도 불구하고, 무대 오른쪽(right side, 하수 방향) 면은 과감하
게 생략되어 있는 점이 특색이다.

　그 생략된 공간에 구애받지 않고 배우들이 자유롭게 서거나 앉아 있
는 모습이 흐릿한 정경으로 포착되어 있다. 장소의 사실적 재현을 중시

---

82　『매일신보』, 1936.8.9, 2면.

그림225 **동양극장 청춘좌의 〈유정무정〉**(무대 사진)[83]

하는 당시 무대 제작 풍토로는 파격적인 설정이라고 하지 않을 수 없다. 특히 동양극장의 세트가 사실적인 측면을 중시하여, 집의 내부를 비교적 세밀하게 꾸미는 형태의 세트를 선호했던 것에 비하여, 〈유정무정〉의 세트는 전체적으로 생략을 앞세운 과감한 디자인이었다고 할 수 있겠다.

이러한 무대디자인은 작품의 엽기적인 내용과도 관련이 있다. 비록 시골 형이 자애로운 마음과 희생정신을 발휘해서 동생의 안위를 지켜준다는 설정은 감동적이겠지만, 사랑하는 여자를 살해하고 이 시체를 유기하려는 사건을 공연의 주요 소재로 다루는 설정은 여간 대담한 설정이 아닐 수 없다. 대중극 공연에서 예상하지 못할 정도로 섬뜩한 소재라고 할 수 있는데, 무대 공간은 이러한 섬뜩한 이미지를 어떠한 방식으로든 뒷받침해야 했을 것으로 보인다. 위의 무대 사진에서 드러나는 과

83  「청춘좌 공연」, 『조선중앙일보』, 1936.8.12, 4면.

감한 생략은 이러한 섬뜩한 심리를 시각적으로 구현하기 위한 장치와 무관하지 않았다고 여겨진다.

### (3) 김건 작 〈김옥균전〉(1940년 4월 30일~5월 5일 초연, 청춘좌 제작)의 간략한 세트와 과감한 노출

동양극장은 1940년 4월 〈김옥균전〉을 제작 발표했다. 1939년 9월 무렵 사주가 교체되면서 청춘좌는 대대적인 위기를 맞이했고(황철과 차홍녀 등의 주연 배우들과 임선규와 박진과 원우전 핵심 스태프 이탈), 한동안 청춘좌 단독으로는 정상적인 공연을 수행하지 못했다. 1939년 말경에서야 청춘좌는 단독 중앙공연을 시행할 수 있었고, 1940년 3월에 들어서면서 과거의 위용을 간신히 되찾아 갈 수 있었다.

1940년 4월에 공연된 〈김옥균전〉은 청춘좌가 재기를 꿈꾸며 과거의 막대한 인기를 만회하기 위해 야심차게 기획한 작품이다. 김건의 〈김옥균전〉은 우여곡절을 겪으면서 무대화된 작품이다. 그 발단은 1939년 9월 사주 교체 이후 동양극장의 주요 좌부작가로 부상하여 그 어느 때보다 활발하게 활동하던 송영의 느닷없는 이적으로부터 시작된다. 당시 송영은 김건과 함께 〈김옥균전〉의 대본 작업을 하고 있었던 것으로 알려져 있는데, 송영은 이 작품을 소유한 채 아랑으로 이적했고,[84] 아랑 역시 이 작품을 공연하는 사태가 벌어졌다.[85] 이에 대한 연극사적 논란

---

84  『조선일보』, 1940.4.2, 4면 참조; 『조선일보』, 1940.4.28, 4면 참조.
85  당시 기사에는 아랑의 상연 작품이 1년 이상 연구되어 무대화되었다고 소개되었으며, 〈대무대의 붕괴〉를 이미 집필한 김진구를 비롯하여 관련 전문가들이 동원되었다고 보도되었다. 아랑의 〈김옥균〉은 6막 11장의 대작이었고, 송영과 임선규가 공동으로 집필하고 박진이 연출을 맡아 공연되었다(「〈김옥균〉 상연」, 『동아일보』, 1940.5.1,

은 다른 지면을 통해 수행하는 것이 바람직할 것으로 여겨지므로, 여기서는 간략한 상황만 소개하기로 한다.

〈표20〉

| 기간 | 공연 작품과 관련 정보 | 장소 |
|---|---|---|
| 1940.4.30~5.5 청춘좌 공연 | 김건 작 〈김옥균전〉(전편 4막 11장) 연출 홍해성 장치 김운선 | 동양극장 |
| 1940.4.30 극단 아랑 공연 | 임선규·송영 합작 〈김옥균〉(6막11장) 연출 박진, 무대장치 원우전 | 제일극장 |

결국, 아랑과 동양극장 두 극장에서, 동일 소재 작품을 동시에 상영하는 초유의 사태가 벌어졌다.[86] 두 극단은 한 뿌리를 가지고 당대의 대중극계에서 강력한 라이벌 구도를 형성하고 있었던 만큼, 이 작품 공연에 총력을 다했던 것이 사실이다.[87]

일반적으로 이 경쟁에서 아랑은 사력을 다한 것으로 묘사되었고, 그 결과 흥행상의 승자가 아랑인 것처럼 기록된 경우도 대부분이다.[88] 사실 이 시기 동양극장 측의 반응은 상대적으로는 소홀하게 보도된 감이 없지 않는데, 동양극장 측도 4막 11장의 대작 규모에 등장인물 100명을 동원하는 강력한 흥행 의지를 드러낸 바 있다.[89]

남아 있는 동양극장 측의 공연 사진(2장)은 고가를 무대에 형상화하는 1940년대식 방식(특히 사주 교체 이후의 동양극장이 지니는 특질)을 보여준다는 점에서 주목할 필요가 있겠다.

---

5면 참조).

86    『조선일보』, 1940.4.28, 4면 참조.

87    김남석, 『조선의 대중극단들』, 푸른사상, 2010, 452~454면 참조.

88    박진, 「동양극장과 아랑」, 『세세연년』, 세손, 1991, 179~180면 참조.

89    「연예 〈김옥균전〉 청춘좌 특별 공연」, 『매일신보』, 1940.4.29, 4면 참조.

그림226 동양극장 청춘좌의 〈김옥균전〉[90]

그림227 청춘좌의 〈김옥균전〉의 제2막 장면[91]

좌편의 무대 사진이 몇 막에 해당하는지는 알려지지 않았으나, 우편의 무대 사진이 2막을 가리키고 있다는 점에서, 좌편과는 차이를 보인다고 해야 한다. 무대에 배치된 세트와 각종 오브제를 고려할 때, 좌편의 무대 사진과 우편의 무대 사진은 서로 다른 공간을 보여주고 있다고 여겨지기 때문이다.

일단 좌편의 무대는 동양극장 무대를 가득 채울 정도로—높이 상에서 무대 벽면이 노출되지 않을 정도로—무대를 가득 메우고 있다. 반면 우편의 무대는 상수 방향에만 문으로 보이는 구조물을 세워두고 얕은 담장으로 무대를 비우고 있는 인상이다. 그러니까 좌편의 무대 배치는 화려하고 위엄 있는 고택을 재현하는 데에 충실한 무대 구조이고, 우편의 무대 배치는 간략한 장치로 활달한 동선을 최대한 보장하는 형태의 무대 구조이다.

---

90  「연극 〈김옥균(金玉均)〉 대성황」, 『조선일보』, 1940.5.5, 4면.
91  「청춘좌의 〈김옥균(金玉均)〉, 동극(東劇) 상연 중 제2막」, 『동아일보』, 1940.5.4, 5면.

두 무대에는 모두 10여 명의 인물이 등장하고 있다. 대규모 인물이 등장했음에도 불구하고 무대는 비좁은 인상을 주지 않는다. 다만 상대적으로 좌편의 무대가 인물들과 무대 세트의 결합으로 인해 빡빡한 인상을 주고 있기는 하다.

두 무대에 도열한 인물들은 무대장치를 따라 반월형으로 도열해 있다. 두 무대 모두 인물들이 올라설 수 있는 단(섬돌이나 기단)을 마련하고 있어, 도열한 인물들 중에서 일부는 그 위에 올라서 있다. 두 무대 사진 모두 상수 방향에서 포착되었는데, 전반적으로 상수 방향에 인물들이 빡빡하게 들어서 있고, 하수 방향으로 반월형 호선을 이루면서 어깨를 슬쩍 잇대고 서 있는 것이 차이라 하겠다.

특히 우측 무대 사진은 〈유정무정〉의 과감한 노출을 연상시키는 구조이다. 특히 상수 방향에 간략한 세트를 설치하고 하수 방향을 과감하게 노출한 것은 공통점이라 하겠다. 1936년 〈유정무정〉은 간략한 무대장치만 구사하며 그때까지는 동양극장 무대미술의 정교한 미학을 선보이지 못한 상태였다. 1938년 〈젊은 안해의 일기〉는 세부적인 장치까지 공들여 설치하는 성의를 기울이며 무대미술의 효과를 극대화하려는 발전된 면모를 드러내고 있었다. 그리고 1940년 〈김옥균전〉에서는 한편으로는 무대장치의 사실적 재현을 추구하면서, 다른 한편으로는 과감한 생략을 동반하는 양자적 효과 또한 배제하지 않고 있다.

여기서 양해되어야 할 점은, 반드시 〈유정무정〉→〈젊은 안해의 일기〉→〈김옥균전〉의 순서로 무대미술이 발전 내지는 승계되었다고 할 수는 없다는 사실이다. 더구나 동양극장에서 주요 비중을 차지하던 원우전은 청춘좌의 〈김옥균전〉이 아닌, 아랑의 〈김옥균〉의 무대장치를 담당했다는 결정적인 차이도 존재한다(청춘좌의 〈김옥균전〉은 김운선이 담당).

그럼에도 이 세 가지 무대디자인이 이루고 있는 의미심장한 맥락을 함부로 배제하거나 폄하할 수는 없다. 그것은 동양극장 측이 점차 무대미술의 의의를 인정하면서 작품마다 유연한 운영 방식을 선보였다는 점이다. 사실 〈김옥균전〉은 4막 11장에 달하는 대작이었기 때문에, 모든 막과 장을 새로운 무대장치로 채워 넣고 그 변별력을 강조하는 형태의 무대미술을 선보이는 작업에 일정한 부담을 느꼈을 것으로 여겨진다. 과거의 다른 사례에서도 확인되듯이, 동양극장 측은 필요에 따라 무대 세트를 재활용하거나 가감 변용하는 작업을 겸해 왔는데, 그렇게 무대를 구성했을 가능성이 높다고 해야 한다.[92] 이러한 기준에 따라 판단할 때, 〈김옥균전〉의 세트는 필요에 따라서는 웅장하고 정교하게, 상황에 따라서는 대담한 생략을 통해 과감하게 준비 제작되었다고 할 수 있다.

## 2) 무대 위에 두 채의 집을 구현하는 방식과 미학

### (1) 이운방 작 〈봄을 기다리는 사람들〉(1938년 2월 24일~3월 3일, 호화선 제작)의 두 채의 집

이운방 작 〈봄을 기다리는 사람들〉(3막)은 1938년 2월 24일부터 3월 3일까지 공연되었다. 이 작품은 남궁춘 작 〈외교일기 ABC〉와 함께 공연된 작품이었다.

---

92  김남석, 「동양극장 〈춘향전〉 무대미술에 나타난 관습적 재활용과 독창적 면모에 대한 양면적 고찰」, 『현대문학이론연구』 66집, 현대문학이론학회, 2016, 33~56면.

〈표21〉

| 기간 | 공연 작품과 관련 정보 |
|---|---|
| 1938.2.24~3.3<br>호화선 공연 | 남궁춘(박진) 작 〈외교일기 ABC〉(6경)<br>이운방 작 〈봄을 기다리는 사람들〉(3막) |

당시 동양극장 광고를 참조하면, 〈봄을 기다리는 사람들〉은 봄을 맞이하는 시기(2월~3월)적 특성을 최대한 활용하고자 한 작품이었다.[93] 구체적인 개요까지는 파악되지 않지만, 동풍이 불어오는 시절 봄의 난만함을 활용하여 관객들의 호응을 촉구하는 문구가 주를 이루고 있었다.

그림228 동양극장 호화선의 〈봄을 기다리는 사람들〉[94]

다행스럽게 이 작품의 무대 사진은, 역사 속으로 잊힐 뻔한 이 작품

---

93  『매일신보』, 1938.2.25, 2면 참조.
94  「사진은 동극단 소연의 〈봄을 기다리는 사람들〉의 일 장면」, 『동아일보』, 1938.3.1, 4면 참조.
http://newslibrary.naver.com/viewer/index.nhn?articleId=19380301002091 04006&editNo=2&printCount=1&publishDate=1938-03-01&officeId=00020&pageNo=4&printNo=5931&publishType=00010

에 대해 간접적인 증언을 남기고 있다. 이 작품의 무대 사진을 보면, 특이하게도 세련된 형태의 두 채의 집이 등장한다. 이 무대 사진이 흥미로울 수 있는 점은, 몇 가지로 나누어 생각할 수 있다.

우선, '한 채의 집'이 아니라 '두 채의 집'이라는 점이다. 동양극장 무대제작부는 실내를 보여주는 집(거실을 중심으로 한 집)이나, 혹은 정원을 포함하는 집 안팎을 포함하는 내부 정경(주로 담장 안쪽)을 주로 무대 배경으로 설정해 왔다. 그래서 한 채의 집이 주를 이루고 되고, 다른 집이 무대에 존재한다면 멀리 내다보이는 정도로 무대가 배치되는 것이 일반적이었다. 호화선뿐만 아니라 청춘좌도 이러한 범주에서 크게 벗어나지 않았다. 만일 집 밖(가령 거리)을 공간적 배경으로 삼는다면 마을 어귀나 먼 풍경이 보이는 장소를 택하여 마을 전체가 원경으로 들어오도록 배치하는 것이 일반적인 관례였다.

정리하면 한 채의 집을 설정하고 그 내부(거실 혹은 정원)를 무대 배경으로 제시하거나, 마을 풍경을 배경으로 집의 한쪽 측면을 보여주는 것이 일상적인 무대장치였다고 하겠다. 그러니까 두 채 이상의 집을 균등하게 무대 위에 설치하는 경우는 그렇게 일반적인 경우라고는 할 수 없었다. 그럼에도 불구하고 두 채 이상의 집을 무대 위에 설치해야 했을 경우에는, 그에 합당한 이유나 무대미학적 효과를 동반하고 있다고 보아야 한다. 따라서 집 두 채를 제시하는 이러한 무대장치는 이례적인 사례라고 하겠다.

다음으로, 무대 뒤 벽면을 걸개그림이나 무대장치로 채우지 않고 빈 공간으로 남겨두었다는 점이다. 무대 전체를 횅한 느낌이 들도록 비워두었다는 점에서, 이 무대디자인은 〈단풍이 붉을 제〉와 유사한 형태라고 하겠다. 동양극장 무대미술팀이 무대 전체를 계속해서 채우는 것에 초점을 맞추고 있었는데, 〈봄을 기다리는 사람들〉에서는 이러한 관례를 타파하고 새로운 기풍을 만들어 가고 있는 것으로 판단된다.

마지막으로, 집의 형태와 양식이 문화주택의 형해를 닮았다는 점이다.[95] 동양극장 무대에 마련되는 집은 크게 신식 양옥과 전통 고가로 나눌 수 있는데, 이 작품에서는 산중에 마련된 집임에도 불구하고 신식 양옥을 선보이고 있다. 당시 유행하던 문화주택의 관념이 산 속 집에도 적용된 사례로 보이는데, 이것은 당시 관습적 실정과는 다소 어긋나는 무대장치라 하지 않을 수 없다. 다만 관객들이 요구하는 무대장치의 세련미를 상당히 충족하는 데에 일조한 사실은 넓게 인정된다고 하겠다.

(2) **이서구 작 〈해바라기〉**(1938년 4월 15일~4월 22일, 청춘좌 제작)**의 '여러 채의 집'**

이서구(작가 '이고범'으로 표기) 작 〈해바라기〉(4막)는 '남편의 출세와 행복'을 위해 자신을 희생하면서 고통을 감내하는 여인 '란실蘭實'의 삶을 다룬 작품이다.[96] 전술한 대로, 이러한 인고의 여인상은 동양극장이 즐겨 취하는 소재였으며, 앞에서 살펴본 〈젊은 안해의 일기〉(3막)와도 일맥상통하는 측면이 있다. 실제로 두 작품은 두 달 간격을 두고 발표되었으며, 이서구가 집필했다는 연관성을 지니고 있었다.

이 작품은 무대 위에 두 채 이상의 집을 공간적 배경으로 수용한 경우

---

95  이경아·전봉희, 「1920년대 일본의 문화주택에 대한 고찰」, 『대한건축학회 논문집-계획계』 21권 8호, 대한건축학회, 2005, 103~105면; 이경아, 「경성 동부 문화주택지 개발의 성격과 의미」, 『서울학연구』 37집, 서울시립대 서울학연구소, 2009, 46~49면.
96  『매일신보』, 1938.4.16, 2면 참조.

그림229 **동양극장 청춘좌의 〈해바라기〉**(무대사진)[97]

이다. 이를 위해 무대 상/하수에 세트를 설치하고, 원경에 해당하는 집들의 풍경은 걸개그림으로 대체하였다. 걸개그림과 무대 오브제의 결합을 통해 원경과 근경 사이의 접합면을 자연스럽게 꾸미는 방식은 청춘좌가 1936~1938년 사이에 즐겨 사용하는 무대제작 방식이다.[98]

우선 〈해바라기〉가 공연된 시점에 대해 살펴보면 〈표 22〉와 같다.

표의 공연 연보에서 확인되듯, 〈해바라기〉는 동양극장에서 여러 차례 공연된 작품으로, 초연 시점은 1938년 4월 15일이었고, 이후 세 차례 더 공식적으로 재공연되었다. 흥미로운 사실은 1942년 11월 시점에

---

97 「금주 동양극장 이고범 작 〈해바라기〉⋯무대면(舞臺面) '청춘좌소연(청춘좌소연)」, 『동아일보』, 1938.4.20, 4면.
http://newslibrary.naver.com/viewer/index.nhn?articleId=19380420002092
04008&editNo=2&printCount=1&publishDate=1938-04-20&officeId=0002
0&pageNo=4&printNo=5981&publishType=00020

98 김남석, 「동양극장 발굴 자료로 살펴본 장치가 원우전의 무대미술 연구」, 『동서인문』 5호, 경북대학교인문학술원, 2016, 126~131면 참조.

| 기간 | 공연 작품과 관련 정보 |
|---|---|
| 1938.4.15~4.22<br>청춘좌 공연 | 이고범(이서구) 작 〈해바라기〉(4막)<br>남궁춘(박진) 작 〈폭풍경보〉(1막) |
| 1941.4.21~4.29<br>청춘좌 공연 | 이서구 작 〈해바라기〉(4막) |
| 1942.6.11~6.17<br>청춘좌 공연 | 이서구 작 〈해바라기〉(4막) |
| 1942.11.13~11.19<br>성군 공연 | 이서구 작 〈해바라기〉(4막) 허운 연출 김운선 장치 |

서는 청춘좌가 아닌 성군에 의해 제작되었다는 점이다. 1939년 사주
교체 이후 동양극장은 과거 청춘좌의 작품을 호화선에서 제작하거나,
호화선에서 인기를 끈 작품을 청춘좌가 공연하는 빈도를 확대시키고자
했다. 처음에는 청춘좌 진영의 몰락으로 청춘좌만의 단독 공연이 어려
웠기 때문에 취해진 조치였으나, 이후 이러한 교차 공연이 설득력을 얻
게 되었다. 대표적인 경우가 1940년 2월 호화선에 의해 공연된 〈춘향
전〉이었다. 동양극장은 이례적으로 호화선이 〈춘향전〉을 제작하도록
허용했는데, 이때 공연은 시기적으로 구정(맞이) 공연으로 가장 주목받
는 시기에서 시행된 공연이었다.

　이처럼 동양극장 작품 중에서는 청춘좌와 호화선(혹은 훗날의 성군)에
의해 상호 교환 제작된 작품이 간혹 있는데, 〈해바라기〉가 그러한 경우
이다. 〈해바라기〉가 마지막으로 공연된 1942년 11월 공연에서는 무대
장치가의 이름이 공개되어 있다. 하지만 김운선이 1942년에만 〈해바라
기〉의 무대장치를 맡았다고는 볼 수 없으며, 오히려 이러한 단서를 통
해 김운선이 이 작품의 무대장치를 제작하는 과정에서 주도적인 활동
을 했다는 의미로 받아들이는 편이 타당할 것이다. 왜냐하면 김운선은

〈해바라기〉가 초연된 1938년 4월 시점부터 1942년 3번째 재공연 시점까지 일관되게 동양극장 무대제작부에서 활동하고 있었기 때문이다. 반면 원우전은 1939년 사주 교체 이후 동양극장을 이탈하였다가 1941년 12월 무렵에 복귀하면서, 아무래도 동양극장에서 영향력이 줄어들었던 점도 작용했을 것이다.[99] 이러한 이력으로 볼 때, 1941년 4월 공연에서 무대디자인을 맡은 이는 원우전은 아니었다.

이러한 이유들로 인해 김운선은 1938년 4월 시점부터 〈해바라기〉 제작(무대제작)과 무관하지 않았다고 보아야 한다. 주목할 점은 이 〈해바라기〉의 무대장치가 1937년 12월에 공연된 호화선 제작, 이서구 작 〈불타는 순정〉의 그것과 상당한 공통점을 지니고 있다는 사실이다.[100]

1937년 12월에 사용된 〈불타는 순정〉의 무대디자인은 벽돌을 쌓아 축조된 건축물의 이미지를 부각하고 있다. 그런데 이러한 벽돌 구조의 건축물 이미지는 1938년 4월 〈해바라기〉의 무대 이미지에도 유사하게 적용되었다. 특히 상수 방향에 세워진 출입문 겸용 무대 세트는 매우 흡사하다.

아래의 확대 사진은 출입문 성격을 띠는 상수 방향 무대 세트가 실제로는 동일한 아이디어에서 유래했으며, 어쩌면 이전의 무대 세트를 재

---

99  원우전은 1941년 8월 〈동학당〉 무렵까지 아랑에서 무대장치가로 활약했고(『매일신보』, 1941.8.22, 2면 참조), 1941년 12월 동양극장의 〈애정천리〉를 통해 청춘좌 공연에 복귀했다.

100  두 작품은 남편 혹은 애인에 대한 사랑으로 외로운 처지에 처하는 여인을 그리고 있다는 점에서 공통적이다. 사실 이러한 사랑의 아픔과 외로운 여인의 문제를 다루는 작품은 동양극장 연극에서 상당수를 차지하기 때문에, 두 작품 역시 이러한 일군의 동일 주제를 작품군에 속한다고 할 수 있다(『매일신보』, 1937.12.10, 2면 참조; 『매일신보』, 1938.4.16, 2면 참조).

그림230 동양극장 호화선 〈불타는 순정〉(무대 사진)[101]　　　그림231 〈불타는 순정〉의　　그림232 〈해바라기〉의
　　　　　　　　　　　　　　　　　　　　　　　　　　　　상수 방향 출입문　　　　상수 방향 출입문

활용해서 제작했을 가능성마저 배제할 수 없다는 사실을 증언하고 있
다. 특히 이러한 무대 세트의 축조는 해당 출입문과 그 일대의 연기 구
역을 사용하는 배우들의 자세를 동일하게 이끌 수밖에 없다.

　위의 확대 사진을 보면, 무대 중앙을 향해 45도쯤 비틀어 위치한 신
체와, 단 위에 위치하면서 갖추게 되는 자세, 단에 의한 높이로 자연스
럽게 부감俯瞰을 취하는 시선, 그리고 손을 올려 상대 등장인물과의 연
기적 상관성을 확보해야 하는 동작 등에서 공통점이 나타나고 있음을
확인할 수 있다.

　비단 상수 방향의 출입문에서만 공통점이 나타나는 것은 아니다. 실
제로 하수 부분을 확대하면 두 무대디자인 사이에 또 다른 공통점이 있
다는 사실을 발견할 수 있다.

　두 무대디자인에서 우선 발견되는 공통점은 하수 방향에 건물 모양
의 독립 공간이 마련되어 있다는 점이다. 현재 남아 있는 사진으로는 그

---

**101** 「사진은 〈불타는 순정〉의 일 장면」, 『동아일보』, 1937.12.11, 5면.
　　https://newslibrary.naver.com/viewer/index.nhn?articleId=1937121100209
　　105013&editNo=2&printCount=1&publishDate=1937-12-11&officeId=000
　　20&pageNo=5&printNo=5852&publishType=00010

그림233 〈해바라기〉의 하수 방향 세트
(하수에서 무대 중앙까지)

그림234 〈불타는 순정〉의 하수 방향 세트[102]
(하수에서 무대 중앙까지)

건물의 정확한 형상을 분간하기는 힘들지만, 배우들이 그 공간 내부 혹은 문으로 분리된 독립 공간을 활용하여 어떠한 방식으로든 연기할 수 있도록 유도했다는 점에서는 동일하다.

그러니까 무대 상수에는 출입문 성격의 무대장치가 있고, 무대 하수에도 건물을 빙자한 출입문과 독립 공간이 마련되어 있다고 할 수 있겠다. 더구나 두 건물 사이를 가로지는 담장 혹은 철책이 놓여 있는 점도 주목할 만하다. 〈불타는 순정〉의 담장은 그 너머의 공간을 상정할 수 없다는 점에서 배경화에 가깝지만, 〈해바라기〉의 철책은 배우들이 철책을 손으로 만질 수 있는 위치에 설치되어 있어 무대 오브제로서 기능할 수 있다는 차이점은 물론 내재한다. 다만 이러한 기능상의 차이에도 불구하고, 상/하수에 설치된 두 개의 세트를 가로지르면서 걸개그림을

102 「사진은 〈불타는 순정〉의 일 장면」, 『동아일보』, 1937.12.11, 5면.
https://newslibrary.naver.com/viewer/index.nhn?articleId=1937121100209
105013&editNo=2&printCount=1&publishDate=1937-12-11&officeId=000
20&pageNo=5&printNo=5852&publishType=00010

크게 필요로 하지 않는 — 걸개그림이 아예 없는 것은 아니지만 — 무대 디자인을 조성하고 있다는 점은 역시 공통점이라 하겠다.

### (3) 다수의 집 형상을 무대에 디자인한 작품들(1937년 12월~1938년 4월)

두 채 이상의 집을 무대에 구현하여 무대디자인을 완성한 세 경우를 비교해 보자. 일단 세 작품의 초연 시기를 비교하면 다음과 같다.

〈표23〉

| 기간 | 공연 작품과 관련 정보 |
|---|---|
| 1937.12.8~12.13<br>호화선 제2주 공연 | 수양산인(송영) 작 〈벙어리 냉가슴〉(1막)<br>이서구 작 〈불타는 순정〉(3막 4장) |
| 1938.2.24~3.3<br>호화선 공연 | 남궁춘(박진) 작 〈외교일기 ABC〉(6경)<br>이운방 작 〈봄을 기다리는 사람들〉(3막) |
| 1938.4.15~4.22<br>청춘좌 공연 | 이고범(이서구) 작 〈해바라기〉(4막)<br>남궁춘(박진) 작 〈폭풍경보〉(1막) |

세 작품이 개별적으로 호화선과 청춘좌로 나누어져 공연되기는 했지만(〈해바라기〉는 1942년 성군에서도 공연), 시기적으로 1937년 12월에서 1938년 4월 사이에 무대 위에 실현되었다는 시간적 인접성을 무시할 수 없다. 이러한 시간적 인접성은 세 작품의 무대디자인을 연속선상에서 고찰할 필요성을 높여준다.

〈불타는 순정〉에서는 후원 형태의 무대디자인을 실현했다. 두 채의 집이라기보다는 한 채의 집과 후원 그리고 후원에 위치한 독립 건물(하수의 건축물)의 구도를 견지하고 있다. 전술한 대로, 담장은 두 채의 건물을 하나로 이어주는 역할을 수행하고 있다.

〈봄을 기다리는 사람들〉에서는 두 채의 집으로 완전히 분리되고 있

그림235 **1937년 12월 〈불타는 순정〉**[103]　그림236 **1938년 2월 〈봄을 기다리는 사람들〉**　그림237 **1938년 4월 〈해바라기〉**

다. 특히 〈봄을 기다리는 사람들〉에서는 걸개그림의 비중을 높여 실제 세트가 아닌 그림으로 대체하는 미술효과를 선택하고 있다. 두 집의 모습이 정면과 측면으로 나누어져 묘사된 대목은, 이 집들이 서로 다른 개성을 지니고 있다는 사실을 강조하기 위함이었다. 따라서 분리의 측면이 강하다고 해야 한다.

1938년 4월 〈해바라기〉는 〈불타는 순정〉의 건물(특히 무대 좌/우측에 설치된 세트)과 〈봄을 기다리는 사람들〉의 걸개그림을 조합한 형상이다. 〈불타는 순정〉에서 사용했던 벽돌집 세트를 차용했고, 〈봄을 기다리는 사람들〉에서는 원근감을 갖춘 걸개그림을 수용했다고 볼 수 있으며, 두채의 건물을 가로지르는 담장(혹은 철책)을 사용했다는 점에서는 양자의 공통점을 취하고 있다.

전속극단 1회(1일) 공연에서 보통 2~3작품이 공연되고, 한 차례 공연 주간이 4~6회차의 공연으로 구성된다고 할 때, 걸개그림이나 기 제작 세트를 최소한으로 제작하고 기 제작물을 변형하여 재활용하는 사례는 어느 정도는 불가결하다고 해야 한다. 이러한 측면에서 공통점 혹은

---

**103** 「사진은 〈불타는 순정〉의 일 장면」, 『동아일보』, 1937.12.11, 5면.
https://newslibrary.naver.com/viewer/index.nhn?articleId=1937121100209
105013&editNo=2&printCount=1&publishDate=1937-12-11&officeId=000
20&pageNo=5&printNo=5852&publishType=00010

유사점이 생겨나는 것은 비근한 사례이고, 또 변형 사례를 찾는 것도 극히 예외적인 일도 아닐 것이다. 다만 현저하게 그 자료(무대디자인이나 공연 사진)가 부족한 상황에서 세 작품이 보이는 공통점과 미세한 차이점 그리고 기존 디자인의 수용과 변형에 대한 고찰은 당시 동양극장 무대 제작부가 여러 채의 집을 형상화했던 방식을 보여준다고 하겠다.

간단하게 정리하면, 두 채의 집을 무대에 꾸미는 무대장치는 현재까지 남아 있는 동양극장 무대디자인을 통합하여 살펴볼 때 흔한 사례가 아닌 것은 분명하지만, 일단 이러한 무대디자인이 실현될 경우에는 상/하수에 비슷한 각각 한 채씩의 건물을 축조하는 구도가 기본 구도로 적용되는 것 같다. 그리고 두 채의 건물을 담장류의 오브제로 연결하는 형태의 디자인이 공히 적용되고 있다. 이러한 기본 구도는 좌/우 균형을 고려했기 때문으로 보이며, 아울러 상/하수 방향 출입로(등/퇴장로)를 자연스럽게 확보하고 또 적정하게 은폐하기 위한 시도로 판단된다.

아울러 상/하수 방향에는 독립된 연기 공간을 마련하고자 하는 의도를 내비치고 있는데, 그러한 의도가 한결 강하게 부각될 경우에는(〈불타는 순정〉과 〈해바라기〉) 단과 분리된 공간 등이 추가로 설치되고 있다. 이로 인해 다수의 인물에 의한 장면뿐만 아니라 소수 인물에 의한 장면, 그러니까 몇 사람만의 대화나 상호 연기도 다양하게 공연/연출될 수 있는 연기 구역이 확보되고 있다.

### (4) 두 채의 집이 지니는 무대 효과와 그 파장

두 채의 집이 무대장치로 수용되기 위해서는 일단 무대의 공간적 배경이 실내 공간이 아닌 실외 공간이어야 하다는 기본 전제를 배면에 깔고 있다. 실내 공간이라면 기본적으로 한 채의 집만을 대상으로 할 수밖에 없기 때문인데, 두 채의 집을 실외 공간과 함께 제시한다는 기본 구상은 내용상 여러 사연을 가진 인물들이 다수 등장하는 이야기가 토대가 되었을 가능성을 높여준다고 하겠다.

더구나 두 개의 집은 무대장치의 다채로움을 가중시킬 수 있다. 〈불타는 순정〉의 무대 배치는 다소 균형에 치중한 측면이 있지만, 그 이후의 〈봄을 기다리는 사람들〉이나 〈해바라기〉는 집 형체 자체가 지니는 시각적 아름다움을 추구한 측면이 엿보인다. 특히 〈봄을 기다리는 사람들〉에서 두 집은 서로 다른 방향으로 벌려져 있는 형상— 서로 다른 투시 시점을 적용하고 있다— 이어서, 관람자가 시선을 바꾸어서 인지해야 하는 효과를 거두고 있다. 그러한 측면에서 이질적인 차이를 느끼도록 구상된 무대디자인에 해당한다. 또한 〈해바라기〉에서는 초점이 되는 두 집 이외에도, 걸개그림으로 여러 채의 집을 추가하여 설득력 있는 원근감을 느낄 수 있도록 유도했다.

여러 채의 집을 무대 위에 배치하는 작업은 아무래도 시선 분산과, 미적 관람의 심도를 다양하게 추구할 수 있다는 점에서 무대디자인으로서의 효과를 거두는 데에 유리한 측면이 내재한다. 또한 실질적으로 배우들이 다양한 연기 공간을 마련하는 데에도 이점이 적지 않다고 해야 한다. 문제는 이러한 무대 배치가 불필요한 간섭으로 작용할 수 있는데, 이로 인해 배우들의 문제적 연기가 사라지고 전체적인 볼거리에 치중하는 폐해도 낳을 수 있다는 점이다. 특히 지나친 무대장치가 배우들의 연기력을 저해하거나 결과적으로 연기력이 아닌 다른 연극적 요인을 강조한다면 이 역시 무대미술에서 주의 깊게 살펴야 할 대목이 아닐 수 없다.

## 3) 무대장치를 통해 본 배우들의 연기 동선

### (1) 임선규 작 〈방황하는 청춘들〉(1937년 7월 1일~6일, 청춘좌 제작)의
### '확대된 공간감'과 들어찬 군중

동양극장 청춘좌는 1937년 7월 1일부터 6일까지 임선규 작 비극 〈방황하는 청춘들〉(4막 5장)을 공연하였다. 공연 시점은 청춘좌가 조선과 만주 일대를 순회공연하고 돌아온 직후에 해당하는데, 동양극장에서 귀경 공연작으로 〈방황하는 청춘들〉을 무대에 올렸다.[104]

〈표24〉

| 기간 | 공연 작품과 관련 정보 |
|---|---|
| 1937.7.1~7.6<br>청춘좌 대공연 | 비극 임선규 작 〈방황하는 청춘들〉(4막 5장)<br>풍자극 남궁춘(박진) 작 〈홈·스윗트 홈〉(1막) |

당시 청춘좌는 일부 단원의 탈퇴로 인해 일시적으로 변화가 발생했다. 심영, 서월영, 남궁선 등이 중앙무대 결성(1937년 6월 6일 창단 선언문 발표)에 참여하면서,[105] 청춘좌 배우들이 일시적으로 부족한 상황이 초래된 것이다. 아래 배역진을 참조하면, 그 이전까지 익히 알던 청춘좌 배역진과 다소 차이를 보인다는 사실을 확인할 수 있다.

물론 중앙무대 결성으로 인해 청춘좌의 배우들이 이탈하기는 했지만, 그렇다고 청춘좌 극단이 와해될 위험까지 초래되지는 않았다. 오히려 중앙무대는 창단 이후 극단 유지에 어려움을 겪고 얼마 지나지 않아 해산되지만, 청춘좌는 '중앙무대 탈퇴파'에 구애받지 않고 정기 공연을

---

104 「〈방황하는 청춘들〉 무대면(동양극장 소연)」, 『동아일보』, 1937.7.4, 7면 참조.
105 『매일신보』, 1937.6.6, 8면 참조.

황철, 차홍녀, 복원규,
김선초, 한일송, 지경순,
김동규, 태을민, 조미령,
이재현, 김숙영, 유현,
황은순, 조석원, 김선영,
이동호, 최궁미혜(최선),
변기종, 신은봉

**출연 배우들**

그림238 **당시 공연 신문 광고**[106]

이어가서 광복 전까지 꾸준히 자기 색깔을 유지하는 인기 극단으로 남을 수 있었다.

다만 1937년 6~7월 시점에서는 청춘좌는 일시적으로 중앙공연을 시행하지 않았다. 중앙공연은 또 다른 전속극단인 호화선과, 배속극단으로 지칭되는 조선성악연구회(창극 공연)가 주로 맡았다. 그리고 이러한 중앙공연이 이루어지는 사이에 청춘좌는 지방과 만주 일대를 순회 공연하면서 내실을 다지면서 다시 귀경 공연에 임하게 된다. 근 2개월 여 만에 시행한 중앙공연 작품이 〈방황하는 청춘들〉이었던 만큼, 이 작품을 공연하는 임선규(극작가)를 비롯하여 청춘좌 잔류파 배우들의 각오는 남다르지 않을 수 없었다. 그래서 이 작품은 다막극 중에서도 4막 5장 규모의 긴 다막극으로 발표되었고, 황철과 차홍녀 등의 주요 배우들이 참여하는 대작으로 공개되었다.

이 작품에 출연한 배우는 청춘좌의 대표 배우인 황철과 차홍녀 외에도, 복원규, 한일송, 김동규, 태을민, 이재현, 유현, 조석원, 이동호, 변기종, 김선초, 지경순, 조미령, 김숙영, 황은순, 김선영, 최궁미혜(최선), 신

---

106 『매일신보』, 1937.7.5, 4면.

은봉 등이었다. 출연진을 보면 청춘좌 인력이 대부분 동원되었을 뿐만 아니라 심지어는 호화선의 일부 멤버도 참여했음을 확인할 수 있다.

〈방황하는 청춘들〉의 공연 무대는 몇 가지 중대한 특성을 드러내고 있다. 우선, 가장 눈에 띄는 사안이 연극적 배경이다. 통상적인 '가정집 내부'라면 벽면이 창과 문으로 꾸며져 있고, 창과 문은 일반적으로 사각형으로 표현되기 일쑤일 것이다. 특히 무대에서 출입문은 사람이 출입하거나 왕래할 수 있는 직사각형 형태로 표현되는 것이 일반적이다. 하지만 〈방황하는 청춘들〉의 무대는 이러한 일반적인 형태의 집 내부 풍경을 거부하고 있고, 오히려 큰 홀의 특징을 흉내내고 있다.

다른 특징으로 무대 내에 관람용 의자가 놓여 있고, 그곳에 사람들(관람객으로 분한 배우들)이 앉아 있다는 점을 들 수 있다. 그러니까 무대 위에 또 다른 무대를 배치하여, '행동하는 사람(무대 중앙)'과 '지켜보는 사람(하객)'의 구도를 취하고 있다. 실제로 무대 사진에도 하객 차림으로 의자에 앉아 있는 10여 명의 인물이 포착되고 있다.

무대 중앙에는 신랑 신부로 보이는 두 남녀가 서 있고, 그들 주변에는 들러리로 보이는 사람들이 서 있다. 그리고 두 남녀 뒤쪽으로 주례가 서 있는 풍경이 어렴풋하게 눈에 들어온다. 관련 상황을 종합할 때, 이 장면에서 초점화된 예식은 '결혼식'이며, 결혼식을 위해 공간적 배경으로 교회가 선택된 것으로 보인다.

앞에서 거론한 대로 이 작품은 대규모 인력이 동원된 공연으로 치러졌다. 대규모 인력 동원 상황은, 발굴된 위의 무대 사진에서도 확인된다. 위 장면에서 사진에 포착된 출연진만 해도, 하수 방향 하객이 5명(아이 포함), 중앙에 주례와 신랑·신부 그리고 들러리를 합하여 6명, 상

그림239 **동양극장 청춘좌의 〈방황하는 청춘들〉**(무대 사진)[107]

수 방향 하객이 최소 4명으로, 모두 합쳐 15명에 달한다. 이에 따라 15명이 동시에 출현할 수 있는 무대가 마련되어야 하며, 특히 무대 중앙으로 향하는 관객들의 사이트 라인sight line이 확보되어야 했다.

이를 위해서는 관객들은 결혼식 광경과 하객을 바라볼 수 있으면서도, 하객들의 시선이 집중력 있게 중앙(단상)을 향할 수 있는 인물/도구 배치가 요구될 수밖에 없었다. 그러니까 관객들도 시선의 방해 없이 무대 중앙을 바라볼 수 있어야 했고, 동시에 무대 위의 하객 역할을 하는 배우들도 편안하게 결혼식을 관람할 수 있는 동선을 보장받아야 했다.

자연스럽게 무대는 상/하수 방향으로 벌려서는 형국으로 조직되었

107 「〈방황하는 청춘들〉 무대면(동양극장 소연)」, 『동아일보』, 1937.7.4, 7면 참조.
http://newslibrary.naver.com/viewer/index.nhn?articleId=19370704002091
07003&editNo=2&printCount=1&publishDate=1937-07-04&officeId=0002
0&pageNo=7&printNo=5692&publishType=00010

고, 그 사이를 비워 관객들의 관람 시각이 확보되도록 조정해야 했다. 특히 하객들의 의자가 상하수 방향으로 사선을 이루면서 놓이는 바람에, 무대 중앙에는 연기 공간이 넉넉하게 확보될 수 있었다.

이러한 조건들을 충족할 요량으로, 〈방황하는 청춘들〉의 무대는 무대 후면에 두 개의 기둥을 세워 전체 무대를 임의로 3등분하고, 상수 방향 1/3 영역과, 하수 방향 1/3 영역을 하객 좌석으로 할애했다. 무대 위에서 객석 의자는 중앙을 향해 비스듬하게 기울어진 채로 자리잡고 있고, 이러한 의자에 앉은 하객 역할 배우들은 과감하게 관객들을 등지고 앉게 된다.

하객 역할 배우들의 시선은 무대 중앙을 향하게 되고, 그로 인해 관객들은(관람객으로 분장한 배우들도) 주례 앞에서 나란히 서서 정면(객석 방향)을 응시하는 신혼부부의 모습에 시선을 모으게 된다. 이 장면에서 시선은 어느 방향으로 향하든 중앙으로 다시 재정렬하도록 유도되어 있다. 무대 배치와 인물 동선을 바라본 이들은 공간의 소실점과 등장인물의 시선을 따라, 무대 후면 중앙 신랑－주례－신부의 연기 공간으로 자신의 시선을 몰아갈 수밖에 없는 셈이다.

이러한 무대배치는 주목되는데, 그것은 시선의 향방을 한 초점으로 모을 수 있는 구도를 실현하고자 했기 때문이다. 연극에서 창출된 장면은 영화에서 제공하는 장면과 달리, 원근과 선택이 자유롭기 마련이다. 영화는 관객에게 감독이 일방적으로 선택한(카메라를 통해 절취한) 장면을 보여주는 데에 익숙하지만, 연극은 무대 곳곳을 선택할 권리가 관객에게 주어지면서 화면(무대)을 다양하게 꾸밀 방도를 궁리하지 않을 수 없다. 감독들이 관람하기를(집중하여 바라보기를) 원하는 광경만을 관객이 볼 수 있는 것이 아니라, 관객이 비교적 자유롭게 자신이 보고 싶은 것을 볼 수 있는 권리가 허용된다는 뜻이다. 말하는 사람을 볼 수도 있고, 듣는 사람을 볼 수도 있으며, 대화와 무관한 사람이나 특별한 광경(이미지)을 선택할 수도 있다.

그런데 〈방황하는 청춘들〉은 이러한 취사선택을 상당 부분 제약하고 있다. 즉 관객들은 무대 위에서 시선의 향방을 결정할 수 있는 권한을 기본적으로 물려받기는 했지만, 실제 무대 위에서는 별다른 선택을 하지 못하고 있다. 이렇게 많은 인물들이 무대에 등장했음에도 불구하고, 객석의 시선을 원하는 곳으로 모을 수 있는 무대 배치는 유용한 것이 아닐 수 없다. 물론 이러한 무대 배치를 인물들의 시선과 자세를 조율하는 방식도 상찬될 수 있겠다.

두 개의 기둥은 오각형 모양의 내부 공간을 세 개 창출했고, 그중 양옆(상/하수 방향)의 공간을 작게 만들고 그 내부를 비움으로써 관객의 시선이 분산될 가능성까지 차단한 것도 이러한 시선 응집에 중요한 이유가 되고 있다.

이 작품에서 무대장치가는 관객들의 시선 집중을 위해 결혼식 하객을 무대에 등장시키는 선택을 감행했고, 그들의 동작과 행동을 제어하여 결혼식 자체에 관극 초점을 맞출 수 있도록 무대 위의 상황을 조율했다. 의자와 식물의 배치도 그러하지만, 뒤쪽 배경으로 설치된 두 개의 기둥과 세 개의 공간 역시 동일한 의도를 함축하고 있다고 하겠다. 더구나 이러한 공간 조율 효과는 동양극장 무대를 확대시키는— 적어도 더 넓게 보이도록 유도하는 효과까지 겨냥했다. 사실 이 무대만 보면, 동양극장 무대라는 선입견이 사라지는 효과를 함부로 없애지 못한다. 무려

15명이나 등장해 있음에도, 무대는 상당한 여유 공간을 가진 듯 인식되기 때문이다.

### (2) 이운방 작 〈청춘일기〉(1937년 8월 10일~15일, 청춘좌 제작)의
#### '비좁은 통로'와 일렬 동선

이운방 작 〈청춘일기〉는 1937년 7월 1일부터 재개된 중앙 공연 주간에서 8회차 공연작으로 무대에 올랐다.

<표25>

| 기간 | 공연 작품과 관련 정보 |
|---|---|
| 1937.8.10~8.15<br>청춘좌 공연(8회차) | 비극 이운방 작 〈청춘일기〉(3막 6장)<br>폭소극 구월산인(최독견) 작 〈장가보내주〉(1막) |

8회차 공연작인 〈청춘일기〉를 온당하게 파악하기 위해서, 그 이전까지 공연된 청춘좌 작품들을 연속적으로 정리할 필요가 있겠다. 1937년 7월 1일부터 '청춘좌 대공연'으로 이름 붙인 채 시작된 여름 공연 주간은 총 10회차 공연으로 이루어졌다. 이중 1회차 공연의 메인 작품인 비극 〈방황하는 청춘들〉(4막 5장)을 필두로 하여, 2회차 비극 〈외로운 사람들〉(이운방 작, 3막 4장), 3회차 비극 〈물레방아 도는데〉(이운방 작, 3막 4장), 4회차 쾌작 〈남아행장기〉(임선규 작, 4막), 6회차 비극 〈애원십자로〉(이운방 작, 3막 4장) 등의 신작 정극이 발표되었다.

이 작품들의 무대 사진을 살펴보면, 대부분의 해당 공연에서 무대 공간을 넓게 비우고 배우들의 동선이 자유롭게 마련될 수 있는 무대배치를 즐겨 선택했음을 확인할 수 있다.

그림240 동양극장 청춘좌의 〈외로운 사람들〉(무대 사진) : 2회차[108]

그림241 동양극장 청춘좌의 〈물레방아는 도는데〉(무대 사진) : 3회차[109]

그림242 동양극장 청춘좌의 〈남아행장기(男兒行狀記)〉(무대 사진) : 4회차[110]

위 무대 사진에서 나타나는 것처럼, 2~4회차 정극 작품에서 걸개그림과 간략한 무대장치로 이루어진 무대 배경은 비교적 넓은 연기 공간을 담보할 수 있었다. 하지만 8회차에 도달하면 다소 변화된 성향이 나타난다. 아래 작품의 무대 배치는 2~4회차 작품뿐만 아니라, 1회차 〈방황하는 청춘들〉과도 다소 이질적인 특성을 지니는 경우이다. 그러니까 1937년 7월 공연 주간에서 8회차 〈청춘일기〉는 독특한 위상을 차지하는 공연이라고 할 수 있는데, 그 이유는 아무래도 이 작품의 무대디자인에서 비롯된다고 해야 할 것이다.

**108** 「청춘좌소연(靑春座所演) 〈외로운 사람들〉 무대면(동양극장에서)」, 『동아일보』, 1937.7.9, 6면.
https://newslibrary.naver.com/viewer/index.nhn?articleId=1937070900209106008&editNo=2&printCount=1&publishDate=1937-07-09&officeId=00020&pageNo=6&printNo=5697&publishType=00010

**109** 「청춘좌 소연 〈물레방아는 도는데〉의 무대면」, 『동아일보』, 1937.7.17, 6면.
https://newslibrary.naver.com/viewer/index.nhn?articleId=1937071700209106002&editNo=2&printCount=1&publishDate=1937-07-17&officeId=00020&pageNo=6&printNo=5705&publishType=00010

**110** 「〈남아행장기(男兒行狀記)〉의 무대면」, 『동아일보』, 1937.7.25, 7면.
https://newslibrary.naver.com/viewer/index.nhn?articleId=1937072500209107009&editNo=2&printCount=1&publishDate=1937-07-25&officeId=00020&pageNo=7&printNo=5713&publishType=00010

그림243 **이운방 작 〈청춘일기〉**[111]

가장 두드러진 차이는 〈청춘일기〉의 무대가 비좁은 인상이 들 정도
로 세트와 오브제로 채워져 있다는 점이다. 무대 중앙에서 남녀가 조우
하고 있고(조우했다가 헤어지는 장면일 가능성도 있음), 그 남녀에게 완고한
인상의 '노인'이 접근하고 있다. 무대 상황과 인물의 동선을 감안할 때,
노인은 계단을 올라 좁은 도로(포도)를 따라가야만 남녀가 있는 공간으
로 접근할 수 있다.

이 무대에서 그 외의 길은 존재하지 않으며, 단을 뛰어 올라가지 않
는 한 두 남녀에게 접근할 수 있는 기본적인 통로는 모두 차단되어 있다
고 해야 한다. 다시 말해서 무대에 마련된 기본 세트와 오브제 등이 등
장인물의 등/퇴장로를 상당 부분 제약할 정도로(유일한 좁은 통로를 제외
하고는) 가득 들어찬 인상이다.

더구나 노인이나 남녀가 서 있는 길은 원근감을 표현할 수 있을 정도

---

111 「〈청춘일기〉의 무대면」, 『동아일보』, 1937.8.15, 6면.
　　http://newslibrary.naver.com/viewer/index.nhn?articleId=19370815002091
　　06015&editNo=2&printCount=1&publishDate=1937-08-15&officeId=0002
　　0&pageNo=6&printNo=5734&publishType=00010

로 폭(깊이)을 확보한 공간이 아니다. 한 사람이 서면 전/후 공간이 없을 정도로 비좁은 길이기 때문이다. 그렇다면 세 사람이 무대 위에서 만날 수 있는 방식은(관객이 바라볼 때) 나란히 서는 것 이외에는 실제적으로 불가능할 것이다. 그때 등장인물들은 관객들의 시선에서 수평으로 일렬 도열하게 되는데, 이로 인해 크고 작은 차이나 멀고 가까운 거리감은 좀처럼 구현될 여지가 없다고 해야 한다.

〈청춘일기〉의 위 장면은, 〈방황하는 청춘들〉의 전 장면과 현격한 대조를 이룰 수밖에 없다. 〈청춘일기〉에서는 등장인물이 세 사람에 불과한데 무대는 벌써 비좁은 인상을 주고 있는 반면, 전술한 대로 〈방황하는 청춘들〉에서는 무려 15명이 무대에 등장했음에도 여유 공간이 있는 것처럼 인식되고 있다. 그뿐만 아니라 〈방황하는 청춘들〉이 무대 후면과 전면 사이에 거리감을 마련하여 '주례'의 위치는 멀고, '부부'의 위치는 중간이며, 그 앞에는 텅 빈 공간이 있는 원/중/근경을 실현할 수 있는 데에 반해, 〈청춘일기〉는 원경을 기찻길로, 중경을 포도 위의 세 인물로 설정하고 있으며, 근경 자체가 존재할 수 없는 무대 구도를 활용하고 있다.

이러한 구도는 두 작품의 무대미술이 근본적으로 겨냥하는 목표가 달랐다는 사실을 시사한다. 말할 것도 없이 〈방황하는 청춘들〉의 무대미술은 개방된 느낌과 몹씬mob scene의 성사 여부를 강력하게 염두에 두고 있었고, 〈청춘일기〉의 무대미술은 고요하게 집중할 수 있는 2~3인의 오붓한 극적 상황을 무대 배경 자체가 안온하게 삼싸 안는 것에 목적을 두고 있었던 것이다.

(3) **이서구 작 〈제2의 출발〉**(1937년 10월 25일~30일, 청춘좌)**과 마주보는 시선들**

무대가 인물들의 동선(시선도 함께)을 어떻게 형성하는가를 보여주는 대표적인 작품으로 〈제2의 출발〉을 들 수 있다. 이 작품은 무대 위에 10여 명(14명)이 등장하는 군중 장면을 지니고 있었다. 그런데 흥미롭게도 아래 무대 사진에서 인물들이 바라보고 집중하는 중심은 무대 가운데가 아니다. 무대를 삼등분했을 경우 중앙 지역 C(center)과 상수 쪽 1/3에 해당하는 L(left side)의 접경 지역에, 출연진과 관객들의 시선이 집중되어 있다.

그림244 **동양극장 청춘좌의 〈제2의 출발〉**(무대 사진)[112]

위 사진에서 시선과 인물의 중심은 작은 탁자 부근에 모여 있다. 더 정확하게 말하면 탁자 옆에서 고개를 숙이고 아래를 내려다보는 여인과 그 여인을 둘러싸듯 좌우로 마주보고 서 있는 두 명의 남성이 시선의

---

[112] 「〈제이(第二)의 출발〉의 무대면」, 『동아일보』, 1937.10.28, 4면 참조.
http://newslibrary.naver.com/viewer/index.nhn?articleId=19371028002091
04009&editNo=2&printCount=1&publishDate=1937-10-28&officeId=0002
0&pageNo=4&printNo=5808&publishType=00010

중심을 이룬다. 하수 쪽 남성은 하수 방향 인물들의 시선을, 상수 쪽 남성은 상수 방향 인물들의 시선을 대표하고 있다.

그림245 **하수 쪽 하객들의 시선과 대표 남성**

그림246 **여성을 사이에 두고 마주 보고 있는 남성**(탁자)

그림247 **상수 쪽 사람들의 시선과 대표 남성**

그러니까 하수에서 밀려들어오듯 입장해서 상수 방향으로 향하는 시선의 소유자들인 9명의 남녀는, 상수 방향에 위치한 남녀 4명과 시선을 부딪치고 있다. 가장 앞에서 하객들로 보이는 군중들을 맞이하는 남자가 서서 이러한 9명의 남녀 시선을 감내하고 있다. 그 남자 앞에는 수줍은 듯 고개를 숙인 여인이 팔을 모으고 서 있다. 이 여인은 하객일 수도 있고 우뚝한 남자와 아는 사이일 수도 있다.

〈표26〉

| 기간 | 공연 작품과 관련 정보 |
|---|---|
| 1937.10.25~10.30 청춘좌 공연 | 관악산인(이서구) 작 〈결혼작업〉(1막) 이서구 작 〈제2의 출발〉(3막) 주간 영화 〈텍사스 결사대〉 |

이서구 작 〈제2의 출발〉의 내용에 대해서는 거의 알려진 바가 없지만,[113] 이 작품이 풍자성이 강한 작품이라는 점은 참조해야 할 것이다.

그림248 〈제2의 출발〉 광고[115]

그러니까 이서구는 '허위'와 '진실'의 전모를 밝혀내어 신날하게 묘사한 것이라고 한다.[114] 사실 이러한 문구는 의례적이기는 하지만 이 작품이 비극류의 작품에서 풍자성이 강한 작품으로 나아갔다는 암시를 얻기에는 부족함이 없다.

위의 군중 씬은 이러한 풍자의 대상이 특정한 사건 그러니까 군중들이 몰려와야 하는 상황에 있음을 간접적으로 암시한다. 많은 이들은 어쩔 수 없이 연회(결혼식으로 추정)에 참석해야 했고, 그 결과 이러한 모임 자체가 지니는 허위가 두드러지지 않을 수 없었던 문제적 상황이 연출되었을 가능성을 상정할 수 있다.

더욱 문제적인 것은 이러한 군중들의 모습, 그러니까 허위의 전모를

---

113 〈제2의 출발〉의 작가 이서구는 주로 '호화선'에서 활동한 작가로 알려져 있고, 실제로도 그러한 성향이 다분한 작가였다. 하지만 그가 청춘좌의 공연 대본을 전혀 공급하지 않은 것은 아니다. 특히 이서구는 1937년 10월 7일(~12일)에 개봉한 작품 〈춘원〉의 극작가로 나서서 큰 인기를 끈 바 있었는데, 이후 1937년 10월 18일부터 24일까지 공연한 〈행화촌〉에 이어 1937년 10월 25일부터 30일까지 공연한 〈제2의 출발〉은 청춘좌 공연에서 두각을 나타난 대표적인 사례라고 하겠다.

114 『매일신보』, 1937.10.28, 2면 참조.

115 『매일신보』, 1937.10.28, 2면 참조.

드러내기 위해서 많은 이들이 몰려오는 듯한 동선을 설치했다는 점이다. 그들은 하수 방향에 우뚝 서 있는 남자를 향해 점진적으로 몰려오고 있다. 흥미로운 것은 이러한 결집의 순간에 그들의 대형이 파도처럼 열을 맞추어 다가오는 점과, 그들의 시선이 자유스럽게 무대 위의 공간에서 부딪친다는 점이다. 물론 적지 않은 인원이 무대에 등장했음에도 불구하고 그들의 움직임이 여유롭고, 그들의 시선과 연기가 한꺼번에 무너지지 않는다는 점은 특별히 기억할 필요가 있다고 하겠다.

### 4) 동양극장의 바다(항구) 무대디자인과 그 특색

#### (1) 동양극장과 '물'을 활용한 파격적인 무대디자인

동양극장은 1935년 개관하여 1936년에 이르면 대중극의 중심으로 떠오른다. 그 과정에서 〈사랑에 속고 돈에 울고〉를 비롯하여 〈단종애사〉(1936년 7월), 〈명기 황진이〉(1936년 8월), 최독견 각색 신창극 〈춘향전〉(1936년 1월), 조선성악연구회 공연작 〈춘향전〉(1936년 9월) 등의 인기 흥행작을 양산했고 이러한 흥행 호조는 1937년까지 지속되었다. 전반적으로 동양극장의 인기는 1930년대 후반기 내내 유지되었는데, 그 이유는 다양한 관극 요소를 기획 생산하는 동양극장 수뇌부와 연출진의 각종 모색이 주효했기 때문이다.

이러한 흥행 성공 요인 중에서 무대제작부(무대미술팀)의 공로도 무시할 수 없다. 이러한 대표작으로 '흐르는 물'을 무대에서 실제로 형상화하여 당시 무대디자인의 백미로 꼽힌 〈명기 황진이〉를 꼽을 수 있다.[116]

무대 제작부는 〈명기 황진이〉에서 무대 위로 흐르는 물과 그 원류로

그림249 서막의 병부교 디자인[117]    그림250 2막의 황진(黃眞)의 집 디자인[118]    그림251 4막의 지족암 디자인[119]

〈명기 황진이〉의 무대디자인[120]

서의 폭포를 장치하여 보는 이들을 감탄시켰고, 이로 인해 관극상의 청량감을 제고하는 효과를 자아냈다. 특히 무대 제작부는 최초부터 무대 뒤편에 설치된 폭포(물의 유입부)를 통해 병부교 아래로 흐르는 시내를 구현했다가, 2막과 3막에서는 물(폭포)의 유입구를 폐쇄하고 그 앞에 무대장치를 별도로 설치하여 변화된 공간(대표적 황진의 집)을 조성했고, 급기야 4막에서는 물의 유입부를 전면 개방하여 경쾌한 폭포의 움직임을 무대장치로 구현했다. 이러한 단계적 활용은 물이라는 소재가 지니는 신선함을 극대화하여 관객들의 관람 욕구를 상승시킨 주요한 요인으로 상정될 수 있다. 비록 〈명기 황진이〉가 바다를 배경으로 삼지는 않았지만, 물의 효과를 활용하려 했다는 점은 주목되는 사안이 아닐 수 없다.

116  고설봉, 『증언 연극사』, 진양, 1990, 59면.
117  「여름의 바리에테(8)」, 『매일신보』, 1936.8.7, 3면.
118  「여름의 바리에테(9)」, 『매일신보』, 1936.8.8, 3면.
119  「여름의 바리에테(10)」, 『매일신보』, 1936.8.9, 3면.
120  〈명기 황진이〉 관련 무대디자인에 대해서는 다음의 논문을 참조 인용하였다(김남석, 「무대 사진을 통해 본 〈명기 황진이〉 공연 상황과 무대장치에 관한 진의(眞義)」, 『한국전통문화연구』 18호, 전통문화연구소, 2016, 19~37면 참조.

(2) 〈항구의 새벽〉에 구현된 바다와 배의 융화 - 수평과 수직적 움직임의 결합

〈명기 황진이〉가 구현한 물의 디자인과 이에 따른 성공은 이후 동양
극장 연극과 무대디자인에 적지 않은 영향을 준 것으로 보인다. 1937
년(6월 초연, 8월 재공연)에 공연된 〈항구의 새벽〉도 이러한 영향 관계를
감지하게 하는 작품이다. 이 작품의 대본은 남아 있지 않고 그 개요마저
완벽하지는 않지만, 한 장의 공연 사진이 남긴 무대미술사적 파장은 간
단하지 않다.

그림252 〈항구의 새벽〉의 무대디자인[121]

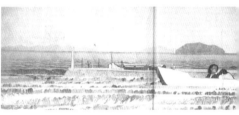

그림253 작자 미상으로 알려진 바다 무대디자인[122]

〈항구의 새벽〉의 무대디자인에서 가장 초점을 둔 부분은 무대 위에
서 나아가는(상수 방향에서 하수 방향으로 움직이는) 배의 움직임과 이러한
움직임의 배경이자 동력을 제공하는 바다의 형상이었다. 〈명기 황진
이〉와 달리 이때의 무대디자인은 실제 물을 사용한 경우는 아니었다.

하지만 무대 후면upstage에서 무대 전면downstage으로 밀려드는 파도의
형상이 묘사되어야 했고, 이러한 파도 사이로(관객들이 무대를 바라볼 때)
무대 오른쪽에서 무대 왼쪽으로 움직이는 배의 이동 또한 형상화되어

---

121 「〈항구(港口)의 새벽〉의 무대면」, 『동아일보』, 1937.6.15, 7면 참조.
122 최상철, 『무대미술 감상법』, 대원사, 2006, 121면.

야 했다. 두 개의 서로 다른 움직임이 조화를 이룰 때, 무대 위에 펼쳐진 바다는 보다 역동적인 형상으로 표현될 수 있었다.

무대 사진으로 포착된 대목은 탈출 장면으로, 주인공 정수가 부친을 살해하는 죄를 짓고 애인과 함께 도주하는 사건을 다루고 있다.[123] 이러한 설정은 은밀하게 도피해야 하는 긴장감을 조성했고, 이와 관련하여 더디게 움직이는 배의 속도에 주목하도록 만드는 효과도 창출했다. 정수와 그 애인의 절박한 도피가 지닌 은밀함은 남자 뒤에 고개를 숙이고 몸을 한껏 낮춘 여인의 형상으로 표현되고 있다.

〈항구의 새벽〉의 무대디자인은 걸개그림(배경화)과 무대장치(파도)를 유연하게 덧붙이는 기술에서 성패가 갈라졌을 것으로 판단된다. 먼 섬과 바다를 표현한 배경화가 무대 면과 닿는 지점에는, 그 이질성과 불일치를 해소하려는 목적으로 방파제가 축조되어 있다. 방파제는 실제 크기에서 배 정도의 크기로 축조되어 원근감을 극대화하는 효과를 창출했으며, 배가 진행하면서 방파제를 다시 가리면서 방파제라는 무대장치가 드러낼 수 있는 이질감을 다시 감추는 효과도 겨냥했다. 걸개그림으로 원경의 바다와 섬이 제시되고, 걸개그림과 무대의 접착 면에 방파제를 설치한 이후, 다시 그 앞으로 바다를 가로지는 배의 동선을 삽입하여 무대디자인상으로 원경/중경의 효과를 실현하고, 배와 관객석 사이에는 파도의 형상을 구현하는 장치를 겹겹이 설치하여 근경의 풍경을 덧붙여 나갔다.[124]

---

123 「〈항구(港口)의 새벽〉의 무대면」, 『동아일보』, 1937.6.15, 7면 참조.
124 〈항구(港口)의 새벽〉의 무대디자인과 그 기본적 특징에 대해서는 다음 논문을 참조했다(김남석, 「동양극장 호화선의 무대미술에 관한 연구」, 『한국학연구』 62집, 고려대학교 한국학연구소, 2017, 61~94면).

이러한 무대디자인은 기본적으로는 〈명기 황진이〉의 무대디자인과 유사한 속성을 드러내고 있다. 일단 무대디자인으로서의 원천인 물을 과감하게 무대에 도용했지만, 이 물만으로 원근감이나 입체감을 자아내려고 하지 않은 점을 꼽을 수 있다. 폭포는 병부교라는 다리 장치나 황진의 집에 의해 가려졌다. 그러면서도 병부교 아래로는 물이 흘러, 멀리 있는 수원과 이를 가리고 있는 다리의 중첩성이 발생했고, 이러한 중첩성은 물과 관객 사이에 등장하여 빨래를 하거나 서사를 읽는 배우들로 인해 중첩하여 공간을 메운 인상을 형성하고 있다. 〈항구의 새벽〉역시 기본적으로 이러한 무대디자인은 동일하다. 원/중경을 걸개그림과 방파제라는 무대디자인으로 구성했다면, 배의 이동과 탑승한 이의 연기(자세)와 물결로 첩첩히 겹쳐 있는 인상을 형성했다.

또한 〈명기 황진이〉에서 무대 후면에서 무대 전면으로 흐르는(관극상의) 수직적 움직임을 물을 통해 형성화하고 병부교 위를 가로지르는 황소년(황철 분)의 이동을 통해 수평적 움직임을 결부시켰다면, 〈항구의 새벽〉에서도 물결이 관객석으로 다가오는 형상을 최대한 조밀하게 조형하여 수직적인 움직임을 이미지로 재현하고 그 가상의 물결 사이를 가로지르는 배의 움직임을 덧붙여 수평적인 이동 역시 표현하고자 했다.

이러한 수평과 수직의 교차 내지는 결합은 결국 관객들에게 단조롭지 않은 시각적 자극을 가하는 결과를 낳을 수 있었고, 무대미술의 허점을 보완하고 연기와의 조화를 도모할 수 있는 방안을 모색하도록 만들었다.

### (3) 수평적 움직임의 또 다른 사례로서 〈애별곡〉 - 무대와 시선의 결합

1938년 3월에 공연된 〈애별곡〉(1941년 6월 재공연)은 동양극장 무대 작품으로는 그렇게 널리 알려진 작품은 아니다. 공연 대본도 남아 있지 않고, 관련 증언도 부재하는 편이며, 짧은 공연평이나 후기 역시 거의 발견되고 있지 않다. 그럼에도 이 작품은 1936년 〈명기 황진이〉와 1937년 〈항구의 새벽〉에서 나타나는 물과 바다 관련 무대디자인의 특징을 요약적으로 이어받고 있다.

그림254 **동양극장 호화선의 〈애별곡〉**[125]

위의 사진에서 가장 주목되는 바는 항구의 정경을 무대디자인으로 전폭 흡수한 점과, 그 항구의 후면으로 배가 움직이는 광경이다. 배는 무대 수평면을 따라 이동하도록 고안되었는데, 이러한 원리는 기본적으로 〈항구의 새벽〉에서 나타나는 배의 이동 방식과 동일하다.

---

[125] 「사진 동양극장 전속극단 '호화선' 금주 소연의 이서구 작 〈애별곡(哀別曲)〉의 일 장면」, 『동아일보』, 1938.3.9, 5면 참조.

다만 배의 크기와 나머지 배경에서는 차이를 보인다. 〈항구의 새벽〉
이 무대 면을 바다로 설정하고 해수 면(물의 공간)을 형상화하여 관객들
에게 보여주는 데에 집중했다면, 〈애별곡〉은 바다의 형상은 무대 바깥
off stage으로 밀어내고 무대에는 항구와 전별하는 여인들의 공간을 부각
시키고 있다. 이러한 〈애별곡〉의 무대장치는 기본적으로는 바다의 형
상을 구체적으로 구현하지 않은 점에서는 장쾌한 효과를 유발하기는
어렵지만, 많은 인물들을 등장시킬 수 있는 공간을 마련하여 그들 사이
의 자연스러운 연기를 유도할 수 있다는 점에서는 실리를 취할 수 있다.
결국 〈항구의 새벽〉이 은밀한 탈출과 단출한 장면을 형상화하는 데에
적합하다면, 〈애별곡〉은 포구의 전별로 요약되는 몹 씬mob scene의 창출
에 유리하다는 특색을 찾을 수 있다.

이러한 몹 씬에서 인상적인 연기는 배를 향해 도열한 군중의 자세와
손짓이다. 포구의 형태 자체가 수평적으로 놓여 있기 때문에, 도열한 군
중 역시 일렬로 늘어설 수밖에 없다. 그리고 무대 후면에 배치된 배로
인해 그들의 시선과 신체는 무대 후면을 향하여 절반 정도 틀어질 수밖
에 없게 된다. 결국 관객들은 뒤돌아서는 듯한 그녀들의 모습을 보아야
하고, 관객들의 시선과 대응하는 무대 면에 위치한 남자의 손짓을 함께
주목하게 된다. 그녀들의 시선은 배 위의 남자에게 시선을 집중시키는
역할을 하는데, 그와 그녀들 사이의 시선은 일종의 공간감을 형성하여
수평적인 무대 배치에 다소의 입체감을 가하는 역할을 하고 있다.

무대 위에서 수평적 면적을 장악한 디자인은 수직적인 활동(감)을 제
약하는 난제를 야기할 수밖에 없다. 앞에서도 언급했지만 〈항구의 새
벽〉의 파도 물결이나, 〈명기 황진이〉의 흐르는 시내는 이러한 수직적인

움직임을 보완하고 새로운 운동감을 결합하기 위해서 고안된 무대장치라고 할 수 있는데, 〈애별곡〉에서는 무대장치의 특성상 이러한 수직적 움직임의 고안에는 제약이 따를 수밖에 없었다. 따라서 연출자는 등장인물들의 시선을 수평적 무대 배치를 가로지르는 활동(감)으로 활용하고자 했고, 도열한 여인들의 시선과 배 위 남자의 시선이 가로 포구 장치와 엇갈리는 동선(시선)을 도입하게 된 것이다.

　결국 무대디자인에서 수평적인 움직임을 강조한 무대 배치는, 어떻게 해서든 수직적인 움직임을 구현하려는 역동성을 담보(보완)하려는 세부적 연출(무대) 계획을 유도하게 된다. 공연이 수평 수직의 움직임을 융합한 입체감을 확보하지 못한다면, 단조로운 움직임이 난무하고 원근감이 제약된 공간감으로 인해 관극 효과가 반감되기 때문이다. 무대의 고른 활용이나 균형감의 상실로부터 관극 미학을 보호하기 위해서라도 이러한 설정은 필요한데, 궁극적으로 바다와 물의 무대디자인은 이러한 융합 과정에 대한 상세한 디테일을 요구하지 않을 수 없었다.

　동양극장의 공연작 중에서 위 세 작품은 이러한 세부적인 연출 디렉션에서 신경을 쓴 흔적이 농후한 작품이다. 비록 대본의 부재와 근거 자료의 부족으로 인해 더 이상의 관찰이 불가능한 측면도 있지만, 지금까지의 자료와 근거만으로도 동양극장이 관객의 시선에 디자인으로서의 변화를 가미하고 이를 실제 공간에서 형상화하는 과정에 상당한 심혈을 기울였고 동시에 파격적인 실험을 병행했다는 사실을 확인할 수 있다. 그것은 동시대에 산출된 신극 진영의 희곡이나 공연에서도 그 편린을 확인할 수 있다.

## 5) 무대를 꾸미는 이유와 배우를 움직이는 동력

발굴된 동양극장 무대 사진은 기본적으로 두 가지 한계를 가지고 있다. 첫째는 해당 작품의 내용을 정확하게 파악할 수 없다는 점이다. 가령 〈외로운 사람들〉이나 〈남아행장기〉의 내용은 거의 알려져 있지 않다. 따라서 현재 발굴된 두 작품의 무대 사진의 서사를 정밀하게 파악할 수 없다.

둘째는 무대 사진의 위치, 즉 그 사진이 어떠한 장면(막과 장)에 해당하는지 쉽게 분간할 수 없다. 당연하게도 그 작품의 공간적 배경이 몇 개로 이루어져 있는지 역시 확실하게 분간할 수 없다. 이러한 약점은 무대 사진을 분석하고 활용하는 데에 제약을 가져올 수밖에 없다. 이 점에 대해 부인할 수는 없을 것이다.

하지만 동양극장에 대한 자료와 근거가 부족한 상태에서 발굴된 무대 사진은 적지 않은 기여를 할 수 있는 것도 부인할 수 없는 또 하나의 사실이다. 즉 동양극장의 대본이 부재하는 작품에 대한 힌트를 무대를 통해서 얻을 수 있고, 또 동양극장의 시각적 무대 형상을 꾸미는 전체적인 개요를 목격할 수 있다. 더구나 하나의 발굴 사진이 아니라 여러 개의 사진을 겹쳐 놓고 서로 비교한다면 적지 않은 참조점을 찾을 수도 있다.

일단 〈외로운 사람들〉이나 〈남아행장기〉는 그 기원을 찾을 수 있는 경우이다. 사실 스케치를 통해 확인할 수 있는 관찰 대상 무대디자인의 경우는 그렇게 많지 않다고 해야 한다. 현재 남아 있는 무대디자인(무대 사진)도 거의 없지만, 그 모본에 해당하는 무대스케치는 더욱 보기 드문 상태이기 때문이다. 따라서 발굴된 무대 사진과 그 모본을 비교할 수 있다는 점은 매력적인 관찰 지점이 아닐 수 없다.

이러한 비교를 통해 두 작품의 무대 사진이 어떻게 기원했는가를 살필 수 있고 어떠한 제작 과정을 거쳤을 것인지에 대해 추정할 수 있다. 그러니까 이러한 원본과의 비교를 통해, 동양극장(좁히면 청춘좌) 무대제작부의 기본 작업 방식을 인지할 수 있다. 원우전은 자신의 무대스케치에서 무대디자인의 원형을 끄집어내거나 혹은 이미 그려진 도안을 활용하여 걸개그림을 그리는 작업을 시행해 왔던 것이다. 고설봉은 원우전이 디자인의 원본이 되는 스케치뿐만 아니라 모형을 만들어서 먼저디자인을 확인한 다음에 무대를 제작했으며, 걸개그림을 혼자 그렸다는 증언을 남긴 바 있다.[126] 이러한 증언은 원우전이 남긴 무대 스케치묶음인 「원우전 무대미술」을 통해 실제 무대디자인으로 변형되었다는 근거에 의해 뒷받침될 수 있다. 그러니 동양극장 무대제작부의 부원이었던 원우전(실질적인 청춘좌 무대제작 책임자)은 독자적인 스케치 실력으로 동양극장 무대 제작의 핵심 요소 중 하나인 걸개그림의 높은 제작 수준을 이끌어 온 실력자라고 하겠다.

각론으로 들어가면, 발굴된 무대사진을 통해 몇 가지 주요 관찰이 가능하다. 우선 무대 세트로서의 집을 구현하는 방식을 들 수 있다. 현재남아 있는 청춘좌와 호화선의 무대미술 중에서 옛날 집을 그리는 방식은 주목된다. 당시 동양극장은 문화주택으로 상징되는 최신 주택을 무대 공간으로 삼은 작업에 상당히 주력해 왔는데, 그와 유사하게 과거의고택 즉 조선의 옛 가옥을 무대 위에 실현하는 데에 적지 않게 매진했던

---

126 고설봉, 『증언 연극사』, 진양, 1990, 137~138면 참조.

것으로 확인된다.

특히 옛날 집, 고가를 묘사할 때에 일반적인 무대스케치와 몇 가지 차이점을 발견할 수 있다. 고가는 입체적인 공간 배치가 심화시킬 여지가 많아, '앉고 설 수 있는 마루'나 무대 위에서 높이를 실현하는 섬돌, 혹은 원근감을 강조할 수 있는 방과 마루의 공존을 실현시킬 수 있다. 이로 인해 자연스럽게 무대의 높낮이와 심도를 조절할 수 있다.

원형에 가까운 형태로 발굴된 〈젊은 안해의 일기〉의 무대 사진은 이러한 심도를 적극적으로 실현했음을 알 수 있다. 배우들이 무대(마루) 위로 오른 구체적인 정황은 확인되지 않지만, 마루의 높이와 넓이를 감안할 때 이러한 동작과 동선이 충분히 가능했던 것으로 여겨진다. 〈김옥균전〉에 나타나는 고가의 담벼락이나 외형도 높이감을 살리는 데에 치중했음을 확인시켜 준다. 특히 청춘좌의 〈김옥균전〉은 대단위 출연진을 동반한 작품으로 무대 세트 내부에 상당한 연기 공간을 확보해야 했다. 이를 위해서 무대디자인을 은근히 간결하게 조절한 흔적도 엿보인다. 물론 이러한 무대디자인의 조율은 일정한 크기의 공간을 확보하기 위한 전략적 선택이었다.

〈김옥균전〉의 무대 사진에는 도열하는 군중들(거사 세력)이 드러나 있다. 이들은 어깨를 붙인 채로 군중들의 질서있는 풍경을 연기하고자 했다. 이러한 도열된 군중을 통해 이 작품에서 중요한 사실을 포착할 수 있다. 그것은 너무 당연하게도 무대디자인이 자체 미학만으로 성립할 수 없으며, 공연의 서사나 무대 위 상황 즉 작품의 내용적 전개와 관련을 맺을 수밖에 없다는 사실이다.

그러한 측면에서 두 채의 집은 다소 애매한 무대디자인으로 볼 수 있다. 한 채의 집(과 후원)을 무대에 배치한 경우에는 작품이 요구하는 내용적인 전개를 위해서 필요한 집안 내부를 적극적으로 구현했다는 의미를 찾을 수 있다. 하지만 두 채의 집은 일종의 거리를 형상화한 것이며, 각각의 집 내부를 제대로 구현할 수 없다는 점에서 공간적 제약에 처할 가능성이 높기 때문이다. 더구나 거실(혹은 마루)이나 후원 혹은 출입문 등의 사용에서 다소 형식적인 디자인으로 치우칠 우려도 커진다고 해야 한다.

동양극장 측은 일정한 패턴을 통해 이러한 두 채 이상의 집 디자인을 무대에 구현했고, 결과적으로 다양한 공간적 가능성을 실현한 흔적이 있다. 앞서 분석한 대로, 상수 쪽 출입문과 연기 공간, 하수 쪽 별도의 공간과 이에 딸린 연기 공간을 확보하는 데에 초점을 맞추었고, 그 사이에 제법 넓은 연기 공간을 확보하여 작품이 요구하는 다양한 공간을 포함하는 무대디자인을 축조하는 데에 역점을 두었다.

이러한 공간 배치는 두 채의 집이 지니고 있는 시각적 관람 요소에 실제 공연에서 필요한 실용성을 결합하는 방식이라 하겠다. 더 정확하게 말하면 무대디자인에 볼거리와 세련미가 늘어나면서, 자칫하면 무대장치로서의 무용성이 늘어날 것에 대한 대비라고 하겠다. 더구나 이러한 무대장치는 배우와 연출가에게 다양한 영감을 줄 수 있어, 공연의 완성도를 높이는 데에도 일조할 수 있다.

이러한 무대디자이너(과거 용어로 무대장치가)의 양면적 의무는 현재 발견된 임선규의 〈방황하는 청춘들〉이나 이운방 작 〈청춘일기〉 등에서 강렬하게 확인된다. 〈방황하는 청춘들〉은 배우들이 무대 위에 다수 등장할 수 있는 무대 배치를 강하게 염두에 둔 작품으로 대략 15명 정도의 등장인물이 출연했음에도, 무대 위에서 공연이 가능하도록 구상된 경우이다. 그냥 서거나 앉는 정도의 연기공간이 아니라, 나름대로 분위기를 창출할 수 있는 시야와 공간을 확보해야 했던 경우이다. 동양극장 무대가 좁다고는 할 수 없지만, 이러한 무대 공간을 확보하기 위해서는 일정한 전략이 존재해야 했다고 해야 한다.

그림255 〈방황하는 청춘들〉과 〈청춘일기〉

반면 〈청춘일기〉는 '경성역'을 무대디자인으로 실현한 경우인데, 이 경우에는 무대장치로 인해 인물들의 동선과 연기가 상당히 제약될 수밖에 없는 상황이었다. 무대는 각종 장치와 오브제로 가득 차 있어, 배우들은 매우 좁은 이동로와 연기 공간만을 허용받고 있다. 동일한 청춘좌 공연 작품인데도, 매우 이질적인 정경을 자아내고 있고 심지어는 상호 상반되는 경향도 드러내고 있다.

두 작품의 극작가가 서로 다르기 때문에(〈방황하는 청춘들〉은 임선규, 〈청춘일기〉는 이운방), 두 작품의 내용과 성향 그리고 등장인물의 등장 방식과 출연자 수에서 당연히 차이를 보일 수밖에 없다. 이러한 차이를 고려하여 두 개의 무대(사진)는 각자의 개성을 살릴 수 있는 디자인을 취택한 경우라고 하겠다.

한쪽이 대규모 등장인물이 등장하는 몹씬mob scene에 해당한다면, 다른 한쪽은 2~3명의 앙상블을 중시하는 단출한 장면이기 때문에, 극적 분위기 역시 달라야 했다. 〈방황하는 청춘들〉은 무대디자인에서 오각형의 공간이 드러내는 통로로서의 공간감(일종의 대형 출입구)이 중요했다면, 〈청춘일기〉에서는 차곡차곡 쌓여 있는 기단이나 규칙적인 목책 등이 우선시되었다. 그래서 두 개의 무대디자인 중 하나는 원대한 인상을 자아내도록 디자인되었고, 다른 하나는 아담하고 빽빽한 이미지를 풍길 수 있도록 구상되었다. 이러한 차이는 동일 제작자(원우전 주도)임에도 불구하고 변화와 차이를 중시했던 동양극장 무대제작의 기본 제작 방침을 확인시켜 준다.

앞에서 언급했지만, 무대디자인은 등장인물의 출연 규모에 따라 상당한 영향을 받는다. 〈제2의 출발〉은 이러한 관찰 사례로 적합하다고 해야 한다. 예식 풍경으로 여겨지는 이 작품의 공간 디자인은 밀려드는 군중들과 이를 맞이하는 접객 측의 시선의 충돌, 그러니까 무대 내부에서 인물들이 형성하는 두 개의 방향성을 드러내고 그 충동 이미지를 구현하는 데에 초점을 맞추고 있다.

그 충돌 지점에는 아래를 내려다보는 여인과 그 여인을 중심으로 마주보는 남자를 위치시켜 방향성의 중심을 강조하고 있다. 특히 무대 소도구 정도로 장식된 벽을 제외하고는 탁자와 의자가 전부인 무대에서 이들 세 남녀의 동선이 그 지점에 집중된 사실은 의도된 장면 배치라는 관찰을 이끌어낸다. 〈방황하는 청춘들〉의 '거시적 디자인(거대성 창출)'이나 〈청춘일기〉의 '미시적 디자인(빽빽함 연출)'과는 달리, 간략한 무대장치가 돋보이는 〈제2의 출발〉 역시 인물들의 상황과 배치를 염두에 두었다는 측면에서 사소하지만 의미 있는 차이를 생성할 수 있었던 것이다.

동양극장은 청춘좌와 호화선이라는 기축 전속극단이 존재했다. 두 극단은 구성원의 면모부터 작가와 연출가 심지어는 무대디자이너 역시 일정한 차이를 보이고 있다(그렇다고 두 극단의 제작 인력이 상호 협력하지 않거나 전혀 왕래할 수 없었다는 뜻은 아니다). 사정이 그렇다 보니, 두 개의 극단이 추구하는 작품 성향도 차이를 보이고, 이러한 거시적 목표는 그 시각적 구현물인 무대디자인에 영향을 줄 수밖에 없었다. 아직은 두 극단 자체의 거시적 차이를 논할 정도로 연구 성과가 축적된 것은 아니라고 할지라도, 이러한 민감한 차이를 구현하고자 했던 의도만큼은 분명하게 확인할 수 있겠다.

이러한 차이가 어떠한 원인으로 인해 발생하는 지에 대해, 그 구체적인 증거물인 무대디자인(무대 사진)을 통해 밝혀볼 필요가 있다. 옛날 집을 구현하는 방식이나 다수의 집을 도입하는 방식 혹은 인물들의 동선과 움직임을 수용하는 방식은 그 고찰의 일례라고 할 것이다. 이러한 차이와 활용 방식에 대한 관찰을 통해 그동안 숨겨졌던 동양극장 무대미술에 한 발 접근하고, 동양극장의 성공 요인 중에서 시각적 구현물로서의 무대디자인에 대해 확인할 수 있었다. 하지만 지금으로서는 한계 역시 명확하다. 자료의 부족은 그 전모를 더욱 명확하고 실질적으로 관찰하는 데에 제약으로 작용하기 때문이다. 따라서 앞으로 발굴될 더 중요한 자료를 동해 심도 있고 확대된 연구가 진행될 때, 의미 있는 발판이 될 수 있을 것으로 기대한다.

# 제4장

# 1930년대 신극 진영의
# 무대디자인과 그 흐름

# 1. 1930년대 극예술연구회의 무대디자인과 그 흐름

## 1) 실험무대의 출범과 시연으로서의 첫 공연

1931년에 접어들자 극예술연구회는 "운동運動의 역군役軍을 규합하기 위한 연구회研究會, 강습회講習會와 사회 일반의 극예술에 대한 이해를 넓히기 위한 강연회講演會를 기회 있는 대로 개최"해 나갔다.[1] 이를 바탕으로 1931년 11월(8일) 극예술연구회는 직속으로 '실험무대實驗舞臺'를 창립하고, 남녀 30명의 단원을 모집한 바 있다.[2]

실험무대는 1932년 2월 15일까지 약 3개월간의 교육('연구')을 이수하고, 16일부터 고리키 작 함대훈 역 〈검찰관〉 공연(연습)에 돌입하였다. 소정의 교육을 이수한 연구생들이 교육 내용을 바탕으로 실제 무대에서 자신의 역량을 펼쳐보는 기회의 장이었던 것이다.[3] 특히 당시로서는 드물게 5막의 장막극을 공연함으로써, 1~2막 위주의 짧은 공연을 주로 시행했던 조선 연극계의 풍조에 대항한 의의를 지닌 사례로 남았다.[4] 더구나 이 작품이 검열을 통과한 것은 당시에는 쉽지 않은 일이었으므로, 그 자체로 신극 공연의 주요한 희망을 던져주었다고 볼 수 있다.[5]

---

1  서항석, 「〈검찰관〉에서 〈풍년기〉까지−넷날의 극예술연구회 7년 간 자취」, 『삼천리』 10권 11호, 1938.11, 193~194면.
2  「극예술연구회 직속 '실험무대(實驗舞臺)' 출현(出現)」, 『동아일보』, 1931.11.8, 4면 참조.
3  「실험무대 4월 중 공연 2기생 모집」, 『동아일보』, 1932.2.22, 4면 참조.
4  나웅, 「실험무대(實驗臺舞) 제1회 시연(試演) 초일을 보고(3)」, 『동아일보』, 1932.5.13, 5면 참조.
5  이헌구, 「극연 1년간의 업적과 보고(4) 창립 1주견 기념을 제(際)하야」, 『동아일보』, 1932.7.12, 5면 참조.

그림256 극예술연구회 산하 실험무대 1기 수료식 장면[6]　　그림257 실험무대 시연 신문 광고[7]　　그림258 실험무대 시연 공연정 수정 광고[8]

애초 실험무대 제1회 공연은 1932년 5월 7~8일 경성 장곡천정 공회당에서 홍해성 연출로 개최하기로 되어 있었다가.[9] 이후 1932년 5월 4~6일 조선극장에서 시연되는 것으로 변경되었다.[10] 장곡천정 공회당이 주로 상품성(관객의 호응)이 미비한 공연에서 흔히 사용되는 공간이었다면, 이에 비해 조선극장은 당시 경성에서도 주요한 흥행 극장 중 하나였기 때문이다.

6　「실험무대 4월 중 공연 2기생 모집」, 『동아일보』, 1932.2.22, 4면.

7　「실험무대 제1회 시연」, 『동아일보』, 1932.4.16, 5민.

8　「실험무대 제1회 시연」, 『동아일보』, 1932.5.2, 4면 참조.

9　「신극운동의 선봉(先鋒) '실험무대' 시연」, 『동아일보』, 1932.4.14, 5면 참조.

10　「실험무대 공연 시일 장소 변경」, 『동아일보』, 1932.4.27, 5면 참조; 「극예술연구회 실험무대 제1회 공연」, 『매일신보』, 1932.5.4, 5면 참조.

## 2) 실험무대 〈검찰관〉의 공연 정황과 무대디자인의 기원

### (1) 〈검찰관〉의 출연진과 공연 개요

당시 실험무대의 공연 연습 장면을 담은 사진이 남아 있다. 이 사진은『동아일보』지면에 남아 있는데, 당시 연출자가 이 작품을 소개하는 글과 함께 수록되어 있어, 동아일보사가 이 공연에 큰 관심을 기울였음을 확인할 수 있다.[11]

그림259 **실험무대 단원들의 〈검찰관〉 연습 장면**[12]

---

현재 남아 있는 사진은 이벤트용 사진으로 당시 무대를 정확하게 보

---

11  사실 당시『동아일보』에는 실험무대뿐만 아니라 극예술연구회의 활동과 공연에 대한 상세한 기사가 수록되고 있었다. 이는 동아일보 문예부(장)에 소속되어 있었던 서항석의 역할이 컸기 때문으로 풀이된다(초병정, 「대난전중(大亂戰中)의 동아일보조선일보(東亞日報對朝鮮日報) 신문전(新聞戰)」,『삼천리』5권 10호, 1933.10, 32~33면 참조).

12  「맹연습 중의 실험무대원」,『동아일보』, 1932.5.3, 5면.

여주지는 못하지만, 실험무대 단원들의 면면과 그들의 연습 광경 그리고 무대의 구도에 대해 시사하는 바가 적지 않다고 해야 한다. 특히 대규모의 출연진이 필요한 점을 확인할 수 있다. 실제로 이 공연에서는 실험무대 1기 연구생뿐만 아니라, 극예술연구회 기존 멤버들도 함께 참여해서야 공연을 성사시킬 수 있었다.

더구나 〈검찰관〉은 5막에 이르는 대작으로 1930년대 공연 관행으로는 쉽게 공연(제작)되기 어려운 작품이었다. 1일(1회) 다작품 공연 체제(주로 3작품)가 관례화되어 있는 상황이었기 때문에, 관객들은 1편의 장막극을 온전히 관람하는 방식에 익숙하지 않았다. 작품의 제작에서도 5막에 이르는 장막극 한 작품을 공연할 경우, 공연 연습에 필요한 시간과 노력이 대단위로 소요되지 않을 수 없다. 그래서 공연 전문성을 지녔던 동시대의 대중극단은 짧은(단막극이나 2~3막 규모) 작품을 2~3작품 동시에 상연하는 예제를 주로 선택하곤 했다.[13] 그런데도 극예술연구회는 신극의 기치를 들어올리면서, 이러한 파격적인 공연을 실험적으로 주도한 것이었다.

당시 출연자의 면면과 배역을 정리하면 다음과 같다. 시장 역 이웅, 시장의 처 역 김효애, 시장 딸 역 김옥분, 시학관視學官 역 이공명, 판사 역 마춘서, 우편국장 역 김낭운, 자선병원 감독(원장) 역 현일, 도부친스키 역 유월봉, 뿌푸친스키 역 김일영, 호레타스콥흐(가짜 검찰관) 역 신계민, 오시프(호레타스콥흐의 하인) 역 맹만식, 의사 역 이헌구, 라스곱흐스키 역 서항석, 코로부킨 역 김정안, 미쉬카 역 이하종, 급사 역 이은영

---

13　김남석, 「1930년대 대중극단 레퍼토리의 형식 미학적 특질」, 『조선의 대중극단과 공연미학』, 푸른사상, 2013, 55~68면 참조.

, 아브둘린(상인) 역 은진표, 상인 2 역 유치진, 경찰서장 역 김정희, 스피스트놉호 역 신학영, 푸고비친 역 강봉순, 이반 카로포비취 역 박운강, 제르지 모르다 역 이용석, 헌병 역 신좌현이었고, 내빈 역으로 이하윤, 김진섭, 조희순, 함대훈 등이 출연하였다.[14]

이 중 신좌현과 맹만식 등은 이후 대중극 진영에서 활동하는 배우가 되었고, 마춘서는 지역 연극을 활성화시키는 주역으로 활동하는 인물이었다. 김일영은 극예술연구회 산하 실험무대 연구생으로 교육을 받고, 제1회 작품 〈검찰관〉 공연에 참여하였는데, 맡은 배역은 '보부친스키' 역이었다. 연출자 홍해성은 보브친스키('보부친스키' 혹은 '뽀푸친스키') 역할을 다음과 같이 설명한 바 있다.

경개를 들어보면 '검찰관'은 노서아(露西亞)어로 중앙정부의 위임을 마터 가지고 지방의 행정상태를 시찰하러 도라다니는 상급관리다. 무대의 사건은 작자의 주의에 의하면 "3년간 말을 달려도 쉽게 어느 국경에든지 도착할 수 업다"는 궁비한 동리에서 이러낫다. 막이 열리면 그 지방의 시장과 중요한 관리들이 모여 페테르부르그의 친구로부터 검찰관이 미행하러 간다는 보고를 바덧슴으로 자기의 시와 관청을 정리하라고 명령한다.(…중략…) 그때 이 동리에서 신문과 같은 직책을 마터 가지고 떠도라다니는 도푸건스키와 뽀푸친스키 2인이 뛰어들어와 "지금 여관에 수상한 사람이 들어 잇는대 이것이 꼭 검찰관 갓다고" 떠든다. 겁을 집어먹고 잇든 시장은 이 젊은 사람이 필연코 미행으로 온 검찰관임에 틀림이 업다고 생각하고 여관으로 가서 젊은 사

---

14  나웅, 「실험무대(實驗臺舞) 제1회 시연(試演) 초일을 보고(2)」, 『동아일보』, 1932.5. 11, 5면 참조.

람의 비위를 맞추랴 관리들은 어찌할 바를 보르고 뒤범석이다.[15]

〈검찰관〉에서 김일영이 맡은 역할은, 검찰관의 존재를 시장과 관리들에게 알리는 일종의 '메신저' 역할이었다. 원작 작품에서도 보부츤스키는 마을 사람들의 흥분과 착각을 불러일으키는 역할이었다. 그래서 다급하고 황망한 소식을 속도감 있게 전달해야 하는 연기를 필요로 했는데, 김일영이 출연한 실험무대에서도 이러한 연기가 요구된 것으로 보인다. 당시 평가(공연평)에 의하면, "동작은 훌륭얏스나 한갓 대사가 빨라서 관중이 알어듯지 못하는 곳이 만케되"었으며, 관객들이 폭소를 터뜨릴 때 대사를 그대로 넘겨 버리는 실수를 저지르기도 했다.[16]

### (2) 〈검찰관〉의 무대디자인과 그 특징

나웅은 〈검찰관〉 공연에서 김인규와 김정환이 공동으로 무대장치를 맡았다고 기술했고,[17] 고혜산은 김인규가 무대장치를 맡고 김정환이 조명을 맡았다고 기술했다.[18] 다소 엇갈린 진술은 그만큼 무대(디자인) 분야와 조명(장치) 분야가 긴밀한 상관관계를 맺고 있었다는 의미로 해석될 수 있다.[19] 그런데 공연 당시 무대 풍경(사진)이 희귀하게 남아 있어,

---

15  홍해성, 「연출자로서 본 '고—골리'와 〈검찰관〉(적(續))」, 『동아일보』, 1932.5.3, 5면.
16  나웅, 「실험무대(實驗臺舞) 제1회 시연(試演) 초일을 보고(2)」, 『동아일보』, 1932.5. 11, 5면 참조.
17  나웅, 「실험무대(實驗臺舞) 제1회 시연(試演) 초일을 보고(3)」, 『동아일보』, 1932.5. 13, 5면 참조.
18  고혜산, 「실험무대 제1회 시연 〈검찰관〉을 보고(2)」, 『매일신보』, 1932.5.10, 5면 참조.
19  사실 김정환은 당시 휘문고보 재학 중이거나 졸업한 직후에 해당하므로, 독립적인 역할보다는 무대와 조명 전반을 보조하는 역할을 했다.

이 작품에서 구상한 무대디자인의 실체를 가늠할 수 있도록 해준다. 게다가 한 기사(비평)는 이 작품의 무대가 기성극단의 그것을 능가한다고 평가하기도 했다.[20]

실제로 〈검찰관〉에 관한 이러한 자료(사진)는 기존 분석을 넘어설 수 있는 실증적 자료이자 단서라고 할 수 있다. 하지만 안타깝게도 지금까지 학계 연구에서는 이 자료에 대한 검증된 논의나 유효한 접근이 이루어지지 못했다. 그 이유는 아무래도 〈검찰관〉 공연과 관련된 주변 자료의 뒷받침을 이끌어내지 못했기 때문으로 풀이된다. 다행히 여기서는 〈검찰관〉의 무대 사진이 기존의 접근 한계를 넘어설 수 있는 자료로서의 가치를 충분히 담보하고 있다고 판단하고 적극적으로 분석하고자 한다.[21]

공연 현장을 포착한 무대 사진을 보자. 객석과 분리된 무대에는 긴 탁자가 무대 오른쪽(상수)으로 치우쳐 놓여 있다. 그러니 서양식 건물 내부를 형상화한 세트와, 그 세트 내에 긴 탁자가 무대 면(가로 면)의 절반가량을 차지하고 있던 정황을 분명하게 확인할 수 있다. 이 탁자에 주요 배역으로 여겨지는 5명의 인물이 앉아 있고, 나머지 5명 가량의 인물이 탁자를 둘러싸고 서 있는 극적 정황이 펼쳐져 있다. 원작 〈검찰관〉에서 이 해당 장면을 찾아보면, 우선 공간적 배경이 시장의 처소인 장면(막)으로 좁혀 생각할 수 있다. 5막의 〈검찰관〉 원작에서 2막을 제외한

---

20 「작일(昨日) 실험무대 시연 성황으로 개막」, 『동아일보』, 1932.5.6, 5면 참조.
21 〈검찰관〉의 무대장치와 그 효과에 관한 연구는 기본적으로 다음의 논문을 참조했다 (김남석, 「극예술연구회의 창단 공연작 〈검찰관〉에 관한 연구 – 실험무대 출범 정황과 창립 공연 무대디자인을 중심으로」, 『공연문화연구』 39집, 공연문화학회, 2019, 167~196면).

그림260 **실험무대 〈검찰관〉 공연 풍경과 무대디자인**[22] | 그림261 **실험무대의 〈검찰관〉 공연 정경**(변형된 사진)[23]

네 개의 막은 시장의 처소를 공간적 배경으로 삼고 있다.

특히 1막은 시장, 자선병원 원장, 장학관(시학관), 판사, 경찰서장, 의사(공의), 경찰관(2명) 등이 등장한 상태에서 개막하고 있으며(1막 1장), 2장에서는 우체국장이 등장하여 대화(검찰관 방문과 그 대책 회의)에 참여하고 있고, 3장에서는 도브친스키(도푸건스키)와 보브친스키(뽀푸친스키) 2인(지주의 아들)이 등장하여 여관의 수상한 손님을 검찰관으로 오해하도록 교묘하게 종용하는 사건이 펼쳐진다.

위 장면은 도브친스키와 보브친스키 2명이 등장한 이후, 시장 처소 내 등장한 인물의 수나 해당 상황과 매우 유사한 풍경을 자아내고 있다. 더구나 하수 방향 출입문 근처에 서 있는 '두 사람'의 자세와 시선은 주

---

22　「실험무대 시연의 무대면(舞臺面)과 관객의 일부」, 『동아일보』, 1932.5.6, 5면.

23　이 사진은 『동아일보』에 수록된 공연 사진과 기본적으로 동일 사진으로 판단된다 (「실험무대 시연의 무대면(舞臺面)과 관객의 일부」, 『동아일보』, 1932.5.6, 5면). 다만 객석 부근의 광경을 생략하고 무대 부분만을 남겨두고 있으며, 음영과 색감(흑백)이 보정되어 더욱 뚜렷한 실감을 전하고 있다. 이 사진은 한 블로그에서 찾았다 (https://baramshoes.blog.me/10013667295).

목된다. 두 사람의 행동이나 위치 그리고 연기 방식은 도브친스키와 보브친스키의 입장 상황과 거의 흡사한 광경을 자아내고 있다. 즉 두 사람의 등장으로 인해 무대 공간에는 긴장감이 촉발되는데, 이러한 긴장감은 출입문을 등지고 서서 미처 앉을 사이도 없이 방안에 모여 있는 인물들과 응답을 주고받는 극적 정황의 긴박감과 유기적으로 연관되어 있다. 그러니 해당 장면은 중앙 검찰관의 내방(정보)에 당황한 마을 유지들이 그 대책을 논의하는 극적 정황(광경)을 연기(표현)하고 있다고 볼 수 있다. 자연스럽게 기득권 계층의 부정부패 상황을 폭로하면서, 희극적인 상황을 만들어 내는 1막(3장)의 장면(사건)에 해당한다.

퇴장하지 않고 남아 있는 인물들의 상황으로 판단해도, 동일 결론에 도달할 수 있다. 3장 말미에 경찰관이 퇴장하고 뒤이어 4장으로 전환 직전에 판사와 원장, 장학관 우체국장 등이 퇴장한다고 할 때, 위의 정경은 3장의 도브친스키와 보브친스키가 등장한 이후의 상황에 가장 근사한 장면이다.

이러한 장면을 효과적으로 연출하기 위해서, 실험무대는 서양식 거실을 꾸미고 대형 탁자를 마련하여 연기자들이 일렬로 무대 위에 정렬할 수 있는 무대디자인을 도입했다. 이른바 양실洋室을 구현하고자 한 것인데, 이러한 양실은 대중극 계열 연극에서 주로 도입한 문화주택과는 다른 분위기를 형성해야 했다. 그야말로 러시아 전환기의 풍경을 닮으려고 했기 때문이다. 서양식 거실은 이러한 의도를 반영한다.

이 거실의 중심은 긴 탁자였다. 등장인물의 수가 많기 때문에, 그들을 수용할 수 있는 탁자여야 했고, 이로 인해 무대에는 긴 탁자와 제법 많은 수의 의자가 들어설 수밖에 없었다. 비록 앉고 선 인물들이 일렬로

그림262 자리에 참석한
경찰관(헌병)[24]

그림263 외부 소식을
전달하는 두 사람(화급한
표정과 긴박한 위치)[25]

그림264 검찰관 내방에 대한 대책을 숙의하는 시장을 비롯한
유지들로 추정되는 광경[26]

도열하는 바람에 입체적인 동선을 구사하지 못하는 한계는 노정되었지만, 대사를 발화하는 인물들의 시선이 손쉽게 모아질 수 있고 관객들이 전체적인 정경을 파악하는 데 요긴할 수 있는 무대 배치를 선보일 수 있었다.

포착된 무대(연기) 사진에서도 발화자로 보이는 배우에게 무대에 등장한 나머지 배우들의 시선이 집중되는 광경을 명확하게 확인할 수 있다. 이러한 시선 집중 효과는 극 중에서 함께 연기하는 배우들뿐만 아니라 이를 지켜보는 관객들이 발화자 혹은 연기 주도자를 손쉽게 찾고 그 행위에 주목하도록 종용하는 효과를 거둔다.

이러한 시선 수렴 효과는 무대 분위기와 극적 긴장감을 조율할 수 있는 중요한 연출 기법이다. 관객들이 집중(긴장)해야 하는 대목을 강조할

---

24 「실험무대 시연의 무대면(舞臺面)과 관객의 일부」, 『동아일보』, 1932.5.6, 5면.
25 「실험무대 시연의 무대면(舞臺面)과 관객의 일부」, 『동아일보』, 1932.5.6, 5면.
26 「실험무대 시연의 무대면(舞臺面)과 관객의 일부」, 『동아일보』, 1932.5.6, 5면.

수 있고, 서사 진행의 전반적인 템포를 조율할 수 있기 때문이다. 배우/관객의 시선 집중을 위해서, 무대 하수 방향으로(일렬로) 늘어선 배우들은 그 높이에 나란한 층 차를 주고 있다. 하수 방향으로 향할수록 직립하고, 상수 방향으로 향할수록 좌정하는 형태로 등장인물들의 높이를 사선으로 구축할 수 있었으며, 이를 위해 하수와 상수의 중간에 위치하는 배우들은 반쯤 일어선 형상을 구가했다. 결과적으로 하수 방향에 '서 있는 인물'부터, 무대 중앙에 '반쯤 앉은 인물', 그리고 상수 방향에 '완전히 착석한 인물' 순서로 일종의 높이 차(층)를 구현하고 있는데, 이러한 시각적 차이와 이를 구현하는 배열은 그 자체로도 시선을 모으고 극적 긴장감을 고조시키는 기능을 북돋우고 있다.

### (3) 극예술연구회 〈검찰관〉 무대디자인의 실체와 그 기원으로서 축지소극장

현재 사진으로 남아 있어 그나마 그 실체를 확인할 수 있는 실험무대 〈검찰관〉 장면은 시장의 처소(1막의 공간적 배경)를 배경으로 삼고 있다. 그 근거로, 실험무대의 공간적 배경과 그 원형이 되었을 것으로 추정되는 유사 무대디자인의 공통점에서 찾을 수 있다. 우선, 실험무대 무대디자인에 대해서 살펴보자.

> 무대장치에 잇서 제1막 시장(市長)의 실내 면은 19세기 초엽의 노서아(露西亞)의 궁비한 소도시의 건물로서는 벽의 색채가 얼마간 경조(輕調)함을 느끼나 제2막 여관 장면은 퍽 조핫다. 무대장치와 조명이 이 극과 혼연히 일치조화되엇음을 볼 때 무대장치가로서 신인인 김인규 김정환 양군의 압날이 매우 기대된다.[27]

나옹의 공연평을 참조하면, 실험무대 〈검찰관〉의 1막은 시장의 처소 (관사)를 배경으로 하는 실내로 꾸며졌다(희곡 원작도 동일하다). 러시아 (노서아)의 궁벽한 시골 마을의 분위기를 내기에는 다소 미흡했던 것으로 파악되지만, 전체적으로 서양풍의 실내(응접실) 정경을 창출하는 데에 초점을 맞춘 무대디자인이었던 점은 확실해 보인다.

또한, 원작과 역시 마찬가지로, 2막의 공간적 배경은 검찰관이 묵는 여관('여관 방')으로 제시되었다. 이에, 나옹은 1막에 비해 2막의 분위기가 적절했다고 기술하고 있으며, 그 이유를 무대장치뿐만 아니라 조명이 '일치 조화'되었기 때문으로 풀이하고 있다. 고혜산도 자신이 본 2막에서 "직업적인 연극단체와는 달은 관계인지 관객석도 비교적 정숙靜肅" 했다고 기록한 바 있다.[28]

이러한 당시 정경과 판단을 바탕으로, 〈검찰관〉의 또 다른 무대 사진에서 당시 무대디자인(장치)의 흔적을 엿볼 수 있다.

그림 265는 작품 소개 겸 선전 목적으로 실린 홍해성의 글(연출자의 글)[29]과 함께 제시된 『동아일보』 수록 일본의 〈검찰관〉(일본 축지소극장 공연 사진〉) 무대 사진이다.[30] 연출자 홍해성과 동아일보(사) 문예부 기자 서항석은 극영동호회劇映同好會 임시 창립과 관련하여 더욱 돈독한 관

---

27 나옹, 「실험무대(實驗臺舞) 제1회 시연(試演) 초일을 보고(3)」, 『동아일보』, 1932.5. 13, 5면.
28 고혜산, 「실험무대 제1회 시연 〈검찰관〉을 보고(1)」, 『매일신보』, 1932.5.8, 5면 참조.
29 홍해성, 「연출사로서 본 '고─골리'와 〈검찰관〉」(1), 『동아일보』, 1932.4.28, 4면.
30 위의 정경은 1막에서 마을 유지들이 대거 퇴장하고 난 이후에 시장, 보브친스키, 경찰관이 남았다가 경찰서장이 합류하는 시점의 장면으로 추정된다. 1막에서 네 사람이 무대 위에 등장하는 경우에는 이 상황이 가장 적격이라 하겠다. 가장 하수에 근접하여 시립하듯 서 있는 인물은 경찰관으로 판단된다.

그림265 **일본 축지소극장 〈검찰관〉 공연 장면**(제1막)[32]

계를 형성한 전력을 지니고 있었다.[31]

　이후 두 사람 모두 극영동호회에서 비롯된 극예술연구회의 주축 단원
으로 활동한다고 할 때(더 정확하게 말하면 홍해성을 상임 연출자로 극예술연구
회가 발족되었다), 홍해성의 글과 당시 기사 배치 사이의 관련성은 매우
긴밀하다고 해야 한다. 더구나 홍해성은 축지소극장에서 배우로 활동할
때, 이미 〈검찰관〉에 두 차례나 출연한 경력을 가지고 있었다. 축지소극
장에서 공연된 〈검찰관〉은 1925년 4월(25회)과 1927년 1월(56회)에 공
연되었는데, 홍해성은 두 공연에서 의사 역으로 출연한 바 있었다.[33]

31　극영동호회는 홍해성의 궁핍을 해결할 요량으로 그의 소장 자료(주로 연극 사진)을
　　전시할 목적으로 만들어진 임의 단체였다(서항석, 「나의 이력서」, 『서항석 전집』 5
　　권, 하산출판사, 1987, 1779면 참조).
32　「〈검찰관〉 제1막의 한 장경(동경축지소극장 소연(所演))」, 『동아일보』, 1932.4.28,
　　4면.

그렇다면 『동아일보』 기사에 함께 수록된 축지소극장 공연 사진은 이러한 홍해성의 이력(경험)과 무관할 수 없으며, 홍해성을 주축으로 이 공연을 수행했다고 할 때 궁극적으로는 극예술연구회 실험무대 공연이 축지소극장의 영향(관계)에서 자유롭지 않다는 점을 증명한다고 하겠다.[34] 당시 평자 중에도 홍해성 연출의 〈검찰관〉이 축지소극장 공연을 '직수입적으로 있는 그대로 올겨노앗'다고 단정하는 이는 이미 존재하고 있었다.[35]

결과적으로 위의 무대 사진(축지소극장 1막 공연 사진)은 조선에서 공연되는 실험무대의 무대디자인과 무관한 디자인일 수 없었다. 그리고 실제로도 두 무대는 매우 유사했다. 바꾸어 말하면, 축지소극장 공연 〈검찰관〉의 무대디자인은 실험무대의 무대디자인에 절대적인 참조 사항(전례)이 되었다.(**그림 266~267**)

나란히 놓인 두 사진을 통해 확인되듯, 두 공연의 무대디자인(세트의 배치와 공간의 분위기)은 전체적으로 흡사하다. 무대 후면(세트)에 2개의 대형 창과 1개의 출입구가 배치된 점이 일단 유사하다. 축지소극장 디자인은 좌우에 창이 있고 가운데 출입구가 있는 구조를 따르고 있고, 실험무대의 디자인은 상수와 중앙에 창이 존재하고 하수 방향에 출입구가 있는 구조를 따르고 있다. 하지만 다소의 차이에도 불구하고, 대형

---

33  김현철, 「축지소극장(築地小劇場)의 체험과 홍해성 연극론의 상관성 연구」, 『한국극예술연구』 26집, 한국극예술학회, 2007, 97~98면 참조.

34  극예술연구회 공연 작품 가운데 축지소극장 공연 작품과 중복되는 작품으로는 〈검찰관〉 이외에도 〈해전〉, 〈기념제〉, 〈베니스의 상인〉, 〈바보〉, 〈벗꽃동산〉 등이 있다 (이상우, 「극예술연구회에 대한 연구―번역극 레퍼터리에 대한 고찰을 중심으로」, 『한국극예술연구』 7집, 한국극예술학회, 1997, 97~100면 참조).

35  고혜산, 「실험무대 제1회 시연 〈검찰관〉을 보고(1)」, 『매일신보』, 1932.5.8, 5면 참조.

그림266 일본 축지소극장의 〈검찰관〉 공연 장면(제1막)[36] | 그림267 〈검찰관〉 제1막 무대디자인 광경(확대)[37]

창이 있고, 그와 유사한 출입구(문)가 있다는 유사성은 공통적이다.

공간의 배치 역시 매우 유사한 점이 많았다. 기본적으로 상수 방향에 테이블이 놓여 있는 점은 가장 중요한 공통점이었다. 테이블이 비교적 길고 무대 세트에 밀착되어 있다는 점도 간과할 수 없는 공통점이다. 이 러한 테이블 배치는 간단하게 보여도 무대의 인상과 배우의 동선을 좌 우하는 결정적인 조건을 형성했다. 이로 인해 무대에서 연기 공간이 테 이블을 중심으로 한 연기 구역을 제외하고는, 무대 하수 방향 출입구 앞 이거나 무대 전면(테이블 앞쪽 공간)으로 집중되기 때문이다. 두 사진은 등장인물 수가 달라, 비교 시에 여러 가지 상황을 고려해야 하기는 하지 만, 하수 방향 공간을 활용하거나(축지소극장 공연 사례), 테이블을 활용 하는 연기(실험무대 공연 사례)로 판단된다.

이러한 무대 배치는 하수 인접 지역(무대 하수 방향 끝)에 위치한 인물 의 자세와 입지 역시 동일하게 유도한다. 두 무대에서 경호원 혹은 경찰

---

36 「〈검찰관〉 제1막의 한 장경(동경축지소극장 소연(所演))」, 『동아일보』, 1932.4.28, 4면; 홍해성, 「연출자로서 본 '고—골리'와 〈검찰관〉」(2), 『동아일보』, 1932.4.28, 4면.
37 「실험무대 시연의 무대면(舞臺面)과 관객의 일부」, 『동아일보』, 1932.5.6, 5면.

관으로 여겨지는 인물의 배치는 매우 유사하게 나타나고 있다.

그림268 **축지소극장의 하수
방향**(무대 끝)**에 시립한 인물**[38]　　그림269 **실험무대의 〈검찰관〉에서 하수
방향**(무대 끝)**에 시립한 인물**[39]

이러한 인물 배치 혹은 연기(시립)의 유사성은 기본적으로 문과 테이블의 구도 하에서 불가피하게 정립될 수밖에 없는 구도라고 하겠다.

한편, 분재되어 이어지던 홍해성의 글에 또 다른 〈검찰관〉 공연 사진이 결부되어 있다.

**그림 270**의 사진에는 별다른 설명이 없이 '〈검찰관〉 제4막'이라고 표시되어 있다. 이러한 맥락을 참작하고 홍해성의 분재 중 2회분 글과 함께 게재된 점을 함께 고려하면, 위 사진은 축지소극장 〈검찰관〉의 4막 사진이라고 보아야 한다. 실제로 무대 내 정경은 제1막의 그것과 유사하며, 앞에서 비교한 대로 실험무대 무대디자인과 근본적으로 흡

---

**38** 「〈검찰관〉 제1막의 한 장경(동경축지소극장 소연(所演))」, 『동아일보』, 1932.4.28,
4면; 홍해성, 「연출자로서 본 '고—골리'와 〈검찰관〉」(2), 『동아일보』, 1932.4.28, 4면.
**39** 「실험무대 시연의 무대면(舞臺面)과 관객의 일부」, 『동아일보』, 1932.5.6, 5면.

그림270 『동아일보』에 게재된 〈검찰관〉 제4막 공연 사진[40]

사한 상태이다. 원작의 1, 3, 4, 5막은 모두 시장의 처소(실내)를 공간
적 배경으로 삼고 있기 때문에, 작품의 정황과도 일치한다고 할 수 있
겠다.

위의 사진에서도 하수 방향(출입문 앞)의 연기 구역을 활용하여 여성
과 남성의 대조적인 무대 연기가 펼쳐지고 있다. 원작의 상황으로 볼
때, 이 장면은 남성이 여성에게 애원(간청)하는 장면으로 여겨진다. 〈검
찰관〉의 4막에는 흘레타스코프(흐레타스콥흐)가 있는 실내에, 시장의 딸
인 마리아(안토노브나)가 들어와서 대화를 나누는 장면이 있는데, 위의
정경은 정황상 해당 대목의 상황과 일치하고 있다. 흘레타스코프는 마

40 「〈검찰관〉 제4막의 장□」, 『동아일보』, 1932.4.30 4면; 홍해성, 「연출자로서 본 '고
—골리'와 〈검찰관〉」(2), 『동아일보』, 1932.4.30, 4면.

리아를 유혹하기 위하여 무릎을 꿇고 감정을 호소하는 연기를 펼치는데, 이때 마리아의 모친 안나 안드레예브나가 등장한다. 위의 장면은 시장의 딸(마리아)과 가짜 검찰관(흘레타스코프) 그리고 두 사람 사이에 틈입한 시장의 부인(안나)의 모습을 포착한 장면(정경)이다.

이 장면에서도 확인되듯이, 축지소극장 〈검찰관〉에서도 1막과 4막은 동일한 공간적 배경으로 꾸려졌으며, 이러한 상황은 2막을 제외한 네 개의 막을 원작대로 공연했을 가능성을 높여주고 있다. 물론 그 영향을 받았을 것으로 짐작되는 실험무대의 〈검찰관〉 역시 총 5막 중 제2막을 제외한 네 개의 막을 시장의 실내 장면으로 구성했을 것으로 강하게 추정된다. 『동아일보』에 수록된 최종막 사진도 이러한 추정을 뒷받침하고 있다.

그림271 『동아일보』에 게재된 〈검찰관〉 최종막 공연 사진[41]

최종막(5막)의 무대 배경 역시 1막과 4막의 그것과 다르지 않다. 기본적으로 아치 모양의 창문이 무대 중앙을 차지하고 있고, 그 옆으로 출입문이 설치된 시장 처소의 실내 풍경이 그대로 확인되고 있기 때문이다. 다만 최종막에서는 등장인물 다수가 무대에 출연하여 연기 구역을 거의 채우고 비좁게 늘어서 있는 인상을 주는 점이 다를 따름이다. 그러나 인물들 사이로 테이블이 여전히 존재하고 있다는 점도 확인된다. 즉 5막에서도 기존의 무대는 그대로 유지된 것으로 판단해도 무방하다.

이러한 축지소극장의 무대 공간 활용법은 원작에 기초한 것으로, 실험무대 공연으로도 이어졌다. 흥미로운 점은 이러한 무대디자인이 1930년대 대중극단에서도 낯설지 않게 발견된다는 점이다.

272 실험무대의 〈검찰관〉 제1막 무대 | 그림273 1937년 6월 호화선 〈남편의 정조〉의 실내 장면 | 그림274 1940년 12월 호화선 〈행화촌〉의 실내 장면[42]

세 개의 무대(디자인)는 전반적으로 차이를 지니고 있기는 하다. 그것은 〈검찰관〉의 무대가 기본적으로 러시아의 상황을 염두에 두었기 때문이다. 하지만 무대 위의 상황으로는 국외와 국내를 구별하기 어렵다고 해야 한다. **그림 272** 〈검찰관〉의 무대는 소위 말하는 신극 진영의 공

---

41　「〈검찰관〉의 최종 장경(場景) (일본축지소극장소연)」, 『동아일보』, 1932.5.2, 4면; 홍해성, 「연출자로서 본 '고―골리'와 〈검찰관〉」(3), 『동아일보』, 1932.5.2, 4면.
42　「극단 호화선 〈행화촌(杏花村)〉 상연」, 『매일신보』, 1940.12.24, 4면.

연에서 배태된 무대디자인으로, 정황상 축지소극장의 무대디자인에 상당한 영향을 받았을 것으로 짐작되는 사례이다. **그림 273** 〈남편의 정조〉와 **그림 274** 〈행화촌〉의 경우는 신극 진영과 별개로 여겨졌던 대중극 진영(동양극장 호화선)의 무대디자인이다. **그림 273~4**의 무대디자인은 기본적으로 문화주택의 형상화로 볼 수 있다.

주목되는 점은 이 세 개의 무대 배치가, 무대디자인상으로는 그렇게 큰 변별력을 지니지 않는다는 점이다. 탁자가 무대 중앙이나 상수 부근을 차지하고 있다는 점이나, 커다란 창문을 배치한 점, 혹은 서양식 실내 구도를 기본적으로 지향한 점은 공통점이라고 해야 한다. 사각의 틀과 격자 모양 창문도 대체로 비슷한데, 오히려 아치 모양을 선보인 축지소극장의 무대(〈검찰관〉)가 그러한 측면에서는 차이를 보인다고 해야 한다.

이러한 유사성은 당시 무대디자인이 갇혀 있던 한계로 인해 생성되었을 가능성을 배제할 수 없다. 신극 진영이든 대중극 진영이든 무대디자인에서 우선 염두에 두고 있었던 사안은 실내 혹은 집 주변의 풍경을 재현하는 데에 있었다. 그러니까 무대 배치를 방이나 거실 혹은 정원이 있는 집 주변 풍경에 근사하려고 노력했다는 사실이다. 이러한 상황은 조선 연극의 공간을 확장하고 심화시켜야 한다는 당위를 지니고 있음에도 불구하고, 전반적인 모색의 측면에서 아직은 관습적 한계에서 벗어나지 못했다는 증거로도 볼 수 있다.

### (4) 『극예술』 창간호의 무대 사진과 〈검찰관〉의 메소드의 원천

한편, 다른 각도에서 〈검찰관〉의 무대를 재조명할 수도 있다. 1934

년 4월 간행『극예술』창간호에는 다음 사진이 화보로 수록되어 있다. 별도의 설명은 없지만, 이 화보의 전경은 〈검찰관〉의 무대 사진에 해당한다.

그림275 『극예술』에 수록된 〈검찰관〉 화보 사진[43]

아래의 실험무대 〈검찰관〉 무대 사진과 비교하면 두 사진이 포착하고 있는 무대 구조와 디자인이 매우 흡사하다는 사실을 확인할 수 있다. 문과 창의 위치, 그 사이에 걸려 있는 그림의 종류와 크기, 테이블의 형상과 높이, 심지어는 하수 끝에 서 있는 경관의 자세까지도 매우 흡사하다.

위 사진과 아래의 사진이 하나의 사진이라고 해도 판단해도 무방할 정도이다. 결과적으로 두 사진은 극예술연구회의 공연을 포착한 다른 사진으로 판단해도 좋을 것이다.

그렇다면 축지소극장의 최종막 공연 사진과 극예술연구회(실험무대)의 공연 사진(최종막으로 추정)의 비교를 시행할 필요가 있다.

43 「화보」, 『극예술』(창간호), 극예술연구회, 1934.4.

그림276 실험무대의 〈검찰관〉 제1막 무대디자인으로 추정되는 광경(확대)[46]

그림277 축지소극장 공연 〈검찰관〉 최종막 사진[44]

그림278 『극예술』에 수록된 〈검찰관〉 화보 사진[45]

두 개의 사진은 기본적으로 유사한 구도를 취하고 있다. 하수 부근에 위치하여 양 팔을 잡고 'H' 형상으로 서로를 마주 보는 남자 두 사람, 그 옆에 도열한 경관, 무대 중앙에서 상수 부근으로 가로놓인 탁자, 탁자 양 끝 의자에 앉은 남자들, 상수 부근에 서서 유심히 실내를 관찰하는 여인 두 사람, 탁자 뒤편으로 남녀가 섞여 서 있는 정경, 그 정경을 전체적으로 감싸는 듯한 벽(실내)과 그 벽과 바깥을 연결하는 창문(방문 포함) 등의 그러한 유사한 구도를 형성하는 요소이다.

---

**44** 「〈검찰관〉의 최종 장경(場景)(일본축지소극장소연)」, 『동아일보』, 1932.5.2, 4면;
홍해성, 「연출자로서 본 '고―골리'와 〈검찰관〉(3)」, 『동아일보』, 1932.5.2, 4면.

**45** 「화보」, 『극예술』(창간호), 극예술연구회, 1934.4.

**46** 「실험무대 시연의 무대면(舞臺面)과 관객의 일부」, 『동아일보』, 1932.5.6, 5면.

무엇보다 이러한 군중들의 도열을 통해 무대를 가득 메운 광경을 만들어내고, 등장인물의 다양한 면모를 만화경처럼 보여주는 데에 주력했다는 점이 동일하다. 많은 이들이 무대에 나오는 광경을 5막에서 찾을 수야 있지만, 이처럼 대규모 광경을 기획한다는 점은 아무래도 연출가의 의도가 짙게 투영된 의도된 장면이라고 해야 할 것이다. 따라서 극예술연구회 또한 이러한 의도를 최대한 수용하고자 했으며, 동일 장면을 축조하는 노력을 통하여 〈검찰관〉의 마무리를 이룩하려는 목적 또한 함께 투영하고자 했다.

언뜻 보아도 두 사진은 상당히 유사한데, 이 사진이 〈검찰관〉의 최종 막을 포착했을 가능성이 매우 높다는 점에서, 극예술연구회(실험무대) 초연 〈검찰관〉이 축지소극장 공연 〈검찰관〉의 영향을 강도 높게 수용했을 가능성을 확인하게 만든다. 이러한 정황까지 염두에 두고 두 공연의 관련성을 정리하자면, 극예술연구회는 축지소극장의 경험과 홍해성의 노하우 그리고 기본적인 무대디자인과 기초 배우 동선을 수용했으며, 이를 통해 1930년대 조선의 연극계에는 다소 낯설 수 있는 러시아 연극의 국내 공연에 필요한 메소드를 확보할 원천으로 삼았다고 결론지을 수 있겠다. 무엇보다 무대 사진은 이를 강력하게 증명하고 있다.

### 3) 실험무대 제2회 시연과 〈옥문〉에서 '감옥'의 형상

실험무대는 1932년 6월 제2회 시연이자 극예술연구회 창립 1주년 기념행사로, 〈관대한 애인〉과 〈옥문〉 그리고 〈해전〉의 공연을 공시했다.[47] 이 공연은 6월 28일부터 30일까지 3일간 공연이었고, 공연장은 제1회 공연과 같은 극장인 조선극장이었다.

실험무대 1회 공연과는 달리 '장막극'이 아닌 '단막극(1막극)'을 세 작품 연계하여 공연하는 1일 다작품 공연 체제를 따랐다. 그 이유는 "본래의 연극 씨즌이 아닌 하기 상연으로 하야금 우리의 생리적生理的 요건에 가급적의 적응성을 찾게 하"도록 하기 위해서였고, "일개의 사건을 진전시켜가는 다막극보다는 차라리 짤막짤막한 몃 개의 일막극이 염열炎熱과 지리支離에서 나는 권태"를 극복하는 데에 유리하다는 판단 때문이었다.[48]

그러면서 극예술연구회 측에서는 이러한 단막극의 연계 상연이 기존 대중극 진영의 상연과는 차별화된다는 점을 강조하고자 했다. 자신들의 1막극 상연은 세계적인 근대극 운동의 일환이므로, 조선 대중극계의 방식과는 차별화된 발상이라는 점을 의도적으로 부각하고자 한 것이다.[49]

당시 기사(**그림 279**)를 참조하면,[50] 〈관대한 애인〉(장기제 역)은 아일랜드 작가 씬 전 어빈의 사회극으로 설명되었고, 〈옥문〉(최정우 역)은 1932년 5월(23일) 사망한 아일랜드 극작가 '그레고리 부인'을 강조하면서 소개되었으며, 〈해전〉(조희순 역)은 독일의 '표현파' 작품으로 전제되는 동시에 "조선에서는 일즉 시험해 본 적도 없는 새로운 무대장치와 연기"를 보여줄 것이라고 선전되었다. 작품 공연 순서는 〈관대한 애인〉, 〈옥문〉, 〈해전〉 순이었다.

---

47 「실험무대에서 제2회 공연」, 『매일신보』, 1932.6.28, 5면 참조.
48 장기제, 「역자로서의 일언(一言)(기일)」, 『동아일보』, 1932.6.24, 5면 참조.
49 장기제, 「역자로서의 일언(一言)(기일)」, 『동아일보』, 1932.6.24, 5면 참조.
50 「빗다른 장치(裝置)와 연기(演技)로 실험무대 공연」, 『동아일보』, 1932.6.22, 5면 참조.

사실 조선의 관객이 이 세 작품에 대해 전반적으로 무지했을 것이라는 가정이 충분히 설득력을 가질 수 있는 상황이었다는 측면에서, 극예술연구회(실험무대) 측에서는 어떻게 해서든 이 작품의 의의와 가치를 부각하고 대중들의 관심을 유도하고 관극을 촉진하려는 목적을 구현하고자 했음을 확인할 수 있겠다.

그림279 제2회 시연 광고[51]

### (1) 〈해전〉의 독특한 무대와 무대디자인의 차이

2회 시연 작품 중 〈해전〉은 공연 이전부터 그 특이성을 부각하는 다수의 기사와 광고를 양산했다.

그림280 〈해전〉 연습 광경[52]

그림281 1931년 배구자무용연구소의 〈복수의 검〉 사진[53]

---

51 「실험무대 제2회 시연」, 『동아일보』, 1932.6.19, 5면.
52 「연습 중의 〈해전〉(실험무대 공연극)」, 『동아일보』, 1932.6.26, 5면.

〈해전〉의 연습 광경은 이 작품이 일반적인 사실주의 연기법을 지향한 작품이 아니었다는 주장을 뒷받침한다. 어떠한 관점으로 보면 무용으로 보일 정도로 표현주의적인 움직임은, 인간이 지닌 정신세계를 신체적 움직임으로 표현하고자 하는 욕구의 산물로 여겨진다.

흥미로운 사진이 있어 비교를 위해 나란히 인용한다. 〈해전〉은 서구극으로 주로 표현주의극으로 규정되는 연극 작품이고, 〈복수의 검〉은 "조선의 전통춤 '검무'를 활용한 작품"으로, 두 작품 사이의 별다른 연원 관계를 상정하는 것은 지금으로서는 무리한 작업이다.[54] 더구나 〈해전〉은 신극 진영에서, 〈복수의 검〉은 대중극 진영에서 산출한 작품인 만큼 일률적인 유사성만을 강조할 수도 없다.

하지만 이러한 차이에도 불구하고, 두 사례(공연)는 신체적 움직임을 극대화하여 역동적인 움직임을 자아내고, 화술이나 언어에 의한 의사전달보다는 육체에 의한 표현을 중시한다는 공통점을 지니고 있다. 상대적으로 본다면, 연극으로 기획 준비된 〈해전〉에서 무용 작품의 표현적 요소를 주목해야 한다는 사실은 놀라운 변화라고 하겠다.

그렇다면 이러한 〈해전〉의 무대는 어떠했는지 살펴볼 필요가 있다. 아무래도 무용적인 움직임을 표현하기에 사실적인 무대장치는 적절하지 않아 보이기 때문이다. 실험무대 제2회 공연 당시 무대 풍경을 포착한 사진이 남아 있다. 이 사진에 포착된 작품은 세 개의 1막 작품 중 〈해전〉의 무대 풍경이다. 당시 사진 설명을 빌리면, 차차 긴장해 가는 관객

---

53  「구경거리 백화점 23일 단성사 배구자예술연구소 공연 초유의 대가무극(大歌舞劇)」, 『매일신보』, 1931.1.22, 5면 참조.

54  김남석, 「배구자악극단의 레퍼토리와 공연 방식에 대한 연구」, 『한국연극학』 56호, 한국연극학회, 2015, 12면 참조.

석의 분위기가 포착된 〈해전〉의 무대 사진이었다.[55]

무대 위에는 추상적인 문양의 걸개 그림이 걸려 있다. 그 앞에 6명의 인물이 다양한 자세(연기 포즈)로 무대에 올랐다. 주변 정황으로 볼 때, 위의 무대는 〈해전〉의 공연 무대로 여겨지는데, 그로 인해 엇갈린 관객 반응을 살필 수 있는 유효한 본보기가 된다. 공연 이후 『동아일보』에서 게재한 한 기사는 이러한 엇갈린 당시 반응을 간접적으로 증언하고 있다.

그림282 **실험무대 제2회 공연 실황**[56]

〈해전〉의 후반으로부터 최후 장경에 가까이 감을 따라 새로운 무대장치와 힘찬 연기에 관중은 경악과 찬탄을 마지 아니하얏다 이리하야 실험무대는 신극의 력사에 또 다시 새로운 긔록을 빗내엇다. 그러나 **표현파극**에 잇서서는 동작과 규환(叫喚)이 주가 되고 대사는 극의 진행에 반주(伴奏)쯤박게 되지 안는 것인데 이 〈해전〉과 가티 템포 빠른 극에서 극의 전체를 감상하려 하지 안코 한갓 한 개한개의 대사만을 주려 하다가 속히 지처버려 일직 도라간 관중들은 표현파극의 특색을 알아볼 긔회를 앗갑게도 노처버렷고 끗까지 남아 잇슨 대다수의 관중들만이 비로소 갑 잇는 연극에 접할 수 잇섯다 한다.[57] (강조 : 인용자)

---

55  「실험무대 제2회 시연 제1일」, 『동아일보』, 1932.6.30, 4면.
56  「실험무대 제2회 시연 제1일」, 『동아일보』, 1932.6.30, 4면.
57  「서열(暑熱)도 불구하고 실험무대 초일 성황」, 『동아일보』, 1932.6.30, 4면.

위의 기사에서 주목되는 바는 〈해전〉이 표현파극으로서 일정한 성취를 얻었다는 전제이기도 하지만, 공연 과정에 관극을 포기한 관객이 있었고 그들을 겨냥해 〈해전〉의 가치를 설명해야 할 정도로 논란이 존재했다는 점이기도 하다. 그러니까 〈해전〉은 뛰어난 가치를 지닌 작품이었지만, 관객들에게는 손쉽게 이해되지 않는 작품이었고 그 결과 관객들의 적극적인 지지를 이끌어냈다고 말할 수 없는 공연이었다. 이러한 견해에 대해서는 전문적인 평을 남긴 박용철도 동의하고 있다.[58]

특히 〈해전〉에서 '동작과 규환이 주'가 되어야 하고, '대사'를 통한 의사소통은 상대적으로 그 비중이 약화되어야 한다는 사실을 납득시키는 일은 요원해 보였다. 위의 기사는 대사에 집착하여 관극을 하다가는 세부에 편중되어 전체 메시지를 놓치고 만다는 우려를 풀어놓고 있다.

공연평을 게재한 박용철도 비슷한 견해를 피력한 바 있다.

이 극의 후반인 전쟁의 장면에 들어가서부터는 맹목적인 전투와 살육과 비참이 우리를 경험하기 드문 최고조의 흥분 가운데 끌어넣어서 이 극본 본래의 효과를 충분히 나타내이지마는 전쟁의 나팔 소리가 들리기 전에 이 전쟁을 예기(豫期)하는 수병들의 흥분 초조의 감정을 공개하는 회화의 계속이 너무 용장(冗長)한 □□ 관중에게 지리한 감을 □□키는 모양이엇다.[59]

두 글에서 우려하는 상황은 당시 관객들이 〈해전〉을 제대로 이해하지 못하고 관극을 포기했던 당시 정황을 지적하고 있다. 당시 정황은 꽤

---

**58** 박용철, 「실험무대 제2회 시연 초일을 보고(1)」, 『동아일보』, 1932.6.30, 4면 참조.

**59** 박용철, 「실험무대 제2회 시연 초일을 보고(1)」, 『동아일보』, 1932.6.30, 4면.

심각하고 문제적이었던 것으로 판단된다. 그만큼 〈해전〉이 조선의 관객들에게 생소한 작품이었다는 증거가 되기도 하고, 실험무대의 공연이 관객이나 대중성을 염두에 두지 못한 작품이었다는 반증이 되기도 한다. 즉 극예술연구회는 관객의 호응 측면에서 냉정하게 외면될 수 있는 작품을 고르는 결단을 단행한 셈이다.

그 결과 적지 않은 관객들이 관람을 포기했고, 결국 일부 관람층이 극예술연구회의 공연을 기피하는 현상을 낳기도 했다.[60] 이러한 현상은 1930년대 중반을 넘어서면서도 계속 극예술연구회의 한계로 적시되는데, 그 기미가 제2회 공연 〈해전〉에서 두드러지게 나타났다고 볼 수 있다.

박용철은 〈해전〉을 포함한 실험무대 제2회 공연에서 "논의할 만한 신문제 제기되지 아니했다"고 주장했으며, 그 중요한 이유로 연극이 "고객에게 지배되는 정도의 가장 강한 예술"이어야 함에도 불구하고 〈해전〉의 경우에는 용의주도한 각색과 연출 준비가 없었고 오히려 '극본의 당황한 개찬改竄'만 존재했다고 설명하고 있다.[61] 이헌구는 박용철의 지적을 "예술과 관중과 무대조건을 용의주도하게 투시하는 극본의 적응화"로 수용하고 있어,[62] 간접적으로 관객의 작품 수용 가능성의 의미를 인정하고 있다.

---

60  박용철은 〈옥문〉 역시 "극을 비상히 애호하는 고정한 관중을 가진 소극장에는 적합할는지 몰라도 혼성된 관중을 상대로 하는데 그리 적당한" 작품이 아니었다고 평한 바 있다(박용철, 「실험무대 제2회 시연 초일을 보고(4)」, 『동아일보』, 1932.7.5, 4면 참조).

61  박용철, 「실험무대 제2회 시연 초일을 보고(4)」, 『동아일보』, 1932.7.5, 4면 참조.

62  이헌구, 「극연 1년간의 업적과 보고(5) 창립 1주견 기념을 제(際)하야」, 『동아일보』, 1932.7.13, 5면 참조.

실험무대 제2회 공연에 대한 주변 평가는, 공연작 〈해전〉이 당대의 조선인 관중을 고려하지 못한 선택이었다는 결론과 상통한다. 실험무대 제2회 공연에서 나타난 변화(혹은 실패 요인)는 실제적으로 극예술연구회가 보완해야 할 중요한 과제로 남겨질 수밖에 없었다.

### (2) 〈옥문〉의 대본과 무대디자인의 효과

최정우가 번역한 공연 대본 〈옥문〉에서 등장인물과 무대는 다음과 같이 소개된다.

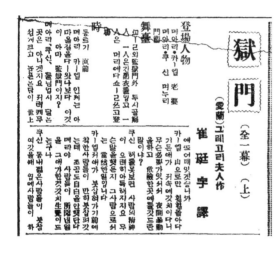

〈옥문〉
그레고리 부인 작
최정우 역
**등장인물**
메와리 · 카ー엘 노파
메아리 · 쿠신 며느리
　　문(수)위(門(守)衛)
**무대**
꼬ー리의 감옥문 외(外) 두 시골 부인(婦人)은 긴 흑의를 입고 일인은 머리에다 쇼ーㄹ 쓰고 등장
**시(時)**
동트기 직전
메아리 · 카엘　인제는 아마 오길을 다ー 왔나보다 이것이 아마 감옥문이지?
메아리 · 쿠신　틀님업시 달은 곳이 아니겟지요 저러케 무섭게 노픈 담이 지상에 또 어데 잇겟습니까.

그림283 그레고리 부인 작, 최정우 역, 〈옥문〉(상)[63]

---

**63**　그레고리 부인(Isabella Augusta Gregory), 최정우 역, 〈옥문〉(상), 『조선일보』, 1933.2.8, 3면.
http://cdb.chosun.com.oca.korea.ac.kr/search/pdf/i_archive/read_pdf.jsp?

〈옥문〉의 도입부에는 시골 부인 두 사람이 높은 담이 쳐진 감옥(문)을 찾아오는 정경이 묘사되어 있다. 메아리·카－엘과 메아리·쿠신이라는 이름을 지닌 두 여인은 고부 사이로, 먼 길을 걸어 그녀들의 아들이자 남편 데니스 카엘을 만나러 오는 참이었다. 그녀들이 면회하러 찾아온 데니스는 '야간 폭동'을 일으킨 죄로 수감되어 있는 상태이다.

그녀들이 걱정하는 남자(아들 혹은 남편) 데니스 카엘은 무대에 등장하지 않는다. 극의 종결부에서 그의 낡은 옷가지로만 그의 존재감이 가시화되는데, 그 이전까지는 무대에서 부재함으로써 그 존재감을 드러내는 인물로 형상화되었다. 이러한 극작상의 설정은 데니스 카엘에 대한 두 여인의 기억과 주장을 더욱 주목하도록 종용한다. 그레고리 부인은 두 여인의 대화를 통해, 데니스 카엘과 그 주변 상황을 드러냄으로써 그(녀)들에게 일어난 충격적인 사건을 고발하고 비판하려는 의도를 함축하고 있다고 해야 한다. 그러니 그녀들이 회고하는 그 — 데니스 카엘과 주변 상황을 주목할 필요가 있다.

데니스 카엘은 느닷없이 체포되었다. 하지만 그 이외에도 적지 않은 사람들이 체포된 바 있다. 모친 메아리 카엘은 체포된 사람들을 '착한 사람들'이라고 지칭했고, 그들 — 착한 사람들이 체포된 이후에도 '조금도 자백을 안 햇'다고 단정했다.[64] 결국 체포된 사람들 중 자백하지 않는 사람을 착한 사람들로 지칭하여, 이러한 사람들의 행동을 통해 체포의 부당함과 수감자의 정당함을 강조하고자 하는 셈이다.

메아리 카엘은 글자도 읽지 못하고 사세에 정통하지도 못하며 법률

---

PDF=19330208004&Y=1933&M=02

**64** 그레고리 부인, 최정우 역, 〈옥문〉(상), 『조선일보』, 1933.2.8, 3면.

그림284 메아리 카엘의 아들 두둔[65]

과 이론에 대해 알지 못하지만, 착함과 정당함에 대해 나름대로의 기준을 지닌 인물이다. 그러한 메아리 카엘이 판단하는 기준에서 데니스 카엘은 잘못을 저지르지 않은 인물이며, 나아가서 그— 데니스 카엘은 전통적인 선인의 기준에 해당하는 인물이다.

하지만 주위의 시선과 입담에서 데니스 카엘은 오히려 밀고자로 지목되고 있다. 오랫동안 한 마을에 살아 온 사람들은 적지 않은 이웃들이 체포되자 당황했고, 그 원인을 찾는 과정에서 데니스 카엘의 잘못으로 오인하고 있는 것이다. 이러한 소문의 진원지 중 하나는 '테리 류리의 어머니'인데, 그녀는 감옥 안에 있는 데니스가 마을 사람들에게 해악을 끼쳤다고 주장하고 있다. 그녀의 주장은 면회 이후 아들의 죽음을 확인한 메아리 카엘에 의해 반박되지만, 그 이전까지는 메아리 카엘과 메아리 쿠신 두 여인에게 상당한 압박으로 작용하고 있다.

심지어는 그녀들도 자신의 아들이 동족과 이웃을 배신했을 가능성에 대한 의구심을 완전히 떨쳐버리지는 못하고 있는 셈이다. 그래서 메아

---

**65** 그레고리 부인, 최정우 역, 〈옥문〉(상), 『조선일보』, 1933.2.8, 3면.
http://cdb.chosun.com.oca.korea.ac.kr/search/pdf/i_archive/read_pdf.jsp?
PDF=19330208004&Y=1933&M=02

리 카엘도 "아모 죄도 업는대 그놈들은 악한惡漢 놈들이니까 그런 낫분 짓을 햇는지도 몰으지"라며 아들의 무죄를 간접적으로 두둔하는 논조를 유지할 수밖에 없었고, 아내 메아리 쿠신 역시 "일음을 댓길로 그게 뭐가 잘못한" 거냐는 반문을 표하기도 했다.

이처럼 위의 인용 대목은 두 여인의 대화를 통해 마을 사람들의 반응과 체포를 둘러싼 이견을 공개하고 있다. 두 여인은 대화를 통해 마을 사람들의 의심과 비난에 대해 의견을 교환하고 있는데, 무대에서 이루어지는 이러한 대화는 실질적으로는 관객에게 정보를 제공하려는 목적을 지니고 있다. 이러한 정보 제공을 통해, 조선 관객(독자)들은 아일랜드의 상황이 궁극적으로 자신들—조선인들의 상황과 다르지 않다는 점을 상기할 수밖에 없다. 조선인이나 아일랜드인처럼 식민 치하의 국민들은 불법적으로 체포 구금되기 일쑤이고, 동족과 이웃에 대해 밀고와 자백을 강요받는 경우가 허다하며, 이러한 권력자들과 당국의 획책에 의해 피식민지인 사회 자체가 분열되는 상황이 초래되곤 한다는 것이다. 두 여인의 대화는 이러한 사회 현상을 간접적으로 고발하고 있으며, 이러한 위정자들의 분열 책동에 대해 저항해야 한다는 전언을 간접적으로 수용하고 있다.

이처럼 〈옥문〉에는 높은 담과 층계가 설명되어 있다. 메아리 카엘과 메아리 쿠신이 등장하는 시점부터 옥문은 무대 세트로 제작되어 있으며, 높은 담장으로 엄청난 위압감을 주도록 설정되어 있다. 또한 간수('문수위')가 등장하여 데니스 카엘의 죽음을 알려준 이후, 절망한 메아리 쿠신은 '문앞에 잇는 층ᄂ에 털걱 너머'진다. 한편 간수가 문을 열고 죽은 데니스 카엘의 옷을 내주는 행위도 이루어지는데, 이러한 행위로

판단할 때 무대 위에는 문이 설치되어 있어야 하며, 그 문은 개폐開閉가 가능해야 한다.[66]

이러한 대본(지문) 정보에 의거하면, 무대에는 거대한 담장과 감옥을 상징하는 옥문 그리고 그 앞의 층계를 구비하고 있어야 한다. 다행스럽게도 극예술연구회에서 공연한 〈옥문〉의 무대 사진이 발견되어, 공연 상황에 대해 구체적으로 접근할 수 있는 방도가 마련되었다.

아래 인용 사진은 감옥에 도달한 시어머니와 며느리가 대화를 나누다가 간수를 만나 도움을 청하는 대목으로 여겨진다. 무대 사진 속에 간수가 포착되면서 해당 대목은 비교적 분명하게 특정될 수 있다. 이 작품에서 간수의 등장은 짧은 기간에만 일어나기 때문이다. 처음 등장한 이후 간수는 무대 위에 오래 머물지 않고, 옷을 가지고 나오기 위해서 감옥 안으로 금방 들어간다. 그리고 옷을 반출한 이후 거의 곧바로 퇴장하기 때문에, 두 번째 등장 직후에는 별다른 대화 장면도 만들어지지 않는다.

그렇다면 사진 속 장면은 간수가 최초 등장하여 두 여인과 대화를 나누는 대목일 가능성이 농후하다.

조선극장의 무대에는 사람 키의 두 배 이상 되는 옥문을 설치하는 것을 기본적인 무대디자인으로 삼고 있다. 면회를 온 여인은 돌벽의 견고함이나 창살의 굵기와 자못 대비되는 연약한 형상으로 표현되었으며, 그 옆의 간수(옥정)는 제복을 입고 엄중한 자세로 여인을 압박하고 있다.[67]

---

66  그레고리 부인, 최정우 역, 〈옥문〉(하), 『조선일보』, 1933.2.14, 3면.
67  〈옥문〉의 무대 효과에 대해서는 다음의 논문을 참조했다(김남석, 「제2회 극예술연구회 공연 현황과 〈옥문〉의 위치」, 『한국연극학』 72호, 2019.11.30, 21~25면. 참조).

試演의 試演 (獄門의 一 場景)

그림285 〈옥문〉 공연 사진[68]

극예술연구회 제2회 공연장이었던 조선극장 무대에는, 사람 키 두 배 높이의 옥문이 설치되어 있었다. 그 앞에 선 두 여인이 돌벽의 '육중함'이나 굵은 창살의 '견고함'에 자못 대비되는 '연약한 형상'으로 표현되었으며, 그 옆의 간수(옥정)는 제복을 입고 엄중한 자세로 여인을 압박하고 있다. 이러한 감옥의 형상은 억압적인 분위기를 형성하고 있고 상대적으로 거대한 무대장치는 그 앞에 서 있는 여인들을 더욱 위축시키는 역할을 수행하고 있으며, 제복을 입은 간수의 위압감을 배가하는 효과를 자아내고 있다.

---

68 「시연의 시연(〈옥문(獄門)〉의 일 장경)」, 『동아일보』, 1932.6.29, 5면.
http://newslibrary.naver.com/viewer/index.nhn?articleId=19320629002092
05003&editNo=1&printCount=1&publishDate=1932-06-29&officeId=0002
0&pageNo=5&printNo=4140&publishType=00020

무대 하수 부근에는 장명등長明燈의 일종으로 여겨지는 등이 서 있는데, 그 등 아래에 노파로 생각되는 여인이 뒷모습을 드러낸 채 반쯤 주저앉은 자세로 위치하고 있다. 상대적으로 젊은 여인은 옥정과 이야기를 나누면서 노파로 여겨지는 여인을 가리키고 있고, 간수인 옥정은 젊은 여인과의 대화에 대해 무심한 태도를 취하고 있다. 두 여인의 딱한 사정을 그리는 것이 〈옥문〉 극 서사의 요체라면, 이러한 딱한 사정에도 불구하고 무표정하고 권위적인 자세를 유지하는 것이 옥정(배우)의 임무인 것처럼 판단된다.

우선 박용철은 〈옥문〉의 전체적인 인상과 공연 의의를 다음과 같이 요약했다.

> 〈옥문〉은 본래 사건의 전개가 없는 극이나 부정(不正)한 법률을 표징하는 높은 옥문(獄門) 앞에서 아들이오 남편인 남자를 사형당한 두 여자가 끗업시 호곡(號哭)하는 것이 비극 애호자인 우리 관중을 감동시킨 바이 잇섯다.[69]

박용철은 〈옥문〉의 서사적 특징을 기술하면서 동시에 이를 무대화한 극예술연구회 측의 의도를 드러내고 있다. 그 의도는 박용철의 글 속에서 크게 두 가지로 구분되고 있다. 하나는 무대 상황에 관한 극예술연구회의 의도로서, 무대장치 '옥문'을 전면화한 이유이다. 박용철은 '부정한 법률을 표징하는 옥문'이라고 설명하고 있고, 이러한 옥문을 무대에 축조하고 그 세트 앞에서 극적인 사건 전개 없이 두 여자의 호곡을 일부

---

69  박용철, 「실험무대 제2회 시연 초일을 보고(1)」, 『동아일보』, 1932.6.30, 4면.

러 배치했다는 진술을 덧붙이고 있다.

그러니까 극예술연구회 측이 별다른 사건 전개도 없는 희곡을 선택하고 이를 무대화한 이유(숨겨진 의도)는 '거대한 옥문'과 '그 앞에서 눈물 흘리는 여인'의 대비가 필요했기 때문이라고 분석하는 셈이다. 그리고 그러한 대비의 핵심은 '옥문의 부정不正'과 '여인(들)의 슬픔(한)'이라고 할 수 있다.

이를 통해 관객들이 얻을 수 있는 효과는 감동인데, 이러한 미학적 감동에는 '호곡'이 주는 슬픔의 전이 내지는 공감이 전제되어 있다. 여인들의 눈물과 옥문으로 상징되는 부정한 법률에 대한 반감이 비극적인 인물을 바라보는 관객들의 내면에 투영되는 과정을 정당화할 수 있었다. 특히 박용철은 이러한 전이된 관객을 '우리 관중'이라고 해서, 조선 민족과 동일시하려는 극예술연구회의 극적 의도를 드러내고 있다.

다만 이러한 극예술연구회 측의 의도와는 달리 실제 공연에서는 이러한 의도─애란의 상황을 바탕으로 하여 조선의 상황을 대입하려는 제작 의도─가 그렇게 성공적이지는 못했다고 진단하고 있다.

무식한 모녀가 사형집행 통지문을 바다 봉(封) 한 대로 그것을 들고 면회를 왔다가 옥문 밧게서야 옥정(獄丁)에게 아들이오 남편인 카ㅣ엘이 무고(無辜)히 사형 당함을 듯고 세상과 법률을 저주하고 수탄(愁歎)과 호곡에 잠기는 참으로 단순한 일막극이다. 애란서 사실로 볼 수 잇는 가련한 정경일 것이오. 또 서대문 밧게만 나가면 혹 맛나 볼 수 잇는 것인지 모르나 이 장면의 원인이 되는 사건도 해득(解得)할 수 업고 또 소위 극적 요소라고 하는 기복갈등(起伏葛藤)이 업는 이러한 단일에는 우리는 그리 기피 감동될 수 업섯다 이 극본은 극을 비상(非常)히 애호하는 고정(固定)한 관중을 가진 소극장에는 혹 적합할는지 몰라도 혼성(混成)된 관중을 상대로 하는데 그리 적당한 것은 아니엇다.[70] (강조: 인용자)

박용철은 극예술연구회의 해석과 원작의 숨은 의도에 대해서는 긍정적이고 우호적인 해석을 내리고 있지만, 이러한 작품을 조선극장의 조선 관객에게 상연한 행위에 대해서는 재고를 요청하고 있다. 즉 애란(아일랜드)의 현실과 〈옥문〉이 밀접한 관련이 있어 아일랜드인들에게 이 작품이 깊은 호소력을 지니고 있다는 점을 인정하고 있고, 그래서 그 옥문이 서대문이 될 가능성도 충분히 인정하고 있지만, 무대 위에서 이러한 유비적 관련성을 깊게 이해할 수 있는 관객의 해독력에는 의문을 품고 있다.

박용철은 정치적 탄압과 그 안에서 고통받는 민중의 이야기를 조선극장에 모인 관객들이 제대로 이해하지는 못할 것이라고 보고 있다. 그것은 조선극장에 모인 관객들이 연극을 깊게 이해하거나 특별히 선호하는 관객이 아니라, 볼거리를 찾아온 일반 관객이기 때문이라고 설명한다. 즉 실험무대 제2회 공연에 몰려든 관객이 식민지 조선과 피지배자로서의 조선인을 애란의 상황과 정치적 탄압 속에서 이해할 정도의 식견을 가진 관중이라고는 판단하지 않는 셈이다. 그래서 원작과 공연 의도를 존중하면서도, 실제 공연 효과와 관객의 수준에 대해서는 의구심을 떨쳐버리지 않는 셈이다.

---

70 박용철, 「실험무대 제2회 시연 초일을 보고(4)」, 『동아일보』, 1932.7.5, 5면.

서구극에 정통할 수 없었던 조선 관객 입장에서, 〈옥문〉은 제2회 정기공연작 중에서 가장 이해하기 쉬운 작품에 속했다. 그것은 〈옥문〉이 다루고 있는 문제의식이 조선인들의 현실(실상)과 정면으로 중첩되기 때문이다. 극 중에서 고문을 받고 죽은 이와 그의 가족의 입장을, 1930년대 조선의 상황에서 손쉽게 납득할 수 있었기 때문이다. 따라서 극예술연구회가 이 작품을 공연한 이유도, 아일랜드 극작가들이 이러한 작품을 구상하고 초연한 이유도 모두 이러한 현실에 대한 관객의 자극과 자각을 촉발하기 위해서라는 점에서도 동일한 맥락을 지니고 있다고 해야 한다.

〈옥문〉의 무대디자인은 간편했지만 이러한 원작의 의도와 극예술연구회의 공연 의도를 적절하게 반영할 수 있다. 서대문 형무소를 연상시키는 높은 담장과 굳게 닫힌 문은 '옥문'이 먼 이국의 (감)옥문만이 아니라, 일제 강점기 조선의 민중을 옥죄어 오던 그 문일 수도 있다는 연극적 직관을 가동할 수 있도록 만들었기 때문이다. 그러한 측면에서 이 옥문은 무대디자인으로서는 상당한 함축성과 상징성을 담보한 결과물이라고 할 수 있겠다.

## 4) 극예술연구회 제4회 공연 〈무기의 인간〉과 무대디자인의 하락

### (1) 제4회 공연작 〈무기와 인간〉의 무대 정경

극예술연구회 공연을 후원했던 『동아일보』 1933년 6월 28일 자 공연 소식 관련 기사에는 당시 공연으로 보이는 무대와 객석 풍경 사진이 수록되어 있다. 이 사진에 대해서 동아일보사 측은 별도의 설명을 부기하지는 않았지만, 전후 문맥으로 볼 때 제4회 공연 사진으로 여겨진다. 물론 제4회 공연작은 〈무기와 인간〉 한 작품뿐이었으니, 이 사진은 〈무기와 인간〉의 공연 사진이며, 이 사진 속 무대디자인은 〈무기와 인간〉의 무대디자인를 가리키고 있었다.[71]

그림286 〈무기와 인간〉의 공연 장면[72]

그림286-① 〈무기와 인간〉의 무대(풍경) 부분 확대

현재의 사진 상태로는 무대 위의 정경을 제대로 파악하기 힘들다. 확대한 우측 사진에서도 무대 정경은 분명하게 파악되지 않는다. 따라서 당시 상황을 더욱 정확하게 이해하기 위해서는 이러한 상황에 대한 보충 자료가 필요하다. 관련 이해를 돕기 위해서 당시 공연평 중에서 무대에 관해 설명한 대목을 추출해 보자.

이제 무대로 돌아와야겟다. 대체로 보아 무대가 협착한데 비하야 인물의 배치가 혼잡하지 않고 끝까지 정제를 지속한 것은 처음의 불안을 일소하야

---

71  〈무기와 인간〉의 무대디자인에 대해서는 다음의 논문을 기본적으로 원용했다(김남석, 「극예술연구회 제4회 공연작 〈무기와 인간〉의 무대장치와 그 의미에 대한 연구」, 『민족문화연구』 83호, 고려대 민족문화연구원, 2019, 546~564면).

72  「성염(盛炎)과 우중(雨中)도 불구(不拘) 신극애호자(新劇愛好者) 만당(滿堂)」, 『동아일보』, 1933.6.28, 4면.

주엇다. 다만 유감은 무대장치가 조잡한 것이엇다. 휘황찬란을 요구하는 것은 아니나 좀 더 째운(채운) 무대가 보고 싶다.[73]

당시 무대평을 참조하면, 몇 가지 주요 논점을 확인할 수 있다. 우선, 〈무기와 인간〉에서 인물의 배치가 혼잡하지 않다고 했는데, 실제로 위의 확대 사진에도 무대 위에 두 사람만 등장한 사실을 확인할 수 있다. 특히 장곡천정 공회당은 연극 무대가 아니었기 때문에, 무대의 심도가 충분하지 않았다. 위의 평에서는 협착하다고 표현했는데, 가로 폭에 비해 세로(깊이) 폭이 부족한 상황을 설명하고 있다. 이러한 무대에서 무대장치는 지나치게 복잡할 수 없었다고 해야 한다. 위의 평에서는 이러한 협착과 산만을 불안하게 여긴 듯했으나, 곧 불안이 해소되기 시작했다고 주장하고 있다.

하지만 그러한 협착함이나 산만함보다 더욱 큰 약점이 산견된다. 그것은 조잡함으로, 위의 사진에서 무대장치는 허술하게 걸려 있고 전체적으로 조화를 이루지 못하는 상황을 연출하고 있다. 이러한 무대 정황에 대해, 안용순은 '휘황찬란'을 요구하지는 않지만 균형 잡힌 무대를 만들었어야 했다는 비판을 가하면서, 관객들이 지녔던 아쉬움을 대변한 바 있다.

다음으로, 이러한 무대 배치의 허술함을 차치하고 그 안에 담겨 있는 극적 상황을 검토해 보자. 유치진이 남긴 자료(공연 사진)에 당시 무대와 관련된 정확한 해석을 구할 수 있는 단서가 남아 있다. 다음의 자료는

---

73  안용순, 「극예술연구회 제4회 공연을 보고(하)」, 『동아일보』, 1933.7.4, 4면.

유치진이 남긴 사진 자료인데, 〈무기와 인간〉의 무대 구조를 명확하게
보여줄 뿐만 아니라, 당시 상황을 보여주고 있다.

그림286-② 서재의 창과 건물 벽　　　　　　그림286-③ 정원과 탁자와 배경

〈무기와 인간〉 공연 사진[74](②와 ③은 본래 하나의 사진에서 분리되어 인용된 사진이었음)

**그림 286** ②와 ③은 『동아일보』에 전경全景으로 포착된 무대 사진(그림
286과 ①)을 보완하는 역할을 할 수 있다. 일단 무대 위의 탁자가 무대
의 중심을 차지하고 있고, 그 뒤로 먼 산을 배경으로 하는 걸개그림이
걸려 있다. 상수 부근에는 목책 혹은 벽으로 여겨지는 구조물이 비스듬
하게 서 있다. 무대 중앙에서 하수 부근으로는 얕은 담장(낮은 목책)이

---

74　「자료 사진」, 『동랑 유치진 전집』 9권, 서울예술대 출판부, 1993, 13면.

역시 펼쳐져 있고, 그 목책은 하수 부분에서 벽돌담과 격자 창을 가진 서양식 건물과 연결된다. 무대 중앙에서는 걸개그림(배경화)을 통해 원경을 드러내고, 무대 좌우측에서는 담과 집을 배치하여 근경의 풍경을 돋우고 있다. 이러한 배치는 작품 속의 연기 구역을 탁자를 중심으로 한 중앙 부분의 주 공간과, 집과 벽(목책) 주변의 부가 공간으로 나누고 있다.

이러한 공간적 상황은 2막의 상황과 비교적 상통한다. 〈무기와 인간〉의 1막은 라이나의 침실이고, 3막은 페트코프의 서재이기 때문에, **그림 286**의 전경과는 일치하지 않는다. 반면 2막은 야외(정원) 장면이고, 무대 좌측(하수 방향)으로 본가(페트코트 저택)가 존재하기 때문에, 원작의 설정에 기본적으로 합치된다. 그렇다면 ②에서 포착된 벽이 페트코트 저택의 서재 창문일 것이다. 또한 ②에는 〈무기와 인간〉의 2막 무대 지문에 명시되어 있는 빨래도 ①의 하수 부근(흰색 물체)과 ②의 왼쪽 부분에 걸려있는 광경을 확인할 수 있다.

> 1886년 3월 6일, 페트코프 소령 집의 정원, 화창한 봄날 아침이다. 정원은 생기 있고 아름다운 모습이다. 울타리 너머로 두 개의 첨탑 꼭대기가 보이고 거기 골짜기가 있으며 그 속에 마을이 있음을 보여준다. 수마일 너머에 발칸의 산들이 풍경 속에 솟아났다가 사라진다. 정원에서 산 쪽을 향하고 있는 집의 측면이 왼쪽에 보이며 정원 출입문은 작은 계단으로 연결된다. 우측에는 출입문이 있는 마구간이 정원을 차지한다. 울타리와 집을 따라 과일나무들이 늘어서 있고 건조시키려고 널어놓은 빨래가 걸려 있다. 집 옆으로 난 길은 코너에서 두 계단 올라가서 사라진다. 중앙에는 두 개의 나무 의자가 있는 식탁이 있고 터키식 커피

포트, 컵, 롤빵 등 아침 식사가 준비되어 있다.[75] (강조 : 인용자)

2막 배경인 '정원'의 특징을 지문에서 찾아보면, '울타리'와 '골짜기', '솟아올랐다가 사라지는(발칸)산의 형세', '왼편의 집', '마굿간 출입문', '널어놓은 빨래', '두 개의 의자와 식탁'이 극예술연구회 2막 무대에 반영되었다. 이 밖에도 블룬칠리가 가져온 페트코프 외투가 들어 있는 '가방'과 하인 루카가 가져온 '브랜디'가 놓여 있다.

이러한 대/도소구와 무대 설정을 정리하면 다음쪽의 그림과 같이 분할된다.

2막의 무대 지문에서 무대 왼쪽에 페트코프 집(서재)을 배치하라고 지시되어 있는데, 극예술연구회 측은 그 왼쪽을 하수 방향으로 상정하고, 그곳에 벽돌로 쌓아 올린 벽과 길게 상승하는 직사각형의 창문 두 개를 설치했다.

그리고 반대편 무대 오른편에는 마구간을 설치했는데, 마구간 출입문(손잡이를 원형으로 달아 문임을 표시했다)은 인물들의 키보다 높게 조형되어, 그 너머의 풍경을 차단하는 역할을 했다. 그 앞에서 전래의 한국 복색을 갖춘 여인 캐서린이 오른손으로 가리키며, 나란히 선 블룬칠리와 페트코프 그리고 그사이 서 있는 라이나에게 시선을 던지고 있다.

무대 중앙에는 의자 두 개와 식탁이 있고, 식탁 위에는 루카가 가져온 술(브랜디)병이 놓여 있으며, 탁자 주변에 블룬칠리와 페트코프 그리고 그사이에 일부러 끼어든 라이나가 위치하고 있다.

---

75 버나드 쇼, 이형식 역, 『무기와 인간』, 지만지, 2013, 33면.

| 왼쪽은 내걸린 빨래, 오른쪽 페트코프<br>서재(창문) | 블룬칠리의 가방<br>집 울타리 | 산 배경 정원, 의자 두 개와<br>식탁(브랜디 병) | 캐서린 손짓과 마구간<br>출입문(손잡이) |
|---|---|---|---|
| 세르지우스(좌)/니콜라(우) | 블룬칠리 | 블룬칠리/라이나/페트코프 | 캐서린 |
| 그림286-④ **무대 왼편**(하수 부근) | 그림286-⑤ **무대<br>하수 방향 2/3 지점** | 그림286-⑥ **무대 중앙** | 그림286-⑦ **무대 오른편**<br>(상수 부근) |

블룬칠리는 탈출할 때 사용했던 페트코프의 외투를 돌려주기 위하여 가방 안에 그것을 들고 방문한 상태이고, 페트코프는 블룬칠리가 과거 행적을 정확하게 알지 못하는 상태에서 자신이 책임져야 하는 철수 계획(필리포폴리스 기마부대 3개 연대의 이동 계획)을 도울 강력한 조력자로 블룬칠리를 환영하고 있다. 라이나(캐서린과 함께)는 자신이 블룬칠리를 탈출시킨 장본인으로 세르지우스(아버지 페트코프도 마찬가지)와 블룬칠리가 대면하는 상황을 꺼리고 있다. 블룬칠리의 탈출을 곁에서 도운 캐서린 역시 이러한 난감함을 느끼기는 마찬가지이다.

라이나의 약혼자인 세르지우스 역시 철수 계획을 실행하지 못하여 난감하다고 여기고 있을 때여서 블룬칠리의 방문이 내심 반갑기 이를 데 없는 상황이었다. 세르지우스 역시 블룬칠리가 서재로 들어가 자신들의 일을 돕기를 희망하고 있다.

이처럼 **그림 286**의 공간적 배경은 〈무기와 인간〉의 2막 배경의 상황과 일치하고 있다. 더구나 〈무기와 인간〉에서 유치진이 맡은 역은 블룬칠리 역할이었고, 유치진이 맡은 블룬칠리는 **그림 286-③**의 가장 왼편에 위치하고 있어 이러한 정황을 북돋우고 있다.

〈무기와 인간〉의 다음 인용 대목은, 해당 정황에 부합되는 대목이다.

| | |
|---|---|
| **세르지우스** | (냉소적으로) 절대 그래선 안 되죠, 블룬칠리. 우리는 당신이 이곳에 있기를 간절히 원해요. 우리는 필리포폴리스 기마부대 세 개 연대를 보내야 하는데 도대체 어떻게 해야 할지 전혀 모르겠어요. |
| **블룬칠리** | (갑자기 적극적이고 사무적으로) 필리포폴리스라고요? 그렇다면 마초가 가장 문제겠군요. |
| **페트코프** | (간절히) 그렇지. 바로 그것이오. (세르지우스에게) 단번에 모든 걸 꿰뚫어 보잖아. |
| **블룬칠리** | 그것을 어떻게 해결해야 하는지 가르쳐 드릴 수 있을 것 같아요. |
| **세르지우스** | 소중한 사람! 어서 따라오세요! |

(블룬칠리를 압도하면서 그의 어깨에 손을 얹고 그를 계단으로 이끈다. 페트코프가 그들의 뒤를 따른다. 블룬칠리가 계단에 첫발을 디딜 때 라이나가

집에서 나온다)

라이나   (완전히 정신을 놓고) 오! 그 초콜릿 크림 군인!

(블룬칠리는 긴장한 상태로 선다. 세르지우스는 놀라서 라이나를 쳐다본 후 페트코프를 쳐다보고, 페트코프는 그를 쳐다보고 그의 아내를 쳐다본다.)

캐서린   (정신을 바짝 차리면서) 사랑하는 라이나, 여기 손님이 오신 것 안 보이니? 블룬칠리 씨는 우리의 새로운 세르비아인 친구이시란다.

(라이나 인사한다. 블룬칠리도 인사한다.)

라이나   제가 바보짓을 했네요!(그녀는 사람들 가운데로 내려와서 블룬칠리와 페트코프 사이에 선다.) 오늘 아침에 아이스 푸딩에 놓을 아름다운 장식을 만들었는데 멍청한 니콜라가 방금 접시를 그 위에 올려놔서 망쳐 버렸지 뭐예요.(블룬칠리에게 애교를 부리며) 당신보고 초콜릿 크림 군인이라고 하는 줄로 생각하지 않았기를 바랍니다. 블룬칠리 대위님.

       (…중략…)

페트코프   (바로 이때 니콜라가 가방을 가지고 우측 계단 꼭대기에 나타난다. 그는 계단을 내려와서 가방을 블룬칠리 앞에 정중하게 놓는다. 그리고 더 이상의 명령이 없는지 기다린다. 모두들 놀란다. 니콜라는 자기가 한 일이 어떤 영향을 미쳤는지 알지 못한 채 자신에게 아주 만족스러워하는 눈치다. 페트코프가 말할 기운을 회복하고 니콜라에게 쏘아댄다) 니콜라, 정신 나갔어?

니콜라          (놀라며) 네?

페트코프     그건 왜 가지고 왔지?

니콜라          마님의 명령이었는걸요. 루카가 제게….

캐서린          (그의 말에 끼어들며) 내 명령이라니! 내가 왜 블룬칠리의 짐을 가지고 오라고 명령했겠나! 니콜라, 대체 무슨 생각이지?[76] (강조 : 인용자)

　　인용 대목 이후 니콜라는 다시 가방을 들고 퇴장하는 일련의 과정을 밟기 때문에, ⑦에서 캐서린의 대사는 위 인용문 마지막 대사("내 명령이라니! 내가 왜 블룬칠리의 짐을 가지고 오라고 명령했겠나! 니콜라, 대체 무슨 생각이지?")일 수밖에 없다. 즉 캐서린은 자신이 가지고 오라고 했던 가방(페트코프의 외투)이 가족들 앞에 등장하는 순간 대단히 당황했고, 그로 인해 강력한 부인과 함께 가방의 존재를 거부하는 연기를 펼쳐야 했다.

　　⑥와 ⑦에는 캐서린의 다급한 심정과 억지 행동이 담겨 있는데, 이를 마주 대하는 세 사람의 모습도 이에 대한 반응으로 측정이 가능하다. 블

---

76　버나드 쇼, 이형식 역, 『무기와 인간』, 지만지, 2013, 60~62면.

룬칠리는 라이나를 만나고 싶은 일념에 페트코프 집을 무리하게 방문했지만, 자신이 탈출한 스위스 용병(휴전 이전의 세르비아군 소속)이라는 사실이 알려지면 위험이 닥칠 것을 모르지 않았다. 위험을 무릅쓸 만큼 라이나에 대한 연정이 강했다고 판단할 수 있는 행동인데, 막상 라이나와의 만남으로 인해 과거 행적이 탄로 날 위기에 처하자 긴장하지 않을 수 없었다. 인용문의 무대 지문에는 이러한 블룬칠의 입장을 "블룬칠리는 긴장한 상태로 선다"라는 지문으로 명시하고 있다.

이렇게 표면화된 블룬칠리의 긴장은 지속되었고, 니콜라가 가방을 들고 들어오는 순간 최고조에 이른다. 가방 안에는 자신의 탈출을 증명할 외투가 들어있기 때문이다. 니콜라는 그 가방을 블룬칠리의 옆에 놓아둠으로써 시각적으로 극대화하고자 했고, 이러한 가방과 함께 서 있어야 하는 블룬칠리의 심정은 불안과 긴장으로 팽배하지 않을 수 없었다. 무대 위 유치진(블룬칠리 역)의 표정은 이러한 상황을 압축하고 있다.

처음에는 반가운 마음에 블룬칠리를 아는 척 했던 라이나 역시 긴장하기는 마찬가지이다. 특히 가방의 등장은 그녀로 하여금 아버지 페트코프의 눈치를 살피게 했는데, ⑥에서 아버지 페트코프와 어머니 캐서린의 눈치를 보는 표정 연기는 이러한 상황과 심리에서 연원했다.

페트코프 역시 당황하기는 마찬가지이다. 그는 당시 상황에 대해 완전하게 파악하고 있지는 못하지만, 수상한 정황을 눈치채고는 있었고, 무엇보다 하인이 가방을 가져오는 바람에 간신히 붙잡은 블룬칠리가 떠날 구실을 만들까봐 걱정하지 않을 수 없다. 고개를 외면한 페트코프는 '멍청한' 일을 연달아 저지르는(페트코프는 그렇게 믿고 있다) 하인에 대한 못마땅함으로 가득하다. 고개를 외면하여 시선을 피하는 그의 행동은 화가 난 주인의 그것으로 볼 수 있다.

| | |
|---|---|
| **캐서린** | (그의 말에 끼어들며) 내 명령이라니! 내가 왜 블룬칠리의 짐을 가지고 오라고 명령했겠나! 니콜라, 대체 무슨 생각이지? |
| **니콜라** | (어리둥절해 한 후, 가방을 집어 들며 블룬칠리에게 하인으로서 최대한의 정중함을 가지고 말한다) 대위님, 제가 분명 실수를 한 것 같습니다.(캐서린에게) 제 잘못입니다, 마님. 한 번만 눈감아 주세요. |

(그가 절을 한 후 가방을 들고 계단으로 가려고 할 때 페트코프가 그에게 화나서 말한다.)

| | |
|---|---|
| **페트코프** | 그 가방도 라이나의 아이스 푸딩 위에 떨어뜨려 보지!(이건 니콜라에게 너무 견디기 힘든 일이다. 가방이 그의 손에서 미끄러져 주인의 발가락 위에 떨어지고 페트코프는 고통스러운 비명을 지른다.) 썩 꺼져, 물건이나 맨날 떨어뜨리는 당나귀야.[77] |

실제로 이후 장면에서 니콜라는 상전 부분의 노기와 질책에 가방을

---

77 버나드 쇼, 이형식 역, 『무기와 인간』, 지만지, 2013, 62면.

다시 가지고 나가는데, 그 과정에서 가방을 페트코프의 발에 떨어뜨리는 바람에 욕을 얻어먹어야 했다. 페트코프로서는 하인의 어처구니없는 실수―가방을 가져오는 실책에 이어 가방을 다시 내가면서 발까지 다쳐야 하는―에 화를 낼 수 있는 근거를 마련하기 위해서라도, ⑥에서 외면의 동작이 그 전조로 요구되었던 것이다.

무대 왼쪽(하수 방향 건물 근거)에는 페트코프와 마찬가지로 말썽의 주인공으로 등장한 니콜라가 서 있고(④의 우편 인물), 정원에서 발생한 사건을 지켜보면서 놀라고 있는 세르지우스가 포착되고 있다. 세르지우스는 페트코프와 달리 라이나의 생활 모습을 비교적 상세하게 파악하고 있었지만, 역시 블룬칠리의 정체를 완전히 파악하지 못하는 상태였기에 여전한 긴장감을 풍기며 상황 변화를 주시하고 있었다.

이러한 전체 정황을 종합할 때, ④~⑦의 극적 상황은 3막에서 라이나가 등장하고 니콜라가 소동을 야기하는 대목에서 캐서린이 변명으로 무마시키는 대목이라고 볼 수밖에 없다. 그에 따라 각 등장인물들은 거짓말을 하고 상대를 의심을 풀어주면서도 극적 긴장감을 유지해야 하는 역할을 부여받았다. 이러한 역할들은 결국 라이나를 둘러싼 블룬칠리와 세르지우스의 대결(갈등)을 연장시키면서, 도망자를 색출해야 하는 세르지우스나 페트코프의 무능함을 파헤치는(조롱하는) 기능을 담당한다.


### (2) 〈무기와 인간〉의 연습 사진과 실제 무대의 관련성

다른 한편으로, 〈무기와 인간〉의 2막에서 발견되는 유사한 의미에서 공간 활용과 연기 상황은 다음 자료(사진)를 통해서도 일정 부분 확인할 수 있다. 다음의 연기 장면은 기본적으로 〈무기와 인간〉의 3막 연습으로 볼 수 있다. 일단 무대 배치(간략화된 연습 공간)를 살펴보자.

탁자와 의자를 중심으로 한 한편의 연기 공간(주로 주 공간)을 보여주는 연기 연습 공간이 있고, 여인들의 대화 장면으로 여겨지는 부차적 연기 공간으로 여겨지는 또 다른 연습 공간이 공존하고 있다. 이러한 연습 사진은 〈무기와 인간〉의 무대 공간이 실제로 주 공간과, 부(가) 공간으로 나누어져 있었다는 사실에 근거한다고 하겠다.

그림287 **극예술연구회 제4회 공연작 〈무기와 인간〉 연습 광경**(3막)[78]

위 연습 광경을 검토하면, 극예술연구회가 중앙의 의자(실제로는 오토만 의자)를 중심으로 무대 배치와 인물 동선을 구상하고 있었음을 확인할 수 있다. 그러니까 하수 측에도 두 사람이 탁자(혹은 의자)에 앉아 있

---

[78] 「공연을 앞두고 극연(劇研) 맹연습」, 『동아일보』, 1933.6.23, 4면.

고, 이 탁자와 일정한 간격을 두고 무대 중앙에도 의자 겸 탁자가 놓여 있는 것이다.

무대 중앙의 남자와 여자의 의자는 실은 동일 공간(혹은 장의자)을 표현하고 있을 지도 모른다. 다만 연습 장면이기 때문에, 주변에서 손쉽게 구할 수 있는 의자로 해당 공간을 대체하여 표현하고 있는 것으로 여겨진다. 만일 그렇다면 남자가 하수 방향으로 얼굴을 향하고(신문을 보고 있다), 여자는 상수 방향을 향하여(상대와 대화를 나누고 있다) 각자의 시선과 행동을 표출(연습)하고 있는 극적 정황도 일정 부분 납득이 된다고 하겠다.

특히 사진(그림 287-①)을 참조하면, 하수 쪽 테이블과 의자 둘 대 중앙 구역 남녀의 긴밀한 착석 현황, 그리고 남녀 배우의 서로 다른 시선들이 모두 공통으로 나타나고 있음을 확인할 수 있다.

그림287-① 극예술연구회 간행 『극예술』(창간호)에 수록(공개)된 〈무기와 인간〉 화보 사진[79]

결국 이 대목(그림 287과 그림 287-①)은 동일 공간을 형상화하려는 의도를 드

---

79 「화보」, 『극예술』(창간호), 극예술연구회, 1934.4.

러내는 사진으로 판단)은 〈무기와 인간〉의 동일 대목을 가리키는 대목으로 이해될 수 있다. 더구나 이 대목은 〈무기와 인간〉에서도 상당히 주목되는 장면에 해당하므로, 연습 장면 과정에서 주요한 참고 사항으로 작용했을 가능성이 높다.

그림287-② 하수의 두 남자(장교)의 동일한 위치와
연기 방식

그림287-③ '무대 중앙에서 하수 방향으로 시선을 둔 남자'와,
'상수 방향의 상대와 대화를 나누는 여성'의 모습[80]

그림 287과 그림 287-①을 그림과 같이 각각 분할하여 대비하여 살펴보자. ②에서 두 남자는 기본적으로 정복을 입고 있고, ③의 중앙 장의자에서는 남자와 여자가 서로 다른 관심사에 몰두하는 것처럼 시선을 엇갈려 바라보고 있다. 더구나 여자는 자신만의 대화 상대를 거느리고 있어, 두 극적 상황의 동일성이 부각되고 있다.

남자와 여자가 함께 앉아 있는 의자는 〈무기와 인간〉의 '터키식 오토

---

80  그림 287-③의 좌측 사진에서 '앉아 있는 여성(캐서린 역 김복진 분)'과 이야기를 나누고 있는 나누고 있는 상대는 여성으로 정황 상 하녀 루카(김수임 분)이고, ③의 우측 사진에서 캐서린과 이야기를 나누고 있는 상대는 남자 하인 니콜라라는 차이는 존재한다. 하지만 두 사진의 구도는 3막의 도입부라는 공통점이 있고, 동일 구도의 인물 배치 중에 루가와 니콜라가 차례로 서제(방)를 출입하기 때문에, 동일 공간 내에 연속적 상황으로 이해할 수 있다.

만 의자'로 보인다. 원문 희곡에는 거실의 중심에 오토만 의자, 즉 '발걸이로 쓰는 등받이 없는 쿠션 의자'가 놓여 있는 것으로 설정되어 있다. 위 우측 사진은 이러한 오토만 의자에서 연기를 연습하거나 실제로 시행한 광경이었던 셈이다.

이러한 공간 구조의 유사성과 인물 행동의 동일성에 의거하면, **그림 287-①**은 〈무기와 인간〉의 공연 상황이나 무대디자인의 근간을 보여주는 자료에 해당한다. 이 사진이 극예술연구회의 실제 공연 장면에서 포착된 것인지는 명확하게 확인되지 않고 있다. 어쩌면 연습 사진일 가능성도 전면 배제할 수는 없다는 뜻이다. 하지만 이 사진이 『극예술』(창간호)에 당당하게 수록되어 있는 점으로 판단하건대, 적어도 공연 제작 과정과 무관하지 않은 사진인 점은 분명하다고 하겠다. 적어도 제4회 공연 〈무기와 인간〉의 연습 광경이든 실제 공연 광경이든 간에, 극예술연구회의 회원들이 함께 참여한 〈무기와 인간〉의 한 대목인 것은 틀림없다. **그림 288**은 이 점을 명확하게 보여준다.

결론적으로 무대 사진 **그림 287-①**은 극예술연구회의 제4회 공연 상황과 여러모로 관련 있는— 적어도 작품 제작과 공연 과정에서 비중 있게 산출될 수밖에 없었던— 사진(광경)이라는 사실에 더 이상 의문을 표할 필요는 없어 보인다.

### (3) 무대 사진을 통해 살펴본 〈무기와 인간〉 3막의 정경

이러한 연관성을 중심으로 **그림 287-①**의 극예술연구회의 제4회 공연의 해당 장면을 재구해 보겠다. **그림 287-④~⑧** 사진은 〈무기와 인간〉의 제3막의 풍경을 옮겨왔다. 일단 제3막의 무대 지문을 보자.

劇 研 會 仝 一 同 紀 念 (四回公演윤마치고)

그림288 『극예술』(창간호)에 수록(공개)된 〈무기와 인간〉 폐막 단체 사진[81](〈그림 287-①〉의 무대와 동일)

점심 식사 후 서재. 서재라고 할 것도 없다. 도서 시설이라고 해 봤자 장정이 갈라지고, 커피 물이 들고, 찢어지고, 손때가 묻은 낡은 페이퍼백 소설들이 꽂혀 있는 책장 하나뿐이다. 그리고 벽에 달아 놓은 두 개의 작은 책장에는 선물로 받은 책 몇 권이 있을 뿐이다. 벽의 나머지 공간은 전쟁과 사냥에 나갔다가 받은 트로피가 차지하고 있다. 그러나 그곳은 매우 편안한 거실이다. 세 개의 큰 창문에서는 포근한 오후 햇빛에 매우 친근한 모습을 보이고 있는 산의 파노라마가 펼쳐지고 있다. 오른쪽 창문 옆 코너에는 흙으로 만든 정사각형 스토브가 반짝이는 도자기의 완벽한 탑 모양으로 거의 천장까지 닿아 있어서 상당한 온기를 보장해 준다. 오토만은 라이나의 방에 있는 것과 같고, 비슷한 위치에 놓여 있다. 창문 쪽 의자는 장식한 쿠션을 갖추어 화려하다. 그러나 주변과 절대 어울리지 않는 물건이 하나 있다. 그것은 낡아서 훨씬 더 볼품이 없게 된 작은 키친

---

81 「화보」, 『극예술』(창간호), 극예술연구회, 1934.4.

테이블인데, 펜으로 가득 찬 양철통, 잉크를 채운 달걀 그릇, 많이 사용한 핑크색 압지 무더기를 쌓아 놓고 필기용 테이블로 사용하고 있다.[82] (강조: 인용자)

〈무기와 인간〉의 3막 지문에서 제시된 대소도구와 무대장치(세트)가, 그림 287-①에서 상당수 발견되고 있다. 대략 추려보면, 책장, 책, 큰 창문, 정사각형 스토브, 창문 쪽 의자, 키친 테이블 등이다.

| 그림287-④ 필기용 테이블로 사용되는 키친 테이블 | 그림287-⑤ 페이퍼백 소설이 꽂힌 책장 | 그림287-⑥ 창문(2개)과 그 앞의 의자 그리고 공상에 빠진 라이나 | 그림287-⑦ 오토만 의자에 나란히 앉아 있지만 서로 다른 일을 하는 두 남녀, 그리고 하인의 등장 | 그림287-⑧ 천정까지 닿을 듯한 거대한 스토브 |

『극예술』(창간호)에 수록된 〈무기와 인간〉 화보 사진[83] (〈그림 287-①〉 사진의 분할)

④는 군대의 철수를 처리하는 블룬칠리(좌측)와 그 일을 맡기고 넋 놓고 바라보는 세르지우스(우측)의 모습이다. 블룬칠리는 지난 전투(슬리브니차 전투)에서 패했지만 10년 이상 근무한 베테랑 군인이고, 세르지

---

82  버나드 쇼, 이형식 역, 『무기와 인간』, 지만지, 2013, 65면.
83  「화보」, 『극예술』(창간호), 극예술연구회, 1934.4.

우스는 비록 우연한 계기(적군의 어이없는 실수)를 통해 해당 전투에서 승리하여 영웅의 호칭을 받고 있기는 하지만 전쟁을 이해하지 못하는 풋내기 장교에 불과하다.

창문 쪽을 향한 사람에게는 왼편이라고 할 수 있는 위치인 이 테이블 옆에서, 블룬칠리는 두 개의 지도를 펼쳐 놓고 명령서를 쓰는 등 열심히 일하고 있다. 테이블 머리에는 세르지우스가 앉아 있다. 그도 열심히 일을 해야 하는 입장이지만 펜의 깃털만 물어뜯으면서 블룬칠리의 재빠르고 확실하고 사무적인 일의 진행을 감상하고 있다. 자신의 무능력에 짜증이 나면서 동시에 자기가 보기에는 거의 기적 같은 능력에 감탄하면서, 그러나 일 자체는 너무 평범해서 존경할 수 없다는, 묘한 표정이다.[84]

이러한 행동 지문상의 두 사람의 모습과 이미지는 위의 사진 **그림 287-④**에서 나타나고 있다. 이 사진에서 좌측 군인이 펜을 들고 서류를 보고 있다면, 우측 군인은 좌측 군인을 물끄러미 바라보고 있다. 결국 블룬칠리는 세르지우스의 약혼녀인 라이나를 연모하다가 결국에는 결혼에 성공한다(세르지우스는 루카와 사랑과 장래를 약속한다).

**그림 287-⑤**에서 페트코프 소령이 자랑하는 서재를 그나마 서재답게 보이도록 만드는 무대장치가 책장이다. 원작 희곡에서는 "도서 시설이라고 해 봤자 장정이 갈라지고, 커피 물이 들고, 찢어지고, 손때가 묻은 낡은 페이퍼백 소설들이 꽂혀 있는 책장 하나뿐"이라는 문구를 제시하

---

84　버나드 쇼, 이형식 역, 『무기와 인간』, 지만지, 2013, 65면.

여, 이 책장이 서재임을 알려주는 징표이기는 하지만 결과적으로는 지식을 허세의 도구로 사용하는 페트코프 집안의 분위기를 전달해야 한다는 점을 강조하고 있다.

대사를 통해서도 페트코프와 라이나는 자신의 집에 대단히 기품 있는 서재가 존재하고, 심지어는 이 서재가 불가리아 전체에서 유일하다는 사실에 자부심을 품고 있지만, 실제로 3막에서 드러나는 그 서재에 소설책이 꽂힌 책장 하나뿐이라는 사실이 무대디자인을 통해 공개되어야 한다. 물론 이러한 책장이 벽에 달아 놓은 두 개의 작은 책장과 함께 존재해야 하기는 하지만, 무려 세 개의 책장에도 불구하고 해당 공간이 정상적인 서재가 아니라 허세로 가득한 거실에 불과하다는 원작의 의도에는 변함이 없다고 해야 한다.[85]

그런데 **그림 287-⑤**에 포착된 무대장치로서의 책장은 이러한 원작의 의도를 온전히 수용했다고 보기 힘들다. 벽에 달아 놓았다는 책장은 **그림 287-⑦**의 후면에 가시화된 것으로 보이지만, 그렇다고 해서 '서재의 허세'를 충분히 형상화했다고 판단하기 어렵기 때문이다. 그 이유는 아무래도 서재에 꽂혀 있는 책의 형상이 초라한(어설픈) 거실(서재)의 분위기를 북돋우지 못했고,[86] 책과 함께 널려 있어야 할 트로피가 제거된 데에서 그 연유를 찾아야 할 것이다. 책이 가지런히 꽂혀 있고 적지

---

85 「해설」, 이형식 역, 『무기와 인간』, 지만지, 2013, 106면.

86 극작가 버나드 쇼는 문화적으로 열등한 불가리아 시민(장교)들이 서구 강대국의 문화와 습성을 어설프게 모방한 형태의 페트코프 집을 제시했고, 서재는 교양과 지적 수준을 충분히 갖추지 못한 민족의 기묘한 이중성을 드러내도록 지시한 바 있다. 이러한 특성은 극예술연구회 회원들에게도 공유된 사안이었다(김광섭,「륜돈(倫敦 초연 당시에는 6개월 계속 상연 희곡 〈무기와 인간〉에 대하여」(3), 『동아일보』, 1933.6.25, 4면 참조).

않은 분량으로 책장을 채운 점도 그다지 유효한 설정이었다고는 할 수 없다.

다만 소설책을 들고 백일몽에 빠지는 라이나의 역할과 연기는 어느 정도 실현되고 있다. 라이나의 자리는 창밖을 보며 공상에 빠질 수 있는 곳이어야 하는데, **그림 287-⑥**은 창문과 창문에 비치된 의자를 통해 이러한 공간을 창출하고 있다. 페트코프 서재의 창문은 원작에서 3개를 지정하고 있지만, 여기에서는 2개만 형상화된 것으로 여겨진다.

**그림 287-④**에서 창문 옆 의자에는 라이나가 앉아 있다. 그녀는 2막(서재로 들어오기 전 상황)에서 한 거짓말로 간신히 자신의 과거 행적을 덮는 데에는 성공했으나, 그 이후의 추이를 궁금해 하면서 일행을 따라 서재로 함께 들어온 상태이다. 그녀는 페트코프나 세르지우스가, 스위스 출신 탈출 군인 블룬칠리의 정체를 알고 그에게 위해를 가할까 봐 걱정하고 있으면서도, 다른 한편으로는 평소처럼 현실의 일에 제대로 집중하지 못하고 엉뚱한 공상으로 빠져드는 습관을 버리지 못하고 있다.

그녀의 평소 습관은 창가 의자에 몸을 돌리고 앉아 방관자처럼 밖을 바라보는 연기에서 선명하게 드러난다. 그녀의 이러한 연기는 아래의 지문을 통해서도 확인할 수 있다. 3막 도입부의 지문에서, 창가 의자에 앉은 라이나의 표정을 백일몽에 잠기는 소녀의 평소 모습으로 지시하고 있는 원작의 의도(지문)를 확인할 수 있다.

소령은 신문을 손에 들고 물담배를 가까이 둔 채 오토만에 편안히 앉아 있다. 캐서린은 그들에게서 등을 돌린 채 수를 놓고 앉아 있다. 소파에 비스듬히 누운 라이나는 무릎에 놓인 소설을 읽지 않은 채 백일몽에 잠겨 발칸의 풍경을 바라보고 있다.[87] (강조 : 인용자)

그림 287-⑦은 서재의 중앙에 놓여 있는 오토만 의자를 중심으로 한 연기 구역에 해당한다. 오토만 의자에 앉은 페트코프와 그의 처 캐서린이 이 구역(오토만 의자를 중심으로 하는 무대 중앙 연기 구역)을 중심으로 연기하는데, 일단 페트코프는 필기용 테이블에서 일하는 블룬칠리 방향을 향하여 앉아 신문을 읽고 있다.

3막에서는 페트코프가 평소 애지중지하는 물건이자 그의 위치를 상징하는 오토만 의자를 통해 무대 전경으로 부상하고, 상대적으로 후경에 창가 의자와 라이나를 위치시켜, 등장인물의 위치와 점유 면적에서 입체감을 강조하고 있다. 오토만 의자의 전면 배치와 라이나의 후면 의자(창가)가 공간감을 강조하는 역할을 하는 셈이다.

그림 287-⑥과 그림 287-⑦은 관객의 시각적인 겹침과 전후 차이를 강조하려는 의도를 보여주고 있다. 이와 함께 무대 전경으로 나선 페트코프의 위치와 나란히 캐서린의 위치를 설정하고, 전/후경의 대립을 확대하고 있다. 다만 캐서린과 페트코프의 전경으로서의 위치는 같지만, 그 시선(넓게는 동작선까지 포함)의 방향이 달라지면서 동일한 위치라는 인식을 희석시키고 동작선 상의 변주를 가할 수 있게 된다.

위의 지문에 따르면, 캐서린은 그들(페트코프와 블룬칠리 그리고 세르지우스)과 등을 돌린 채, 페트코프의 시선 방향과는 반대로 상수 방향을

---

[87] 버나드 쇼, 이형식 역, 『무기와 인간』, 지만지, 2013, 65면.

바라보고 있다. 무대 지문 상에서는 3막이 개막할 즈음, 캐서린이 (자) 수를 놓고 있는 것으로 상정되었지만, **그림 287-⑦**에서는 남자 (하인)와 대화를 나누고 있다. 관련 대목을 찾아보면, 다음의 대목임을 알 수 있다.

> (니콜라가 돌아오면서 페트코프에게 코트를 가져오자, 그는 자기 눈을 믿지 못한다.)
>
> **캐서린**      어디 있었지, 니콜라?
>
> **니콜라**      파란색 옷장에 걸려 있었습니다, 마님.
>
> **페트코프**   이런, 말도 안······.[88]

남자 하인 니콜라가 손에 들고 있는 것은 페트코프의 외투로, 3막 직전에 블룬칠리가 몰래 가져온 것을 마치 그 자리 (파란색 옷장)에 있었던 것처럼 들고 온 상황을 보여준다. 즉 니콜라가 외투를 들고 들어올 때, 서재 내에 적층되는 긴장감을 간직한 장면이 **그림 287-①**인 셈이다.

이 장면은 2막에서 생성된 긴장이 한편으로는 해소되는 것처럼 보이지만, 결과적으로는 페트코프/세르지우스/블룬칠리의 대립이 격화되는 보이지 않은 요인으로 작용한다. 〈무기와 인간〉에서 이 장면은 매우 중요하며 또 긴장감 넘치는 장면인 동시에 두 전쟁 영웅 (페트코프와 세르지우스)의 허실이 드러나는 해학적 장면이기에 문제적 대목으로 인식되지 않을 수 없다.

---

[88]   버나드 쇼, 이형식 역, 『무기와 인간』, 지만지, 2013, 68면.

마치 **그림 287-⑧**의 스토브처럼 위풍당당한 위세로 서재를 차지하고 있지만, 현실적으로는 거의 쓸모가 없는 이미지를 체현하고 있는 것 같다. 이 서재에는 서재라고 하기에는 지적 분위기가 결여되어 있고, 그렇다고 군인들의 생활공간으로 보기에도 적당하지 않을 정도로 질서와 능률이 결여된 공간이다. 페트코프, 세르지우스로 대변되는 불가리아(민족)의 영웅은 막상 이 공간에서 할 일이 없어 손을 놓고 있어야 하는 처지이다. 그래서 페트코프는 업무 자체를 이해하지 못해 오히려 방해가 되지 않도록 신문을 보고 있어야 하고, 세르지우스는 자기 대신 일하는 이를 멍하니 바라보며 질투만 내뿜고 있다. 그들의 딸이자 약혼녀인 라이나는 현실을 직시하지 못하고 몽상에 가까운 비현실에 빠져 있기는 마찬가지이다. 용병으로 참여한 블룬칠리는 두 장교에서 벗어나야 하는 처지인데도 불구하고, 그들의 일을 대신하고 있다.

서재는 이러한 아이러니와 모순 그리고 허실을 보여줄 수 있는 공간으로 기획되었다. 쓸모없는 물건들과 적절하지 않은 배치로 인해 서재로서의 유용성을 잃어버린 공간으로 남아야 했다. 이것이 궁극적으로 3막 디자인의 요체이고, 나아가서는 3막 내용의 중심 의미이기도 하다.

이러한 극적 내용과 무대디자인의 상관관계는 당시 비평에서도 어느 정도는 간파되어 지적된 바 있다. 안용순은 극적 서사와 관련하여, 극예술연구회 무대 배치에 대해 다음 같이 지적한 바 있다.

세 막을 통하야 보면 제1막에 비하야 제2, 제3이 훨씬 살앗다. 원래 제1막에서부터 관중의 주의를 최대한으로 끌어야 할 것이엇으나 그렇지 못하엿다. 도주병이 "군인은 주검을 무서워한답니다. 살 수 잇는 데까지 사는 것인 군인의 의무랍니다"하는 데서부터 관중을 앳츄랙트해야 할 것이고 우에 말한 시추에이슌에서 관중을 전적으로 매료해야 할 것이엇으나 그런 감을 주지 못하고 평범하게 어느 사이에 지나쳐 버렷다. 제1막에서 흥미를 느끼지 못한 것을 그 결(缺)이 여기에 잇다고 볼 수 잇다. 그러나 제2, 3막이 이것을 보(補)하고도 남을 만치 사라진 것은 다행이엇다.[89]

위의 지적은 일반적인 〈무기와 인간〉의 서사를 극예술연구회가 다소 간과했다는 의미로 이해된다. 여자 혼자 있는 방에 다급한 기색의 남성이 침입하는 사건은 그 자체로 긴장감을 줄 수 있으며, 동시에 권총을 비롯한 각종 무기가 등장하며 무력 충돌의 가능성을 시사 하기 때문이다.

하지만 안영순의 시각에 따르면, 이러한 1막의 긴장감과 무력 충돌 가능성은 크게 부각되지 못한 것으로 보인다. 그래서 그런지 1막의 무대디자인은 인상적인 공연 효과를 창출하지 못했고, 결과적으로는 그 흔적도 남기지 않았다.

현재 남아 있는 2막의 사진(『동아일보』 사진과 유치진 소장 사진)이나 3막 도입부의 관련 사진(연습 사진과, 『극예술』에 수록된 사진)이 1막이 아닌 다른 막들을 대상으로 하고 있는지 그 이유를 찾을 수 있을 것 같다. 다시 말해서 무대디자인의 효과가 뛰어나지 않았다는 주변적 평가를 넘어, 2막과 3막의 상황 설정 자체에 1막의 상황 설정이 미치지 못했다는 암묵적인 비판으로 이해되기 때문이다.

---

89  안용순, 「극예술연구회 제4회 공연을 보고(하)」, 『동아일보』, 1933.7.4, 4면.

다른 한편으로, 이러한 안용순의 지적은 극예술연구회가 추구하던 사실주의적 경향과도 어울리지 않았다. 즉 4회 공연은 기존 극예술연구회가 중점적으로 강조하던 연극적 가치를 스스로 훼손하는 결과를 가져왔다고 할 수 있다. 그것은 공연 방식에서도 일견된다.

제1회 공연이 5막 〈검찰관〉을 공연하는 파격을 이루었고, 2회 공연은 1막극 세 편(〈관대한 애인〉, 〈옥문〉, 〈해전〉)을 연계하는 기존 공연 방식에 근접했었고, 3회 공연이 2회 공연을 이어 다시 세 작품 공연(〈기념제〉, 〈유아나〉, 〈토막〉)에 도전했다면, 4회 공연은 이러한 변화의 물결 속에서 다소 어정쩡한 위치에 놓여 있었다고 해야 한다. 3회 공연에서 선보인 창작극과 사실적인 무대디자인(〈개념〉)을 앞세운 사례도 아니었고, 그렇다고 〈해전〉 같은 파격적인 무대디자인과 공연 전략으로 찬반양론을 불러일으킬 정도로 강렬한 인상을 전한 경우도 아니었다. 물론 이서향의 창작극이 검열에 의해 취소되는 불운을 겪은 바 있었지만, 그 점을 감안한다고 해도 〈무기와 인간〉의 무대디자인은 이러한 전례에 값하기 어려운 수준이었다.

## 5) 극예술연구회 제5회 공연과 〈베니스의 상인〉

### (1) 1933년 11월 제5회 공연 개요

극예술연구회는 1933년 11월에 5회 공연을 개최했다. 이 공연은 1933년에 시행된 세 번째 공연이었다. 그러니까 극예술연구회는 1933년 2월(8~9일), 동년 6월(27~28일)에 이어 11월(28~30일)에 다시 공연을 시행했다. 전문적인 극단이 아닌 상태에서 1년에 3회 공연을 시행

그림289 **제5회 공연 광고**(초기)[90]

했다는 점은 특기할 만한 사항으로, 이 시기 극예술연구회가 전문적인 극단의 품격을 갖추기 위해서 노력했음을 확인할 수 있다.

최초에는 루이지 피란델로 작 박용철 역 〈바보〉와 유치진 작 〈버드나무 선 동리의 풍경〉을 공연하기로 예정되어 있었지만, 1933년 11월 중순 즈음 셰익스피어 작 정인섭 역 〈베니스의 상인〉(법정장면)이 추가되기에 이르렀고, 이와 아울러 공연 일자도 11월 28~30일까지로 조정되었으며, 공연 장소 역시 배제대학당에서 조선극장으로 변화되었다.[91] 〈버드나무 선 동리의 풍경〉를 비롯하여 제5회 극예술연구회 공연에서 무대장치를 맡은 이는 황토수黃土水였다.[92]

### (2) 〈베니스의 상인〉 무대디자인

극예술연구회 제5회 공연작 중에서 〈베니스의 상인〉의 법정 장면 공연 사진이 남아 있다.

멀리 보이는 사진을 통해 무대 구도를 이해할 수 있다. 무대 중앙에는 단상이 있고, 이 단상 뒤에는 포오셔가 위치한 것으로 보인다. 그리

---

90 「극연 제5회 공연」, 『동아일보』, 1933.11.5. 3면.
91 「극연의 제5회 공연 시일장소를 변경 28일부터 4일간」, 『동아일보』, 1933.11.19, 3면 참조.
92 「극연의 대공연 금야 7시부터」, 『동아일보』, 1933.11.28, 3면 참조.

그림290 제5회 공연 〈베니스의 상인〉 법정 장면 전체 광경[94]

고 그 앞 작은 탁자에는 서기가 앉아 있다. 당시 포오셔('포ㅣ시아') 역은 김수임이 맡았고, 서기 역은 이헌구가 맡았다.[93]

그림 291에서는 무대 중앙을 중심으로 좌우로 배역들이 벌려서 있는데, 한쪽은 안토니오와 그의 친구인 밧사니오(포오셔의 약혼자) 측으로 보이고, 다른 한쪽은 샤일록('솨일록')의 진영으로 보인다.

그림 292~3에서는 사진이 흐릿해 배우들의 면면을 일일이 구별하기는 어렵지만, 전체적으로 등장인물의 수가 많은 상수 부분이 안토니오와 밧사니오 진영으로 추정되며, 그 반대 편에 해당하는 하수 부분 연기 구역에는 방청객을 제외하고는 한 인물만 서 있는 것으로 확인된다. 하수 연기 구역에 독립적으로 서 있는 인물이 '샤일록'으로 여겨진다. 이러

---

93 〈베니스의 상인〉 배역에 대해서는 다음의 글을 참조했다(「극연의 대공연 금야 7시 부터」, 『동아일보』, 1933.11.28, 3면 참조).
94 「극예술연구 공연 대성황」, 『동아일보』, 1933.11.29, 2면.

그림291 **제5회 공연 〈베니스의 상인〉 법정 장면 광경 중 무대 중앙**[95]

그림292 **제5회 공연 〈베니스의 상인〉 법정 장면 중 하수 부분 정경**[96]

그림293 **제5회 공연 〈베니스의 상인〉 법정 장면 중 상수 부분 정경**[97]

한 법정 장면은 사실 후대에도 한국 연극의 중요한 무대 배치로 전해 내려온다.

백성희가 포오셔 역을 맡은 국립극단 〈베니스의 상인〉 역시 무대 중앙 단상과 포오셔의 위치를 활용하고 있다. 물론 좌우 한편에 샤일록을 위치시키고 다른 반대편에 안토니오 일행을 배치하는 수법도 기본적으로 유사하다. 국립극단의 전통이 극예술연구회로부터 이어져 온다고

그림294 **1964년 국립극단 〈베니스의 상인〉**(법정 장면)[98]

할 때, 간접적으로 당시 공연 방식을 수용한 결과로 여겨진다.

## 6) 〈버드나무 선 동리의 풍경〉과 무대디자인

### (1) 희곡 분재와 전체 무대디자인

유치진의 〈버드나무 선 동리의 풍경〉은 공연 즈음 『조선중앙일보』에서 분재 형식으로 소개되었다.[99] 최초 희곡 게재일은 1933년 11월 1일이었고, 마지막 게재일은 11월 15일이었으며, 11월 4일만 게재가 없는 총 14회 분량이었다.[100] 주지하듯, 극예술연구회 제5회 공연은 11월 28일부터 30일까지였기 때문에, 이러한 희곡 분재는 해당 공연에 대한 정보를 제공하는 동시에 극예술연구회 공연에 대한 관심을 증폭시키는

---

95 「극예술연구 공연 대성황」, 『동아일보』, 1933.11.29, 2면.

96 「극예술연구 공연 대성황」, 『동아일보』, 1933.11.29, 2면.

97 「극예술연구 공연 대성황」, 『동아일보』, 1933.11.29, 2면.

98 김남석, 『배우의 정석』, 연극과인간, 2015.

99 유치진은 〈버드나무 선 동리의 풍경〉의 연출자이기도 했다(심훈, 「극예술연구회 제5회 공연 참관기(완)」, 『조선중앙일보』, 1933.12.7, 3면 참조).

100 유치진, 〈버드나무 선 동리의 풍경〉(1), 『조선중앙일보』, 1933.11.1, 9면; 유치진, 〈버드나무 선 동리의 풍경〉(14), 『조선중앙일보』, 1933.11.15, 3면.

역할을 했다고 보아야 한다. 전략적으로 희곡을 신문에 발표함으로써, 신문 독자들의 관극을 유도하는 효과도 겨냥했던 것이다.

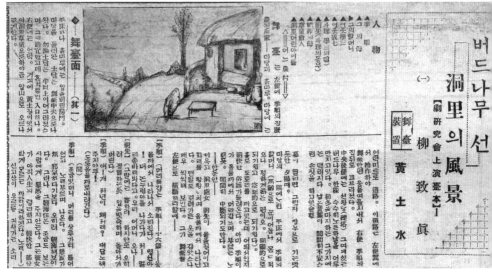

그림295 유치진 작 〈버드나무 선 동리의 풍경〉 최초 기사 게재 분(시작 단락)[101]

〈버드나무 선 동리의 풍경〉 최초(1회) 게재분에는 삽화가 함께 실려 있다. 이 삽화는 신문에서 흔하게 보이는 삽화와 사뭇 달라 보인다. 그 것은 이 삽화가 무대 배치와 일치할 뿐만 아니라, '무대면'이라는 확정 적 기호를 달고 있기 때문이다.

제목 부분을 살펴보면, 이 희곡(분재)이 '극(예술)연구회 상연 대본'이 라고 명기하고 있다. 더구나 신문 작가 소개 부분에 극작가 유치진과 함 께, 무대장치 황토수를 명시하여 실제 공연 무관하지 않다는 점을 강조

101 유치진, 〈버드나무 선 동리의 풍경〉(1), 『조선중앙일보』, 1933.11.1, 9면.

무대는 좌편(左便)에 계순(季順)의 집 폐농(廢農)된 가(家)
—마당과 흙마루. 마당에는 평상 하나 흙마루에는 입
을 버린 방문(房門). 마당을 둘러싼 토담은 무대 중앙으
로 나왔다. 물론 토담은 반 이상이 어그러젓스며 그의
적의(適宜)한 고데 흔적뿐인 입구(入口) 하나. 우편에는
언덕. 거기에 황토(黃土)길이 잇서 이 동리 초동(草童)
으로 하야끔 압 산으로 오르나리게 한다. 언덕 미트로
도로. 이 도로는 좌편익(左便翼)에서 시작하야 무대 한
편 움물 여플 지내서 우편계순의집 뒤로 꼬므라젓다. 중
앙 후편에는 선왕당(성황당) 그 여페 섯는 버드나무 한
주(株) 수수히 노픈 하날을 어루만지고 잇다. 초동(初
冬)을 마지하는 그 가지에는 덕러지다 남은 황엽(黃葉)
이 간간히 불안스런 손짓을 하고 잇슬 뿐.

그림296 〈버드나무 선 동리의 풍경〉 무대 지문[104](강조 : 인용자)

하고 있다. 이러한 정황을 참조하면 '무대면'으로 지칭된 그림은 실제
무대디자인(스케치)에 다르지 않다는 사실을 확인할 수 있다.

『조선중앙일보』에 수록된 삽화는 함께 실린 무대 지문을 적절하게
풀어놓은 그림이다. 특히 유치진이 무대를 설명하면서 혼동한 부분까
지 바로잡은 흔적이 있다.[102] 상수 방향에 계순의 집을 배치하고, 그 뒤
무대 중앙후면에 언덕을 상정하여 언덕으로 오르는 황토길을 계순의
집 담장과 나란히 놓았다.[103]

---

102 유치진은 계순의 집이 무대 좌편에 있다고 했지만, 도로를 설명할 때에는 우편에 있
다고 기술하여 혼란을 일으키고 있다. 무대 좌편이나 우편은 무대에서 객석을 바라
보고 방향을 지칭할 때와, 객석에서 무대를 바라보고 지칭할 때 정반대로 나타나기
때문에 주의를 요하는 대목이다. 위 지문과 삽화를 근거로 볼 때 상수 쪽을 좌편으로
지칭하고 그곳에 계순의 집을 위치한 것으로 볼 수 있다.

103 Box set 무대에서 연기 영역은 크게 9개로 분할되어 이해될 수 있다(한국문화예술
진흥원 간,『연기』, 예니, 1990, 46~47면 참조). 이러한 이해는 무대를 파악하는 데
에 중요한 참조점을 주기 때문에, 일반적으로 사용되는 분할 방식이기도 하다. 이 저
술에서는 필요시 무대 필요 부분을 지칭할 때, 아래의 9등분 분할(도)을 기본 인식
틀로 활용하기로 한다. 도식은 제2장 각주 249번 참조.

또한 하수 방향에는 도로(신작로)를 배치하여 하수에서 무대 전면으로 휘돌아 나오도록 지시하고 있다. 두 개의 길은 높이 차를 통해 구현되고 있는데, 이러한 집과 집을 감싸고 있는 도로(언덕)의 길은 조선 연극계나 그 영향을 받은 작품 공연에서 간헐적으로 나타나는 형상이다.

(2) 〈버드나무 선 동리의 풍경〉의 무대디자인과 신극 무대디자인의 유사성

극예술연구회와 무관하지 않은 작품에서 그 유사성을 찾아보자. 집과 담 그리고 길을 배치한 경우이다.

그림297 **상승하는 길과 그 길에 면한 거처로서의 움집**(주택) **디자인 : 〈버드나무 선 동리의 풍경〉**

그림298 **평양 외성을 담이자 길로 상정하고 축조한 움집**(주택) **세트 : 〈토성낭〉**[105]

좌측 삽화와 유사한 무대 구성을 보이는 우측 사진은 한태천 작 〈토성낭〉의 무대디자인이다. 가장 주목해야 할 점은 상수 방향에 초가(움집)를 배치하고 하수 방향에서 시삭하여 상승하는 길이자 담장을 배치

---

104 유치진, 〈버드나무 선 동리의 풍경〉(1), 『조선중앙일보』, 1933.11.1, 9면.
105 「사진은 조선예술좌 소연 〈토성낭〉의 무대면」, 『동아일보』, 1936.1.1, 31면 참조.

한 점이다. 비록 〈토성낭〉의 성곽(성벽) 길이 무대 중앙(후면)을 거쳐 하수 뒤로 빠져나간 점이 다르다고 하지만, 전반적인 무대 배치와 디자인은 대동소이하다고 하겠다.

이러한 비교를 통해, 〈버드나무 선 동리의 풍경〉의 무대장치가 실제로 높이 차를 염두에 둔 형태로 이루어졌는가에 대해 관심을 가질 필요가 있다. 지금까지의 기록에서는 무대 세트가 아닌 걸개그림으로 '버드나무가 서 있는 동네' 풍경을 표현한 것으로 보이지만, 확정적으로 그렇게 단정할 근거는 없다는 점에서 실제 무대 세트의 설치 역시 배제할 수 없다.

한태천의 〈토성낭〉은 1935년 『동아일보』 신춘문예 당선 희곡으로, 딸을 팔아 붕괴된 가족의 삶을 일으켜 세우려는 농가의 선택을 다룬다는 점에서 〈버드나무 선 동리의 풍경〉과 유사한 특성을 지니고 있는 작품이다. 이러한 특성을 더욱 확장하면, 1920~30년대 조선의 희곡에서 흔하게 발견되는 '딸(여인) 판매 모티프'와 긴밀하게 연결되어 있다.[106]

어쩌면 이러한 가난한 농가의 상황을 적실하게 반영하기 위하여 이러한 길과 집 그리고 담과 문의 배치는 일정한 형태로 공인된 것으로도 볼 수 있다. 이러한 측면에서 집과 담과 길을 연속적으로 배치하는 무대 디자인은 공통의 형식이라고 볼 여지도 있다.

다음으로 무대 후면에 배치된 버드나무와 그 옆의 선왕당(성황당)에 대해 살펴보자.

---

106  양승국, 「1930년대 농민극의 딸 팔기 모티프의 구조와 의미」, 『한국 근대극의 존재 형식과 사유구조』, 연극과인간, 2009, 159면 참조.

그림299 담장 너머 버드나무와 성황당이 축조하는 공간 :
〈버드나무 선 동리의 풍경〉

그림300 농가의 담장 너머(뒤)로 서 있는 나무 : 〈소〉[107]

　　우측 사진은 동경학생예술좌에서 1935년 6월 4일(6시 30분)에 공연한[108] 〈소〉의 무대 사진이다. 조선에서는 공연 허가를 받지 못한 작품이었지만, 동경에서는 학생예술좌에 의해 공연까지 수행되었다. 이때 유치진이 도일해 있었고, 동경에서 학생 연극 활동과 긴밀한 관계를 형성하고 있다고 할 때, 〈소〉의 무대디자인은 〈버드나무 선 동리의 풍경〉과 무관하다고 할 수 없다.

　　구체적으로 그 증거를 들어보면, 동경학생예술좌가 창립되었을 때 그 하위 부서로 장치부가 설립되었다. 이 장치부에는 김정환, 김병기, 장오평이 소속되어 있었는데,[109] 김정환은 실험무대 제1회 공연작 〈검

---

107 「동경학생예술좌 소연 〈소〉의 무대면(舞臺面)」, 『동아일보』, 1935.6.11, 3면 참조.
108 「동경학생예술좌 제 일회 공연」, 『조선중앙일보』, 1935.6.11, 4면 참조.

찰관〉의 무대(조명) 담당이었다.[110]

김정환의 행보는 1932년 5월 실험무대 〈검찰관〉 공연에 참여한 이후, 도일하여 동경에서 유학을 하면서 연극 활동을 병행했던 것이다. 그는 1939년 일본미술대학교 응용미술과 2년을 수료했는데, 이를 역산하면 1930년대 중반 동경에서 유학 생활을 했다는 사실을 확인할 수 있다.[111]

이 시기는 동경학생예술좌가 활동하던 시기와 겹쳐진다. 동경학생예술좌는 1934년 동경에서 설립되었고,[112] 그 이듬해인 1935년 6월(4일) 창립 공연으로 유치진의 〈소〉를 무대에 올렸다(다른 한 작품은 주영섭의 〈나루〉).[113] 이러한 시점은 김정환이 동경 유학을 감행했던 시기에 해당한다. 그러니까 과거 이력과 공연 작품의 특성상, 창립 공연은 극예술연구회의 영향력을 강하게 담보한 공연이었다고 해야 한다. 아울러 김정환은 조선 내의 신극 진영, 특히 극예술연구회와 밀접한 관계를 형성하고 있었던 상황을 보여주는 또 하나의 실례라고 하겠다.

---

110 나웅, 「실험무대(實驗臺舞) 제1회 시연(試演) 초일을 보고(3)」, 『동아일보』, 1932.5.
13, 5면 참조; 고혜산, 「실험무대 제1회 시연 〈검찰관〉을 보고(2)」, 『매일신보』,
1932.5.10, 5면 참조.

109 「동경 유학생계에 '학생예술좌(學生藝術座)' 창립되다」, 『조선중앙일보』, 1934.7.19,
3면 참조; 「동경학생예술좌 초 공연」, 『동아일보』, 1935.5.12, 3면 참조.
110 나웅, 「실험무대(實驗臺舞) 제1회 시연(試演) 초일을 보고(3)」, 『동아일보』, 1932.5.
13, 5면 참조; 고혜산, 「실험무대 제1회 시연 〈검찰관〉을 보고(2)」, 『매일신보』,
1932.5.10, 5면 참조.
111 예술원에 남아 있는 김정환의 이력을 참조하면, 그는 1939년 동보영화사, 일본극장,
동경극장에서 무대장치와 제작을 연구한 바 있다. 1940년대에는 조선연예주식회사
미술부장으로 재직했으며, 1944년에는 조선연극협회 미술부 심의원으로 활동하기
도 했다(「김정환(작고회원)이력서」, 예술원).
112 「동경에 조선인극단(朝鮮人劇團) '학생예술좌(學生藝術座)' 창립」, 『동아일보』, 1934.
7.18, 3면 참조.
113 「동경학생예술좌 제 일회 공연」, 『조선중앙일보』, 1935.6.11, 4면 참조.

## 7) 〈자매〉의 무대디자인과 내면 공간의 개방 효과

1934년 12월 극예술연구회는 제7회 공연으로 〈앵화원〉을 공연하였다. 이 시점은 매우 상징적인 의미를 지니는데, 1935년에 1월에 들어서면서 극예술연구회는 체제를 개편하고 새로운 간사 진영을 발표하면서 극단 운영 체제를 혁신하고자 했기 때문이다. 가장 눈에 들어오는 변화는 유치진의 이탈이었다.[114]

사실 유치진의 이탈은 도일(1934년 3월 2차 도일)로 인해 생겨난 결과였지만, 그 이면에는 제1기 체제하에서 홍해성과 다른 회원들에게 주도권을 넘겨준 결과이기도 했다. 결국 극예술연구회는 1935년을 맞이하면서 기존의 체제를 더욱 공고하게 하는 인적 개편을 단행했고, 해당 봄에는 〈춘희〉를 필두로 기존 단독 작품 공연 체제를 연기하려고 했다. 하지만 1935년은 극예술연구회에게 중대한 시련을 안겨주었다. 〈춘희〉는 내부 사정으로 공연 중단되었고, 그 이후 검열로 인해 〈소〉(유치진 작)의 공연(7월), 〈토성낭〉과 〈줄행랑에 사는 사람들〉 공연(9월), 〈주노와 공작〉(9월) 등이 차례로 무산되었다.

극예술연구회는 이러한 1935년의 고난의 도정을 액년으로 지칭했는데,[115] 그만큼 공연에 돌입하기 어려운 시점이었다. 1935년 4~5월에 유치진이 돌아오면서 이러한 상황은 중대한 전환 국면에 들어선다. 유치진은 일본 연극계를 시찰한 이후 조선의 연극계가 처할 위기를 직감하고 있었고, 그 위기 속에는 일제의 검열 강화와 함께 신극 중심의 강경

---

114 「예원각계현세(藝苑各界現勢)」, 『동아일보』, 1935.1.1, 41면 참조.
115 서항석, 「검찰관」에서 〈풍년기〉까지」, 『삼천리』 10권 11호, 1938.11, 195면 참조.

한 서구극 공연이 가지고 있는 관객 대중과의 괴리도 포함되어 있었다.

유치진은 귀국한 이후 관중 본위 연극으로의 전환을 주장했고, 액년의 위기에 몰려 있던 극예술연구회에는 이러한 의견에 동조하는 이들이 생겨났다. 결국 1936년 극예술연구회는 "창작극 비중 확대, 연내 10회 공연 시행, 동호자 참여 확대, 찬조원 모집"을 골자로 하는 신방침을 발표하면서,[116] 소수 엘리트 제작자 중심에서 다수의 관람자 중심으로의 전환을 공표했다. 이러한 상황에서 유치진은 창작극 공연을 활성화하여, 이를 통해 대극장 중심의 수요를 충족하려는 공연으로 〈자매〉를 발표했다.

〈자매〉는 제11회 정기공연작으로 선정되어 당초에는 이태준의 〈산사람들〉과 함께 공연될 예정이었지만, 〈산사람들〉이 검열을 통과하지 못하면서 중국 연극 〈호상의 비극〉(전한 작, 김광주 역)과 함께 공연되었다. 극장은 부민관으로, 당시 조선에서 가장 큰 극장이었다. 사실 신방침 발표 이후 극예술연구회는 제9회 정기공연작 3막의 〈어둠의 힘〉(〈승자와 패자〉, 〈무료치병술〉 함께 공연)을 동양극장에서 선보인 바 있고, 제10회 정기공연작 3막의 〈촌선생〉(〈어머니〉와 함께 공연)을 부민관에서 야심차게 무대화한 바 있다.[117]

이를 통해 적지 않은 흑자를 거두면서, '공회당 연극'이라는 오명을 벗기도 했는데, 제11회 정기공연은 부민관에서 연속 흑자를 기대하면

---

116 「창립 5주년을 맞이하는 극예술연구회의 신방침(新方針)」, 『동아일보』, 1936.1.1, 31면 참조.
117 김남석, 「극예술연구회 공연 체제의 변화와 제10회 정기공연 형식에 대한 일 고찰— 제10회 정기공연에 이르는 도정에서 발현된 연극 콘텐츠의 형식 교류와 공연 체제 확산을 중심으로」, 『민족문화연구』 88호, 고려대 민족문화연구원, 2020.

서 제작한 기획 작품 성격의 공연이었다(제10회 정기공연 흑자 금액은 200원이었고, 관객 수는 5,000명). 하지만 당초 예상과는 달리 제11회 정기공연은 적자(100원 적자)로 돌아섰고,[118] 결국에는 극예술연구회의 무서운 상승세를 잠재우고 관중 본위의 연극적 개편에 걸림돌로 작용하고 말았다.

하지만 이러한 경영상의 이익과는 별개로, 〈자매〉는 공연 미학적으로 중대한 변화에 직면했다. 그것은 특히 무대미술 분야에서 두드러졌는데, 일본에서 활동하다 귀국한 무대미술가 김일영이 합류하여 그동안 침체되었던 극예술연구회 무대미술에 혁신을 강조했기 때문이다. 실제로 김일영이 디자인한 무대와 그 효과는 상당히 진보된 개념에 의거하여 수행된 무대 작업의 소산으로 판명된다. 다만 같은 공연이었음에도 〈자매〉와 함께 공연된 〈호상의 비극〉에서는 이러한 특성이 완화 내지는 위축된 점은 이채롭다고 해야 할 것이다. 우선 김일영의 출현으로 주목을 받았던 제11회 정기공연의 장막 연극 〈자매〉의 무대디자인에 대해 살펴보자.

### (1) 〈자매〉의 무대 해설과 고택의 공간 구성

희곡 〈자매〉에 기재된 무대(해설)는 다음과 같다.

전막을 통하야 김은호(金殷鎬)의 가정. **좌편(左便)에 안방과 우편의 건넌방.**

---

118  김남석, 「재정 변동으로 살펴본 극예술연구회의 운영 정황과 대응 과정으로 도출된 '관중 본위'의 신방침」, 『한국예술연구』 28호, 한국예술연구소, 2020, 245~250면 참조.

그림301 〈자매〉의 무대디자인(전체)　　　　그림302 건넌방과 누마루와 벽오동

중앙에 마루. 단 안방과 건넌방의 내부는 보이지 안흠. 건넌방 앞에는 누마루.
누마루는 일단(一段) 높다. 사랑은 뒤곁 편(便)에 있는 모양. 벽오동 나무가 보
인다.[119](강조 : 인용자)

　희곡 〈자매〉에서 전막에 걸쳐 변하지 않고, 일관되게 유지된 공간적
배경은 '김은호의 집'이다. 이 김은호의 집은 오래된 대갓집이고, 조선
의 신분(계층)과 관습에 따라 축조된 구옥舊屋이다. 낡고 오래된 집이라
는 이미지를 풍기고 있으며, 구 귀족에 해당하는 양반의 신분을 상징하
고 있다. 이러한 대갓집을 묘사한 위의 무대 해설은, **그림 301**에 인용된
무대디자인과 비교할 때 더욱 분명하게 이해될 수 있다.[120]

119　유치진, 〈자매〉, 『조광』(9~11), 1936년 7~9월, 339면(이하 작품 〈자매〉의 인용
　　시 해당 출처를 별도로 표기하지 않기로 한다).
120　〈자매〉의 무대디자인과 '단면'에 관해서는 다음의 논문을 참조했다(김남석, 「극예
　　술연구회 〈자매〉 공연의 무대디자인과 '단면(斷面)'의 공연 미학적 의미」, 『국학연
　　구』 41집, 한국국학진흥원, 2020, 443~492면).

'무대 좌편'에 '안방'이 배치되고, '무대 우편'에 건넌방이 배치되었으며, 무대 해설처럼 건넌방 앞에는 '누마루'가 설치되어 있다. 건축 분야에서 누마루는 지면으로부터 일정한 높이를 떨어뜨려 지은 마루를 가리킨다.[121] 누마루는 건물의 통풍을 원활하게 하여 습기로 인한 피해를 막아주고, 누대의 역할을 가미하여 운치를 북돋우며, 주변을 관망할 수 있는 시야 선sight line을 확보하는 효과를 가져오는 건축물이다. 그래서 이러한 누마루는 대갓집이나 명소(누각)에 축조되어, 중층건물의 이미지를 보강하는 역할도 겸하곤 한다.

이러한 누마루가 딸린 오래된 대갓집은 〈자매〉에서 김은호와 김씨 집안의 과거 영화榮華를 대변하는 역할을 하고 있다. 과거에는 대단한 권세를 누렸으나, 시대가 지나면서 쇠락한 이미지를 중층적으로 함축하고 있기도 하다. 유치진은 이러한 대갓집의 한구석에 벽오동까지 배치하여, 과거 영화의 몰락과 함께 미혼의 여성(딸)이 살고 있다는 사실도 시사하고자 했다. 조선 시대 양반 가문에서는 딸이 태어나면 벽오동을 심어 두었다가, 그 딸이 시집갈 무렵 적정하게 자란 그 벽오동을 베어 가구를 만들어 보내는 전통이 있었다. 그런데 오래전 이미 베어졌어야 할 벽오동이 크게 자란 채로 아직도 남아있다는 사실은, 아직 벽오동의 주인이 시집을 가지 않고 있다는 뜻으로 풀이된다. 비교적 이른 나이에 시집을 보내던 대가의 풍습으로 볼 때, 결혼하지 못한 채 장성하기만 한 딸은 일종의 비정상적 상황을 의미한다고 해야 한다.

결혼하지 않은 딸(벽오동)과 시대에 어울리지 않는 대갓집은 구세대

---

121 「누마루」, 『알기 쉬운 한국 건축용어 사전』.

의 시대착오적 가치관과 새로운 시대에 적응하지 못하는 혼란상을 보여준다. 유치진은 한때는 명문대가였을 고택을 작품의 배경으로 삼아 이러한 인상을 자아냈고, 그러한 인상을 강화하기 위해서 고택의 안채를 구체적으로 무대 위에 꾸미도록 지시했다. 이 안채에 누마루를 곁들인 전각(건넌방)을 설치하여 집안의 과거 영화를 짐작하도록 만들었고, 이와 함께 벽오동 나무를 상정하여 극적 갈등(혼란의 양상)의 일단을 암시하고자 했다.

이러한 암시는 안방과 건넌방의 배치로 인해 더욱 가중된다. 하나의 방이 시집가지 않은 딸의 거처라면, 그와 나란히 배치된 다른 방은 시집에서 쫓겨난 첫째 딸의 거처이기 때문이다. 결국, 이 안채는 일찍 시집을 갔으나 친정으로 돌아온 딸과 시집을 가지 못한 채 본가에 사는 둘째 딸의 생활공간이 뒤섞인 공간이기에, 보이지 않는 충돌과 혼란을 야기하고 또 배가하는 역할을 하고 있다.

한편, 해당 무대디자인은 안채의 안방과 건넌방의 내부를 좀처럼 들여다볼 수 없도록 지시하여(특히 1~2막), 내려앉는 집(안)의 사정과 분위기를 간접적으로 청취하도록 종용하기도 한다. 대표적인 장면으로 김은호의 첫째 딸 '윤집'이 음독자살을 기도한 장면을 들 수 있다. 윤집은 남편과의 이혼 소송에서 승리했으나, 이로 인해 위자료 2천 원과 아들 상철의 양육권을 맞바꾸어야 하는 처지에 처한다. 뒤늦게 이혼을 거부하고 위자료 대신 아들 상철을 빼앗기지 않겠다는 결정을 내려 보지만, 결국 2천 원의 위자료를 받고 아들을 내주고 만다. 아들을 잃은 윤집은 자신의 신세를 비관하게 되고 급기야는 음독자살을 시도하고 만다.

〈자매〉에서는 음독자살 미수 이후 응급처치를 받고 깨어난 윤집의 거처를 건넌방으로 결정하였고, 건넌방 문을 닫은 채로 관련 사건을 진행하여 관객들이 좀처럼 그녀의 모습을 볼 수 없도록 만들었다. 윤집의 음독 사실을 숨기기 위하여 윤집을 입원시키지 않고 의사의 왕진을 통해 은밀히 치료하고자 한 은호 집안의 사정을 전달하기 위해서이다.

이로 인해 윤집의 음독 시도와 의사의 왕진 치료로 시작하는 2막은, 윤집이 머무는 건넌방 문을 폐쇄한 채로 개막되고 진행될 수밖에 없었다. 이후 건넌방에 거주하던 윤집이 방 밖으로 나오는 설정이 일부 나타나면서, 창백하고 고통에 사로잡힌 윤집의 얼굴이 극적으로 전달되는 효과를 얻기도 하지만, 윤집의 투쟁은 2막 대부분에 걸쳐 닫힌 문 뒤에서 이루어진다. 그래서 관객들은 건넌방에서 들려오는 소리(신음과 괴성)를 청취하여 극 사건의 진행 과정을 파악해야 하는 간접 관람자로 전락한다.

이러한 시청각적 배치로 인해 건넌방은 누마루를 둔 상태로 배치되어야 하며(윤집이 문을 열고 기어 나와야 하므로) 그 내부 공간이 보이지 않도록 문이 부착되어야 했다. 그래서 이 작품은 이 고택 안채에 도사리고 있는 문제를 관객들이 관람을 통해 인지하고, 해당 문제(점)가 당시 조선의 상황(1930년대 조선의 사회상)과 긴밀하게 관련된다는 사실을 폭넓게 인정하도록 종용하는 데에 초점을 맞추고 있었다고 해야 한다. 이를 위해서는 등장인물들의 연기도 중요했고, 그 연기를 풀어내는 연출적 능력도 중요했지만, 이러한 무대 활용을 뒷받침해야 할 무대디자이너(장치가)의 역할도 매우 중요했고 또한 그 역할이 주목되었다.

당시 무대디자인을 맡은 이가 김일영이었다. 그리고 이러한 역할의 중요성을 인지한 때문인지, 제11회 공연의 무대 미술가로 김일영이 일찍부터 낙점된 상태였다. 최초 〈산사람들〉과 〈자매〉로 제11회 공연 기획을 수립할 시점부터, 무대디자이너는 김일영으로 고정되어 있었는데, 〈산사람들〉이 검열 불허로 공연되지 못하고 〈호상의 비극〉이 새로운 공연 작품으로 대체된 이후에도, 이에 따른 무대디자이너의 변경은 전혀 고려되지 않았다. 따지고 보면 공연 작품의 특성에 부합하는 무대디자이너를 선임한 것이 아니라, 일본에서 돌아온 김일영에게 전권을 일임하는 형식으로 공연 기획이 이루어졌기 때문이다. 이러한 선임과 신임은 "종래에 보지 못하던 조흔 장치를 보여 주리라"는 믿음에 기인했다고 하겠다.[122]

## (2) 무대디자이너 김일영과 무대장치로서 '단면斷面'

희곡 〈자매〉의 창작/집필 의도를 존중하고자 한다면, 〈자매〉 공연의 무대디자이너는 고택을 무대 공간으로 설정하고, 그 내부에 누마루를 설치하는 이유를 명확하게 인지해야 했다. 물론 벽오동을 심고, 벽오동을 안채 가까이 두어야 하는 이유에 대해서도 마찬가지였다. 그러니까 김일영은 과거의 영광과 함께 퇴락한 이미지를 가진 고택의 상징성, 인물의 동선과 결합하는 누마루의 필요성, 그리고 인물의 처지와 시대의 분위기를 함축한 벽오동의 의미를 최대한 고려하여 무대디자인을 설계해야 했다.

당시 신문 기사 중에는 김일영이 〈자매〉의 무대를 개성적으로 이해

---

122 「극예술연구회의 약진 제11회 대공연」, 『동아일보』, 1936.5.13, 3면 참조.

했고, 위의 사안들을 수용하려 했다는 근거를 밝히고 있는 기사가 게재된 바 있다. 게다가 이 기사가 극예술연구회의 속사정을 자세하게 파악하고 있는『동아일보』기사라는 점에서, 김일영의 무대디자인은 극예술연구회의 기존 무대디자인이 노출했던 결점을 보완하는 데에 신경을 쓴 디자인이라는 사실을 확인할 수 있다.

> 장치의 김일영(金一影) 씨로 말하면 동경에서 10년 가까운 세월을 오로지 무대장치의 연구에만 전력하야 동경에서도 손꼽히는 장치가인데 이번에 조선에 돌아와 극예술연구회의 공연에 장치를 맡게 되어 오랫동안 연구한 바를 크게 시험할 기회를 얻엇으므로 단연 참신하고 훌륭한 무대를 맨들어 보이려고 벌서 여러 날 전부터 제작에 착수하엿다 합니다. 그리하야〈자매〉의 장치는 완연히 큰집 한 채를 무대 우에 나타나게 하고 이를 적당히 끈허서 그 단면(斷面)을 통하야 그 안에서 진행되는 연극을 보게스리 맨든 것으로서 일즉이 조선에서는 이러한 장치를 시험한 적이 없엇느니만치 이 장치만으로도 한 번 볼만할 것이며[123] (강조 : 인용자)

〈자매〉의 무대디자인과 함께 곁들여진 위의 설명은 조선 연극계에서 김일영의 특별한 위치를 강조하는 동시에, 기존 무대디자인에서 구경할 수 없는 특별한 기능에 대한 언급을 곁들이고 있다. 큰 집 한 채를 통째로 지어 무대 위에 설치함으로써 장치의 웅장함을 강조하면서도, 관객들이 고옥 내부를 들여다볼 수 있도록 그 내부와 실체를 개방할 수 있

---

[123] 「극연 공연을 앞두고(1) 달빛이 호수에 비쳐 물결이 반작인다」, 『동아일보』, 1936.5.27, 3면 참조.

는 실용성을 겸비했다는 상찬이었다. 내부를 투시할 수 있는 이유는 '단면' 때문이라고 했다. 따라서 김일영 무대디자인의 특이성은 '단면'의 설치였다.

하지만 위의 기사만으로는 그가 말하는 '단면'의 의미를 정확하게 파악할 수 없으므로, 김일영이 직접 한 말(글)을 참조할 필요가 있다. 무대디자이너로서의 작업 방식을 설명하는 다른 지면에서, 김일영은 〈자매〉의 연출자가 '사실적'인 무대를 요구했다고 전제하면서 이러한 요구(주문)를 염두에 두고 디자인을 했다고 밝힌 바 있다. 이와 함께 무대디자이너로서 소신 역시 피력했다.

〈자매〉의 무대는 조선집이요, 더욱이 경성 근처의 가□이여서 이번 관객들이 일상생활에서 있어서 늘 보는 것임으로, 장치에 대하여서 시비가 많은 것을 필자도 각오하고 있다. 그러나 다음의 장치에 관한 극히 기본적인 예비지식을 알어주기를 바란다. 〈자매〉의 장치를 보고 제일 몬저 의아하게 생각할 것은 '집웅'일 것이다. 기와가 전연 보이지 안코 대들뽀가 뼈다귀 채로 보이고, 단지 '집웅'의 윤곽(輪廓)만이 뚜렷하게 나타나고 있다. 이것은 3층이나 되는 부민관의 관객석의 시야 조건을 고려하고(자) 한 것이다. 즉 3층에서 보나, 2층에서 보나, 무대에서 움즉이고 있는 배우의 전신을 보아야 할 것을 생각함이다. 만일 집웅을 전부 사실적으로 한다면 무대상의 배우가, 3층에서는 하반신만이 보이고, 2층에서는 머리가 보이지 않을 것이다. 이러한 탓으로 나는 집웅과 단면을 보이게 하였다.[124] (강조 : 인용자)

---

**124** 김일영, 「장치자로서의 말」, 『극예술』 4호, 1936.5, 13~14면.

김일영이 말하는 '단면'은 무대 세트를 투시하기 위한 기본적인 장치를 가리킨다. 무대를 사실적으로 축조해 달라는 연출자의 요구를 수용하면서도, 관객들이 공연을 관람할 때 시야선sight line이 방해를 받는 문제를 해결해야 하기 때문이다. 특히 공연 장소인 부민관의 구조를 감안하면, 2층과 3층에서 관람 시 이러한 시야선 방해 문제가 심각하게 발생할 우려가 상당했다.

김일영이 무대디자인을 위해 먼저 고려했다는 부민관은 경성 내에서 가장 큰 극장이었을 뿐만 아니라, 개관 당시 시점에서는 전 조선에서 가장 큰 규모를 자랑하는 극장 가운데 하나였다. 실제로 부민관은 1935년에 완공된(12월 10일 낙성식 개최)[125] 1,800석 규모의 극장이었다. 더 정확하게 말하면 부민관 내에는 160석 규모의 소강당, 1,000석 규모의 중강당, 고정석 1,800석 규모의 대강당이 설치되어 있었는데, 연극 용도로는 주로 대강당이 선택되었다. 대강당은 입석이나 보조석을 합치면 3,000석에 육박하는 대형극장으로 설계되었다.[126]

극예술연구회는 제10회 정기공연 시점(4월 11~12일)에서 부민관을 처음 공연장으로 사용하였고,[127] 연이어 제11회 정기공연 〈자매〉와 〈호상의 비극〉 역시 부민관에서 개최하였다.[128] 제10회 공연에서는 관객 5,000명이 공연을 관람하여[129] 200원의 흑자가 발생하였고,[130] 이에 고

---

125 「부민관(府民舘) 준공」, 『동아일보』, 1935.12.8, 2면 참조; 「부민관낙성식(府民舘落成式) 작일(昨日) 성대 거행」, 『동아일보』, 1935.12.11, 2면 참조.

126 김순주, 「식민지시대 도시생활의 한 양식으로서 대극장—1930년대 경성부민관을 중심으로」, 『서울학연구』 56집, 서울시립대 서울학연구소, 2014, 11~16면 참조.

127 「극연 제10회 공연 배역과 극본 해설」, 『동아일보』, 1936.4.11, 3면.

128 「극예술연구회 제11회 공연」, 『매일신보』, 1936.5.30, 3면 참조; 「극연 공연 초야」, 『동아일보』, 1936.5.30, 6면.

무된 극예술연구회는 제11회 공연 역시 부민관에서 개최하였다. 관련 정황을 고려할 때, 김일영이 단면을 통해 물리적 시야선을 신경 써야 했던 까닭은 아래 사진으로 어느 정도는 설명될 수 있다.

그림303 **부민관 대강당의 내부 전경과 관람 광경**[131]

위의 사진(좌/우)에서 확인되듯, 1,800석 규모의 대강당(연극 공연장)의 3층 높이는 실로 상당했으며, 만석일 경우 실제 시야선에 적지 않은 문제가 생길 수 있는 구조였다. 3층 가장 위의 좌석에서 관람하는 경우, 무대까지의 거리와 각도가 예상외로 멀고 급했다. 무대디자이너 김일영이 언급한 대로 2층과 3층 관객이 무대 전체를 관람하는 데에 적지 않은 어려움을 끼칠 수 있는 상황이었다. 김일영은 관객의 시야선 확보를 위해, 그리고 배우들이 대갓집 내부에서 편안하게 연기할 수 있도록

---

129  제10회 공연은 4월 11일과 12일 양일에 걸쳐 시행되었는데, 입장 관객이 5,000명이었다는 사실은 대강당을 공연장으로 사용했다는 간접적인 증거이다.
130  서항석, 「극연경리의 이면사」, 『극예술』 5호, 1936.9.29, 29면 참조.
131  土屋積, 「大講堂の基本的調査」, 『朝鮮と建築』(15-3), 1936.3; 「待望の京城學友映畵會生る」, 『保導月報』 30호, 1936.4, 8면; 김순주, 「식민지시대 도시생활의 한 양식으로서 대극장─1930년대 경성부민관을 중심으로」, 『서울학연구』 56집, 서울시립대 서울학연구소, 2014, 15면~25면 참조.

지붕의 사실성을 다소 침해하더라도, 극 관람을 위한 사이트 라인sight line을 우선 확보하려는 노력을 기울였다.

그는 지붕을 제작할 때 기와를 들어냈고 대들보를 그대로 노출하여 관객들이 집안 내부를 투시할 수 있도록 조치했다. 지붕을 사실적으로 만들어야 하는 이유로, 3층과 2층의 관객들이 집안에서 움직이는 배우들의 동(작)선을 제대로 관람하지 못하는 상황을 무작정 허용하고 싶지 않았기 때문이다. 관객석 어디에서든 배우들의 연기와 움직임을 관람할 수 있도록, 건물 내부를 투시할 용도이자 방법으로서 단면을 설치한 것이다.

이러한 김일영의 무대디자인(관)을 바탕으로 한다면, 위의 글에서 언급된 단면이란 기본적으로 물리적 투시(성)를 가능하게 하는 무대장치를 가리킨다. 무대장치의 물리적 투명성을 가능하도록 만들었기 때문에, 관객석에서는 높이에 상관없이 집안 내부의 사정을 관찰하는 데에 전혀 지장을 받지 않을 수 있었다.

하지만 그가 말했던 단면 효과는 관극 효과 제고를 위한 물리적 투시성만을 가리키는 것은 아니었다. 김일영이 추구했다는 '단면' 효과는 다른 각도에서 이해될 여지도 충분히 지니고 있었다.

또 하나는 건넌방과 마루, 안방과 마루 사이에 있어야 할 기둥을, 지춧돌만 남겨두고 없애버린 것이다. 이것은 배우의 동작을 고려하고 의식적으로 없앤 것이다. 기둥을 그냥 두면 배우가 무대상에서 자유롭게 헤엄치게 못 되고 또 몸이 감추어지는 때가 많기 때문이다. 이 밖에도 세세한 부분에 있어서도 이러한 장치로서의 의식적인 '현실의 정리(整理)가 많은 것을 알아주기를 바란다.(…중략…)

장치가는 제일 먼저 배우의 동작을 고려하고 관객의 시야를 고려해야 한다. 또 무대장치는 언제든지 해시대(該時代)의 건축양식을 리ー드하고 있다. 이러한 의미로서는 재래의 조선 건축을 무대에 올닐 때에는 장치가의 대담한 이니샤ー가 절대로 필요하다. 나도 이번 장치에 있어서, 이러한 점을 대담하게 손대야 볼까 하였으나, 이번 장치를 맡았다는 것이 벌써 모험인 데다가, 또 모험을 거듭하게 됨으로 마지못해 단념하였다.(강조 : 인용자)[132]

김일영은 '고택의 기둥'을 없앴다고 술회하고 있다. 조선 고택의 상징인 지붕에 이어, 기둥마저 해체한 것이다. 그리고 그 이유를 다소 장황하게 설명했다. 해당 설명을 압축하면, 관객의 시야선을 확보하기 위하여 무대장치 일부를 일부러 제거한 무대디자인상의 구상과 실행이라 하겠다. 무대 위 배우의 연기를 더 잘 보여주기 위하여, 혹은 배우의 동(작)선을 차단하는 물리적 방해물을 제거하기 위하여 파격적인 시도를 구상한 셈이다.

**그림 304**의 부민관 좌석 배치도를 보면, 관련 문제와 해결 모색 이유를 일목요연하게 확인할 수 있다.

부민관 무대와 좌석 시설은 비단 높이와 각도에서만 문제가 되는 것은 아니었다. 부민관의 좌석 배치도를 보면 무대와 2층 좌석의 거리가 상당히 멀다는 사실을 어렵지 않게 확인할 수 있다. 위의 사진으로 볼 때와 달리, 무대와 객석 사이의 거리도 상당했다. 이러한 거리를 참작할 때, 무대 위에 시야를 차단할 수 있는 기물을 잔뜩 설치하는 작업은 전

---

132 김일영, 「장치자로서의 말」, 『극예술』 4호, 1936.5, 14면.

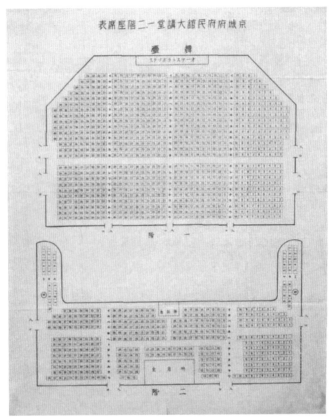

그림304 **부민관의 좌석 배치도**[133]

면적으로 고려되어야 할 무대디자인 작업이 아닐 수 없었다.

극예술연구회 제10회 공연이 5,000명의 관객을 끌어모은 것과는 달리 정작 제11회 공연은 공연 적자 100원을 양산하고 말았다.[134] 제11회

---

133 「경성부 부민관 대강당 1·2층 좌석표」, 이정희, 「[사진으로 만나는 근대의 풍경24 −부민관] 식민지 조선의 문화도시이고자 했던 경성부의 숙원사업」, 『민족21』, 2008, 143면.
134 서항석, 「극연경리의 이면사」, 『극예술』 5호, 1936.9.29, 29면 참조.

공연의 관객 규모는 자료로 확인되지 않지만, 적자 규모로 볼 때 관객이 3층 좌석까지 입장했을 가능성은 낮아 보인다. 따라서 일단 제10회 공연에서 사이트 라인의 방해는 기껏해야 2층 객석 정도로 한정 지을 수 있겠다. 이러한 물리적 거리를 극복하기 위해서라도, 무대에서 관객의 시선을 가릴만한 장치들을 손볼 필요가 있었다.

여기서 한 가지 의문이 더 일어난다. 그것은 기둥을 해체하면서, 기둥과 기둥 사이의 문 혹은 벽까지 해체한 것인지에 대한 의문이다. 만일 문과 벽마저 '없애'면, 단면의 효과는 더욱 커질 것이기 때문이다. 실제로 김일영은 무대장치는 시대의 건축양식을 주도할 정도로 파격적일 수 있다고 말하면서, 창의적인 장치라면 대담한 구상이 필요하다고 역설한 바 있었다. 그렇다면 기둥에 이어 벽과 문마저 해체하여, 더욱 대담한 무대디자인을 구사할 가능성도 함부로 배격할 수 없을 것이다.

다행히 남아 있는 공연 사진은 김일영의 주장과 남겨진 의문에 대한 해답을 찾는 데에 도움을 줄 것이다.

김일영의 말대로, 위의 공연(무대) 사진에서 조선 고택의 전형적인 기둥은 사라진 상태이다. 지붕 역시 제거되어 관객들이 극을 관람할 때 우려되었던 물리적 시야선 방해도 상당 부분 해소된 것으로 보인다. 심지어는 대들보 역시 그 흔적을 찾기 어렵다. 하지만 벽과 문은 남아 있고, 비록 고택 기둥 형상은 아니지만 벽 모퉁이는 분명히 설치되어 있다.

다만 이러한 디자인의 변형을 겪고 나니, 위의 공연 사진에 포착된 김은호의 집은 '고택'의 인상을 상당 부분 잃어버리고 말았다. 오히려

---

135 유치진, 〈자매〉, 『조광』(9~11), 1936년 7~9월.
https://encykorea.aks.ac.kr/Contents/Item/E0047905#modal

그림305 〈자매〉의 공연 사진[135]

'모던'한 서양 주택 양식을 곁들여 지은 개량 조선집의 이미지를 더욱 강렬하게 풍기고 있다. 그 안에서 전통 복색을 한 이들의 어울림이 어색하고 무대 한편에 양복을 입은 이의 모습은 더욱 큰 부조화를 자아낸다.

이로 인해 기울어가는 조선(인)의 기 지배층을 상징하는 희곡 작품의 상징성도 온전히 구현되지 못했으며, 그렇다고 김일영이 말한 대로 대담한 디자인으로 거듭난 무대장치가 실현되지도 못했다. 결과적으로 위의 무대디자인은 다소 어정쩡하고 부자연스러운 인상을 남기고 있다. 만일 무대디자인의 제작 콘셉트가 애초부터 이러한 이중성과 어정쩡함에 있지 않았다면, 이러한 설계와 제작은 무리한 것이었다고 판단될 수도 있겠다.

〈자매〉의 무대디자인을 담당할 당시, 김일영은 조선의 무대와 관객에 대해 익숙하지 않은 상태였다고 고백한 바 있다. 일본에서 연극 작업을 시행해 오다가 돌연 귀국하여 처음 맡은 조선(연극계)의 공연(작)이었기 때문이다. 그래서 그는 〈자매〉의 무대 작업을 맡은 일을 일종의 '모험'으로 표현한 바 있다.

위의 인용 대목에서도 무대디자이너로서의 자신의 개성을 완전히 발휘하지 못한 이유를 조선에서 처음 무대디자인을 하는 일도 '모험'이었는데, 여기에 더 큰 모험을 무릅쓸 준비가 되어 있지 않았기 때문이라고 밝히고 있다. 모험(심)의 위축으로 인해, 조선에서 그의 첫 무대디자인으로서 〈자매〉의 기둥 역시 완벽하게 제거되지 못했다고 보아야 한다. 만일 기둥이 제거된 이후, 벽의 모퉁이마저 제거되었다면, 그의 디자인은 어떠한 방식으로 남았을지 자못 궁금하다. 그가 말한 단면을 극단적으로 수행했다면 이러한 기둥을 넘어 벽마저 사라졌을지 모르기 때문이다.

### (3) 무대 공간의 '개방'과 내면 공간의 '위축'

김일영이 장치가로서 '이니샤'를 올곧게 표출하지 못했다는 언급은 깊게 재고될 필요가 있는 발언이다. 〈자매〉의 무대장치를 맡으면서 김일영이 내세운 단면에 관한 디자인관은, 독립적 장치가로서의 개성에서만 연원한 것은 아니었다. 작품의 연극적 정황을 고려하고 원작 희곡의 내용을 결부하여 이해하고자 할 때, 확실히 〈자매〉는 단면에 대한 이해를 요구하는 작품이다.

〈자매〉는 각 막에서 물리적 공간으로 설정된 '안방' 혹은 '건넌방'의 내부(방)에서 벌어지는 극적 상황과 각종 사건을 파악(목격)할 수 있는 관람 방식을 적절하게 제시하고 이를 균등하게 안배하고자 하는 극작가의 의도를 함축한 텍스트였다. 즉 원작 희곡 〈자매〉에는 관객이 무대 정황을 직접 바라볼 때 발생하는 효과, 그리고 이와 반대로 무대 상황을 직접 바라볼 수 없을 때 거둘 수 있는 효과가 고루 제시되어 있었다. 여기에 이를 적절하게 섞어서 제시하는 방식 또한 마련되어 있었다. 다시 말해서 무대 위 상황이 시각적 정보로 모두 공개되고 관람자들이 이를 빠짐없이 주시할 수 있는 기존의 관람 방식에 일부러 제약을 가함으로써, 오히려 연극적 효과를 제고할 수 있는 방안을 모색하려는 시도가 담겨 있었다.

일단 이러한 시도를 물리적/시간적 차원에서 해석하면, 무대 내부(광경)의 차단에서 그 광경을 공개하는 변화로 규정할 수 있겠다. 게다가 이러한 해석은 더욱 확장될 여지도 지니고 있었다. 관람자의 시선을 개폐하는 방식은 희곡에서도 고려되었고 이를 연극적으로 응용할 가능성이 농후하기 때문이다.

이러한 가능성을 탐색하기 위해선 1막과 2막 도입부 설정처럼, 방문을 닫아두는 시점부터 살펴보도록 하자.

> 幕이 열릴 때에는 안방문과 건넌방문은 다 다첫다.(1막 도입 부분, 강조 : 인용자)

> 건넌房문이 다처서 방안은 보이지 않고 尹집의 앓는 소리와 趙氏의 "尹집아 정신 차려라" 等의 소리가 緊張한 가운대 들릴 뿐이다.(2막의 도입 부분, 강조 : 인용자)

이러한 1, 2막의 시작 방식은 방문을 닫아 그 내부를 폐쇄하여, 도입부에서부터 김은호의 집안에서 벌어지는 사건을 가급적 은폐하려는 의도를 부각하고 있다. 서사 전개와 관련된 정보를 감추려는 시도이기도 하며, 이후에 연극적 상황 변화를 가미하기 위하여 고의로 설정한 폐쇄감 조성이기도 하다.

이러한 안방과 건넌방의 폐쇄는 관객들로 하여금 무대 중앙, 즉 마당과 마루 위의 상황에 더욱 집중하도록 유도하는 효과를 종용한다. 그리고 방문이 완전히 열리기 전까지는, 그 내부에 연극적 공간(연기 공간)이 마련되어 있다는 사실 자체를 손쉽게 파악할 수 없도록 극적 분위기를 조성하고자 한다. 1~2막 도입부에 제약을 받은 관객들은 그 내부가 드러나는 설정을 손쉽게 상상할 수 없을 것이다.

실제로 1막과 2막에서는 안방(문)과 건넌방(문)이 완전히 개방되어 그 내부가 공개되는 극적 정황은 발생하지 않는다. 부분적으로 폐쇄된 공간 내에서 일어나는 사건이 암시될 따름이다. 가령 강 주사가 정숙에게 관심을 표현할 때 안방에서 중매 마누라의 웃음소리가 새어 나오는 배음 효과가 그러하고, 강 주사(오방울)가 방문했을 때 건넌방에서 앓던 윤집이 고통에 못 이겨 "건넌 房에서 악쓰는 소리 나더니 正面 방문이 크다라케 툭 뚤"리는 사건이 그러하며, 중매 마누라가 찾아와 조 씨를 찾기 위해 안방 문을 여는 행위가 그러하다.

그런데 이러한 행위나 사건들은 폐쇄된 공간 저쪽의 분위기를 전달하거나 부분적인 광경만을 허용하는 데에 이바지할 따름이다. 그래서 이러한 행위나 사건들은 오히려 방안의 폐쇄적 분위기를 더욱 강화하여 그 내부의 사정에 대해 궁금해하도록 유도하는 효과를 제고하고 있다. 이처럼 방문을 여닫는 행위, 혹은 방문 바깥으로 내부 사정이 부분적으로 표출되는 사건은 1막과 2막에서는 부분적으로만 일어나고 있으며, 이러한 경우는 대부분 김 씨 집안 사정이 바깥으로 알려지지 않도록 하려는 극적 정황과 더욱더 깊숙하게 관련되어 있다.

하지만 3막은 1, 2막과는 달리, 안방과 건넌방 내부가 어떠한 방식으로든 투시하도록 유도하고 있다. 이것은 일차적으로는 관람 방식의 변화라는 '물리적 변화'에 해당하고, 새로운 이미지의 가미이자, 정보의 공개 겸 공간 개념의 확대를 뜻한다.

> 尹집은 그예 죽지않코 退院하야 마루에 앉어서 첨하끝에 걸린 별을 바라보고 있다. 누마루밑 아궁지에다 하라범 군불을 때고 있다. 安房에서는 趙 氏가 담배를 피고 있는지 그 실르에르가 방문에 환히 빛어 있다. 간간히 正面窓을 열고 하늘을 바라보기도 한다. 건넌房 누마루 편 방문은 열렸는데 그 개랑에다가 람프를 내걸었다. 고립에서 榮道 冊을 보고 있다. 마루에는 초롱. 멀리서 秋夕노리의 깽매기 소리가 은근히 들린다.(3막 도입 부분, 강조 : 인용자)

3막의 도입부 무대(지문)에서 안방은 반 개방 상태로 변화되어 있다. 안방 내부에 앉아서 담배를 피우는 조 씨의 모습이 방문에 실루엣으로 어리고 있고, 간헐적으로 정면 창이 열리면서 내부의 모습이 부분적으로나마 드러나고 있다. 1막과 2막에서 가족들이 드나들면서 열렸다 닫히곤 했던,[136] 안방의 개폐 양상과는 사뭇 달라져 있다.

---

136 〈자매〉에서 안방으로 진입하는 상황은 다음과 같다. 영도를 서울 보낼 노사를 은호가 찾아 들고나올 때, 조 씨가 상철을 안고 들어갈 때, 중매 마누라가 조 씨를 따라 들어갈

건넌방의 경우에는 이러한 변화가 더욱 두드러져 보인다. 3막은 건넌방 방문이 활짝 열린 상태로 개막되었다. 더구나 누마루 위에 내걸린 램프(조명)로 인해 건넌방 내부가 들여다보이는 상태이다. 2막까지 그 공간을 점유하고(안에서 주로 기거하고) 있던 윤집은 마루에 나온 상태로 모습을 드러냈으며 이후에도 주로 이와 유사한 상태로 활동한다. 그녀는 건넌방에 갇혀 있어야 하는 상태를 벗어난 것으로 여겨지는데, 이로 인해 비밀스러웠던 윤집의 치료가 일단락되었다는 사실도 넌지시 전달된다. 건넌방에 머물렀던 정숙은 3막 개막 시점에서는 안채에 부재중이다. 그녀 역시 비밀스러웠던 방을 떠난 상태이다.

이처럼 3막에서 건넌방의 개방(문 열림)은 그간 김씨 집안이 숨기고 있던 비밀이 사라졌다는 사실과 함께, 그런데도 방주인들이 공허한 상태에서 헤어나오지 못하고 있다는 사실을 동시에 알려준다. 2막까지 건넌방에 거주하던 이들은 정숙과 윤집이었다. 1막에서 건넌방은 주로 정숙이 거처하는 방으로 묘사되는데, 이로 인해 은호나 조 씨가 정숙을 찾으려 할 때마다 건넌방을 들락거리는 동선이 가능했었다. 2막에서는 건넌방이 음독자살을 시도한 윤집이 치료받는 곳으로 활용되면서, 윤집을 돌보는 이들이 주로 방문하는 공간이 되었다.

그런데 3막의 도입부에서는 이러한 딸들의 거처(활동 공간)가 변모되었다는 사실을 공개하고 있다. 정숙은 생선가게에 취직하여 낮에는 집 바깥에서 근무하고 있고, 윤집은 아들 상철을 빼앗긴 이후 실의에 빠져

---

때, 중매 마누라가 다시 찾아와 조 씨를 만나려고 할 때(문만 열어 봄), 모욕당한 정숙이 울면서 귀가했을 때, 영도가 정숙이 우는 이유를 찾으려 할 때, 영도와 정숙이 마루로 나올 때, 조 씨가 은호에게 두루마기를 입혀 내보내려 할 때가 그러하다.

'처마 끝에 걸린 별'만 물끄러미 쳐다보는 상태이다.

　이러한 (김)은호 집안의 문제를 해결하고 조그만 도움이라도 주고자 방문하던 영도 역시 실의에 빠진 그녀들— 담배를 피우는 조 씨와 망연한 윤집 그리고 취직한 정숙— 곁에 조용히 머물고 있는 상황이다. 마루에 걸린 초롱에 책을 보고 있는 영도는 친척의 불운을 함께 감내하는 보호자 역할을 하고자 하지만, 영도의 미약한 힘은 램프나 초롱처럼 큰 빛을 발휘하지는 못하고 있다. 이러한 암울하고 절망적인 분위기를 닮아, 무대의 각 방은 1~2막과는 달리 개방(혹은 반 개방)된 상태이기는 하지만, 환한 빛을 받고 있지는 못하다. 아이러니하게도 이 시점은 가장 달이 밝은 추석으로 설정되어 있어, 집안에 드리운 암울한 기척을 역으로 강조하는 역할도 겸하고 있다.

　이러한 무대 정황을 정리하면, 3막은 개방된 무대를 지향했지만, 그 분위기마저 암울함을 벗어난 상태는 아니었다고 해야 한다. 1~2막에서 고의로 폐쇄 상태를 유지했던 안방과 건넌방은 3막에 이르러 두드러지게 그 내부를 개방하면서, 그 내부 공간에서 드러나는 변화가 직접 노출되는 효과를 겨냥했다. 하지만 1~2막과는 달리 그 안에서 실제로 거주하거나 머무는 이의 행동이 크게 약진한 기색은 없다. 오히려 극 중 인물들은 더욱 위축된 모습으로 등장한다. 그러니 두 실내 공간은(반) 개방되었지만, 그 내부로 진입하거나 그 내부의 목소리(혹은 정보)가 새어 나오는 설정은 오히려 줄어들었고, 그에 따라 빈공간이 노출되는 광경이 드러나고 만다. 이러한 극적 의미를 아이러니로 푼다면, 인물이 거주 공간은 개방되었지만 그들의 내면 공간은 오히려 닫혀 버린 셈이다.

## (4) 단면의 의미와 연극적 기능

그렇다면 이러한 공허한 공간의 무대적 노출은 위의 기사에서 말한 '단면'의 생성이나 극대화 효과와 긴밀하게 연관된다고 해야 한다. 장치가 김일영이 설명한 대로, 단면이 "그 안에서 진행되는 연극을 보게스리 맨든 것"이라고 한다면, 방문은 일차적인 의미에서는 안방/건넌방 내부로의 관극 시야를 가리고 있던 차단물이었고, 일정 시점 도달하면 방문을 개방하여 내부를 보여준다는 점에서 '단면'에 해당한다고 할 수 있다. 방문이 열고 닫히는 상황에 따라, 관객들은 극적 공간의 현시와 차단을 경험하기 때문인데, 이러한 개폐 효과는 비단 물리적 측면에만 국한되지 않고, 등장인물과 극적 분위기의 변화와 상징성까지 함께 구현하게 된다.

김일영이 기둥을 없애려고 했었지만ー고택을 상징하는 기둥만 사라졌다ー결국 기둥의 변형인 벽 모퉁이 자체는 제거하지 않은 것은, 어쩌면 벽과 문이 사라져서는 안 되는 사정 때문일 수도 있다. 그 내부를 들여다보게 하기 위해서는, 거꾸로 그 안을 은폐하는 장치부터 갖추어야 했기 때문이다. 기둥(대용)으로 인해 벽과 문이 무대 남을 수 있었고, 그러한 벽과 문이 있었기에 내부 공간을 개폐하는 효과를 창출할 수 있었다. 그렇다면 단면은 보는 것만이 아니라 보이지 않는 것을 염두에 둔 개념이어야 했다.

따라서 〈자매〉의 극적 사건을 통해 이러한 개별적 공간들이 연계되는 상황으로 눈을 돌려보자.

무대디자인의 측면에서 고택의 안방은 무대 하수 방향(UR)에 위치한다.[137] 방의 위치를 표현하는 두 개의 전각 중에서 누마루가 무대 상수

그림306 **안방과 마루**　　　그림307 **건넌방과**　　　그림308 **벽오동과**
　　　　　　　　　　　　　**누마루와 아궁이**　　　　**사랑채**(뒤꼍)

방향(UL)에 위치한 방 전면에 설치되어 있으므로, 안방은 자연스럽게
다른 방일 수밖에 없다. 누마루를 끼고 있는 건넌방 아래에는 아궁이로
보이는 구조물도 설치되어 있다. 3막 무대 해설에 "누마루 밑 아궁지에
다 하라범 군불을 때고 있"는 설정이 기술된 점으로 보아, 건넌방은 몸
을 보하고 병을 치료하기에 적합한 방이라는 인상을 준다고 하겠다.

　안방은 내실(안채)의 최고 심처深處로, 대개는 집 안주인과 여인들이
기거하는 공간이다. 안방의 거주자는 주로 정숙의 어머니인 '조 씨'이
다. 1막에서 조 씨의 거처인 안방은 조 씨가 외손자를 돌보거나 '중매
마누라'가 들락거리는 공간으로 상정된다. 중매 마누라는 조 씨의 둘째
딸 정숙의 결혼 문제로 은호 집을 왕래한다. 빈번한 왕래의 결과 조 씨
와 중매 마누라 사이에는 정숙을 결혼시켜야 한다는 암묵적 공감대가

---

**137** 앞에서 살펴본 바와 같이, 무대에서 연기 영역은 크게 9등분으로 이해될 수 있다(한
국문화예술진흥원 간, 『연기』, 예니, 1990, 46~47면 참조). 도식은 제2장 각주 249
번 참조.

형성되고, 이러한 묵계는 그들의 생각을 공유하는 공간으로 안방의 이미지를 생성한다.

이로 인해 내실의 거처인 안방까지 중매 마누라가 들어올 수 있게 될 뿐만 아니라, 두 사람의 밀담과 밀약이 안방을 넘어 그 바깥에서 강 주사와 실랑이를 하는 정숙의 귀에까지 들어갈 수 있게 된다.

姜主事  (화가 나서) 貞淑의 결혼헌다는 것을 가만히 보고 있다가 작은 아씨두 참 팔자 조쿤요 시집가랴 취직하랴ㅡ여간 아닌걸요.

貞淑  누가 시집 갈라기에 걱정이냐. 백죄 어머니가 저런 마누라를 집에다 꼬으러다너코 야단이지.

姜主事  금방 그 중매가 그러지 않어요 새부잣집 큰아들이 아주 녹초가 됏다구 새부잣집이라면 금광으로 돈 모은 朴주붓집이군요. 참 작은 아씨두 팔자 조흐신데요. 그 朴주붓집은 전에야 팟죽장수를 했지만 지금은 돈이 있겠다 댁은 지벌이 높겠다 말하자면 그 돈에다가 댁의 지벌을 매매하시는 심이로군요.

貞淑  매매를 해?

姜主事  게다가 또 아가씨의 정조까지ㅡ

貞淑  (이러서며) 뭐? 그건 모욕이야!

姜主事  모욕이 뭡니까? 사실이 그런 건데.

貞淑  듯기 실혀!(貞淑 건넌방으로 들어가 버린다. 房門을 꽝 다친다. 안房에서 중매 마누라의 웃는 소리)

姜主事  네 나가튼 것은 종의 아들이야요.

殷鎬  이놈아 그게 어듸 닷는 소리냐.(강조 : 인용자)

위의 장면에서 안방의 밀담은 강 주사와 정숙의 갈등을 매개하는 요인으로 작용하고, 돈의 힘에 화조차 제대로 내지 못하는 정숙은 강 주사를 피해 건넌방으로 피신하는 상황이 초래된다. 즉 이 상황에서 안방의 웃음소리가 마당의 강 주사와 (김)정숙의 다툼(충돌)을 초래하여 이를 극대화하고, 정숙이 건넌방으로 피신하듯 사라지는 동선이 생성된다.

이러한 상황이 한 차례 정리되면, 조 씨와 중매 마누라는 안방에, 건넌방에는 정숙이 위치하고, 두 방 바깥 내실 마당에는 은호와 강 주사가 남는 장면이 펼쳐진다. 관객들은 조 씨와 중매 마누라가 나누는 밀담이나 정숙의 분개한 이후의 행동까지 세밀하게 목격(관극)하지는 못하지만, 이러한 기묘한 구도를 형성한 극적 분위기를 통해 두 방 너머의 상황을 짐작할 수 있게 된다. 그리고 마당에서 펼쳐지는 강 주사와 은호의 사건을 주시하며 관련 정황을 입체적으로 구성할 수 있게 된다.

비록 이 대목에서 방안을 투시하도록 효과가 설정되지는 않지만, 두 방(안방과 건넌방) 사정이 형성하는 극적 정황과 마당의 상황이 결부되는 효과는 유효적절하게 실현되고 있다. 이후 정숙과 강 주사 사이에서 불거진 불미스러운 사건(2막)은 1막의 이 대목(충돌에의 암시)에서 사전 매설되었다고 하겠다.

실제로 2막에서는 강 주사의 희롱에 놀라 집으로 돌아온 정숙의 동선이 주목되지 않을 수 없다.

> **榮道**  따는 그렇읍니다마는 어쩔 수 있읍니까. 한 번 더 궁한 소리를 하는 수밖에 없읍니다. 그쯤 알구 저는 윤집이 입을 자리옷 같은 것을 싸 갖이구 병원으로 가겠읍니다. (건넌방으로 들어간다)

| 하라범 | (나타나서) 영감 작은 아씨가 안 들어오구 저기 게십니다. |
|---|---|
| 殷鎬 | 저 애가 벌서 서울 갔다 왔나? 웨 안 들어 오구 저기 서 있을까? |
| 하라범 | 울구 있읍니다. |
| 殷鎬 | 뭐(불은다) 애야 정숙(貞淑)의 답이 없으니 하라범 드러 가서 불러와. |
| 하라범 | 네. |

(하라범 뒤꼍으로 간다)

| 殷鎬 | …아니 저 애가 웨 저럴까? …올치 금방 대문으로 들껏 나가는걸 보구 제형이 죽어나가는 줄 알구 그러나 부다. |
|---|---|

(정숙은 묵어운 거름으로 뒤꼍으로 나타난다. 그는 울어서 눈이 부었다. 옷이 꾸여지고 얼굴도 핼숙해진 것 같다)

| 殷鎬 | (마루에 붓드러 올나오게하며) 웨 울었니 애야 |
|---|---|
| 貞淑 | … |
| 殷鎬 | 아까 정거장에서 오방울이 맞났니? |
| 貞淑 | … |
| 殷鎬 | 서울로 같이 갔섰니? |
| | (…중략…) |
| 貞淑 | …… |
| 殷鎬 | 애야 말을 해라! 좀! |
| 貞淑 | (참었든 우름이 터진다. 안방으로 들어가 버린다.)(강조 : 인용자) |

정숙은 강 주사(오방울)와 함께 서울에 가서 취직 청탁을 하라는 부친의 분부를 거역하지 못하여 강 주사와 동행하고자 했다. 하지만 강 주사

는 청탁은 뒷전이고 오히려 곤경에 처한 정숙의 처지를 이용하여 자신의 육체적 욕망을 채우고자 한다. 간신히 위기를 모면한 정숙은 강 주사의 행동에 분노하지만, 집안의 채권자인 강 주사와 관계 때문에 그의 모욕적인 행위에 강경하게 항의하지 못한다. 그래서 그녀는 울면서 방으로 들어가는 행위밖에는 할 수 없다.

이후 그녀는 강 주사의 모욕적인 행위를 알고 분노하는 아버지를 만류해야 할 입장에 놓이며, 조용히 자신의 원통함을 삭혀야 하는 약자의 처지를 실감해야 한다. 그녀는 자신의 유학 비용 때문에 아버지가 강 주사에게 빚을 지고 고개를 숙이고 살아야 하는 현재 처지에 한편으로 미안해 하면서도, 옛 하인에게 희롱당하는 자신의 처지를 쉽게 용서할 수 없어 자책감을 떨쳐버리지 못한다. 그녀의 복잡한 심리는 무대 위에서 움직임으로 가시화된다.

그녀가 움직이고 있는 무대 위 동선을 정리해 보자. 위의 장면 이전 상황에서, 그녀는 아버지의 권유로 기차역으로 나갔고, 그곳에서 강 주사를 만나 봉변을 당했다. 이러한 사건은 무대 바깥<sup>off stage</sup>에서 일어나는 일이었고, 위의 장면으로 환원하면 일종의 전사前事에 해당한다. 무대 위에서 직접 형상화되지 않는 사건인데, 이로 인해 관객들은 해당 사건에 대한 불충분한 정보, 즉 대사로 인한 상황 파악만 가능하다.

정숙은 강 주사를 만난 이후, 돌연 기차역을 빠져나와 집문간으로 향하고, 극 중 현재에 할아범의 대사를 통해 문간에서 울고 있는 상태로 관객들에게 관련 정보가 전달된다. 이 시점에서도 기본적으로 그녀가 무대 바깥<sup>off stage</sup>에 위치한다는 점에서, 플롯상 전사前事의 범주에 속해 있다고 해야 한다. 다만 무대 위에 구현된 장치(세트)에 의해 그녀가 울며 서 있다는 장소('저기')는 특정(관객들에게 유추)될 수 있다는 점에서는, 상당히 무대 위 상황으로 근접한 상태가 된다. 즉 그녀는 이제 무대 위에서 하라범이나 은호와 함께 존재할 수 있는 상황 직전이다.

이에, 할아범이 그녀를 데리고 들어오기 위해서 '뒤꼍'으로 나가고, 뒤꼍에 있던 정숙이 할아범을 따라 들어오면서, 그녀의 동선은 드디어 무대 위에 현시顯示된다. 무대에서 뒤꼍은 사랑채와 통하고─무대 지시문에서 "사랑은 뒤꼍便에 있는 모양"으로 기술된 바 있다─사랑채는 벽오동 나무가 있는 곳으로 지시되고 있다. 이러한 무대 구조를 염두에 둘 때, 정숙은 사람들 눈에 띄지 않고 집으로 들어오려고 뒤꼍을 이용했지만, 결국 할아범의 눈에 띄고, 그로 인해 들어오지 못하고 머뭇거리다가, 결국에는 안채로 들어와 참았던 울음을 터뜨리면서 안방으로 들어가는 동선을 따르게 된다.

이러한 동선은 자신의 방이었던 건넌방이 윤집의 병간호 공간으로 바뀌자, 건넌방에 오래 머물 수 없게 되었고, 그만큼 편안하고 안전한 장소인 안방을 그 대체 거주 공간으로 선택했기 때문에, 기본적으로 선택 가능할 수 있었던 동선이다. 이러한 선택 과정에서 가족들(특히 아녀자들) 사이에서 안방이 차지하는 심리적 위상이 드러나는데, 이곳 안방은 안주인인 조 씨의 공간이기도 하지만, 가족에게조차 비밀을 유지해야 하는 순간에 찾아들 수 있는 공간이었던 셈이다. 해당 시점에서 정숙은 자신만의 공간이 절실했고, 그 공간을 안방으로 결정한 것이다.

외부인의 시선에서 차단된 공간으로서 안방의 위상은 중매 마누라와도 관련된다. 1막에서 중매 마누라는 조 씨의 묵인하에 안방을 출입했지만, 2막에서 윤집의 음독 이후에는 경계해야 할 대상으로 떠오르며 강력한 출입 금지 대상이 된다. 중매 마누라의 가벼운 입을 조심해야 하기 때문이었다. 더구나 정숙이 결혼을 거부하면서 중매 마누라의 방문은 거추장스럽고 부담스러운 일로 전락한다. 그러니 윤집이 음독자살을 시도한 직후, 조 씨는 누구보다 중매 마누라의 출입을 극도로 경계하게 되고, 결국에는 중매 마누라의 축출로 이어질 수밖에 없었다.

이처럼 안방은 김은호 집안의 비밀이 생성 보존되는 공간이며 대갓집의 체통을 그나마 유지할 수 있는 장소로 인식되었다. 동시에 결정적인 순간에 가족들이 심리적 안정을 도모할 수 있는 공간이다. 은호 집안을 지키는 마지막 보루라고 해도 과언이 아닌데, 이러한 공간이기에 1~2막에서는 그 내부가 가려져 있을 수밖에 없었다.

건넌방 역시 1~2막에서는 관극 시야에서 차단된 공간이기는 마찬가지였다. 다만 건넌방은 3막에서 완전히 개방되기 이전에, 2막에서 중도적 개방 단계를 거친다는 차이를 지니고 있다. 2막에서 반 개방 상태는, 고통에 겨워하는 윤집이 방을 탈출하는 광경으로 가시화된다.


(건넌房에서 무었인지 와르르탕탕 쏘다지는 소리 들린다)

一同　　　원 저런!

(一同 건넌房으로 몰려들어간다. 尹집은 反對편 문 ― 正面 누마루 쪽문 ― 으로 기어 나온다. 머리가 산발이 되고 얼굴은 하야케 질린 病人이다)

榮道　　　(尹집을 붓들며) 가만히 안정을 하랬는데 어딀 기어 나와요! (강조 : 인용자)


2막에서 건넌방은 윤집의 거처(병실)로 그녀가 음독자살을 시도하여 치료받는 공간으로 결정되어 있다. 1막부터 관객들에게 이 건넌방은 줄곧 폐쇄된 공간이었지만, 2막의 음독 설정으로 인해 그의 단면이 일부 드러난 셈이다. 그중에서도 건넌방과 누마루 공간이 역동적으로 활용된 대목은 위의 인용 대목이다.

환자였던 윤집이 어느 정도 안정되었다고 생각한 가족(친족)들은 건넌방 밖으로 나와 있다. 하지만 윤집은 고통 속에서 일어나고 결국에는 타는 목을 축이려 방 바깥으로 나오게 된다. 윤집이 나오기 전에 그녀가 방안 물건을 엎게 되자, 가족들은 건넌방으로 몰려 들어가고, 윤집은 고통에 못 이겨 누마루 쪽문을 열어젖히고 안간힘을 다해 기어 나온다.

이러한 일련의 소동은 결국 그때까지 무대 위에서 한 번도 열리지 않았던 누마루 쪽문을 개방한다. 개방된 문으로 파리한 안색의 윤집이 나오면, 음독 이후 한 번도 그녀를 보지 못했던 관객들은 2막에서 비로소 그녀의 달라진 모습을 목격하게 된다. 방문을 열고 나온 그녀의 등장은 정보의 확대이고, 충격적인 이미지의 제공이다. 그녀의 초췌한 모습은 그녀가 겪는 고통을 전달하기 때문에, 그녀의 모습을 느닷없이 마주한 관객들은 상당한 정서적 충격을 받을 수 있고, 그녀의 상처에 대해 공감대를 형성할 수 있다.

다만 충격적인 이미지로서 그녀의 모습은 관객들에게 오래 노출되지는 않는다. 건넌방으로 들어갔던 영도가 그녀를 붙잡아 방으로 데리고 들어가고, 잠깐 열렸던 누마루 쪽문이 다시 닫히면서 건넌방은 폐쇄 상태로 전환되기 때문이다. 이후 그녀는 병원으로 후송되면서, 2막에서 기척조차 사라지고 만다.

누마루 쪽문의 일시적 개방 효과는 건넌방 사정을 관객들에게 알려주는 역할을 하지만, 결과적으로 건넌방 내부로의 시야는 다시 차단되며 잠시 잠깐의 공개가 내어주는 짧은 효과에 만족해야 했다. 이처럼 2막에서 건넌방의 단면이 일시적으로만 관극 허용되면서, 단면이 대대적으로 공개되지 않고 그 안과 밖의 긴장(감)이 유지될 수 있었다.

〈자매〉에서 '단면'의 변화는 극 시간의 흐름과도 무관하지 않다. 1~2막에서 완고한 폐쇄가, 2막에서 간헐적인 반 개방과 뒤섞이다가, 결국 3막에서 그 내부 공개(완전 개방)로 전환되는 이미지 전개 방식은, 시간이 흐르면 흐를수록 김씨 집안의 붕괴를 막을 수 없다는 잠정적 결론과 일치한다. 그로 인해 김은호 집안의 몰락은 거스를 수 없는 대세가 되고, 이 대세를 막을 수 없다는 자포자기 심정 역시 3막에서까지 크게 부인될 수 없기 때문이다.

### (5) 강 주사의 출입과 내실 개방 효과

기본적으로 대갓집에서 안방과 건넌방이 위치하는 안채는 외부인이 쉽게 접근할 수 있는 공간이 아니다. 내실 자체가 외부인의 출입이 전반적으로 제한되는 곳이기에, 안채는 특별한 목적을 지니고 이 집을 방문하거나 이 집(은호) 식구들과 각별한 안면을 익힌 사람들에게만 허용되는 예외적 공간에 속할 수밖에 없기 때문이다.

앞에서 언급한 중매 마누라를 제외하고, 〈자매〉에서 외인으로서 이 영역에 함부로 접근하는 인물이 강 주사이다(영도는 외인이 아니라 친척이다). 강 주사는 과거 이 집의 하인 오방울이었지만, 지금은 솔가하여 엄연히 외부인의 신분이다. 그런데도 그는 채무를 핑계로 안채를 스스럼없이 출입하고 있다. 더구나 아래와 같은 상황은 강 주사의 출입은 상식적이지 않다는 점을 보여주는 대목이다.


(姜主事 넥타이를 매며 밧분드시 登場한다)

姜主事　　영감 좀 늦어서 미안합니다.

殷鎬　　　…

姜主事　　오늘은 아츰 첫꼭대기부터 제게 도청토목기수(道廳土木技手)로
　　　　　게시는 민주사가 찾어 왔었어요. 참 혼났읍니다. 어떻게 술을 멕
　　　　　이는지. 그저 이 팔을 붙잡구 "여보 강 주사 한 잔만 더 드십시오.
　　　　　피차에 친헌 터이니까 자―"…이렇겠지오. 그 통에 못 니겨서 그
　　　　　만 독기 자루 썩는 줄도 몰으고 먹었읍니다그려.

殷鎬　　　…에그 술냄새야.(…중략…) 정숙이는 기다리다 못해 벌서 정거
　　　　　장으로 나갔서.

姜主事　　허허허…오늘 내가 한턱 헌댓떠니 이 아가씨 잔뜩 급하셨군 그래.
　　　　　허허허…

(이때 건넌房에서 악쓰는 소리 나더니 正面 방문이 크다라케 툭 뚤린다. 姜
主事 "저게 뭡니까?" 허구 그쪽을 볼 때 건넌房에 看護婦 나와 마루에 있던
醫師의 가방을 갖이고 도로 방으로 들어간다. 姜主事 의아하야 殷鎬의 얼굴만
삷인다. 건넌房으로 가보려 하면서)

姜主事　　영감 참 어제 리혼 재판은 어찌 됐읍니까?

殷鎬　　　이놈아 남의 참견말구 얼른 정거장에나 가 보아라 정 숙이가 안 가겠다는
　　　　　걸 겨우 달내 보냈다.(강조 : 인용자)


강 주사는 전날 했던 시간 약속을 어기고 뒤늦게 은호를 찾아왔음에

도, 막상 약속을 어긴 사실에 대해 별다른 미안함을 표현하지 않고 있다. 오히려 자신에게 의지해야 하는 은호의 처지를 상기시키며, 과거와 달라진 자신의 사회적 위치를 강조하면서 은근히 자신이 도움을 베풀고 있다는 사실을 상대(은호)에게 과시하고자 한다. 이러한 강 주사의 태도에서 옛 상전이었지만 현재의 은호는 강 주사에게 대단한 존재가 아니며 현실적인 중요도에서도 민 주사에 비해 그 비중이 떨어진다는 사실이 드러나고 있다. 결국, 강 주사의 오만하고 방자한 태도는 현재 은호의 집안을 낮추어 보는 심리를 반영하고 있다.

그러니 강 주사의 행동이 은호 집안 식구들에게 환영받을 리는 없다. 다만 은호 집안에서는 현실 속 채무자인 강 주사의 출입을 제지할 명분이 없는 상태이고, 도리어 강 주사에게 도움을 청할 일이 계속 발생하고 있는지라, 이 집을 드나드는 강 주사의 위세는 줄어들 기미를 보이지 않았다. 김씨 집안 역시 이에 대한 제지를 가할 입장이 되지 못하기에, 강 주사의 무상출입과 무례한 언변은 계속될 수밖에 없었다.

더구나 강 주사는 은밀하게 김씨 집안 사정을 살피는 행동을 내보이곤 했다. 강 주사가 현재 진입한 공간은 안채이고, 그 안채에는 강 주사에게 알려서는 안 되는 일이 벌어지고 있는 상태인데도, 강 주사의 출입은 이루어졌고 강 주사가 내실마저 염탐하려는 기색이 일었다.

이에 은호는 강 주사에게 핀잔을 주며, 건넌방에 접근하려는 것을 재치로 만류해야 한다. 이러한 강 주사의 무례한 행동을 바라보면서도 이를 적정 부분 용인해야 하는 은호의 처지는 안채에서 강 주사가 드러내는 현실적 힘을 상징적으로 보여준다고 하겠다.

이렇게 안채에서 돌려 세워진 강 주사가 이후 정거장에서 정숙을 희롱하고 약속한 목적이 아닌 개인적 야욕을 거침없이 드러낼 수 있었던 까닭도, 과거 김씨 집안의 영화와 위세를 고려할 필요가 없어졌고 도리어 이제는 자신이 그보다 높은 위치를 점유했다는 자신감 때문이었다. 이러한 측면에서 김씨 집안의 안채는 무너진 안동 김씨의 현 위치에 해당하며, 전근대 신분제도의 종말이자, 새로운 시대에 적응하지 못하는 낙오자들의 영락을 보여주는 공간이다.

그리고 이러한 공간을 수시로 침범하고, 때로는 희롱하고, 은근히 위협하면서, 내심 비웃으며 내려다보는 강 주사는 약탈자의 이미지를 실연하고 있다. 그는 근대 제도의 허실을 간파하고 있고, 그 근대를 추동하는 금력의 힘을 숙지하고 있다. 새로운 세상에 통용되는 새 상식과 권력에의 의지로 무장되어 있고, 이른바 신흥 계급의 유리한 위치를 장악한 존재였다. 그의 현 모습은 자수성가를 통해 구 세력을 압도하면서 동시에 구 지배층을 발아래 두려는 야망을 드러내고 있다.

이러한 신흥 부호 강 주사에게 김은호의 집은 이익을 창출하는 수단일 따름이다. 김은호는 채권자로 변신한 강 주사의 시선을 신경 쓰며, 자신들의 치부와 약점을 감추기에 급급하다. 이러한 구 지배 계층의 몰락은 '닫힌 (방)문'으로 상징되는 계급적 폐쇄성을 가중할 수밖에 없고, 고립된 그들—구 주도층의 입지를 더욱더 위태롭게 만들 수밖에 없다.

〈자매〉에서 안방과 건넌방이 강 주사에게 끝내 공개되지 못하는 이유는 이러한 신흥 계급의 도발과 권세를 막을 방법이 없는 막막한 처지임을 간접적으로 증빙한다. 스스로 닫아걸어야 했던 문은 그 내부와 실상을 감추기에 급급했던 이들의 퇴보와 정체를 의미한다고 하겠다. 그렇다면 3막에서 그 내부를 볼 수 있도록 개방하는 극적 설정은, 김은호의 가족조차 몰락하는 김씨 일문의 운명과 그 실체를 더는 외면할 수 없다는 전언과 연관된다.

결국, 3막 마지막 대목에서는 마지막 보루였던 안방마저 활짝 개방되는 상황이 연출된다. 소동을 일으켰던 손님들이 모두 가고 외출에서 들어온 김은호마저 조 씨가 있는 안방으로 들어가 책을 읽자, 두 딸은 전에 없이 솔직하게 자신들의 속내를 털어놓는다.

貞淑　언니는 아즉두 내 마음을 모르는구려. 결단코 내가 잘나서 그런 게 아니우. 독신으로 지내는 게 얼마나 외러운 거라는 것도 아러요. 내가 이렇게 무심히 지내는 것 같지만은 혹시 몸이나 불편해서 들어눕 게 될 젠 외로워서 밤새도록 우는 때가 하로 이틀이 아니랍니다. 누구나 좋으니 거리에 지나가는 거지라두 불너서 위로를 받고 싶은 때가 종종 있어요. 그땐 내 몸이 보잘것없이 적어지고 온 세상이 통 빈 것 같애서 고만 죽어버리구만 싶어요.

尹집　앞길이 구만리 같은 애가 웨 그런 청성 맞은 소리를 하니? 아모러면 이 생과부 신세만 하겠니? 나야말로 그저 죽어야 할 년인데 죽을래두 죽지도 못하구―이렇게 살어 있지 안니?

貞淑　언니가 웨 죽우? 언니한텐 상철이가 있지 않수?(…중략…) 그래두 상철이는 크면 언니를 찾어옵니다. 자식이 에미 딸치 누구를 딸겠우 그눔이 지금은 과자ㅅ깨나 사주는 맛에 가 있지마는 철나면 찾어오오 민적이 무슨 소용이우? 천륜이 제일이지.

尹집　(광명을 보는듯)…정말 찾어올까?

貞淑　암 찾어 오구말구요(聞) 언니 난 어떻거우? 정말이지 난 그 회사에
　　　두 다니기 싫여요. 하다못해 다니기는 하지마는 죽게 싫여요.

尹집　울지 마러라. 정숙아 너는 깨끗한 처녀가 아니냐? 네가 마대서 그
　　　렇지 네 맘만 있으면 얼마라두 네 팔짜는 환이 필 것 아니냐? 울지
　　　마러라. 애야

貞淑　다 틀렸어. 인전 다 틀렸어요.

(趙氏 방문을 열고 내다보고 있다가)

趙氏　에그 꼴조타. 한 년은 공부를 해서 병신 또한 년은 공부를 못해 병
　　　신 ― 이 두병신이 이 에미 속을 두구두구 얼만 썩일는지…(담배ㅅ
　　　대만 쭉쭉 빤다)

(멀니서 깽매기 소리)

―(幕)―


　자매들이 털어놓고 있는 속내는 어머니에게도 쉽게 털어놓지 못하는
비밀이었다. 그녀들은 자신들의 인생에서 크게 쟁취한 것이 없다는 사
실에 낙담하면서도. 어떻게 해서든 살아야 할 이유를 마련하고자 한다.
윤집은 동생이 시집을 가고 다른 인생을 살 수 있다고 위로하고 있고,
정숙은 잃어버린 아들이 언젠가는 언니의 품으로 돌아올 것이라고 일
러주고 있다. 윤집의 상실감과 정숙의 외로움이 결국 치유될 것이라고
말하고 있는 셈이다.

　이러한 대화를 나누면서 두 사람은 전에 없이 솔직해진다. 적어도 위
의 순간만큼은 자신들의 처지와 실체를 감추고자, 억지로 버티고 아닌
척하고 있었던 위장막을 걷어낸 듯하다. 마치 자신을 가리고 있던 문을

활짝 연 것처럼, 각자의 내면에 얼마나 가난하고 '보잘것없는' 자신이 웅크리고 있는지를 스스로 직시하는 듯하다.

때마침 어머니 조 씨도 안방 문을 활짝 열고 두 딸의 인생 밑바닥을 함께 들여다본다. 그녀—조 씨 역시 이 딸들의 신세에 어찌할 바를 모르는데, 그 당황과 실망 역시 활짝 열린 방과 같은 그들 집안의 운명과 함께 전달되고 있다. 사실 그 공개된 방 내부에는 변화하는 현실에 대처하지 못하고 막연하게 철 지난 책 읽기에만 습관적으로 매달리는 무능한 가장 김은호의 모습도 함께 포함되어 있다는 점도 잊지 말아야 할 사안이다.

### (6) 실제 무대와 공연 장면에 포착된 시대의 표정

이러한 효과를 조심스럽게 타진할 수 있는 다른 방안을 찾아보자. 〈자매〉는 1936년 『조광』(9~11)에 수록되었는데(1936년 6월/8월/9월), 당시 『조광』 표지에는 공연(1936년 5월 29~31일) 당시 정경으로 여겨지는 무대 사진이 함께 수록되어 있었다.

무대 상수 방향(UL)에는 점잖게 차려입은 남자가 서 있다. 그런데 이 남자는 손에 무언가를 들고 있는 행색이다. 반면 이러한 남자를 바라보는 위치인 무대 하수 방향(UR)과 무대 중앙에 각기 네 명의 인물이 앉거나 서 있다. 무대 하수(UR)에는 남자가 앉아 있고, 무대 중앙에는 세 명의 여인이 위치한다.

가운에 여인은 대청에 앉아 있고, 그 좌우에 각기 젊은 여성이 서 있다. 앉아 있는 여인의 오른쪽 여성은 댓돌에 놓인 신발을 신고 대청 아래로 걸어 나가려고 하고, 왼쪽 여성은 안방 방향으로 몸을 돌리고 있

| 하수 방향, UR | 방 근처(입장 직전) | 무대 중앙(대청) | 상수 방향, UL |

그림309 〈자매〉의 공연 사진[138]

다. 왼쪽 여성은 안방으로 들어가려는 순간에 바깥에서 들어온 남자를 바라보게 된 것으로 여겨진다. 세 명의 여인과 좌측의 남자는, 우측 사랑 쪽에서 입장하는 신사 차림의 남자를 바라보고 있다. 나머지 사람들은 신사복 차림 남자의 등장에 대해 어떠한 방식으로든 반응을 보이고 있다.

이러한 정황은 〈자매〉의 한 장면을 연상시킨다. 신사복 차림의 남자로 인해 집안사람들이 모두 긴장해야 하는 장면이 단 하나이기 때문이다. 이 장면을 논구하기 이전에, 위의 장면에서 드러나는 특징을 더욱

---

138 유치진, 〈자매〉, 『조광』(9~11), 1936년 7~9월,
　　https://encykorea.aks.ac.kr/Contents/Item/E0047905#modal

세부적으로 살펴보자.

무대 가운데 마루 위에 앉은 사람은 쪽 찐 머리를 한 여인으로 일견해도 제법 나이 든 인상이다. 이 여인은 한쪽 무릎을 세워서 마루에 앉아 있는데, 이러한 앉는 자세는 과거에 위엄 있는 대갓집 마나님이 즐겨 취하는 자세에 해당한다. 이러한 인물 차림과 자세는 앉아 있는 여인이 〈자매〉의 조 씨임을 시사한다.

조 씨 옆에 서서 몸을 반쯤 돌린 이는 젊은 여성으로 근처에 있는 방으로 들어가려는 태도를 취하고 있다는 점에서, 신사복 차림의 남자를 은근히 경계하고 멀리하려는 심정을 표현한다고 하겠다. 비록 그녀는 신사복 차림의 남자를 향해 시선을 향하고는 있지만, 고개를 돌려 시선만 향하고 있을 따름이지 몸의 방향은 그 반대편 방으로 향한 채 언제든지 들어갈 채비를 갖춘 듯하다.

무대 하수 부근에 바지를 입고 다리를 벌려 앉아 있는 이는 남녀 성별이 정확하게 구분되지 않는 상태이다. 그러나 극적 정황을 고려할 때 남자로 여겨지며, 그 역시 상수 방향의 남자를 쳐다보고 있다는 점에서 남자의 등장을 주목하는 상황이다.

이러한 정황은 3막에서 강 주사의 등장 정황과 정확하게 일치한다.

榮道   걱정 말어라. 오방울이란 눔이 아모리 배ㅅ가죽이 두텁다기로서니
        없는 돈을 어떻게 받어내겠니?

(姜主事 登場. 다른 때와 달러서 유난히 점쟎은 態度다 정숙은 姜이 들어오는 것을
보고 건넌房으로 避한다)

姜主事  영감 어듸 가셨어요? 사랑에 가보았더니 불이 꺼져 컴컴하더군요.

그래서 이렇게 안으로 들어왔읍니다. 그리 압시요.

趙氏 오방울이 너도 인제 인사 채릴 줄을 알았구나.

姜主事 누가 농담하러 다니는 줄 압시우? 난 일이 있어 왔수. (문서를 내놓으며) 어쩔테야요? 오늘이 추석입니다. 추석까지 허신댓지오?(강조: 인용자)

하수 방향에서 등장하여 서 있는 남자는 강 주사이고, 그가 들고 있는 것은 차용증서이다. 그 강 주사를 피해 방으로 들어가려는 여인이 정숙이고, 마루에서 강 주사에게 제법 친근한 어조로 말을 붙이는 이는 나이 든 조 씨이다. 강 주사로부터 모욕을 받았다고 믿는 정숙은 그를 피하고, 이러한 정숙의 태도에 더욱 자괴감을 느끼는 강 주사는 재력을 과시라도 하듯 점잖은 차림으로 단장하고 있다.

3막에서 강 주사의 등장은 은호의 집안이 겪는 결정적 위기이자, 이 작품의 중심 사건이다. 과거 '씨종'의 아들이었던 강 주사(오방울)가 옛 상전인 은호의 집을 핍박하여 막대한 수익(고리대금업)을 획득하고, 과거에 받았던 천대를 현재의 권세로 갚는 보이지 않는 복수의 의미까지 담고 있기 때문이다. 이로 인해 김은호 집안사람들은 자신들의 몰락을 인정하지 않을 도리가 없어진다.

현재 남아있는 공연 사진은 〈자매〉의 핵심 사건이자 궁극적인 주제를 압축하고 있는 사진에 해당한다. 이 사진에는 유치진이 이 작품을 통해 보여주고자 한 시대의 전환이 녹아 있고, 구 지배층과 신흥 주도층의 역전이 여백에 포착되어 있다. 김은호로 대변되는 지난 시대의 영광과 부는 사라져 그의 자식인 두 딸은 현실 부적응 상태로 남겨져 있고 가문의 몰락을 목전에 둔 상태이다.

한편 예전에는 하층 계급에 불과했던 오방울은 각종 사업과 고리대금업 그리고 시대에 영합하는 능력으로 몰락한 구 지배층을 대신하는 신흥 부호이자 주도 계층으로 성장하고 있다. 신사복 차림으로 들어와 당당히 자신의 몫을 챙기는 냉철한 장사꾼이며, 몰락하는 주인 집안을 지그시 쳐다보며 달라진 위상을 내보일 줄 아는 전략가이기도 하다.

〈자매〉가 발표되는 1930년대는 그러한 오방울과 신흥 부호의 시대였고, 그들 곁에는 필연적으로 몰락의 길을 가는 그 이전 시대의 상징인 은호와 두 딸이 존재하고 있다. 결국, 두 부류의 인간 군상은 20세기 전반에 조선 사회를 뒤흔든 근원적인 차이였는데, 〈자매〉는 3막에서 이러한 차이를 구현하고자 했다. 위의 사진은 3막이 구현한 차이를 순간적으로 포착했다는 의의를 지닌다. 그러한 측면에서 위의 사진은 〈자매〉가 구현했던 시대의 변화와 작가의 집필 의도를 압축한 공연의 마지막 표정이라 하겠다.

## 8) 〈호상의 비극〉의 기획과 김일영의 계획

지금까지 번역극으로서 〈호상의 비극〉은 한국 연극사에서 거의 언급되지 않은 작품이었고, 극예술연구회 공연작이었음에도 관련 연구에서 제대로 다루어진 적이 없는 희곡이었다. 물론 〈호상의 비극〉의 공연 현황에 대해서도 알려진 바가 거의 없다. 따라서 〈호상의 비극〉의 공연 현황과 함께 희곡 내용을 고찰할 필요가 대두된다고 하겠다. 더구나 〈호상의 비극〉이 공연 예정작으로 선정된 제11회 공연은 극예술연구회 공연사에서 중요한 위치를 차지하는 공연이기도 했으므로, 이에 대한 세심한 접근이 요구된다고 하겠다.

이러한 고찰과 접근을 위해서는 정기공연의 상황에 대해 파악할 수 있는 정보를 확보해야 하고, 공연 대본의 내용을 종합적으로 통합할 수 있어야 한다. 극예술연구회 정기공연 관련 자료는 전반적으로 충분하지 못한 상황이다. 하지만 다행스럽게도 〈호상의 비극〉의 공연 대본으로 활용된 김광주 번역 희곡과 제11회 정기공연 장치가(무대디자이너)였던 김일영의 무대디자인 그리고 부민관 공연 당시 무대 정경을 포착한 사진이 남아 있다. 이러한 자료를 활용하면, 불가능하게 보였던 제11회 공연 당시 〈호상의 비극〉의 공연 현황을 재구할 수 있다. 그러면 〈자매〉에 이어서, 〈호상의 비극〉의 무대디자인부터 살펴보자.[139]

그림310 〈호상의 비극〉의 무대디자인[140]

그림311 〈자매〉의 무대디자인[141]

---

139 〈호상의 비극〉의 무대디자인과 김일영의 활동에 대해서는 다음의 논문을 참조했다 (김남석, 「〈호상의 비극(湖上的悲劇)〉의 공연 상황과 무대디자인의 효과에 관한 연구」, 『한국전통문화연구』 25호, 전통문화연구소, 2020, 188~203면 참조).

140 「사진(상)은 〈호상(湖上)의 비극(悲劇) 하(下)는 〈자매(姉妹)〉」, 『동아일보』, 1936.5. 27, 3면.

김일영의 무대디자인은 '무대 위에 완연한 큰집 한 채'를 짓는 것에 주안점을 두고 있다.[142] 이것은 〈호상의 비극〉과 함께 공연되었던 〈자매〉에도 공통으로 적용되는 무대디자인 기본안이었다. 제11회 공연 전체의 무대디자인이 김일영에게 맡겨졌기 때문에, 동시에 공연된 두 작품 사이의 연계와 통합적 이미지는 어느 정도 감수할 수밖에 없었다.

같은 지면에 나란히 제시된 〈호상의 비극〉과 〈자매〉의 무대디자인은 일맥상통하는 측면이 존재했다. 마루 혹은 거실을 중심으로 좌우에 무대 공간을 꾸민 점이나, 두 배경 모두 저택을 보여주어 영화롭던 시절(일종의 전사)을 상징하려 한 점 등이 그러하다. 〈자매〉와 〈호상의 비극〉의 여주인공이 결혼하지 못한 신상 내력을 지닌 점을 무대디자인으로 보여주려 했다는 점도 공통점이다. 김일영은 무대디자인 단계에서 〈자매〉의 오동나무와 〈호상의 비극〉의 호수를 강조하여 그녀들의 불우한 처지와 비운의 운명을 무대장치로 설명하려 한 것이다.

결과적으로 〈호상의 비극〉의 '큰집' 디자인에서 가장 눈에 들어오는 것은 실내 풍경이 아니라, 무대 오른쪽(객석에서 바라볼 때)에 마련된 호수 풍경이다. 호수의 표면이 빛나고 있고, 그 너머에는 산의 형상도 드러나 있다. 작품 내용상 호수에 면한 저택 일부가 공간적 배경으로 요구되었기 때문에, 김일영의 위와 같은 디자인이 생성될 수 있었다.

---

141 〈자매〉의 무대디자인은 〈호상의 비극〉과 동일 지면에 제시되었다.
142 「극연 공연을 앞두고(1) 달빛이 호수에 비쳐 물결이 반작인다」, 『동아일보』, 1936.5. 27, 3면 참조.

### (1) 호숫가 저택 무대디자인의 유사성과 동시대성

김일영의 상상력은 번역 텍스트(공연 대본)에 의거한 것이기는 하지만, 동시대의 다른 디자인과 전혀 무관한 것은 아니었다. 이러한 김일영의 디자인과 매우 흡사한 무대디자인이 1930년대 중후반에 존재했기 때문이다. 비록 시기적으로는 다소의 차이는 있지만, 동양극장 청춘좌 〈외로운 사람들〉은 호수가 무대 배경으로 포함된 작품이었다(1937년 7월 공연작). 비록 세부적으로는 다소의 차이가 나타나지만, 호수가 있는 풍경에 면하여 별장(저택)이 서 있는 풍경의 구도도 매우 흡사하다.

그림312 **동양극장 청춘좌의 〈외로운 사람들〉**(무대 사진)[143]

이운방 작 〈외로운 사람들〉의 무대디자인은 당시 '무대장치의 호화 웅대함'으로 주목받은 무대디자인이었다.[144] 관련 무대 사진은 기본적

---

**143** 「청춘좌소연(靑春座所演) 〈외로운 사람들〉 무대면(동양극장에서)」, 『동아일보』, 1937.7.9, 6면.
　　 https://newslibrary.naver.com/viewer/index.nhn?articleId=1937070900209
　　 106008&editNo=2&printCount=1&publishDate=1937-07-09&officeId=000
　　 20&pageNo=6&printNo=5697&publishType=00010
**144** 「청춘좌 소연 〈외로운 사람들〉의 무대면」, 『동아일보』, 1937.7.9, 7면 참조.

으로 김일영의 무대디자인과 유사한 특징을 내보이고 있다. 전술한 대로 호수가 무대 배경으로 틈입하여 관객들에게 그 존재감을 드러내는 무대 정경이 그러하고, 호수 너머 산의 형상이 드러나도록 하여 원근감을 책정하도록 배치한 구도 역시 그러하다.

세부적으로 유사한 측면도 적지 않다. 돌출한 기둥을 활용하여 처마를 집 바깥으로 끌어내어 호수 풍광과 잇대어 놓은 점과, 그 처마 아래로 회랑을 설치하여 호수와 집을 잇는 통로를 가시화한 점도 그러하다. 비록 호수를 입체적인 형상으로 무대 위에 펼쳐놓을 수는 없었지만, 그 호수를 배경화로 구현하여 최대한 물리적 입지점과 그 의미를 함께 드러내려고 한 점이 또한 그러하다.

차이점도 꼽을 수 있는데, 공간적 배경 속에서 활동하는 배우들의 연기 공간이 〈호상의 비극〉에서는 주로 거실을 중심으로 할당되었지만, 〈외로운 사람들〉의 경우에는 실내 공간의 활용이 불가능해 보이도록 설계되었다. 〈호상의 비극〉의 주요 공간이 방이고, 그 방에서 호수로 나가는 동선이 필요했기 때문에, 실내 공간이 중요했다고 보아야 한다. 반면 〈외로운 사람들〉은 집과 호수가 모두 배경으로만 역할을 할 수 있어야 했던 공연으로 보인다.

이러한 공통점과 차이점은 〈호상의 비극〉이 지닌 공연작으로서의 특징과 면모를 상기시킨다. 〈외로운 사람들〉의 실제 무대장치는 실외 공간을 중점적으로 부각하는 반면, 〈호상의 비극〉의 무대디자인은 실내 공간을 주 연기 공간으로 상정하고, 그 공간에 인접한 호숫가의 정경까지 포함하려는 의도를 드러내고 있다.

## (2) 〈호상의 비극〉의 공연 현황과 무대장치의 실제

김일영에 의해 시각적으로 제시된 〈호상의 비극〉의 디자인 의도는 다음과 같은 무대 형상으로 구현되었다. 다음 사진은 〈호상의 비극〉 공연 장면을 포착한 사진으로, 일종의 무대 사진에 해당한다. 이 사진을 통해, 〈호상의 비극〉의 실연(공연) 상황을 다층적으로 재구할 수 있다.

그림313 **부민관에서 공연된 제11회 정기공연 중 〈호상의 비극〉**[145]

〈호상의 비극〉의 공간적 배경은 '호반湖畔에 잇는 왕장王莊의 침실寢室'이다. 위의 사진은 그러한 침실을 무대에 재현한 무대 풍경을 포착하고 있다. 그래서 무대 위에는 침대로 보이는 가구가 무대 왼쪽 방향(객석에서 바라볼 때)에 놓여 있고, 그 맞은편(중앙, center)에 소파가 위치하고 있다. 이러한 방 구조는 일반적인 침실의 외형을 재현한 결과이다.

---

**145** 「극연 공연 초야」, 『동아일보』, 1936.5.30, 6면.

호반에 있는 왕장의 침실 모든 설비가 정돈(整頓)되었고 서재(書齋)가 아름답고 깨끗하게 걸려 있으며 일면은 호수에 임하였고, 왼편은 무성한 가산으로 통하고[146]

무대 지문에는 "모든 설비가 정돈되었고 서재書齋가 아름답고 깨끗하게 걸려(걸려) 있"도록 지시되어 있다. 즉 내부는 정갈해야 하며 침실 내에 서재가 함께 마련되어 있어야 했다. 위의 무대 사진에는 서재의 일단이 오른쪽(객석에서 볼 때) 방향 벽 모퉁이에 설치되어 있다.

작품 예제 게시　　벽과 침대　　무대 중앙 소파　　서재를 상징하는 책장　　서재와 호수 사이(출입구)　　낭하　　호수(가)

그림314 **부민관에서 공연된 제11회 〈호상의 비극〉의 사진 분할**[147]

특히 서재를 겸한 침실은 다음과 같은 지리적 특징도 구현해 내야 했다.

일면은 호수에 임하였고 왼편은 무성(茂盛)한 가산(假山)으로 통하고 바른편은 낭하(廊下)에서 들어오는 입구가 되어 있다.[148]

---

146　전한(田漢), 김광주 역, 〈호상의 비극〉, 『조선문단』, 1935.8, 73면.
147　「극연 공연 초야」, 『동아일보』, 1936.5.30, 6면.
148　전한(田漢), 김광주 역, 〈호상의 비극〉, 『조선문단』, 1935.8, 73면.

무대 지문상으로는 서재의 '왼편'에 가산이 있고, '바른편'에는 낭하로 통하는 입구가 설치되어야 한다고 지정되어 있다. 그런데 무대디자인과 실제 공연 사진에서는 호수가 무대 오른쪽에 배치되어 있고, 침실에서 통하는 문과 잇닿아 있다.

무대디자인에서는 낭하로 통하는 문(출입구)이 표시되어 있는 것처럼 보이지만, 실제 무대장치에서는 문보다는 틈에 가까운 통로가 설정되었다. 그 통로로 나가면 호수에 면한 회랑이다. 그러니까 서재(침실)/출입문(틈)/낭하/호수의 순서로 무대 오른쪽 영역이 꾸며져 있는 것이다.

그림315 〈호상의 비극〉의 무대 사진(좌)과 무대디자인(우)

하지만 실제 무대는 오른쪽 영역house right에서 상당히 조잡한 인상을 풍기고 있다. 애초 무대디자인에서 제시된 이미지에 비해, 기둥의 역할이나 그 기둥을 거쳐 비스듬히 뻗어내린 처마 선의 곡선 내지는 호수/산의 어우러진 풍경이 유려하게 구현되지는 못했기 때문이다.

무대 벽은 경직되어 있어 호수와의 연계점을 찾는 데에 적지 않은 불편함을 안겼고, 기둥과 처마는 그 실체를 파악하기 어려울 정도로 간략하게 제작되었으며, 낭하와 호수 수면은 밝기나 질감의 측면에서 큰 차이를 보이지 않아 시각적으로 구별하기가 쉽지 않았다. 가산 혹은 배경으로서의 산도 무대에서 실현되지 않은 것으로 보인다. 아마도 호수 수면이 무대에서 배경화(걸개그림)를 통해 재현되는 일반적인 방식에 변화를 주려고 한 것으로 보인다. 실현된 무대만 본다면, 호수(수면)은 무대 바깥off stage에 존재하는 자연으로 상정한 듯한 인상마저 전한다. 자연스럽게 가산을 구현할 시각적 오브제가 마련될 여지가 줄어들 수밖에 없었다.

### (3) 물리적 재현에서 조명의 협연을 통한 무대 재현

이러한 무대 형상화 작업만 놓고 본다면, 무대디자인(위 우측 사진)을 통해 제시했던 집(서재)과 벽과 회랑과 호수와 산이 어우러진 풍경은 상당히 생략되거나 간략하게 처리된 인상이다. 그래서 자연을 물리적/시각적으로 재현하는 작업은 변화될 수밖에 없었고, 대신 극 서사의 전개와 함께 호반의 설정이 다른 효과를 통해 재현되도록 하는 수법이 고안된 것으로 보인다.

또 〈호상의 비극〉에서는 비 오는 소리 바람 소리가 끄치자 밝은 달이 나타나고 호수물이 그 빛을 받아 출렁거리는 듯 반작이도록 한 것으로서 이것은 장치가와 조명가가 새로 고안해 내인 것이라 합니다. 만일 조선에도 '에펙트－마신'이 잇다면 이런 것쯤은 손쉽게 될 것이지마는 그러한 기게가 없는 조선에서 그와 같은 효과를 내이게 된 것은 순전히 기술과 두뇌로서 맨들어 낸 것이라 합니다. 무대

저편에 호수가 보이고 그 호수에 달빛이 비치어 물이 반작이는 광경을 상상만 하여

보십시오, 얼마나 신기하고 시원스러울 것인가…….[149] (강조 : 인용자)

위의 글은 개막 이전에 해당 작품에 대한 광고 효과를 다분히 노리고 있다. 그럼에도 이 글에서 묘사하고 있는 정경은 주목되지 않을 수 없다. 위의 글에서 찬사를 보낸 대로, 비 오는 소리나 바람 소리가 그치고 난 후 밝은 달과 호수의 반짝거림을 무대에서 표현해 내기 위해 도전하는 작업은 결코 간단한 작업이 아니기 때문이다. 효과 장치가 충분하지 않은 상황에서 '호수에 달빛이 비치어 물이 반짝이는' 효과를 얻으려 했다는 점도 가벼운 상상력의 소산이 아니었다.

무대 미술가는 기존의 무대장치처럼 배경화나 막연한 도구로 호수를 표현하는 데에 한계가 있다는 점을 인식한 것으로 보인다. 그래서 세트나 오브제를 통한 물리적이고 시각적인 재현보다는 조명과 반사를 통해 해당 효과를 구현할 방안을 찾는 것에 집중했다. 특히 이전에 중요하게 여기지 않았던 조명가(조명 디자이너)와 협력을 고안 시행했다는 점은 주목되는 사안이 아닐 수 없다.

김일영은 장치가의 글을 통하여, 〈호상의 비극〉에서 '될 수 있는 대로 장치에 대한 지식이 전연 없는 관객이라도 한눈에 곧 이해할 수 있는' 무대디자인을 실연하는 데에 초점을 두었으며, 〈자매〉와는 '의식적으로' 다르게 보이도록 무대 전체를 실내로 꾸미지 않으려 했다고 밝힌 바 있다.[150]

---

149 「극연 공연을 앞두고(1) 달빛이 호수에 비쳐 물결이 반작인다」, 『동아일보』, 1936.5. 27, 3면 참조.

그림316 〈자매〉의 공연 사진[151]

　〈자매〉의 구현된 무대를 보면 이러한 차이는 평범하지 않게 여겨진다. 김일영은 당초 디자인과 달리 〈자매〉의 실연 무대를 대갓집의 내부 공간으로 꾸미고자 했고(담이나 오동나무는 생략), 비록 무대 전체가 실내는 아니었지만 내정內庭의 정취를 자아내는 작업을 소홀히 하지 않았다. 이 과정에서 벽과 지붕 그리고 창과 문의 형식을 조율하여 현대적인 이미지를 가미하는 작업을 추가했다.

　하지만 〈호상의 비극〉에서는 이러한 효과를 덧입히지 않았다. 그것은 일반적인 침실과 호수가 맞닿아 있는 풍경을 그려내어 일반 독자들도 쉽게 이해할 수 있도록 하려는 의도 때문이기도 하지만, 물(호수)의 형상화 과정에서 물리적 실체를 사용하는 방식을 지양하고자 하는 내심 때문이기도 했다. 조명을 통해 달과 물의 조화를 그려내기 위해서는, 오히려 방해가 될 수 있는 물리적 오브제의 나열을 축소하는 데에 주력

150　김일영, 「장치자로서의 말」, 『극예술』 4호, 1936.5, 13~14면.
151　유치진, 〈자매〉, 『조광』(9~11), 1936년 7~9월.

했다고 볼 수 있다. 그 덕분에 무대장치는 평범하고 초라하기까지 했으나, 조명과 어우러진 이미지 조합에 도전할 수 있었던 것으로 판단된다.

이러한 김일영의 태도는 이 작품을 대하는 기본적 태도에 해당하는데, 번역극(작품)으로서의 생소함을 강조하지 않고자 하는 태도가 두드러진다. 그러면서 원작에서 말하는 실내와 호수의 공간적 이중성을 존중하려는 견해 역시 포함하고 있다. 이 작품에서 손님이 묵는 방과, 그 방에 잇닿아 있는—통로를 통해 연계되는—호수는 등장인물의 동선과 사건의 시간 차를 구현하는 중요한 배경으로 작용하고 있다.

이러한 호수의 풍경은 원작 희곡에서부터 연원하는데, 극작가는 작품의 도입부에서부터 호수의 모습을 인상적으로 드러내기 위하여 애쓰고 있다.

> 탁상(卓上)에는 음식(飮食)이 버려진 채로 있다. 막이 열릴 때 실내 전부는 처참(悽慘)할만치 어둠에 쌓였고 오직 바람이 '커—텐'을 흔들어 호상의 미광(微光)을 엿볼 수 있을 것이다. 비 소래가 주—ㄱ 주—ㄱ 들린다. 한참 있다가 노복이 바른손에는 양초를 들고 왼손에 채반(菜盤)을 바쳐 들고 몽매(夢梅)와 그 아우를 이끌면서 서서히 등장한다.[152] (강조 : 인용자)

탁자 위에 음식이 버려져 있는 상태에서 무대는 매우 어둡게 묘사되고 있다. 이 어둠이 더욱 어둡게 느껴지는 이유는 호수의 미광微光 때문이다. 바람이 커튼을 흔들어 방 밖의 빛을 끌어들이면, 방안에 침잠해

---

**152** 전한(田漢), 김광주 역, 〈호상의 비극〉, 『조선문단』, 1935.8, 73면.

있던 어둠이 갈라지면서 흐릿한 인상들이 드러나기 때문이다.

어둠의 효과를 제공하는 것이 호수의 미광인데, 이로 인해 공연이 시작되기 이전부터 무대 위에 호수가 존재한다는 사실이 공인될 수 있어야 했다. 바꾸어 말하면 호수는 미광으로 미학적 존재감을 드러낼 수 있어야 하고, 방 안에 있는 어둠을 뚫고 자신의 이미지를 전달하는 일종의 상징으로 표출될 수 있어야 했다.

앞의 신문 지면에서 "〈호상의 비극〉에서는 비 오는 소리 바람 소리가 끄치자 밝은 달이 나타나고 호수물이 그 빛을 받아 출렁거리는 듯 반작이도록"했다는 효과는 바로 1막의 도입부에서 삽입된 효과를 가리킨다. 관객들은 빗소리를 들으면서 어둠을 바라보고 있다가, 바람에 의해 커튼이 흔들리면서 그 사이로 보이는 빛에 주목하게 된다.

하늘에 달이 떠서 빛을 뿌리고 있고, 호수의 수면이 그 달빛을 반사하고 있는 광경을 그려내는 일은 〈호상의 비극〉에서 중요한 무대 작업일 수밖에 없었다. 그러기 위해서는 호숫물에 반사된 작은 빛들이 방안으로 침투하여 어둠을 깨고 그 자리에 호수의 존재감을 실어나른 효과가 필요했다. 장치가 김일영과 조명가 이상남은 어둠과 빛의 상호 교섭을, 비와 바람 소리와 함께 어울리도록 배치하고자 했다. 어둠과 빛의 교란과 간섭을 유도하고, 빗소리 바람 소리와 연계하여 인상적인 시청각 이미지를 구현하는 무대 효과를 생성하는 데에 무대장치의 사활을 건 셈이다. 이러한 성과는 극예술연구회가 지닌 약점 중 하나였던 무대기술의 부진을 극복할 새로운 방안을 시사했다고 할 수 있다.

### (4) 〈호상의 비극〉 무대디자인과 효과

제11회 정기공연은 처음부터 기대가 큰 공연이었다. 제9회와 제10회 공연을 통해 흑자 운영과 대극장 사용 그리고 관객 동원에 성공한 극예술연구회는 제11회 공연에 대한 기대를 감추지 못하고 있었다. 특히 실천부의 입장을 대변하던 유치진은 장막 희곡을 준비하며 작품 선정과 공연 체제에 변화를 가미하고자 했고, 단막극 공연 작품(공연 예정작)도 참신한 소재와 전통적 주제로 무장한 〈산사람들〉이었기 때문에, 제10회 정기공연이 보여주었던 흥행적 성공을 넘어 미학적 성취까지 이룩할 수 있는 공연이 기대되었다.

하지만 검열은 많은 것을 바꾸어 놓았다. 단막극 〈산사람들〉의 공연은 무산되었고, 극예술연구회는 되도록 신속하게 대체 작품을 골라야 하는 진통을 떠안게 되었다. 그러면서 창작극 예제에 변화가 가해졌고, 제10회 공연에 이어 창작극 일변도 공연이 무산되었다. 분명히 이 시기(1936년)의 극예술연구회는 신방침 이후 새로운 운영 목표를 취하고 있었지만, 대체 작품을 고르는 과정에서는 신방침보다는 예의 신극 수립의 기치가 더 강하게 작용하여 외국극 선호 의견이 강해진 것으로 풀이된다.

당시 상황은 매우 복잡했다. 새로운 공연 대체 작품으로 다양한 조건이 요구될 수밖에 없는 상황이었다. 공연작 취소 결정을 유도했던 검열을 신경 쓰지 않을 수 없었고, 대중적인 면모도 감안하지 않을 수 없었다. 더구나 기존 공연 콘셉트를 크게 변경하지 않으면서도(장막극+단막극의 1일 2작품 체제), 공연 제작상의 부담을 줄일 수 있는 작품이 요구되었다. 그 결과는 한 번도 공연되지 않았던 중국 희곡(〈호상의 비극〉)으로 낙착되었다. 중국 문학 연구자가 없었던 극예술연구회로서는 미답의 영역이었던 중국 근대 희곡을 공연할 수 있다는 장점과 함께, 이미 번역 대본이 공개되어 있다는 이점도 간과할 수 없었다. 게다가 〈자매〉에 출연 예정이던 배우 중 베테랑 배우들만으로도 〈호상의 비극〉 출연진을 꾸릴 수 있었다.

처음부터 제11회 정기공연 무대 책임자(장치가)로 선임되었던 김일영이 바뀐 작품에 대한 무대디자인을 내놓았고, 이를 현실에 맞게 변형하여, 〈호상의 비극〉은 무대화에 진입할 수 있었다. 함께 공연된 〈자매〉가 3막에 이르는 대작이었지만, 무대장치(세트)가 단일하였기 때문에, 무대장치 제작에는 여유가 있었을 것으로 보였다. 하지만 김일영이 실현한 〈호상의 비극〉의 무대장치는 섬세하거나 미학적으로 새로운 것은 아니었다. 적어도 무대 위에 실현된 세트나 대소도구 등이 그러했다. 남아 있는 공연 사진을 보면, 창의적이었던 〈자매〉의 무대디자인에 비해 극히 소박하고 심지어는 조잡해 보이기까지 하는 무대장치로 구현되고 말았다.

대신 김일영은 새로운 미학적 전환을 도모하고자 했던 것으로 확인된다. 그것은 조명을 이용한 호수 이미지의 광학적 창출로 요약될 수 있겠다. 하늘에 달이 뜨고 그 조명에 부딪혀서 어둠이 깨지면 그 사이로 반짝이는 물결의 이미지가 무대에서 효과로 나타날 수 있도록 유도한 것이다. 해당 이미지와 상황에 대한 시각적 증거(가령 사진)는 남아 있지 않지만, 관련 기록은 이러한 광경이 종래의 것과 구별되는 신비한 이미지였다는 점을 증언하고 있다.

이러한 조명과의 협연은 무대에서 시각적 이미지의 새로운 면모로 간주될 수 있다. 〈호상의 비극〉이 내용상으로 사랑 이야기를 벗어나지 못했고, 작품 외적으로 관객들의 공감대를 살만한 역사적/환경적 요소를 함축하지 못했다고 할 때, 공연을 관람하는 관객들에게 신비하고 환상적인 광경을 드러내는 방식은 주목되지 않을 수 없다. 결국, 양몽매의 우울하고 감상적인 추억이나 평백미의 애상적인 애정관과 자살 행위가, 이러한 이미지의 도움으로 대중적 공감대를 형성하는 데에 기여하는 바가 제법 컸다고 보아야 한다.

무대화 작업은 환상적인 사연에 부합하는 무대 작업이었고, 이로 인해 〈호상의 비극〉은 동화 같은 순애보로 남을 수 있었다. 이러한 해석과 무대화 방식이 〈호상의 비극〉의 실체를 상당히 왜곡하는 결과를 낳았다고 해도, 검열과 무지 그리고 관객과 대립 속에서 치러진 제11회 공연에서는 어쩔 수 없는 한계이자 나름의 돌파구였다고 평가할 수 있겠다.


## 2. 극예술연구회의 무대미술가들

─ 김정환, 황토수, 정현웅 그리고 김일영

### 1) 김정환의 등장과 활동 사항

#### (1) 김정환의 이력

김정환金貞桓의 호는 문헌文軒이다. 1911년 7월 15일 서울시 종로구에서 태어났다. 주로 산 곳은 중구 회현동 2가 51번지였다. 어려서부터 미술에 남다른 재능을 드러내서 주위 사람들이 눈여겨보곤 했다. 그림

그리기 대회에서 여러 차례 최우수상을 탔고, 휘문고보를 다니던 시절에는 그 빛을 발하기 시작했다.[153]

김정환과 연극의 인연은 '극예술연구회'의 제1회 시연에서였다. 1932년 5월 7일부터 8일까지 조선극장에서 무대에 올려진 고골리 작 〈검찰관〉의 공연에서 김정환은 무대장치를 보조했다. 이원경의 주장에 따르면 당시 김정환은 '장차 미술 방향으로 진출하려는 꿈을 간직한 휘문고보의 동안의 학생'이었다고 한다(그러나 김흥우의 주장에 따르면 이 시절은 휘문고보 졸업 후라고도 한다).

당시의 기록을 보면, 스태프로 이 공연에 출연한 사람들은 다음과 같다. 연출 홍해성, 장치 김인규, 의상 최방식 등이다. 김정환이 맡은 분야는 조명이었다. 당시 관습에 따르면 조명을 맡으면서 무대장치도 도왔을 것으로 생각된다. 1935년 도일해서 일본미술대학교 응용미술학과에 입학했다. 그리고 2년 수료했다. 김정환은 훗날 1963년 예일대학 연극학부 1년을 수료하기도 했다.

### (2) 김정환의 본격적인 등장

무대미술가 김정환은 1934년 조선 유학생 신분으로 '학생예술좌'에 소속되면서 연극계에 그 이름을 알리기 시작했다.[154] 이후 그의 활동영역은 더욱 넓어졌고 1939년 6월부터 김정환은 동보東寶 영화사와 일본극장 그리고 동경극장 등에서 무대장치 및 제작을 맡았다. 1940년 3월

---

153 김정환에 대한 기본적인 상황은 다음의 글을 참조했다(김남석, 「소리없이 참여하는 연극」, 『예술원 50년사(1954~2004)』, 대한민국예술원, 2004, 653~657면 참조).
154 「동경에 조선인극단(朝鮮人劇團) '학생예술좌(學生藝術座)' 창립」, 『동아일보』, 1934. 7.18, 3면 참조.

에 귀국하여 조선연예주식회사 미술부장이 되었다. 그는 이후 조선악극단에서 악극의 무대를 꾸미는 일에 힘을 기울였다. 그가 훗날 창극, 오페라, 악극 등의 다양한 무대미술을 선보일 수 있었던 것도 따지고 보면 이때의 경험에서 비롯되었다.

그의 다양한 재주는 의상에서도 나타나고 있다. 조택원의 공연에서 김정환은 의상을 고증하고 만든 적이 있었다.

김정환은 1944년 11월 조선연극협회 미술부 심의원을 역임했다. 1945년 8월에는 조선연예주식회사에서 물러났다. 서울 무대장치 제작소에서 그의 전근을 고대하고 있었기 때문이었다. 광복 이후 서울에서 서울 무대장치 제작소장이 되었다. 1947년 한국무대예술원에 관여했고, 신협에도 가입하였다. 1949년 4월부터 중요한 국공계 단체장들을 역임하면서 나름대로의 실력을 쌓아갔다. 그리고 1950년 국립극장 무대 과장이 되었다.

과거 극단 고협에 관여한 후에 〈빙화〉, 〈무영탑〉, 〈해당화 피는 섬〉 등의 장치를 맡았고, 예원좌·약초악극단·반도악극단 등에서 악극 및 무용극의 장치를 담당했다. 창작극 〈원술랑〉, 번역극 〈햄릿〉, 창극 〈춘향전〉, 오패라 〈춘희〉, 악극 〈흥부와 놀부〉 등에 무대미술로 참여하기도 했다.

극협은 1948년에 유치진 작, 연출의 〈대춘향전〉을 공연하였다. 이 작품은 외부의 요청에 의해 이루어진 것인데, 제작비까지 미 군정에서 조달했다. 캐스팅도 화려했다. 김동원과 김선영이 이몽룡과 성춘향으로 캐스팅되었고, 이화삼이 변학도, 복혜숙이 월매, 이해랑이 방자를 맡았다. 이러한 성공 요인을 간접적으로 지원한 것이 김정환이었다. 김정환은 환상적인 무대장치를 통해 늦겨울(2월 말)의 폭설에도 관객을 멈추지 않도록 만들었다.

### (3) 해방 이후의 활동과 권위자로의 격상

1950년 국립극장이 설립되면서 제1회 공연으로 유치진 작, 허석·이화삼 연출의 〈원술랑〉이 공연되었다. 40여 일 간 장기 연습 끝에 무대에 올려진 〈원술랑〉은 국립극장의 진가와 필요성을 과시한 작품이었다. 원술랑은 김동원이, 진달래는 김선영이 맡았고, 이외에도 박제행, 박상호, 전두영, 박경주, 황정순, 백성희 등이 출연하였다.

이 작품의 무대장치는 그 화려함으로 극찬되고 있다. 김동원의 회고를 빌리면 "무대장치는 당시 무대미술계 최고 권위자였던 김정환이 맡았는데, 그 세련됨과 웅장함이 이전의 다른 연극 무대들과는 비교가 되지 않았다. 어렴풋한 기억이지만 무대 어느 곳도 대충 꾸민 것이 없이 구석구석까지 공을 들인 완벽한 무대였다. 그렇게 정성을 들여 무대장치를 하다 보니 불미스러운 일도 생겼다. 효과를 담당했던 심재훈이 극 중 전쟁의 폭파 장면을 실감 나게 표현하기 위해서 무대에 장치를 설치하다가 재료로 썼던 마그네슘을 잘못 다르는 바람에 중화상을 입은 것이었다"[155]

김정환의 무대장치는 만전을 기해 공들인 것이었다. 그리고 그 무대장치를 더욱 완벽하게 손보기 위해서 애쓰다가 스태프가 다치는 사건도 발생했다. 이것은 무대장치에 대한 당시 사람들의 애착을 보여주고 있다.

---

155 김동원, 『미수의 커튼콜』, 태학사, 2003, 167~168면.

제2회 공연작은 〈뇌우〉였다. 이 작품은 〈원술랑〉을 능가하는 7만 5천 명의 관객 동원에 성공하면서 장안의 화제가 되었다. 〈뇌우〉가 관객들의 사랑을 받게 된 것에는 몇 가지 원인이 있다. 먼저 무대장치를 들수 있다. 명 무대미술가로 알려진 김정환이 무대장치를 맡아[156], 당시에는 상당히 파격적인 세트 디자인을 선보였다. 〈뇌우〉의 무대장치는 세트 뒤로 비가 내려 흘러내리는 스펙터클을 만들어 내었다. 무대 주변에 파이프를 설치하여 인공강우를 실현한 것이다.

이러한 장치는 획기적이었다. 〈뇌우〉는 더 큰 관심을 모았고, 재공연에 성공했다. 그뿐만 아니라 6.25 전쟁이 한창인 피난 시절에도 공연되었다. 당시 자료를 보면, 김정환과 〈뇌우〉 세트의 관련성이 짙게 나타나고 있다.

김정환은 1950년 당시 〈뇌우〉의 세트 디자이너로 지목되고 있는 인물이다. 당시 팜플렛에 강성범 장치로 되어 있지만, 당시 출연진은 김정환을 '비 오는 세트'의 창조자로 꼽고 있다. 그런데 1951년 8월 공연 광고에는 '김정환 장치'로 명기되어 있는 것이다. 지금으로서는 속단할 수 없지만, 증언을 참조할 때 김정환이 〈뇌우〉 세트를 만드는 데에 상당한 관련이 있음을 증빙하는 대목이라고 할 수 있겠다.

김정환은 6.25전쟁 발발 당시에는 피난을 떠나지 못했다가 1.4후퇴때 신협과 함께 피난을 떠났다. 거기서 신협과 많은 공연을 이어가게 되었다. 서울로 돌아온 후에는 주로 영화에 관심을 가졌다. 일제 강점기의 영화보다는 한 걸음 보편화된 영화적 풍토 속에서 김정환은 영화 세트

---

156 당시 공연팜플렛을 보면 '장치 강성범'으로 되어 있다. 당시 출연진인 백성희와 황정순의 증언을 참조하면, 무대장치와 세트 제작은 김정환이 했다고 한다.

를 제작하거나 의상, 소품 등을 고증하는 작업을 했다.

1954년 6월에는 서울대학교 미술대학 대우 조교수가 되었다. 이후 교육자의 길로 들어서 대학에서 실내장식과 구성, 소묘 등을 강의했다. 1956년에는 원각사 소극장 고증에 앞장서기도 했다. 또 필요한 건물과 공간의 실내장치를 하기도 했다. 그러다가 1960년 4월 동국대학교 연극학과로 전직했고, 그곳에서 유치진, 장한기, 이해랑 등과 함께 무대미술, 무대장치론, 조명론, 분장론, 무대종합기술론, 극장사 등을 강의했다.

### (4) 이해랑과의 교유와 말년의 평가

이해랑은 만년에 이동극장에 대한 연극적 신념을 갖추기 시작했다. 특히 정치적 참여가 있은 후에는, 연극인들과의 교유가 뜸해지고 그러면 그럴수록 이동극장의 필요성과 가능성을 점검하기 시작했다. 그때 이해랑을 도운 이가 김정환이었다.

내 나름의 구상을 대충 끝낸 후 장치가 김정환 씨와 상의, 그에게 이동무대의 디자인을 부탁했다. 이때 나의 구상 초점은 교통비, 숙식비를 최대한 줄인다는 것이었다. 이동생활처로 초대형 버스에다 침실, 식당, 분장실을 마련하고 차체 앞뒤에 2개의 문을 둬 버스와 간이무대를 직접 연결, 연기자의 등장, 퇴장이 버스내에서 이루어지도록 했다. 1일 2회 이동공연의 바쁜 일정을 맞추기 위해서는 무대 설명시간을 절약할 수 있게 고도의 능률적 설계가 필요했다. 플래트폼 무대를 나사조임으로 버스 지붕에디 적재시켜 뜬어내리는데 3분, 무대설명에 5분이면 충분했다. 과거의 순회공연 능력과는 비교가 안되게 무대의 기동력을 구비한 셈이다.[157]

이해랑의 이동극장은 성공적인 사례로 평가되지는 않지만, 연극의 돌파구를 마련하려 했던 의미 있는 시도로 기억된다. 그 장치를 김정환이 맡은 것이다. 김정환은 이해랑의 의도를 살펴 적당한 이동무대를 만들었고, 이를 통해 이해랑은 자신의 꿈을 어느 정도 현실화할 수 있었다.

김정환은, 연극이란 배우와 대본만 있으면 가능하다고 여겼던 한국 연극의 기본 인식을 벗어나게 한 한국 무대미술의 제1세대의 대표적인 인물로 평가된다. 그는 연극의 새로운 변화를 무대장치의 간소화가 아닌, 조명의 발달을 촉발하여 무대장치와 결합하는 것으로 파악했다. 무대장치에 속해있던 조명을 연극의 '새로운 이즘'을 달성할 수 있는 중요한 요소로 파악하고, 별도의 독자적인 분야로 독립하여 그 의의를 개척하고자 나름대로 시도한 것이다. 그의 관심은 극장 구조에까지 미쳤는데, 그 결과 공연 실제에서 회전무대와 중간막을 사용하도록 하는 성과를 낳기도 했다. 이처럼 김정환은 무대장치를 '미적 창조를 위한 인간의 광장'으로 인식한, 선구적인 무대장치가로 평가된다.


## 2) 극예술연구회에서 성장한 강성범

강성범姜聖範은 1933년 극예술연구회 회원으로 가입한 인물로, 최초 스태프로 그 이름을 올린 시점은 제3회 정기공연이었다. 1933년 2월 9일(~10일) 개치된 제3회 공연에서 무대장치는 유형목과 임학선이 맡았고, 강성범은 도구 제작을 담당했다.[158] 전후 사정으로 보건대, 무대디

---

157  이해랑, 「예술에 살다(54)」, 『일간스포츠』, 1978.7.19.
158  「문단인(文壇人)의 연극 금명 9, 10일 양일간 공회당 극연 제3회 공연」, 『동아일보』,

자이너로 유형목과 임학선이 활동하였고, 조이연, 김희창 등과 함께 강성범은 관련 도구를 실 제작하는 일을 맡았던 것으로 판단된다.

제3회 정기공연을 치른 해인 1933년, 강성범은 정식으로 극예술연구회 회원으로 참여하였다. 그리고 이듬해인 1934년 제6회 공연에서는 〈인형의 가〉의 조명을 맡아 참여하였다.[159] 그는 윤석중, 이석훈, 최영수, 신태선 등과 함께 새로운 회원으로 입회하였다.

1934년 4월 제6회 〈인형의 가〉 공연에서는 강성범이 조명 분야를 담당했다.[160] 당시 신문은 강성범을 '사계의 신진'으로 칭했으며, 그럼에도 '참신한 기교'를 보여줄 것이라는 기대를 표명하고 있었다.[161]

무대미술 분야와 조명은 밀접한 관련이 있어 종종 한 사람이 담당하거나 심지어는 그룹으로 조율하기도 하는데, 강성범은 무대디자인을 본격적으로 담당하기 이전에 이미 조명 분야에서 활동하는 이력을 누적하고 있었던 것이다.

강성범은 같은 해 12월 제7회 공연 〈앵화원〉에서도 조명(담당)으로 참가했다. 당시 『조선일보』에서 강성범의 담당은 조명으로, 장치는 송병돈으로 명기한 바 있다.[162] 이러한 기록에 근거하면, 강성범은 본격적으로 무대미술을 담당하기 이전에 조명 분야에서 실전 대응을 쌓았다고 할 수 있다.

이처럼 강성범은 극예술연구회 제1기 동안 주로 도구 제작, 조명 작

---

1933.2.9, 4면 참조.
**159** 「금야부터 극연 제6회 공연 7시 반 개막」, 『동아일보』, 1934.4.18, 3면 참조.
**160** 「금야부터 극연 제6회 공연 7시 반 개막」, 『동아일보』, 1934.4.18, 3면 참조.
**161** 「공연 일자의 박두로 극연회원 맹연습」, 『동아일보』, 1934.4.17, 3면 참조.
**162** 「시일, 장소 변경코 극연 맹연습 중」, 『조선일보』, 1934.11.16, 4면 참조.

280    조선 연극과 무대미술·II

업 등을 맡았다는 사실을 확인할 수 있다. 이러한 이력은 강성범이 이 시기에 완전한 의미에서 무대미술가로 대우받기보다는 무대디자인을 보조하는 스태프로 활동했다는 사실을 보여준다. 즉 강성범은 제1기 극예술연구회에서는 보조 무대디자이너로 활동한 셈이다.

강성범이 무대미술가로 정식 등장한 시점은 1935년 11월 제8회 정기 공연이었다. 강성범은 최영수, 허남흔과 함께 무대장치를 맡았다.[163] 당시 제8회 공연은 1일 3작품 공연 체제로 진행되었는데, 강성범이 장치를 맡은 작품은 쿠르트리느Georges Victor Marcel Moineau 작 〈작가생활보〉(1막)이었다.

그리고 그 이듬해 공연인 제9회 공연에서는 골스워디 작 〈승자와 패자〉의 공연에서 무대디자인을 맡았다.[164] 〈승자와 패자〉는 1936년 2~3월 동양극장에서 〈어둠의 힘〉 등과 함께 공연되었는데, 당시 메인 공연작이었다. 3막의 〈어둠의 힘〉은 정현웅이 장치를 담당했다. 강성범은 장기제 역, 유치진 연출의 〈승자와 패자〉(1막) 공연에서 장치를 담당했다. 이 공연은 강성범을 비롯하여, 정현웅 외에 허남흔이 참여하여 각각 한 작품의 장치를 담당했다.[165]

당시 〈승자와 패자〉의 무대디자인은 남아 있지 않으나, 연습 장면이 남아 있어 대략적인 동선을 알려준다.

극예술연구회는 1936년 6월 회원 이탈을 경험한다. 이때 맹만식, 송재노, 신좌현, 허전, 이상남, 전일검, 이광래 등이 탈퇴했다.[166] 그리고 7

---

163 「조선 신극의 중진(重鎭) 극연 제8회 공연」, 『동아일보』, 1935.11.14, 3면 참조.
164 「약진(躍進) 극연(劇硏)의 대공연 명일 오후부터 개막」, 『동아일보』, 1936.2.28, 4면 참조.
165 「약진 극연의 대공연 명일 오후부터 개막」, 『동아일보』, 1936.2.28, 5면 참조.

그림317 극예술연구회의 〈승자와 패자〉 연습 장면[167]

월 4일 정시총회를 통해 부서 정리와 임원 선출을 단행했는데, 이때 강성범은 이상남 등과 함께 미술부 임원으로 선출되었다.[168] 그 이후 강성범은 제15회 공연 〈풍년기〉(1937년 2월)를 비롯하여 극예술연구회 정기 공연에 적지 않게 참여한 바 있다. 1937년 10월부터 가시화된 극예술연구회 영화부 제작 〈애련송〉에서도 미술 담당자로 선임되기도 했다.[169]

강성범은 1937년 12월에는 새롭게 출범하는 '인생극장'의 창립 멤

166 김재석, 「극예술연구회 제2기의 번역극 공연에 대한 연구」, 『한국극예술연구』 46집, 한국극예술학회, 2014, 60면 참조.
167 「극연 회원의 〈승자와 패자〉 연습 광경」, 『동아일보』, 1936.2.28, 5면. https://newslibrary.naver.com/viewer/index.nhn?articleId=1936022800209 204008&editNo=2&printCount=1&publishDate=1936-02-28&officeId=000 20&pageNo=4&printNo=5478&publishType=00020
168 「동서남북」, 『동아일보』, 1936.7.7, 7면 참조.
169 「전발성8권물(全發聲八卷物)로 극연 회원 총출동」, 『동아일보』, 1937.10.29, 5면 참조.

버로 참여하였다. 인생극장에서 강성범은 장치부의 책임자로 취임했다.[170] 인생극장의 창단 기념작은 박화성 원작, 송영 각색, 박경직 연출의 〈백화〉였는데, 강성범은 장치(가)로 참여하였다.[171] 하지만 강성범의 인생극장 이력은 조만간 끝이 난다. 제1회 공연이 끝난 이후, 제2회 공연을 준비하던 중 인생극장의 단원들은 분쟁을 겪는데, 이때 강성범은 추민, 송재노, 김영옥, 박제행 등과 함께 극단을 탈퇴했다.[172]

강성범은 무대장치에 대한 남다른 애착으로 극예술연구회에 가입하였다. 그의 특기는 '흙냄새 풍기는' 디자인에 있었다. 이원경은 그의 대표작으로 〈포기〉의 무대장치를 꼽고 있다.[173]

강성범의 특별한 점은 그의 이력에서 찾을 수 있다. 극예술연구회의 무대디자이너들은 대부분 특별한 상황에서 정기공연에 가담하는 방식으로 연극 제작에 참여했는데, 강성범은 어릴 적부터 극예술연구회의 공연에 꾸준히 참여하면서 내적으로 실력과 경험을 쌓아나간 보기 드문 사례였다. 그래서 그는 처음에는 도구 제작, 조명 담당, 단막극 무대 제작(디자인) 등의 작업에 집중했고, 일정한 시점이 된 이후에 본격적인 무대디자이너로 참여하기 시작했다. 해방 이후 활동은 그러한 측면에서 본다면, 그는 극예술연구회를 기반으로 무대디자이너로 성장한 연극인이었다고 할 수 있겠다.

---

170 「연극인들이 뫼여 극단 '인생극장' 결성」, 『동아일보』, 1937.12.8, 5면 참조
171 「'인생극장' 초공연(初公演) 사극 〈백화〉를 상연」, 『동아일보』, 1937.12.14, 4면 참조.
172 김남석, 「1930년대 극단 '인생극장'과 '중간극'의 의미」, 『한국연극학』 49호, 한국 연극학회, 2013, 109~112면 참조.
173 이원경, 「장치가 강성범(姜聖範) 그의 급서(急逝)를 애도하며」, 『경향신문』, 1961.5. 25, 4면 참조.

### 3) 무대미술가 황토수의 흔적

〈버드나무 선 동리의 풍경〉의 무대미술가는 황토수黃土水였다.[174] 그가 최초로 극예술연구회 공연에 참여한 시점은 1933년 11월 무렵이었다. 당시 그는 제5회 정기공연의 무대디자이너로 참여하여, 〈버드나무 선 동리의 풍경〉을 비롯한 정기공연 작품의 무대장치를 담당하였다.[175]

유치진이 희곡 〈버드나무 선 동리의 풍경〉을 연재(분재)할 때에도 이러한 사항은 달라지지 않았으며, 이례적으로 강조되어 지면에 표기되기도 했다.[176] 사실 희곡 대본 분재 시 무대디자이너의 이름을 명기한다는 사실은 일상적이지 않다는 점에서 이러한 배치는 주목을 요한다.

그림318 **황토수 삽화의 『동아일보』 연재소설**[177]

황토수에 대해 거의 알려져 있지 않지만, 그의 흔적을 대략 발견할 수는 있다. 황토수가 신문 연재 시 삽화를 그린 흔적이 간헐적으로 발견

---

174 「극연의 대공연 금야 7시부터」, 『동아일보』, 1933.11.28, 3면 참조.

175 「극연의 제5회 공연 시일장소를 변경 28일부터 4일간」, 『동아일보』, 1933.11.19, 3면 참조.

176 유치진, 〈버드나무 선 동리의 풍경〉(1), 『조선중앙일보』, 1933.11.1, 9면.

177 이규희 작, 황토수 화, 〈외로운 사람들〉(1), 『동아일보』, 1938.3.15, 3면 참조.

되기 때문이다.

이러한 흔적으로 볼 때, 황토수는 미술계와 관련을 맺은 인물이다. 황토수의 흔적은 의외로 대만에서 발견된다. 대만 이름 황토수이黃土水, 1895~1930는 1920년대 대만을 대표하는 근대미술가 중 한 사람으로, 일본 '제전'에서 처음으로 입선한 전력을 지니고 있다.[178]

황토수 작 〈판퉁〉
(제2회 일본 '제전' 입선, 1918년)

황토수 작 〈감로수〉
(제3회 일본 '제전' 입선, 1919년)

그림319 **황토수이의 입선작**[179]

위의 조각(사진)은 황토수가 일본 제전에서 입선한 작품으로, 그가 대만의 공공미술(혹은 조각)에서 선구자적 위치를 차지하는 이유를 보여주

**178** 주수전, 「대만 초기 공공미술 연구」, 『미술이론과 현장』 8권, 한국미술이론학회, 2009, 164면 참조.
**179** 주수전, 「대만 초기 공공미술 연구」, 『미술이론과 현장』 8권, 한국미술이론학회, 2009, 164면.

는 사례라고 하겠다. 이러한 황토수가 〈버드나무 선 동리의 풍경〉에 무대미술가로 참여한 배경에 대해서는 명확하게 알려져 있지 않다.

심훈은 〈버드나무 선 동리의 풍경〉의 무대장치에 대한 평을 남긴 바 있다. 일단 이 평을 옮겨오겠다.

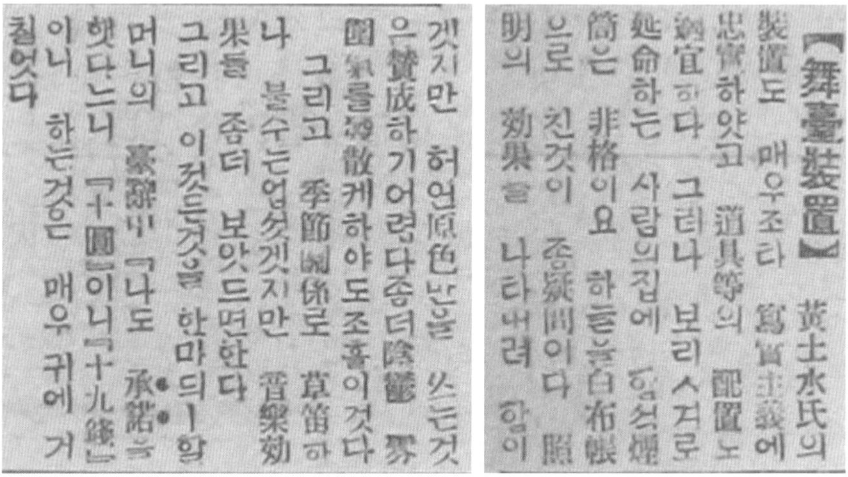

【舞臺裝置】 黃土水氏의 裝置도 매우조타 寫實主義에 忠實하얏고 道具等의 配置도 適宜하다 그러나 보리ㅅ거로 延命하는 사람의집에 함석煙筒은 非格이요 하늘을白布帳으로 친것이 좀疑問이다 照明의 效果를 나타내려 함이겟지만 허연原色만을 쓰는것은贊成하기어렵다좀더陰鬱雰圍氣를發散케하야도조흘이것다 그리고 季節關係로 草笛하나 불수는업섯겟지만 音樂效果를 좀더 보앗드면한다 그리고 이것든것을 한마듸ㅣ할머니의 臺辭中『나도 承諾을 햇단느니『十圓』이니『十九錢』이니 하는것은 매우 귀에 거칠엇다

【무대장치】 황토수 씨의 장치도 매우 조타 사실주의에 충실하얏고 도구 등의 배치도 적의(適宜)하다. 그러나 보리ㅅ겨로 연명하는 사람의 집에 함석 연통(煙筒)은 비격(非格)이요 하늘을 백포장(白布帳)으로 친 것이 좀 의문(疑問)이다. **조명의 효과를 나타내려 함이겟지만 허연 원색만을 쓰는 것은 찬성하기 어렵다 좀 더 음울(陰鬱) 분위기를 발산케 하야도 조흘이것다.** 그리고 계절 관계로 초적(草笛)하나 불 수 업섯겟지만 음악효과를 좀 더 보앗드면 한다.(강조 : 인용자)

그림320 **심훈의 무대장치 평**[180]

심훈은 두 가지 문제를 지적하고 있다. 하나는 함석 연통이 드러내는 이질감이고, 다른 하나는 백포장 하늘이 드러내는 무감정이다. 함석 연통은 사실감이 강조되어야 할 무대에서 비사실적이라는 점 때문에 수

180 심훈, 「극예술연구회 제5회 공연 참관기(완)」, 『조선중앙일보』, 1933.12.7, 3면.

정해야 할 문제로 상정되었다. 백포장은 조명의 효과를 살릴 수는 있지만, 하얀 원색이 '음울한 분위기'를 고조시킬 수 없다는 상징성 부족을 그 원인으로 들고 있다.

이러한 지적은 일면 타당해 보이지만, 그 자체로 배리를 이루기도 한다. 가령 사실감에 충실한 무대를 구현한다는 취지에 비추어 보면, 백포장 하늘이 문제가 될 것은 없기 때문이다. 극예술연구회의 무대장치가 현실감이 떨어지고 있다는 지적은 비단 〈버드나무 선 동리의 풍경〉에서만 나타나는 것도 아니고, 실제 무대 사진을 통해서도 확인되는 바이지만, 적어도 백포장 하늘이 사실감을 결여했다는 지적은 원칙적으로 통용될 수 없기 때문이다.

더구나 심훈의 논지는 백포장 하늘이 지니는 사실감의 결여가 아니라 상징성의 결여에 있다. 하지만 함석 연통의 경우(비판 논점)만 놓고 본다면, 그는 사실감의 부족을 초래하지 않은 백포장을 오히려 옹호해야 마땅하다. 그럼에도 백포장 하늘은 음울한 분위기를 제고하지 못한다는 이유로 문제적이라고 지적된다. 즉 사실적일 수는 있지만 무대에서 상징성을 제고시키지는 못한다는 뜻이다.

다시 풀어보자. 심훈의 지적에는 극예술연구회의 무대장치가 실제적으로는 사실성의 보강에도 큰 역할을 하지 못하고 있고, 상징성의 담보(분위기 연출)에서도 제 기능을 하지 못한다는 지적으로 풀이되어야 마땅하다. 이러한 문제점은 비단 〈버드나무 선 동리의 풍경〉에서만 나타난 것은 아니지만, 사실주의에 대한 견고한 믿음을 자랑하는 단체라고 할 때 의외로 심각한 문제였다고 할 수 있다.

극예술연구회의 무대디자인은 높은 수준이 아니었다. 토월회의 데뷔 무렵 무대에서 나타나는 놀라운 사실성을 간직한 경우도 아니었다. 그 원인은 일단 제대로 된 무대에서 공연하는 횟수가 줄었기 때문이다. 제3회 공연과 제4회 공연은 장곡천정 공회당에서 공연하는 바람에, 무대를 활용하여 연기하고 그 연기를 뒷받침할 디자인에 대한 집중도가 줄어들었다.

하지만 제5회 공연에서 나타난 문제는 이와는 다른 각도에서 생각해야 한다. 일단 조선극장이라는 정격 무대에서 공연했다는 점을 지적하지 않을 수 없다. 사실 조선극장이 공연 무대로서 최고의 환경을 갖추었다고는 할 수 없지만, 동시대의 주목받는 극장이었을 뿐만 아니라 무대 미술가들이 다양한 공연을 통해 익숙해진 극장이었다고 해야 한다. 그럼에도 〈버드나무 선 동리의 풍경〉은 높은 수준에 도달하지는 못했던 것으로 보인다.

다만 심훈의 지적을 통해, 몇 가지 특징을 역으로 추려낼 수는 있다. 일단 황토수는 백포장을 통해 사실성 이외의 요건을 무대디자인에 불어넣으려는 시도가 필요했다는 사실을 이해할 수 있다. 백포장의 적합성을 논의하기 이전에, 백포장을 통해 사실성만 재현하려 했던 무대디자인이 변모되어야 한다는 사실을 읽어낼 수 있다. 〈버드나무 선 동리의 풍경〉은 당대 농촌의 사실적 묘사에도 공을 들인 작품이지만, 이를 통해 사회(지역)의 모순과 병폐에 대해서도 폭넓게 생각하도록 유도하고자 한 작품이기 때문이다.

한편, 심훈은 실제로 개막한 직후 배우들의 움직임을 상찬한 바 있다. 심훈은 '막이 열닌 뒤에 할머니와 학삼의 대화'가 자연스러웠다고 칭찬했다. 사실 개막 직후에는 계순과 명선의 대화가 시작되고(계순의 일방

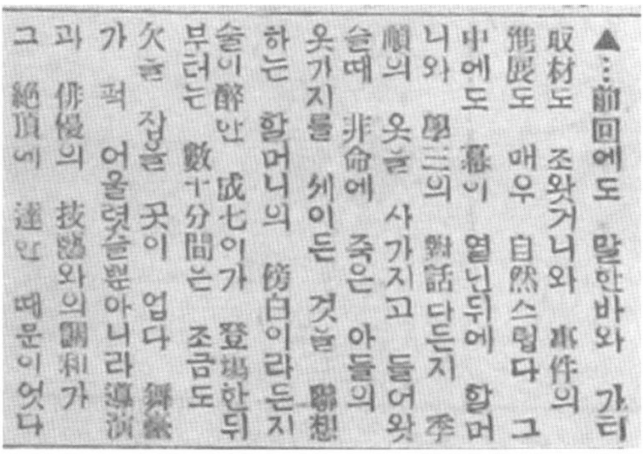
▲…前回에도 말한바와 가티 取材도 조왓거니와 事件의 進展도 매우 自然스럽다 그中에도 幕이 열닌뒤에 할머니와 學三의 對話라든지 季順의 옷을 사가지고 들어왓슬때 非命에 죽은 아들의 옷가지를 쉐이든 것을 聯想하는 할머니의 傍白이라든지 술이 醉한 成七이가 登場한 뒤부터는 數十分間은 조금도 欠을 잡을 곳이 업다 舞臺가 퍽 어울렷슬뿐아니라 導演과 俳優의 技藝와의 調和가 그 絶頂에 達한 때문이엇다

전회에도 말한 바와 가티 취재도 조왓거니와 사건의 진전(進展)도 매우 자연스럽다. 그중에도 막이 열닌 뒤에 할머니와 학삼의 대화라든지 계순의 옷을 사가지고 들어왓을 때 비명에 죽은 아들의 옷가지를 세이든 것을 연상(聯想)하는 할머니의 방백(傍白)이라든지 술이 취한 성칠이가 등장한 뒤부터는 수십 분간은 조금도 흠(欠)을 잡을 곳이 업다 무대가 퍽 어울렷슬 뿐 아니라 도연(導演)과 배우의 기예(技藝)와의 조화가 그 절정에 달한 때문이엇다.

그림321 **심훈의 상찬**(대목)[182]

적인 발화 대 명선의 침묵), 명선이 퇴장한 이후에는 계순과 할머니의 대화가 이어진다.[181] 학삼의 등장은 가족과의 대화가 어느 정도 해결된 이후에 나타난다. 따라서 막이 열린 뒤의 풍경은 계순과 명선 혹은 계순과 할머니의 장면으로 보아야 한다.[183]

심훈이 개막 직후 할머니를 중심으로 한 일련의 풍경을 상찬한 이유는, 시골 농가의 일상을 자연스럽게 묘사했다는 뜻으로 볼 수 있다. 〈토막〉의 도입부처럼 할머니와 계순과 이웃 처녀 명선이 각자의 연기 구역에서 활동하면서 극이 시작되며, 교체되듯 두리(학삼의 딸)과 명선이 등장하고, 그 이후에 학삼까지 등장하여, 가난한 농가의 풍경에 대해 대화하는 일련의 풍경이 자연스럽다는 뜻으로 이해된다. 〈토막〉과 〈버드나무 선 동리의 풍경〉은 인물의 등퇴장으로 극적 배경과 정황 그리고 무대 배치와 사건 전개에 대한 일련의 정보들이 공유된다. 관객들은 길가

181 유치진, 〈버드나무 선 동리의 풍경〉(1), 『조선중앙일보』, 1933.11.1, 9면.
182 심훈, 「극예술연구회 제5회 공연 참관기(3)」, 『조선중앙일보』, 1933.12.5, 3면.
183 다만 실제 공연에서 희곡 대본에 없는 장면(연기)을 추가했을 가능성까지는 배제할 수 없다.

에 면한 농가의 토막을 중심으로 거주자와 이웃들의 대화와 교류를 통해, 가난이라는 이미지를 전달받게 된다.

## 4) 화가에서 삽화가로 다시 무대미술가로의 변신 정현웅

### (1) 정현웅의 이력과 1930년대 활동

정현웅은 일제 강점기 조선의 화단을 대표하는 화가이자, 『동아일보』와 『조선일보』에서 삽화가로 활동한 인물이다. 그는 다재다능하여 그림뿐만 아니라 글 쓰기에도 능했고, 잡지 편집과 북 디자인에도 탁월한 재능을 발휘했다. 그가 보여준 재능은 출판 계열에서는 놀라울 정도로 선구적이었고, 그가 도안한 책 디자인은 당대 문학가들의 마음을 사로잡았다.

그는 1910년에 태어나(자료에 따라서는 1911년으로 표기한 곳도 있다), 해방공간에서 화가 겸 기자로 활동하다가, 6.25 전쟁 이후 월북하여 북한에서 일생을 마쳤다. 북한에서는 고구려 벽화의 모사와 보존에 앞장서는 탁월한 안목을 보여주었고, 그 후 북한 당국이 그 공을 치하하기도 했다.

정현웅은 1927년 경성제2고등보통학교 4학년 재학생 신분으로 '조선미전'에 입선한 이후 다수의 입선과 특선을 차지한 화가였지만,[184] 정

---

**184** 김종태, 「제8회 미전평(美展評)(5)」, 『동아일보』, 1929.9.7, 3면 참조; 「미전(1) 특선작」, 『동아일보』, 1931.5.24, 4면 참조; 김주경, 「제11회 조미전 인상기(朝美展印象記)(4)」, 『동아일보』, 1932.6.7, 5면 참조; 천마상인, 「조선미전단평(朝鮮美展短評)(7)」, 『동아일보』, 1933.6.8, 4면 참조; 「금년 창시의 추천제도(推薦制度) 영예의 특선 발표」, 『동아일보』, 1935.5.17, 2면 참조.

그림322 정현웅의 〈교회당〉[185]  그림323 정현웅의 특선 최초 작품 〈빙좌〉[186]

통 미술 교육을 받지 않은 관계로 관련 계통의 직업을 얻기 어려웠다. 그래서 그는 생계를 목적으로 언론 출판 계통에서 직업을 찾을 수밖에 없었다. 정현웅은 1935년 동아일보사에 취직하여 주로 삽화를 그리는 기자로 활동했지만, 1936년 손기정 일장기 말소 사건(『동아일보』 1836년 8월 13일과[187] 25일[188])으로 동아일보사에서 퇴직해야 했고, 이후 조선일보사로 자리를 옮겨 『조선일보』뿐만 아니라, 『소년』, 『여성』, 『조광』 등에서 표지화를 그리는 데에 전념했다. 이후 그의 노력과 창의력이 인정을 받으며, 국내 최고의 삽화가로 그 명성을 쌓아나갔다.[189]

185 「협전특선(協展特選) 〈교회당〉 정현웅」, 『동아일보』, 1930.10.28, 5면.
   https://newslibrary.naver.com/viewer/index.nhn?articleId=1930102800209
   204003&editNo=1&printCount=1&publishDate=1930-10-28&officeId=000
   20&pageNo=4&printNo=3530&publishType=00020
186 「미전(1) 특선작」, 『동아일보』, 1931.5.24, 4면.
   https://newslibrary.naver.com/viewer/index.nhn?articleId=1931052400209
   204007&editNo=1&printCount=1&publishDate=1931-05-24&officeId=000
   20&pageNo=4&printNo=3738&publishType=00020
187 「월계관 쓴 손기정(孫基禎)」, 『동아일보』, 1936.8.13, 2면 참조.
188 「영예의 우리 손군(孫君)」, 『동아일보』, 1936.8.25, 2면 참조.
189 신수경·최리선, 『시대와 예술의 경계인 정현웅』, 돌베개, 1912, 23~27면 참조.

그림324 정현웅의 『조선일보』 신문 연재소설 삽화[190]

위의 삽화에서 정현웅은 광원의 위치를 중심으로 밝은 면과 어두운

그림325 『조선일보』의 〈탁류〉 광고[191]

면을 선명하게 대비시키는 구도를 과감하게 도입하였다. 남자의 얼굴은 그림자가 덧씌워지면서 어둡게, 여자의 얼굴은 광원에 노출되어 분명하다 못해 기괴하게 보일 정도로 뚜렷하게 묘사하였다. 이러한 대비 효과는 작품 내용과 어울려 단순한 삽화가 도모할 수 없는 시각적, 미술적 효과를 창출했다.

정현웅의 삽화는 큰 주목을 받았고, 심지어는 그의 등장(삽화가)을 신

---

190 김정환 작, 정현웅 화, 〈항진기〉, 『조선일보』, 1937.2.9, 4면.
191 「〈탁류〉 삽화 정현웅 화백」, 『조선일보』, 1937.10.8, 4면.

문이 별도로 홍보할 정도로 독자들에게 인기를 끌고 있었다. 위의 신문 광고에는 "삽화는 정현웅 화백"이라는 문구가 별도로 삽입되어 있고, 그의 얼굴이 게재되어 있다. 1936년에 『조선일보』에 입사한 정현웅이 1937년에 이미 신문(출판국)을 대표하는 삽화가의 계열에 오른 셈이다.

### (2) 1935~1936년 시점 정현웅의 활동과 무대장치가 입문 계기

정현웅이 극예술연구회 공연에 참여한 시점은 1935년을 지나 제9회 정기공연이 개막한 1936년 2월 무렵이었다. 1935년 11월에 간신히 성사된 제8회 정기공연 이후 극예술연구회는 연내에 다시 제9회 정기공연을 시행하려 한 흔적이 있는데, 비록 연내 공연은 좌절되었지만, 그다음 해 비교적 이른 시기인 1936년 2월(28일~3월 2일)에 제9회 정기공연이 개최되었다는 점에서 정현웅의 섭외는 일찍 이루어진 것으로 추정된다.

흥미로운 점은 제9회 정기공연작 톨스토이 원작 〈어둠의 힘〉이 검열로 인해 3막까지만 공연 허락을 받으면서, 불가피하게 공연작에 포함된 두 작품 〈승자와 패자〉 그리고 〈무료치병술〉의 무대장치는 신진 정현웅이 아닌 기존 무대미술가가 맡았다는 점이다.

1935년의 정현웅의 상황에 대해 살펴볼 필요가 있다. 우선 화가로서 정현웅은 1935년을 기점으로 화단의 중심으로 옮겨갔다. 김용준은 1935년 조선의 화단을 정리하면서, 정현웅과 그의 작품에 대해 "언제 보아도 가장 건실한 화가란 것이 엿보"였다고 전제하고 1935년 작품 역시 "무서운 이지의 메쓰로 그려진 심각한 색감과 결정적인 선으로 구성"되었다 상찬하고 있다.[192]

그런데 이러한 정현웅은 1935년 『동아일보』(광고부)에 입사하는데, 그의 업무 중에는 삽화를 그리는 일도 포함되어 있었다. 선임자 이마동이 삽화를 그릴 수 없게 되자, 그를 대신하여 연재 중인 〈먼동이 틀 때〉(이무영 작)의 삽화를 담당하게 된 것이다.[193] 정현웅 이름으로 최초로 발표된 〈먼동이 틀 때〉의 삽화는 다음과 같다.

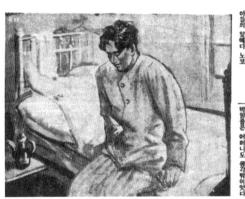

그림326 **정현웅의 최초 삽화 장면**[194]

정현웅이 『동아일보』(광고부)에 재직할 때, 서항석(학예부)이 함께 재직하고 있었고, 정현웅이 삽화를 맡은 〈먼동이 틀 때〉의 이무영은 『동아일보』 기자이면서 소설가로 활동하고 있었다. 더구나 이무영은 극예

---

192 김용준, 「을해예원총력산 화단 일 년의 동정(動靜)(하)」, 『동아일보』, 1935.12.28, 3면 참조.

193 신수경·최리선, 『시대와 예술의 경계인 정현웅』, 돌베개, 1912, 88~95면 참조.

194 이무영 작, 정현웅 화, 〈먼동이 틀 때〉(45), 『동아일보』, 1935.9.20, 13면 참조. https://newslibrary.naver.com/viewer/index.nhn?articleId=1935092000209 213019&editNo=2&printCount=1&publishDate=1935-09-20&officeId=000 20&pageNo=13&printNo=5318&publishType=00020

술연구회 1935년 11월 제8회 정기공연에 〈한낮의 꿈꾸는 사람들〉을 제공한 극작가이기도 했다.

정현웅은 1935년 12월에는 『동아일보』에서 새롭게 연재하는 장혁주의 〈여명기〉의 정식 삽화가로 인정되기도 했다.[195] 정현웅이 극예술연구회의 무대미술을 맡았던 시점에도 〈여명기〉는 계속 연재되고 있다. 이무영과의 인연도 이어져 1936년 2월(9일)부터는 이무영 작 〈똘똘이〉의 삽화를 맡기도 했다.[196]

이러한 주변 조건과 당시 상황은 정현웅이 극예술연구회의 정기공연에 참여할 수 있는 계기를 다수 만들었던 것으로 짐작된다. 당시 극예술연구회 광고에서 정현웅은 '화단畵壇의 신성新星'으로[197] 소개되어야 할 정도로 그동안 무대극과는 관련이 없었지만, 극예술연구회는 이러한 정현웅을 의심 없이 초청하여 가장 큰 작품의 무대미술을 맡기는 데에 주저함이 없었다.[198]

안타깝게도 정현웅이 디자인한 〈어둠의 힘〉의 도면이나 사진은 발견되지 않고 있다. 이 작품이 퍽 까다로운 조건(검열)으로 공연되었기 때문에, 공연 관련 증거가 있다면 당시 공연에 대한 더욱 유용한 재구가 가능할 것이지만, 실제로는 이에 대한 더 이상의 자료를 찾을 수 없다.

다만 이상에서 소개한 정현웅의 인적 사항과 그가 가지고 있던 연극에 대한 관심은 무대미술가로 참여했던 이유의 일단이나마 설명해 줄

---

195 「장편소설 예고 〈여명기〉」, 『동아일보』, 1935.12.24, 2면 참조.
196 이무영 작, 정현웅 화, 〈똘똘이〉(1), 『동아일보』, 1936.2.9, 5면 참조.
197 「조선 신극의 고봉(高峯) 극연(劇研) 제9회 공연」, 『동아일보』, 1936.2.9, 4면 참조.
198 「약진(躍進) 극연(劇研)의 대공연 명일 오후부터 개막」, 『동아일보』, 1936.2.28, 4면 참조.

것으로 보인다. 특히 기존 연구에서 정현웅의 색다른 일면을 보여주는 기록이 존재한다. 그 기록은 정현웅이 동아일보사나 조선일보사에 입사하기 전으로 거슬러 올라간다.

정현웅이 1920년대 말 일본에서 유학하던 시절, 경성제2고보 후배이자 삼사문학 동인이었던 조풍연에게 남긴 말을, 조풍연이 옮겨 적은 기록이다. 조풍연에 의하면, 정현웅은 그 시절 "무대장치에 관심이 많아서 도쿄에 가서 쓰키지 소극장을 매일 가다시피 하여 스케치북에 그 무대그림을 그린 것이 내게 있엇는데 사변 통에 없어졌다"고 말한 바 있다고 한다.[199]

정현웅을 연구한 신수경과 최리선은 화가였던 정현웅이 "연극에 심취하게 된 것은 아무래도 문학 서적을 탐독하고, 영화평을 썼을 정도로 영화에 관심을 가졌던 성향이 연극이라는 새로운 장르로 연결되었던 것으로 보인다"는 자신들의 추정까지 부연해 두었다.[200]

1930년대 조선의 예원藝院에서 연극과 영화의 장르 상의 차이는 있었지만, 이 두 장르를 넘나드는 인물들과 의식은 빈번하게 출몰했다. 극예술연구조차 영화 제작에 뛰어들 정도로, 연극과 영화는 상호 교류와 협력이 다양하게 일어난 분야이기도 했다. 더구나 앞에서 설명한 대로, 동아일보사 내에는 서항석을 비롯하여 이무영이 재직하고 있었고, 정현웅이 드나드는 문단 역시 극예술연구회의 암묵적인 지원 단체였다고 해야 한다. 따라서 정현웅이 과거(1920년대 일본 유학 시절)의 관심을 되

199  조풍연, 「화우교류기」, 『월간미술』, 1985년 가을(호), 신수경·최리선, 『시대와 예술의 경계인 정현웅』, 돌베개, 1912, 64면에서 재인용.
200  신수경·최리선, 『시대와 예술의 경계인 정현웅』, 돌베개, 1912, 64면.

살리면서, 동시에 현재의 인연에 집중했다면 극예술연구회의 무대장치를 맡는 일은 그리 낯설거나 어려운 일은 아니었을 것이다.

> 전에 무대장치의 일을 해본 적이 있다. 힘에 넘치는 며칠간 계속하면 머리가 어찔거리고 발이 제대로 내디뎌지지 않는다. 그래서 만드는 중간에 다시는 이런 일은 아니하겠다고 속으로 넋가린다. 그러다가도 초일이 되어 막이 열려 내가 만든 장치가 나타나는 것을 바라보면서 이제까지의 피로도 괴로움도 씻은 듯이 잊혀진다.[201]

정현웅이 말한 '무대장치(의) 일' 중에는 분명 극예술연구회의 제9회 정기공연작 〈어둠의 힘〉도 포함되어 있을 것이다. 정현웅이 술회한 대로, 만들 때에는 피곤하고 후회스럽지만, 그 무대가 현현하여 작품의 배경이 되고 연극의 빛이 되는 순간 그러한 피로와 후회는 사라지고 만다. 결국 거의 모든 연극이 그렇듯이, 무대디자인 작업 역시 헌신과 만족 그리고 찰라의 산물일 수밖에 없다.

### (3) 1938년 〈눈먼 동생〉의 무대장치

1938년에 이르면서 극예술연구회의 활동은 점차 위축되었고, 그들이 주장하는 신극의 당위도 역시 하락하고 있었다. 극예술연구회의 대체 극단으로 등장했던 조선연극협회의 활동이 유명무실해지자(1937년 6월 제2회 공연 이후 실질적으로 해산),[202] 낭만좌가 창립되어 신극의 전통을

---

201 정현웅, 「편집후기」, 『조광』, 1941.5.
202 「조선연극협회(朝鮮演劇協會) 공연」, 『동아일보』, 1937.6.8, 8면 참조.

잇고자 하는 포부를 밝히기도 했다. 낭만좌는 연구극의 하락과 대중극의 범람을 목도하는 자리에서 탄생했으며, 이러한 창립 시기는 '극연을 잇는 연구 단체'라는 평가를 가능하게 했다.[203] 하지만 신극 세력의 중흥이 이루어지지 못했고, 신극 진영의 부진과 침체는 계속되었다.

이러한 연극계의 상황을 전환하고자 각종 대책이 강구되었다. 그중 하나가 당시 극예술연구회 주축들이 동아일보사와 함께 제1회 연극경연대회를 개최하고, 신극단을 모아 자체적인 연극 축제를 벌이는 방안이었다. 서항석은 극예술연구회를 조율 운영하면서 동시에 이러한 대회를 주관하여 신극(혹은 그 계열) 공연의 맥을 이으려는 모색을 강화하고자 했다.

> 돌이켜 보건대 昭和 11년(1937년 : 인용자)까지는 극연의 孤軍奮鬪期요 昭和 12년에 들어와서 浪漫座 등 신단체가 더 생기어 東亞日報社 주최의 제1회 연극콩쿨에 4개 단체의 참가를 보았으니 이로부터 신극의 多彩期이다. 종래는 신극은 일부 識者의 이해를 얻고 주로 학생들의 憧憬을 받으면서 차차 愛好觀客層을 넓혀 오던 것이 저 콩쿨을 전후하여서는 一躍 일반대중에게까지 어느 정도의 친근함을 받게 되었다. 이것은 신극인의 기술이 熟練된 것도 원인이오 콩쿨도 크게 도움이 된 것이었다.(…중략…) 隆運이 예상되던 신극도 昭和 14년(1939년 : 인용자)의 제2회 연극콩쿨에 劇硏座 浪漫座 中央舞臺 藝友劇場 등 4개 단체의 참가를 보고는 그 다채기가 끝나고 말았

---

203 낭만좌와 극예술연구회의 관련성에 대해서는 다음의 논문을 참조했다(김남석, 「극단 낭만좌 공연의 대중 지향성 연구」, 『한국극예술연구』 44집, 한국극예술학회, 2014, 39면 참조).

다. 각 단체의 沈滯 散漫 彷徨 不振의 상태에서 겨우 수습하여 제2회 콩쿨을 치른 뒤에는 그만 흐지부지된 것이다. 이에는 각 단체의 내재적 원인도 각각 있을 것이지마는 一律로 외부적 정세의 격변이 큰 원인이었던가 한다.[204]

평소 중간극이나 극예술연구회 이외의 단체에 전반적으로 관심이 없고 그 진정성을 의심하던 서항석은 이 시기에 크게 입장을 변화시킨다. 서항석은 낭만좌가 설립되는 1938년부터의 시기를, 신극 극단과 공연 작품의 다양성이 부각되는 '신극의 다채기多彩期'로 정의한다.[205] 이러한 정의는 그 이후 극예술연구회의 행보와 입장을 방어하고, 하락하는 신극 진영의 분위기를 고양시키려는 의도를 지니고 있었다.

그 직접적인 계기가 앞에서 말한 연극경연대회였다. 이때 극예술연구회가 동아일보사 주최 제1회 연극경연대회에 참가한 작품은 〈눈먼 동생〉이었다.

**그림 327**은 극예술연구회의 참가 단원 사진이었다. 특히 인물들 중에서 왼쪽 맨 끝에 앉아 있는 서항석이 주목되는데, 그는 주최자(동아일보사 책임자)의 입장이면서 동시에 참가자(단원)의 입장에 걸친 인물이었다. 널리 알려진 대로 그는 동아일보사 기자로 재직하면서 직간접적으로 극예술연구회의 공연을 후원했고, 나아가서는 그가 믿는 신극 발전과 보급을 위해 다양한 모색을 한 바 있다.

---

204 서항석, 「우리 신극운동의 회고」, 『삼천리』 13권 3호, 1941.3, 171면.
205 1937년 이후를 신극의 다변화시기로 바라보는 시각(서항석)에 대해서는 다음의 논문은 참조했다(김남석 「낭만좌 공연에 나타난 대중극적 성향 연구-공연 대본 〈승무도(僧舞圖)〉를 중심으로」, 『한국예술연구』 19호, 한국예술연구소, 2018, 140면 참조).

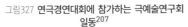

그림327 **연극경연대회에 참가하는 극예술연구회 일동**[207]

그림328 **1938년 연극경연대회 연습 사진**(극예술연구회 〈눈먼 동생〉)[208]

이러한 복잡한 상황에서 치러진 〈눈먼 동생〉은 과거 토월회가 공연했던 〈애곡〉이었다. 〈애곡〉은 서항석이 비판적으로 공연평까지 썼던 작품이었는데,[206] 이 작품을 극예술연구회의 중흥 격인 공연에서 무대화하기에 이른 것이다. 극예술연구회로서는 이 작품을 기존의 작품과 크게 다르게 만들어야 하는 이유가 생겨나지 않을 수 없었다. 이러한 극예술연구회의 입장은 당시 스태프와 참여 진영에서 확인된다.

---

206 서항석(인동), 「태양극장 제8회 공연을 보고(하)」, 『동아일보』, 1932.3.11, 4면.

207 「사진은 본사 주최 연극경연대회에 출연할 극예술연구회 진용」, 『동아일보』, 1938. 2.6, 5면.
https://newslibrary.naver.com/viewer/index.nhn?articleId=1938020600209
105005&editNo=2&printCount=1&publishDate=1938-02-06&officeId=000
20&pageNo=5&printNo=5908&publishType=00010

208 「사진은 본사 주최 연극경연대회에 상연할 각 참가 단체 소연의 호화스런 일 장면」, 『동아일보』, 1938.2.11, 5면.
https://newslibrary.naver.com/viewer/index.nhn?articleId=1938021100209
105004&editNo=2&printCount=1&publishDate=1938-02-11&officeId=000
20&pageNo=5&printNo=5913&publishType=00010

| | 연도 | 월 | 날짜 | 장소<br>(공연장) | 작품 | 작가 | 번역자 | 스태프 |
|---|---|---|---|---|---|---|---|---|
| 동아일보사 주최 연극경연대회 참가작 | 1938년 | 2월 | 12~15일 (7회차) | 부미관 (대강당) | 〈눈먼 동생〉 (1막 3장) | 슈니츨러 작 | 유치진 번안(각색) | 이준규(李駿圭) 연출, 정현웅(鄭玄雄) 장치 |
| | | | | | | 출연진 : 용길(장님, 통소쟁이) 역 김일영(金一英), 태길(용길의 형) 역 이웅, 최선달(주막집 주인) 역 안복록, 산월(山月, 작부) 역 김복진, 객 1 역 이상용, 객 2 역 백상, 객 3 역 이구영, 안경쟁이 역 윤방일, 장꾼 갑 역 김처을, 장꾼 을 역 정인철, 사냥꾼 A 역 신태선, 사냥꾼 B 역 황소, 순사 고대중, 기타 주객 촌민 다수[209] | | |
| | | | | | | 　그림329 〈눈먼 동생〉의 배역과 경개[210] | | |

특히 연출자와 장치가의 이름이 주목된다. 이준규는 전통적으로 극예술연구회의 연출을 담당하던 유치진을 대신하여 새롭게 등장한 연출가였고, 무대미술가 정현웅은 과거 극예술연구회 공연에 무대미술을 담당했지만 한동안 협연을 하지 않았던 스태프였다. 이러한 두 사람의

---

209 「본사주최연극경연대회 연운사상의 금자탑」, 『동아일보』, 1938.2.6, 5면 참조.
210 「본사주최연극경연대회 연운사상의 금자탑」, 『동아일보』, 1938.2.6, 5면.
https://newslibrary.naver.com/viewer/index.nhn?articleId=1938020600209
105001&editNo=2&printCount=1&publishDate=1938-02-06&officeId=000
20&pageNo=5&printNo=5908&publishType=00010

등장은 이 작품의 변화와 새로운 위상을 보여주기에 적격이었다. 그리고 간접적으로 정현웅이라는 무대미술가의 필요성을 보여준 실례라고 하겠다.

안타깝게도 정현웅의 실제 무대디자인이 남아 있지는 않다. 하지만 1939년 극연좌(극예술연구회의 후신)이 공연했던 〈눈먼 동생〉의 무대디자인은 남아 있다.

그림330 **1939년 극연좌의 공연 〈눈먼 동생〉**[211]

비록 1년의 시차를 두고 재공연된 1939년 〈눈먼 동생〉이지만, 그 무대장치는 정현웅의 디자인을 상당 부분 수용했을 것으로 여겨진다. 이 무대에서 군중이 모이는 장소로 정해진 주막은 옛스러운 형태를 지니

---

211 「사진은 극연좌 상연 〈눈먼 동생〉의 일장면(一場面)」, 『동아일보』, 1939.2.7, 5면 참조.

면서도 일제 침략 이후 변화된 당대의 현실을 보여주는 사회상도 포함하고 있다. 전반적으로 유리문을 닮은 문은 달라진 세상을, 그리고 그 위로 올려진 초가는 과거의 모습을 보여주고 있기 때문이다. 정현웅은 이러한 무대를 창조하여, 번안 각색에 가까운 〈눈먼 동생〉의 조선식 공연과 동시대적 무대화에 기여하고자 했다.

## 5) 김일영金一影의 등장과 그 파급 효과

### (1) 조선예술좌 출신 김일영의 귀국과 등장

김일영은 1930년 중반 조선예술좌에서 활동하던 연극인이었다. 조선예술좌를 실질적으로 이끈 이들로는 이화삼, 안영일, 전일검 그리고 김일영 등이었다. 그들이 속한 조선예술좌는 조선인들이 일본에서 결성한 단체였다. "지난날의 재동경조선인대중의 연극적 위안과 욕구에 충실히 보답하여 오든 삼일극장, 고려극장의 광휘 잇는 전통을 계승"한 연극 단체를 표방한 극단이었다.[212]

조선예술좌가 공식적으로 창립을 공표한 시점은 1935년 6월 무렵이었다.[213] 조선예술좌는 그 이전부터 창립 준비를 위해 공연 활동을 진행하고 있었는데, 그 작품 중에는 유치진의 〈빈민가〉도 포함되어 있었다.[214] 1935년 3월부터(봄) 공연을 준비하던 조선예술좌는 당해 6월에 무렵 정식으로 창립을 선언할 수 있었다. 비록 극단 창단은 6월에 성사

---

212 「재동경예술가단체(在東京朝鮮藝術家團體)」, 『동아일보』, 1936.1.1, 31면 참조.
213 「재동경조선인(在東京朝鮮劇人) 조선예술좌(朝鮮藝術座) 창립」, 『동아일보』, 1935. 6.5, 3면 참조.
214 「재동경예술가단체(在東京朝鮮藝術家團體)」, 『동아일보』, 1936.1.1, 31면 참조.

되었지만, 창립 공연은 가을 무렵에야 이루어질 수 있었다.[215]

더 정확하게 말하면, 조선예술좌는 1936년 11월 25~26일 공식적인 창립 공연을 시행했다. 공연 작품은 〈서화〉(이기영 원작, 한홍규 각색)와 〈토성낭〉(한태천 작)이었고, 공연 장소는 축지소극장이었다. 그들이 〈토성낭〉 공연을 추진한 점은 극예술연구회와 연관성을 상징하도록 만든다. 왜냐하면 〈토성낭〉은 1935년 9월 극예술연구회 제8회 정기공연 예정작으로 선정되었다가, 검열로 인해 공연이 무산된 바 있기 때문이다. 그런데 곧바로 조선예술좌의 공연작으로 선정되었다는 점은 두 극단 사이의 연계가 존재했다는 합리적 추론을 가능하게 한다.

또한, 조선예술좌 창립 공연은 1935년 6월에 시행된 동경학생예술좌 〈소〉 공연에 자극을 받아 진행되었다. 아마추어 단체였던 학생예술좌의 공연 소식에 적지 않은 충격을 받고 본격적인 연극 공연의 목표를 수립하면서 조선예술좌는 본격적인 활동에 들어설 수 있었다.

정식 창립 당시 극단원으로 소개된 연극인으로는 김파우, 박민천, 동명순, 한홍규, 오정민, 김일영, 장두쾌, 차응세, 안영일, 이화삼, 전일검, 차영사, 윤북양, 손육보, 노리오, 황소, 장계원, 하영주 등을 들 수 있다.[216] 김일영은 조선예술좌의 주요 단원으로 활동했고, 그 활동을 주도하는 핵심 간부 중 한 사람이었다. 그러던 중 1936년 8월 조선예술좌의 간부가 검거되고, 김일영, 오정민, 이화삼, 윤북양 등의 단원들이 귀국하는 사태가 벌어졌다. 1936년 5월 김일영은 극예술연구회 제11회 정

---

215 조선예술좌에 대한 전반적인 사항은 다음의 논문을 참조했다(김남석, 「조선예술좌 〈토성낭〉 공연의 무대디자인」, 『건지인문학』 22집, 전북대 인문학연구소, 2018, 39~41면 참조).
216 「조선예술좌 동경에 창립」, 『조선중앙일보』, 1935.6.3, 4면 참조.

기공연 무대디자이너로 참여하였다.

### (2) 1936년 **귀국과 극예술연구회 정기공연 참여** - 무대장치로서의 '단면'

전술한 대로, 김일영이 조선으로 복귀한 시점은 1936년 전후로 여겨
진다. 그는 극예술연구회 제11회 정기공연의 무대디자이너로 선택되었
고, 당초에는 〈자매〉와 〈산사람들〉의 무대디자인을 맡았으나, 검열로
인해 〈산사람들〉의 공연이 무산되자 대체 작품 〈호상의 비극〉의 무대
디자인을 담당했다. 이 정기공연은 1936년 5월(29~31일)에 시행되었
는데, 이 공연은 김일영이 극예술연구회 공연에 가담한 첫 번째 사례였
고, 조선 연극계에서 최초로 담당한 무대 제작이었다.

1936년 5월 극예술연구회 제11회 정기공연을 앞둔 시점에서, 조선
(연극계)에는 해당 공연 내용과 준비 상태를 소개하는 기사가 보도되었
다. 이 기사는 극예술연구회 자매 신문인 『동아일보』에 게재되었는데,
이 기사에는 김일영을 소개하는 내용도 포함되어 있었다.

김일영을 소개하면서 해당 기사는, "장치는 동경에 가서 특히 무대미
술에 관한 연구를 6,7년 동안 하고 돌아온 김일영金一影 씨로 이번 무대
는 종래에 보지 못하던 조흔 장치를 보여주리라" 한다는 선전과 기대를
표출하고 있다.[217] 이러한 기대는 보다 상세하게 무대장치 제작 기술과
그 효과에 대한 설명으로 나타나기도 한다.

장치의 김일영 씨로 말하면, 동경에서 10년 가까운 세월을 오로지 무대장

---

[217] 「극예술연구회의 약진 제11회 대공연」, 『동아일보』, 1936.5.13, 3면 참조.

치의 연구에만 전력하야 동경에서도 손꼽히는 장치가인데 이번에 조선에 돌아와 극예술연구회의 공연에 장치를 맡게 되어 오랫동안 연구한 바를 크게 시험할 기회를 얻엇으므로 단연 참신하고 훌륭한 무대를 맨들어 보이려고 벌서 여러 날 전부터 제작에 착수하엿다합니다. 그리하야 〈자매〉의 장치는 완연히 큰집 한 채를 무대 우에 나타나게 하고 이를 적당히 끊허서 그 단면을 통하야 그 안에서 진행되는 연극을 보게스리 맨든 것으로서 일즉이 조선에서는 이러한 장치를 시험한 적이 없엇는니 만치 이 장치만으로도 한번 볼만할 것이며 또 〈호상의 비극〉에서는 비 오는 소리 바람 소리 끄치자 밝은 달이 나타나고 호수물이 그 빛을 받아 출렁거리는 듯 반작이도록 한 것으로 이것은 장치가와 조명가가 새로 고안해 내인 것이라 합니다. 만일 조선에도 '에펙트 마신'이 잇다면 이런 것쯤은 손쉽게 될 것이지마는 그러한 기계가 없는 조선에서 그와 같은 효과를 내이게 된 것은 순전히 기술과 두뇌로서 맨들어 낸 것이라고 합니다. 무대 저편에 호수가 보이고 그 호수가 달빛이 비치어 물이 반작이는 광경을 상상만 하여 보십시오. 얼마나 신기하고 시원할 것인가…….[218]

당시 『동아일보』는 〈산사람들〉의 교체 작품인 〈호상의 비극〉의 효과마저 상세하게 전할 만큼 김일영의 작업에 주목하고 있었다. 그뿐만 아니라, 이러한 상세한 설명을 통해서 해당 공연에 대한 주목과 관극을 유도하려는 목적도 숨기지 않고 있다. 다분히 서정적인 묘사까지 곁들이면서 위의 기사는 김일영의 무대장치 작업이 기존의 작업과 다르다는

---

218 「극연 공연을 앞두고(1) 달빛이 호수에 비쳐 물결이 반작인다」, 『동아일보』, 1936. 5.27, 3면 참조.

점을 대대적으로 선전하고 있다. 그리고 이러한 무대장치의 효과를 뒷받침이라도 하려는 듯, 〈자매〉와 〈호상의 비극〉의 무대디자인(도안)을 직접 수록하기도 했다. 사실 〈자매〉의 경우에는 이러한 무대디자인과 상당히 이질적인 실제 세트가 마련되었음에도, 당시의 기사는 이러한 정보를 노출하는 데에 주저함이 없었다. 그만큼 김일영의 등장은 신선하고 주목되는 사건이었다고 해야 한다.

김일영에 대한 주목과 기대를 다른 각도에서 해석할 수도 있다. 극예술연구회는 무대디자인 분야에서 괄목할 만한 성과를 거두지 못하고 있었다. 오히려 그 후진성으로 인해 부진을 면하지 못하는 경우도 있었고, 그나마 담당 무대디자이너가 수시로 바뀌면서 일관성을 찾지 못하는 폐해도 감수해야 했다. 그러다 보니 극예술연구회로서는 자신들의 공연을 한 단계 진전된 경지로 이끌 무대디자이너의 확보를 갈구하고 있었던 형편이었다.

1936년 1월 이후 공포된 신방침과 이에 따른 대극장 공연으로의 전환은, 관객 대중이 선호할 수 있는 관극 욕구를 북돋울 수 있는 무대장치와 이미지에 관한 관심을 촉발한 상태였다. 이러한 주변 환경으로 인해, 김일영의 등장과 참여는 반가운 사건이 아닐 수 없었다. 실제로 김일영은 그 이전의 무대디자이너와는 달리, 새로운 기대를 자극하는 무대미학적 개념을 제시하기도 할 정도로 적극적으로 작업에 임했다. 부민관에서 공연을 준비하면서, '단면'으로서의 무대디자인에 대한 제작 방침을 수립한 것이 그 대표적인 사례였다.[219]

---

**219** 김남석, 「극예술연구회 〈자매〉 공연의 무대디자인과 '단면(斷面)'의 공연 미학적 의미」, 『국학연구』 41집, 한국국학진흥원, 2020, 443~492면.

특히 김일영은 〈자매〉 공연을 통해, 기존의 안방과 다른 차원의 방을 구상하고 이를 실제로 무대화하는 성과를 보여주었다. 그것은 이 한 장의 무대디자인에서 출발한다.

그림331 〈자매〉의 안방(부분)

그림332 〈자매〉의 무대디자인(전체)[220]

당시 발표된 무대디자인에 따르면, '무대 좌편'에 '안방'이 배치되고, '무대 우편'에 건넌방이 배치되었으며, 유치진이 설명한 대로 하면 건넌방은 누마루를 끼고 있는 구조였다.[221] 그런데 〈자매〉의 안방은 기존 연극 무대의 안방과는 달리 출입문이 작고 아담한 인상이며 전반적으로 고풍스러운 인상이 제거된 상태이다. 이러한 〈자매〉 안방의 차이점은, 대중극 진영에서 고택을 꾸미면서 흔히 사용하는 안방의 제작 방식

---

220 「사진(상)」은 〈호상(湖上)의 비극(悲劇) 하(下)는 〈자매(姉妹)〉」, 『동아일보』, 1936. 5. 27, 3면.
　　https://newslibrary.naver.com/viewer/index.nhn?articleId=1936052700209
　　203010&editNo=2&printCount=1&publishDate=1936-05-27&officeId=000
　　20&pageNo=3&printNo=5567&publishType=00020
221 유치진, 〈자매〉, 『조광』(9), 1936.7, 339면.

을 참조하면 더욱 분명하게 이해된다. 이러한 안방의 공간적 의미는 그 외적 표현과도 관련이 있다. 사실 대중극 진영에서는 무대 하수 방향에 창호지 격자문을 배치하여 고택의 이미지를 살리려는 무대디자인이 1930년대에 이미 보편화된 바 있다.

그림333 **임서방 작 〈며느리〉의 확대**[222]

그림334 **〈젊은 안해의 일기〉의 확대**[223]

위 좌측 〈며느리〉는 1931년 연극시장의 공연작이었고, 위 우측 〈젊은 안해의 일기〉는 1938년 동양극장의 공연작이었다. 두 작품 모두 하수 방향에 전통 격자 무늬 문을 배치하여 방의 위치를 표시하고, 편액을 그 위에 걸어 전통적인 인상을 강화했다. 전반적으로 시대의 흐름에서

---

**222** 「임서방 작 〈며느리〉의 한 장면(단성사 상연)」, 『매일신보』, 1931.6.10, 5면.
http://211.43.216.33/OLD_NEWS_IMG3/MIN/MIN19310610y00_05.pdf

**223** 「사진은 동양극장 전속획단 '호화선' 소연의 〈젊은 안해의 일기(日記)〉의 일 장면,
『동아일보』, 1938.2.24, 5면 참조.
http://newslibrary.naver.com/viewer/index.nhn?articleId=19380224002091
05007&editNo=2&printCount=1&publishDate=1938-02-24&officeId=0002
0&pageNo=5&printNo=5926&publishType=00010

벗어나 있는 가옥의 구조와 정취를 강조했는데, 이러한 집안 분위기는 젊은 여성의 심리적, 물리적 압박을 상징한다고 하겠다.

하지만 〈자매〉에서 등장하는 젊은 여인들은 시댁이 아닌 친정에 머물고 있으며, 결혼과 시댁의 압박에서 상대적으로 자유로운 상황이다. 첫째 윤집은 이혼을 앞두고 결별 상태이고, 둘째 정숙은 미혼이기 때문이다. 이러한 입장 차는 〈며느리〉나 〈젊은 안해의 일기〉에서 강요된 삶과는 사뭇 다르다. 가령 〈젊은 안해의 일기〉에서 주인공 젊은 아내는 "조혼 며느리 좋은 안해 조혼 어머니"로 살아야 하는 무게를 강요받고 있다.[224]

하지만 〈자매〉에서 정숙은 며느리가 되기를 포기했고 자연스럽게 좋은 아내는 더욱 될 수 없는 상태이며, 윤집의 경우에는 아이(아들)를 잃고 어머니의 지위에서 벗어날 처지에 놓여 있다. 그 자체로는 비극적인 일이지만 한 여성으로 시댁과 결혼 그리고 육아로부터 받을 압박에서는 상대적으로 자유로운 삶이 그려진다고 하겠다. 그리고 상대적으로 자유로운 딸의 운명으로 살아가야 하는 두 여인이 전면에 제시된다.

이러한 딸의 처지와 상황은 동일한 위치의 (안)방을 다른 방식으로 꾸미도록 유도한다.

**그림 335~336**을 보면 〈자매〉의 방문은 가볍고 작고 귀여운 인상마저 풍기고 있다. 특히 실제 구현된 우측 무대 사진을 참조하면, 안방의 형상은 현대적이고 세련된 인상마저 가미한 상태이다. 즉 과거 대중극단이 집착했던 시집살이가 아니라, 상대적인 자유와 탈압박의 이미지를

---

**224** 『매일신보』, 1938.2.18, 2면.

그림335 〈자매〉의 무대디자인(전체)[225]    그림336 〈자매〉의 실제 공연 무대(부분)[226]

적극적으로 구현하고자 한 의도가 내포된 무대였다. 이러한 무대를 통해 〈자매〉의 여성이 행복했다거나 만족한 삶을 살았다고는 판단하기 어렵지만, 방(門)의 변화된 이미지만큼 그녀(딸)들의 생활 방식과 내면 심리 그리고 인생 목표가 달라졌다고는 분명히 인식할 수 있을 것이다. 안방의 의미 변화를 시대적으로 비교하여 살펴본다면, 〈자매〉의 실제 디자인이 애초 무대디자인과 달라진 이유도 추출할 수 있을 것이다.

변화의 이유는 기본적으로는 김일영이 창출한 상상력의 소산이겠지만, 이러한 상상력의 범위를 넓히면 달라진 사회 환경과 그 변화를 포착하려는 무대디자이너의 의지로 해석될 수 있다. 유치진의 작품 〈자매〉

225 「사진(상)(上)은 〈호상(湖上)의 비극(悲劇) 하(下)는 〈자매(姉妹)〉」, 『동아일보』, 1936.5.27, 3면.
https://newslibrary.naver.com/viewer/index.nhn?articleId=1936052700209
203010&editNo=2&printCount=1&publishDate=1936-05-27&officeId=000
20&pageNo=3&printNo=5567&publishType=00020
226 유치진, 〈자매〉, 『조광』(9~11), 1936년 7~9월.
https://encykorea.aks.ac.kr/Contents/Item/E0047905#modal

에서 두 딸은 전통적인 여성상으로 묘사되지 않았다. 그들은 변화된 사회 환경 내에서 달라진 삶을 선택하는 두 가지 방식을 체현하는 여성이기 때문이다.

안방에 주로 머물러 온 첫째 딸 윤집은 시집을 갔다가 친정으로 돌아온 여인이다. 공부를 많이 하지 않았다는 점에서는 신여성의 삶과 거리가 있지만, 남편과 시대를 거부하고 소송을 일으키거나 이혼을 결심할 정도로 새로운 삶의 방식을 두려워하지 않은 여인이다. 윤집은 자신의 아들과 함께 안방에 거주하곤 했으나, 결국 아들을 빼앗기고 음독 자살을 시도하며 거처를 건넌방(누마루 방)으로 바꾼다.

둘째 딸 정숙은 일본에서 공부를 한 재녀였으나, 조선에서는 그녀가 일한 곳이 거의 없다. 교사를 꿈꾸지만 현실에서는 생선가게 점원으로 취직해야 하는 처지이다. 하지만 그녀는 자기 자신에 대한 존중을 잃지 않고 있다. 결혼을 통해 편의적 삶을 선택하지 않으려 하고 있다. 오히려 결혼을 거부하고 여성으로서 고유한 가치를 강조하고 있다. 하지만 현실적으로 그녀 역시 구시대를 상징하는 안방에서 온전히 살 수 있는 가능성은 별로 없어 보인다. 그녀뿐만 아니라 그녀의 집안 역시 달라진 세상의 논리에 위협받고 있기 때문이다.

이러한 안방의 기능과 의미를 참작하면, 안방이 더 이상 고택(정실)의 재현에서 그칠 필요가 없었다. 실제로 안방뿐만 아니라 이 집안의 거처는 외양상 고택의 이미지를 자아내지만, 실제 무대화 과정에서는 현대화되는 이유를 찾을 수 있다. 그녀들과 가족이 머무는 안방은 과거의 질서와 구속으로부터 자유로운 공간이어야 할 필요가 있다. 동시에 오랫동안 지켜온 과거 체제의 붕괴와 영광의 해체라는 의의도 동시에 담아내어야 할 책임도 지니고 있었다. 김일영은 이 점을 강조하고 방과 문과 거실을 현대화했고, 그 압력의 소산이라고 할 수 있는 기와와 지붕을 뜯어낸 것이다. 이것은 새로운 방식으로 고택을 바라보는 달라진 심미안이었다.

### (3) 조선연극협회 창립과 중앙무대로 이적 – 중간극 진영에서의 활동

김일영은 당초 예상과는 달리, 극예술연구회 회원으로 남지 않았다. 대신 그는 1936년 8월(21일)에 창립된 조선연극협회의 창립 발기인이자 임원으로 가담하였다. 김일영 이외에도 맹만식, 신좌현, 최영태, 오정민이 임원으로 가담했는데,[227] 맹만식과 신좌현은 1936년 6월 분규를 겪으면서 극예술연구회를 탈퇴한 배우였다.[228] 즉 김일영은 극예술연구회에 가담하여 활동하는 대신, 극예술연구회를 탈퇴한 이들과 중지를 모아 이에 대항하는 새로운 연극 단체 결성에 나선 셈이다. 조선예술좌 출신인 오정민과 함께 김일영은 이 연극 단체에 참여하므로써, 조선 연극계에서 자신이 가야 할 새로운 진로를 모색하게 된다.

조선연극협회는 1937년 6월에 제2회 공연을 개최했다. 공연 작품은 〈소야(騷夜)〉(강문필 작)와 〈섬 잇는 바다 풍경〉(박향민 안)이었고, 연출은 오정민과 박춘명이었으며, 무대는 김일영이 담당했다.[229]

---

227 「조선연극협회(朝鮮演劇協會) 지난 21일 창립(創立)」, 『동아일보』, 1936.8.27, 3면 참조.
228 「극계(劇界)에 이상(異狀)있다 '극연'의 실천부원(實踐部員) 11명 돌연 탈퇴」, 『조선중앙일보』, 1936.6.30, 2면 참조.
229 「조선연극협회(朝鮮演劇協會) 공연」, 『동아일보』, 1937.6.8, 8면 참조.

그림337 조선연극협회 창립
인사들[231]

그림338 조선연극협회 제2회 공연 연습 장면[232]

　　김일영은 1937년 6월 창단된 중앙무대의 일원으로도 합류했다.[230] 창단한 중앙무대는 경영부, 문예부, 미술부, 연기부로 체제를 구성하고, 각 책임자를 임명하는 방식으로 극단 구성을 완료했는데, 김일영은 미술부 소속으로 소개되었다.[233]

　　이러한 중앙무대 가입과 관련하여, 김일영은 자신이 조선연극협회 소속이면서도 중앙무대 단원으로 활동하고 있다고 밝힌 바 있다. 최초에는 개인 자격으로 중앙무대에서 활동하려고 했지만, 입장이 변하면

---

230　「지명연극인(知名演劇人)들이 결성 극단 '중앙무대(中央舞臺)'를 창립」, 『동아일보』, 1937.6.5, 7면 참조.

231　「조선연극협회(朝鮮演劇協會) 창립 내(來) 9월에 공연 예정」, 『조선중앙일보』, 1936.8. 23, 2면.

232　「연협 제2회 공연 시의 연습 장면」, 『동아일보』, 1937.6.22, 7면 참조. https://newslibrary.naver.com/viewer/index.nhn?articleId=1937062200209 106001&editNo=2&printCount=1&publishDate=1937-06-22&officeId=000 20&pageNo=6&printNo=5680&publishType=00010

233　『매일신보』, 1937.6.6, 8면 참조.

서 양 극단에 적을 두고 활동하게 되었다고 설명한다. 그러나 조선연극협회 소속 이화삼이 평양예술좌에 소속된 사건은 제명으로 처리된 점을 감안하면, 김일영의 두 단체 소속 사건은 일반적인 사건으로는 볼 수 없다. 더구나 이러한 양쪽 소속이 가능한 이유 중에는 조선연극협회와 중앙무대 사이의 교류도 주요한 요인으로 작용했다고 보아야 한다.[234]

더구나 당시 조선연극협회는 실질적인 해산 단계에 돌입하고 있었기 때문에, 이러한 이중 가입은 불가피한 측면도 없지 않았다.[235] 조선연극협회는 제1회 공연을 개최한 후 거의 1년이 흘러서야, 간신히 제2회 공연을 시행할 수 있을 만큼 실행 관련 조직력을 갖추는 데에 실패한 극단이었다. 어렵게 성사시킨 제2회 공연 역시 상업적 흥행과 대중적 호응에 실패하면서, 폐막 직후부터 해체 수순에 돌입해야 했고,[236] 1937년 11월에 무렵에는 이미 사라진 극단으로 언급될 정도로 존재감을 상실하고 있었다.[237]

중앙무대 창단 공연에서 김일영은 무대장치 담당으로 참여했는데, 이 공연을 본 서항석은 해당 공연의 무대장치(분야)에 대해 다음과 같은 논평을 남긴 바 있다.

⟨피나무 열매 익을 때⟩ : 인용자) 장치에 잇어 출입문에 대한 배려가 부족하고 또 소도구가 빈약하야 극의 실감(實感)을 더러 상한 것은 아까운 일이

---

234 두 극단과 관련된 김일영의 소속 문제에 대해서는 다음 기사를 참조했다(「재기(再起)는 어렵습니다」, 『동아일보』, 1937.6.22, 6면 참조.

235 「풍문과 사실」, 『동아일보』, 1937.6.22, 6면 참조.

236 「풍문과 사실 겨우 제2회 공연 마춘 연극협회 해산설」, 『동아일보』, 1937.6.22, 6면 참조.

237 김우종, 「조선신극 운동의 동향」, 『동아일보』, 1937.11.14, 4면 참조.

엇다.(…중략…) 이 극(〈바보 장두월〉: 인용자)의 장치는 조핫다 연기자로 하여금 연기하기에 조토록 무대를 멘들어주는 능(能)을 김일영 씨는 가지엇다. 제3장에는 최판서댁으로서의 그럴듯한 소도구가 더 잇엇으면 한다.[238]

서항석은 제1회 공연을 본 소감과 비평에서 김일영의 비중을 상당히 높게 언급했다. 무대장치에 대한 공과는 작품마다 엇갈렸고, 칭찬과 비판이 나란히 제기되었지만, 전반적으로 중앙무대 내에서 김일영의 역할을 고평하고, 그의 능력을 소개하는 데에 인색하지 않았다. 서항석이 최초에는 중앙무대의 중간극을 신극이 아닌 대중극으로 바라보았다는 점을 참작한다면, 부정적인 진영에서 활동하는 무대장치가에 대한 호평이라고 보아도 무방할 것이다.

제2회 공연에서도 김일영은 장치 담당으로 참여하였다. 이 공연을 전반적으로 비판한 이운곡은 김일영의 장치에 대해서도 "기중 나엇으나 안방, 부엌 같은 곳이 어색해 보혓고 효과는 아주 없엇다"고 평가하며 부정적인 입장을 피력했다.[239] 공연 전체의 통일성이 부족했다는 전반적인 평가와 맞물려 이루어진 무대장치 분야에 대한 비판이었다.

이후 김일영은 1937년 제3회 〈결혼신청〉과 〈앵무의 집〉 공연이나,[240] 제4회 박영호 작 〈황혼〉과 송영 작 〈가사장〉 공연,[241] 내지는 1937년 10월에 이루어진 '극단 중앙무대 혁신 제1회 공연' 그리고 그 이후 이어진

---

**238** 서항석, 「중간극(中間劇)의 정체」, 『동아일보』, 1937.6.29, 7면 참조.

**239** 이운곡, 「중앙무대 공연평」, 『동아일보』, 1937.7.9, 6면 참조.

**240** 「명(明) 22일부터 중앙무대 제3회 공연」, 『동아일보』, 1937.7.21, 6면 참조; 『조선일보』, 1937.7.25, 6면 참조.

**241** 『매일신보』, 1937.7.31, 3면 참조.

공연에서도[242] 무대장치 담당으로 참여하였다.[243] 한편 1938년 신춘 〈청조〉 공연에서도 장치 담당으로 참여하였다.[244] 이처럼 김일영은 중앙무대의 창단 단원이었을 뿐만 아니라, 연학년 별세 이후 이루어진 새로운 진영에도 여전히 속한 인물이었다. 오히려 김일영이 속한 장치부에는 강성범 등이 추가되기도 했다.[245]

그림339 **1938년 시점에서 중앙무대 단원**[246]

---

242 「극단 '중앙무대' 소연 〈춘희(椿姫)〉의 배역과 경개」, 『동아일보』, 1937.12.21, 5면 참조.
243 『매일신보』, 1937.10.18, 4면 참조.
244 「중앙무대 신춘 제2회공연으로 〈청조(靑鳥)〉(5막 9장) 상연」, 『매일신보』, 1938.1.22, 4면 참조; 「중앙무대에서 〈청조〉를 상연」, 『동아일보』, 1938.1.21, 5면 참조.
245 『조선일보』, 1938.6.22, 4면 참조.
246 「중앙무대의 장기공연」, 『동아일보』, 1938.6.20, 3면.
https://newslibrary.naver.com/viewer/index.nhn?articleId=1938062000209
203011&editNo=2&printCount=1&publishDate=1938-06-20&officeId=000
20&pageNo=3&printNo=6042&publishType=00020

혁신 공연 중에 김일영은 '장치는 충실'했지만 '연기와 조정이 되지 않는 데가 있'다는 유보적인 평가를 받기도 했으나, 엄밀하게 말하면 이러한 평가는 무대장치가 이상의 소임을 논하는 평가라고 하겠다.[247]

유치진은 중앙무대에서 활동한 김일영의 무대장치에 대한 찬사를 보낸 바 있다. 유치진은 "중앙무대의 무대를 정리시키는 자는 연출자도 아니요, 김일영의 무대장치라는 말이 있"다고 말하면서, 그러한 판단이 근거가 있다는 식으로 해당 논점을 인정하고 있다.[248] 즉 유치진은 중앙무대의 연출력이 매우 미흡하지만, 그나마 김일영의 무대장치가 그 역할을 대신하고 있다고 평가한 것이다.

이처럼 중앙무대에서 김일영의 활동에 대해서는 많은 평론가들이 주목했다는 점을 새삼 확인할 수 있다. 김일영과 그의 무대장치에 대한 대부분의 평가는 긍정적이었으며, 비록 부정적인 입장에 놓인 경우라 할지라도 장치가 김일영의 능력보다는 중앙무대 연극이 가지는 근본적인 한계로부터 유래한 약점으로 인식하는 경우가 대다수였다.

김일영에게 중앙무대는 조선연극협회와는 또 다른 의미를 지닌다. 조선연극협회는 연극적 이념을 함께하는 이들이 모여 극단을 창단했지만, 실질적인 공연 실행력이 매우 낮아 정상적인 연극 활동이 매우 불편한 극단이었다. 이에 극단 소속을 이중으로 선택하는 극단적 행보까지 감수하며 김일영은 중앙무대에서 활동하기 시작했는데, 이러한 그의 선택은 김일영의 무대장치를 당대 관객 대중과 평론가들에게 알리는

---

247 남궁운, 「혁신 중앙무대의 〈부활〉 상연을 보고」(하), 『동아일보』. 1937년 11월 21일, 5면 참조.
248 유치진, 「극단과 희곡계」(상), 『동아일보』, 1937.12.24, 4면 참조.

데에 큰 효과를 발휘했다.

김일영은 신극 혹은 중간극 계열을 바탕으로 점차 조선 연극계에 편입되기 시작했으며, 대중극 진영에 비해 관객 동원력에서 열세를 보였던 이러한 진영 측은 무대미술의 강화를 통해 관극 욕구를 향상하려는 의도를 피력하기 시작했다. 어떠한 의미에서든, 김일영으로서는 조선 연극계로 진입하는 안정적인 루트를 확보한 선택이었다.

### (4) 1940년대 김일영의 행적과 〈청춘무성〉의 무대

1941년 12월 함대훈은 당해 연도 조선 연극계를 돌아보면서, 핵심적인 역할을 하는 무대미술가 중 한 명으로 김일영을 꼽았고, 그러한 김일영의 1941년 대표작으로 고협의 〈청춘무성〉을 들었다.[249]

〈청춘무성〉은 이태준 원작의 장편소설로, 고협 공연에서는 전창근이 연출을 맡았으며 1941년 8월 27일 성보극장에서 개막한 작품이었다.[250] 대략의 개요는 다음과 같다.[251]

이태준의 소설 〈청춘무성〉은 1940년 3월 12일부터 시작하여 같은 해 8월 11일까지 『조선일보』에 연재된 신문 장편소설이다. 신문 연재 당시 독자들의 인기를 끌었지만, 『조선일보』가 강제 폐간되면서 신문 연재 127회로 중단되었다. 같은 해 11월 박문서관에서 같은 제명의 단행본으로 출간되면서, 그 이후 내용까지 포함되기에 이르렀다. 그러다

---

249 함대훈, 「국민연극에의 전향 – 극계 일년의 동태(6)」, 『매일신보』, 1941.12.13, 4면.
250 『매일신보』, 1941.8.9, 4면; 『매일신보』, 1941.8.27 참조.
251 공연 대본 〈청춘무성〉은 현재 남아 있지 않지만, 원작 소설과 관련 자료를 바탕으로 〈청춘무성〉의 개요와 서사의 개략적 흐름을 파악할 수 있다. 이와 관련 내용은 다음의 글을 참조했다(김남석, 「극단 고협 후기 공연사 연구」, 『어문연구』 39권 1호, 한국어문교육연구회, 2011, 259~262면 참조).

가 이듬해 8월 송영이 각색하여 고협에서 연극작품으로 공연되었다. 그리고 그 이듬해인 1942년 5월(21일부터)[252]과 6월(20일~22일)[253] 재공연되었다.

초연 관극 평을 참조하면, 이 공연에 대해 몇 가지 사실을 확인할 수 있다. 첫째, 이 작품은 여학생의 생활, 나아가서는 그 생활에서 우러나오는 여학생의 심리를 보여주는 데에 초점을 맞추고 있는 공연이었다. 둘째, 작품의 줄거리는 여학생들을 가르치는 원치원 교목과, 여 제자(고은심, 최득주) 두 명이 형성하는 삼각관계에 기초했다. 셋째, 작품의 중심 내용이 삼각관계에만 의존하는 것은 아니고 세 사람 모두가 제각각의 길을 걸어가는 내용이 포함되어 있다.[254]

이러한 신문 평을 통해 확인되는 내용은 원작의 내용과 크게 다르지 않다. 따라서 원작을 바탕으로 이 작품의 내용을 보다 정교하게 확인할 필요가 있다. 원작의 내용도 크게 두 부분으로 나눌 수 있다. 작품의 전반부는 여학교의 교목인 '원치원'을 중심으로 하여, 두 명의 여학생이 벌이는 삼각관계이다. 원치원은 동경 유학을 하고 돌아온 독신의 교목(교사)으로, 여학생들의 관심을 한 몸에 받고 있다. 그중에서도 '고은심'이라는 여학생은 원치원에게 적극적으로 구애를 내비치고 있다. 고은심은 익명으로 넥타이를 선물로 보내는가 하면, 편지를 보내 애정을 갈구하기도 한다. 원치원 역시 이러한 고은심에게 심정적으로 끌리게 되고, 두 사람은 연인이 되기로 약속한다.

---

252 『매일신보』, 1942.5.19, 4면 참조.
253 『매일신보』, 1942.6.20, 4면 참조.
254 「극단 고협 공연 〈청춘무성〉」, 『매일신보』, 1941.8.28 참조.

이때 두 사람 사이에 끼어드는 '최득주'는 고은심과 같은 반 친구이고, 역시 원치원의 수업을 받는 학생이었다. 하지만 최득주는 여유 있는 집안의 딸인 고은심과 달리, 어려운 집안 형편 때문에 카페 여급을 하면서 집안 살림을 책임져야 하는 입장이었다. 최득주는 돈을 벌기 위해서, 정조와 웃음을 팔아야 하는 자신의 처지에 자포자기하고 있다가, 원치원을 만나면서 구원의 가능성을 찾게 된다. 하지만 원치원과 고은심이 서로 사랑하는 사이라는 사실을 알게 되자, 최득주는 질투심 때문에 원치원을 모함하는 투서를 보내고, 원치원과 최득주는 학교를 그만둔다. 이후 고은심도 수치심을 이기지 못하고 학업을 중단한 채 귀향하고 만다.

세 사람이 학교를 떠난 이후에는, 각자의 길을 걸어가게 된 세 사람의 이야기가 개별적으로 전개된다. 그러다가 고은심이 사촌 오빠의 중매로 재미교포 '조오지 함'과 결혼하기 위해서 미국으로 가던 중, 동경에서 우연히 원치원을 만나 서로의 마음을 재확인하면서, 새로운 삼각관계로 빠져든다. 초반의 삼각관계가 원치원을 중심에 둔 고은심과 최득주의 구조였다면(최득주-원치원-고은심), 이후의 삼각관계는 고은심을 중심에 둔 원치원과 조오지 함의 구조였다(원치원-고은심-조오지 함).

예비 아내를 마중하러 온 조오지 함은 두 사람이 서로 사랑하는 사이라는 사실을 알게 되자 자신이 떠나겠다고 결심하지만, 이러한 조오지 함의 선택으로 인해 원치원은 자격지심을 이기지 못하고 결국 고은심과 이별하고 만다. 삼각관계를 근간으로 한 애정 서사가 곧바로 해피엔딩으로 마무리되지 않도록 조율하고 작품의 서사를 연장하고자 한 것이다.

최득주의 서사 역시 별도로 다루어지는데, 그녀는 원치원에게 감화를 받고 자신이 한 일이 큰 잘못임을 깨닫게 되지만, 어려운 형편 때문에 선뜻 카페 여급 생활을 포기하지 못한다. 대신 그곳에서 최득주는 사회사업에 뜻을 두게 되고, 자신 같은 불행한 처지의 여급들을 도울 수 있는 길을 마련하고자 한다. 하지만 그 돈을 마련할 목적으로 부자에게 접근하여 육체관계를 허락하고 만다. 그 과정에서 농도 짙은 성행위가 묘사되면서, 대중극(대중소설)의 흥미가 제고되기도 한다.

이처럼 소설의 전반부는 세 사람의 삼각관계가 빚어내는 애정의 서사로 점철된다. 원치원은 고은심과 최득주 사이에서 방황하고, 고은심은 원치원과 조오지 함 사이에서 방황한다. 최득주는 육체적 애정 공세를 퍼부어 원치원의 성욕을 자극하는 서사적 역할을 맡고, 사회사업 자금 마련을 위한다는 명목으로 부자 상인 '윤천달'에게 접근하여 육체관계를 맺는 서사적 연계를 만들어 낸다. 최득주의 모함과 계략에 의해 사랑의 오해가 빚어지고, 이로 인해 연인이 헤어지는 전형적 멜로드라마 구도도 확인된다. 하지만 소설의 후반부는 세 사람이 올바른 가치관을 정립하고 새로운 사회를 건설하기 위해서 자기 분야에서 노력한다는 계몽의 서사로 전환된다.

이러한 원작 서사는 공연 대본에 축자적으로 수용된 것으로 보인다. 실제 공연에서 1막 1장에서는 원치원과 최득주의 대화가 설정되어 그들의 관계가 발전되는 사건이 일어나고, 1막 2장에서는 최득주−원치원−고은심 사이에 누적되는 감정의 결이 드러나며 임투가 전개되고 있다. 그리고 1막에서 세 사람의 감정을 파탄을 맞이하고 각자의 길을 걷게 된다. 2막은 동경을 배경으로 하고 있는데, 대략 고은심과 원치원의 재회를 다룬 막으로 이해된다. 그리고 3막은 세 사람이 한때 감정을 뒤로하고 "실업계로 투신해 과거를 한 이야기로 복선複線을 깔고 진행하는 그들의 생활"을 그리고 있다. 3막은 아무래도 젊은 날의 감정을 추스르고, 더욱 성숙한 성인이 된 세 사람이 자신이 발 딛고 있는 사회의 발전을 위해 '노력'하고 '고민'하고 '생기'를 불러일으키는 내용이 주를 이룬 것으로 보인다.[255]

이러한 원작의 전반부에서 집중적으로 조명된 삼각관계는 1막과 2막으로 수용되었고, 후반부의 내용은 3막의 내용으로 흡수되었다. 송인화의 지적대로 〈청춘무성〉의 '전반부의 애정 갈등'과 '후반부의 사회 참여'가 3막 구조에 통합된 것이다.[256] 이 공연에서 김일영은 이 작품의 장치를 맡았고(조명은 최진이 맡았다), 그의 장치는 "신선하고 호조의 분위기를 꾸몃다"는 평가를 받았다.[257]

아무래도 이 장면은 학교 교정에서 여학생들이 교류하는 사건을 다룬 장면으로 보인다. 흐릿한 사진으로 인해 그 배경과 실체를 정확하게 파악하기는 힘들지만, 전창근 연출 〈청춘무성〉의 1막에서 주로 구현된 고은심 – 원치원 – 최득주의 삼각관계가 발현되고 있는 교정의 정경임에 거의 틀림없다. 사진 전면의 두 사람과 그 맞은편의 한 사람은 고은심 대 최득주의 심리적 대결을 형상화하는 일종의 대결 구도를 형성하고 있다.

---

255 고협의 〈청춘무성〉의 막 구성과 그 내용에 대해서는 다음의 글을 참조했다(「연극평 극단 고협 공연 〈청춘무성〉」, 『매일신보』, 1941.8.28, 4면 참조).

256 송인화, 「이태준의 〈청춘무성〉 고」, 『여성문학연구』 9권, 한국여성문학회, 2003, 157면 참조.

257 「연극평 극단 고협 공연 〈청춘무성〉」, 『매일신보』, 1941.8.28, 4면 참조.

| 그림340 〈청춘무성〉의 한 장면[258] | 그림341 신문에 공개된 〈청춘무성〉 연습 장면[259] |

〈청춘무성〉은 여자 배우들의 출연 비율이 높은 서사였고, 여학생들의 애정 다툼을 통해 서사적 긴장감을 불러일으키는 작품이었다. 그러다 보니 무대화하는 과정에서 여학생으로 출연하는 배우들의 장점과 개성 그리고 그녀들에 대한 호감을 증폭시킬 수 있는 장치들이 필요했다. 고협 측에서도 이러한 여성 캐스팅에 신경을 썼을 뿐만 아니라, 당대의 언론에서도 여성 캐스팅에 주목하고 있었다(그림 340).

이러한 연극의 초점과 대외 관심을 고려할 때, 김일영은 학교를 배경으로 여학생들 사이의 심리적 긴장감을 고조시킬 수 있는 방안을 물색했을 것으로 생각되고, 동시에 원치원 교목을 둘러싼 대결 구도를 강화할 수 있는 방안을 고안하고자 했을 것으로 여겨진다. 위 좌측 사진은 이러한 그의 구상을 알려주는 일종의 단초라고 하겠다.

---

258 「연극평 극단 고협 공연 〈청춘무성〉」, 『매일신보』, 1941.8.28, 4면.
259 「〈청춘무성〉 고협 상연 연일 연습 중」, 『매일신보』, 1941.8.21, 4면.

### (5) 귀국 이후의 활동과 라이벌 구도

1930년대 중반, 원우전이 주도하고 있던 무대미술계에 새로운 변화가 포착되었다. 그 변화는 김일영으로 대변되는 해외유학파 무대미술가의 등장에서 그 기미를 찾을 수 있다. 김일영은 '당대의 라이벌'이었고, 결과적으로는 원우전의 아성을 밀어낼 수 있는 '무서운 후배'였다.[260] 김일영은 일본 유학을 마치고 국내로 복귀하고 난 이후, 무대디자인 분야에 활기를 불어넣은 존재로 무대미술계에서 인식되는 연극인이었다.

따라서 김일영을 논의하기 위해서 다시 원우전을 비롯한 대중극 진영의 무대미술가를 역시 염두에 두지 않을 수 없다. 그 까닭은 두 사람이 위치한 당대 연극계에서 위상 때문이며, 두 사람이 소유하고 있는 연극사적 맥락 때문이다. 공식적으로 김일영과 원우전이 상면해야 했던 공간(단체)은 극단 아랑이었다. 황철을 중심으로 동양극장 청춘좌 단원들이 이탈하여 극단 아랑으로 독립할 때, '박진 - 임선규 - 원우전'이 연출부를 담당한 핵심 연극인들이었다. 박진은 연출을, 임선규는 극작을, 원우전은 무대장치를 맡아, 신진 창립극단 아랑을 일약 청춘좌에 버금가는 극단으로 만들어 냈다.

사실 이들의 면면과 이력 그리고 활동력은 동양극장 청춘좌의 재현에 가까웠다. 동양극장의 시스템마저 옮겨온 그들은 새롭게 수립된 아

---

260 김일영은 일본에서 활동하면서 축지소극장 등에서 연극(무대미술) 공부를 수행한 이후 조선으로 복귀하여 현대극장 창립 단원(1941년 3월 발족)이 되었고, 같은 해 무렵부터 아랑의 무대장치를 맡았다. 1942년에는 이동극단에 가담하여 활동하였으며, 해방 후에는 연극건설본부에 가입하기도 했다(유민영, 『한국근대연극사신론』(하), 태학사, 2011, 341~517면 참조).

랑을 청춘좌의 연속선상에 놓이도록 만들었다. 더구나 그들의 노력은 '황철-차홍녀'의 인기와 어우러지면서, 아랑의 입지를 1940년대 최고 인기 극단 중 하나로 승격시키고 그 수준을 1940년대 전반기 내내 유지하도록 만들었다. 그러니까 아랑 창립 시에는 원우전이 무대디자이너로서의 위상을 지키고 있었고, 이러한 맥락은 가깝게는 청춘좌 멀게는 토월회부터 이어진 대중극 진영의 주요한 맥락이었다.

하지만 1941년 9월에 접어들자, 아랑은 대대적인 변화를 도모했다.[261] 기존 '박진(연출)-임선규(극작)-원우전(장치)'을 대신하여, '안영일(연출)-김태진(극작)-김일영(장치)'의 연출부가 등장하기에 이른 것이다. 아랑 입장에서 보면, 이러한 변화는 일종의 세대교체이고 새로운 연극을 위한 도전과 모험이라고 할 수 있었다. 그때까지만 해도 박진과 임선규와 원우전의 조합은 실패하지 않은 조합으로 보아야 하지만, 안영일이 극단의 중요한 연출가로 등장하면서 극작과 무대미술 영역이 변화할 수밖에 없었다. 즉 안영일이 요구하는 성향의 작품을 집필할 수 있는 극작가와, 오랫동안 무대 작업을 함께 했던 '김일영'이 절대적으로 필요했던 것으로 여겨진다.[262] 이러한 상황 변화와 함께 김일영은 조선의 연극 무대에 힘 있게 등장했고, 원우전의 뒤를 잇는 힘 있는 후배로 이름을 올리게 된다.

연극사적으로 볼 때, 원우전과 김일영의 본격적인 첫 번째 경쟁은 1942년 9월 18일부터 11월 25일까지 시행된 국민연극경연대회(경성

---

261 아랑 극단 체제의 변화와 새로운 인사들의 등장은 다음의 글을 참조했다(김남석, 「극단 아랑의 운영 방식 연구」, 『조선의 대중극단들』, 푸른사상, 2010, 465~468면 참조).

262 이원경, 「무대미술」, 『문예총감(개화기~1975)』, 한국문화진흥원, 1976, 417면 참조.

부민관)라고 할 수 있다. 김일영은 극단 아랑의 출품작 〈행복의 계시〉(김태진 작, 안영일 연출)에서 무대장치를 담당했고, 원우전은 극단 청춘좌로 복귀하여 송영 작 〈산풍〉의 무대장치를 맡았다. 두 작품은 당대 최고의 대중극단에 해당하는 두 극단의 위상을 대변하고 있었으니, 어떠한 식으로든 비교 대상으로 떠오르지 않을 수 없었다.

원우전 약전을 쓴 고설봉의 증언을 빌리면,[263] 당초 예상은 신예 김일영의 우위로 점쳐졌었다고 한다. 공식적인 미술 수업의 경력이 일천했던 원우전에 비해 일본 축지소극장에서 전문적인 수업을 받고 경험을 축적한 김일영이 우세할 것이라는 관측이 지배적이었다는 것이다. 하지만 이러한 예상은 당초와는 다른 결과를 낳았다. 무대장치상을 원우전이 받았기 때문만은 아니다. 원우전은 자신의 무대미술이 아직 건재하다는 사실을 알리면서 동양극장으로의 성공적 복귀를 대외에 과시했다.

그렇다고 김일영의 무대미술을 미리 폄하할 필요도 없다. 이 국민연극경연대회는 완성도 외에 다른 요인이 중대하게 고려되는 행사였기 때문에, 누가 상을 받고 누가 받지 않았다는 이유로 그들 간의 우열 관계를 논하기에는 여러 면에서 허점이 적지 않다. 더구나 제2회 (국민)연극경연대회에서는 무대장치상을 김일영이 수상하면서(박영호 작, 안영일 연출, 아랑의 〈물새〉로 출품) 자신의 실력 역시 입증해 냈다(원우전은 임선규 작, 박진 연출, 청춘좌의 〈꽃 피는 나무〉로 참가). 청춘좌의 출품작이 과거 동양극장 전성기(1935~1939년)의 스태프로 짜였다는 점도 이 경쟁에서 특기할 만한 사항일 것인데, 그럼에도 불구하고 아랑의 작품성과 무대

---

263　고설봉, 『증언 연극사』, 진양, 1990.

미술 역시 뛰어난 수준이 아닐 수 없었다.

이러한 당시 정황과 관련 언급을 통해, 두 무대미술가의 기술적 역량과 사회적 위상이 상당하다는 결론에 도달할 수 있다. 어떠한 형태로든두 사람은 1940년대 조선 연극의 무대미술계에서 핵심적인 역할을 담당한 인물이었다.

이처럼 김일영의 등장과 그의 무대미술은 어떠한 방식으로든 조선연극계와 무대미술계에 상당한 파장을 몰고 왔다. 그것은 원우전으로대표되는 기존 무대미술의 경향과 다른 개성을 창조하고 차별화된 성과를 이룩했기 때문이다. 김일영은 해외 유학과 일본연극을 경험하고신극(계)의 일원으로 조선 연극에 가담했기 때문에, 기본적으로는 원우전의 무대미술과 상당한 차이를 보일 수밖에 없었다. 대중극과 신극이엄격하게 분리되어 있다고 믿었던 시점에서는, 이러한 차이는 단순한무대미술만의 차이가 아니라 연극을 둘러싼 근원적인 신념과 미학의차이로 여겨지기까지 했다.

객관적인 지표는 이러한 차이를 이해하는 기본적인 단서를 제공할수 있다. 원우전은 신극이 아닌 대중극 진영에서 주로 활동했고, 그가무대미술을 연구하고 배운 곳은 '학교'가 아닌 '극장'이었으며, '외국'이 아닌 실제 '조선의 연극 무대'였다.


## 3. 함세덕의 어촌 희곡과 공연 무대

## 1) 〈산허구리〉에서 어촌의 등장과 형해로서의 바다

〈애별곡〉에서 상상적으로 구현된 바다의 형상은 1930~40년대 한국의 일부 희곡에서 나타나는 어촌(혹은 포구)을 공간적 배경으로 삼고 있는 작품들과 동일한 계열의 무대디자인으로 볼 수 있다. 이러한 대표적인 작품으로 함세덕의 작품군을 꼽을 수 있다. 대표적인 작품이 〈산허구리〉이다.

**정경**

코를 찔으는 듯한 惡臭가배인 濕한 漏추한 漁夫의土幕. 中央에 개흙이 끈어져 가는 房이 있고 右便으로 비스듬이 부억. 房머리에 옹배기를 엎어놓은굴뚝 부억뒤로부터 굴뚝가치 얕은土담이 빨내 그물 생선 엉겅퀴(薊) 등이 널려있다. 土담을돌아 행길 右便에 언덕기슭이 행길까지 내려와있고 좁은 산길이 있다.
**멀-니 캄캄한어둠속에 늠실늠실물결치는 거츨은 바다가 보인다.** 동트기 전 꼭두새벽

〈산허구리〉 배경 묘사(정경)[264](강조 : 인용자)

그림342 〈산허구리〉 발표 첫 면[265]

〈산허구리〉의 무대 배경은 어촌으로 설정되어 있기 때문에, 무대 면on stage에는 '어부의 토막'이 더 비중 있게 자리 잡고 있다. 극작가 함세덕은 정경 묘사를 통해 무대에서 '바다'가 보인다고 기술하고 있지만, 이 바다는 배경으로서의 바다가 될 가능성이 높다. 무대 전면에 방과 부엌, 산길

---

264 함세덕, 〈산허구리〉, 『조선문학』, 1936.9, 100면.
265 함세덕, 〈산허구리〉, 『조선문학』, 1936.9, 100면.

이 배치된 어부의 토막이 배치되면서, 그 후면upstage 혹은 배경화(걸개그림)로 바다의 정경이 위치할 수밖에 없어 보이기 때문이다. 최초 발표본인『조선문학』에도 관련 삽화는 제시되어 있지 않아, 그나마 극작가가 생각하는 무대의 형해는 '정경'을 통해서만 확인할 수 있다.

함세덕은 이를 의식한 듯, 바다는 '멀－니' 존재한다고 기술했고, '캄캄한 어둠 속에 늠실늠실 물결치는 거츨은' 형상으로 제시했다. 이러한 외양 묘사는 다분히 무대 바깥off stage의 존재로서의 바다를 염두에 둔 설정으로 보이며, 이로 인해 무대 위에 바다(물)을 직접적으로 설치해야 하는 당위성은 반감된다고 판단된다.

과거의 관련 자료에서 더욱 구체적인 정황이 포착되고 있지는 않는 상황이지만, 〈산허구리〉와 직간접적인 관련을 맺고 있을 것으로 판단되는 〈토막〉의 무대 정경(과 그 사진)은 〈산허구리〉의 무대 배치를 간접적으로나마 살필 수 있도록 돕고 있다.

**무대－명서의 가정**
오양깐가치 누추하고 陰濕한 土幕집의內部－溫突房과 그에接한부엌. 房과부엌사이에는 壁도업시 그냥通하얏다. 天장과壁이 시커머케탄것은 부엌煙氣때문이다. 溫突房의 後面에는 뒷골房에 通하는 房門이 잇다. 左便에 入口. 右便에 門도 업는 窓하나. 窓으로 가을夕陽의 여윈光線이 흘러드러올뿐. 大體로土幕內는 어둠컴컴하다.

〈토막〉의 무대 해설266

그림343 〈토막〉의 무대 사진

〈토막〉은 바다를 배경으로 한 작품은 아니지만, 실제로 〈산허구리〉

---

266 유치진, 〈토막〉,『문예월간』, 1931.12, 34면.

와의 관련성이 끊임없이 언급되는 작품이다.[267] 더구나 유치진의 〈토막〉은 1930년대 조선 연극계에서 여러 모로 상찬되고 모방되는 작품이었고, 유치진 역시 자신의 〈토막〉이 토월회의 〈아리랑 고개〉와 함께 1930년대 전반기 희곡 창작의 중요한 전범이 되고 있다고 인정한 바 있는 경우였다.[268] 사적인 관계로 볼 때에도 두 사람은 상호 영향을 주고받을 수 있는 위치였다. 1940년대 함세덕과 유치진은 현대극장에서 함께 활동했을 뿐만 아니라, 그 이전부터 조선 연극계에는 유치진이 함세덕을 발탁했고[269] 함세덕이 일찍부터 유치진을 사사한 사실이 공인되고 있었다(사제 관계).[270] 이러한 관련 정황을 묶어보면, 함세덕의 〈산허구리〉의 무대 배경은 〈토막〉의 배경 속 '토막'과 무관하지 않으며, 오히려 강한 영향을 받았다고 판단하는 것에 무리 없다고 해야 한다.

그렇다면 〈산허구리〉 무대의 '토막' 정경과 〈토막〉 무대의 '토막' 정경 역시 일정한 연관성을 상정할 수 있다. 위에 제시한 〈토막〉의 무대 사진은 농촌의 가난한 정경을 보여주는 데에 초점을 맞추고 있다. 토막집의 내부를 답답하게 꾸며서('창'의 크기와 개수를 작게 제작하여) 가난하고 음습하고 더러운 환경을 강조하고자 했다. 이러한 〈토막〉의 가난하고 누추한 인상은, 〈산허구리〉의 '토막' 풍경에 덧입혀졌을 것으로 보인다. 〈토막〉이 1933년(2월 9~10일) 극예술연구회의 제3회 공연작 중

267 박영정, 「유치진의 〈토막〉과 함세덕의 〈산허구리〉 비교 연구」, 『대학원학술논문집』, 건국대학교 대학원, 1995, 11~24면; 김남석, 「유치진과 함세덕의 상동성 연구」, 『문학비평』 11집, 한국문학비평가협회, 2006, 67~87면.
268 유치진, 「지난 1년간의 조선 연극계 총결산―특히 희곡을 중심으로」, 『동랑 유치진 전집』 8권, 서울예술대 출판부, 1993, 171~172면.
269 유치진, 『동랑자서전』, 서문당, 1975, 199면.
270 이해랑, 「함세덕」, 『또 하나의 커튼 뒤의 인생』, 보림사, 1985, 147면.

한 작품으로 무대에 올랐기 때문에[271] 함세덕이 〈산허구리〉를 발표한 1936년에 앞서고 있는 점을 고려하고, 이 작품이 관련 연구자들 사이에서 크게 회자된 점과 함세덕이 일찍부터 유치진의 극작술을 사사했다는 점을 함께 감안하면, 이러한 영향 관계를 시기적으로 뒷받침할 수 있을 것이다.

함세덕의 〈산허구리〉 속 토막과 바다의 상관성은 아직은 더 관찰해야 할 사안인 것은 분명하다고 할 수 있지만, 그럼에도 불구하고 〈산허구리〉의 바다가 무대디자인의 본격적인 일부로 편입되지 못한 점은 거의 확실하다고 해야 한다. 〈산허구리〉에서 바다는 멀리서 빛나는 형상으로 제시되었고, 무대는 유치진의 〈토막〉 류의 작품이 형성하고 있었던 가난한 조선의 현실(거처)을 보여주는 데에 주력했다고 해야 한다. 이러한 무대 배치가 바다라는 숨겨진 생존 환경을 석이 일가의 삶 속에 투영하는 데에는 상당한 극적 효과를 얻었지만, 극장의 시각적 조건으로서의 바다를 전면에 내세우는 데에 일정한 한계를 내보였음을 또한 인정하지 않을 도리는 없어 보인다.

## 2) 〈무의도기행〉과 〈동어의 끝〉의 무대디자인과 바다의 위치

1941년에 지면에 발표된 함세덕의 〈무의도기행〉은 〈산허구리〉의 발전적 연작, 혹은 확대 개작본으로 간주될 정도로 깊은 관련성을 맺는 작품이다. 〈산허구리〉에서 산만하게 흩어져 있넌 개별 모티프를 취합

---

**271** 당시 극예술연구회 공연은 1일 3작품 공연 방식으로 치러져서, 체홉 작(함대훈 역) 〈기념제〉, 카이제르 작(서항석 역) 〈우정〉(원제 '유아나')와 함께 공연되었다.

하여 유장한 플롯에 투입한 극작술이 돋보이는 작품으로,[272] 〈산허구리〉가 1막의 단막극으로 발표되었다면, 〈무의도기행〉은 보다 많은 등장인물과 관련 사연을 결부한 장막극으로 발전된 경우라고 하겠다.

하지만 무대 배경에 국한하여 말한다면, 〈무의도기행〉에서 '바다'는 〈산허구리〉의 '바다'처럼 간접적인 형상으로만 제시될 따름이다.

〈무의도기행〉의 '무대' 설명에서, 바다의 위치는 '무대 후면'으로 명시되고 있다. 무대 중앙center에는 낙경의 집이 위치하고 있고, 무대 전면에는 가도 그리고 무대 후면에 모래사장이 위치하도록 지시되었으며, 그 너머에 바다가 존재하는 것으로 상정되었다. 이러한 무대 배치는 기본적으로는 무대 위에 바다를 표현할 필요를 제거한다. 실제로 〈무의도기행〉의 표면적 플롯에서도 바다 위에서 직접 고기를 잡거나 배를 타고 이동하는 장면은 묘사되어 있지 않다. 주인공 천명은 줄곧 어부가 되기를 거부하지만, 결국 부모와 이웃의 강요에 의해 바다로 나갔다가 조난을 당하는데, 정작 바다에서 조업을 하거나 바다로 나가는 광경은 무대에서 묘사되지 않는다. 그러니까 함세덕은 〈무의도기행〉에서 천명의 사연과 플롯의 진행을 낙경의 집에서 전개하고자 한 것이다.

다만 〈무의도기행〉의 무대에서 제시된 '바다'는 〈산허구리〉의 바다에 비해 더욱 인상적인 방식으로 묘사된다. 모래사장을 '내려' 바다가 존재해야 한다는 위치 정보가 제공되고 있고, 밀물(만조)이라는 시간적 배경을 통해 바다의 색깔이 명확하게 지시되고 있으며, 파도 소리와 물새의 소리가 결합되어 사실감이 증폭되도록 설정되어 있다. 이러한 바

---

272 김남석, 「어촌 소재 희곡의 상동성 연구」, 『오태석 연극의 미학적 지평』, 연극과인간, 2003, 207~208면 참조.

**무대**
섬에 흔히 볼 수 있는 퇴락(頹落)한 낙경(落京)의 **집 전면은 가도(街道) 후면은 사장(沙場)을 내려 바다.**
상수(上手)에 느틔나무 고목 일주(一走).
울숙불긋한 헝겊이 무수이 달린 사당. 지붕에는 풍어(豊漁)를 빌든 봉죽(成漁旗)이 낡은 채 펄럭인다.
그물 말에 걸린 건어(乾魚) 꾸레미와 어촌색(漁村色)을 낼만한 어구들 적당이.
(1)
**바다는 만조(滿朝)라 푸른 감벽(紺碧)이 수건을 넣으면 물들듯하다.**
**단조(單調)한 파도소래와, 있다금 들리는 물새떼의 울음소래.**
나루터 하나 격(隔)한, 인도(隣島) 큰떼무리의 한방의 구주부가, 이리 갔다 저리 갔다 하며 초조(焦燥)이 누구를 기대리고 있다 그 뒤에 나드리 옷을 말숙이 입은 막내딸 희녀

**함세덕 〈무의도기행〉의 무대**[273](강조 : 인용자)

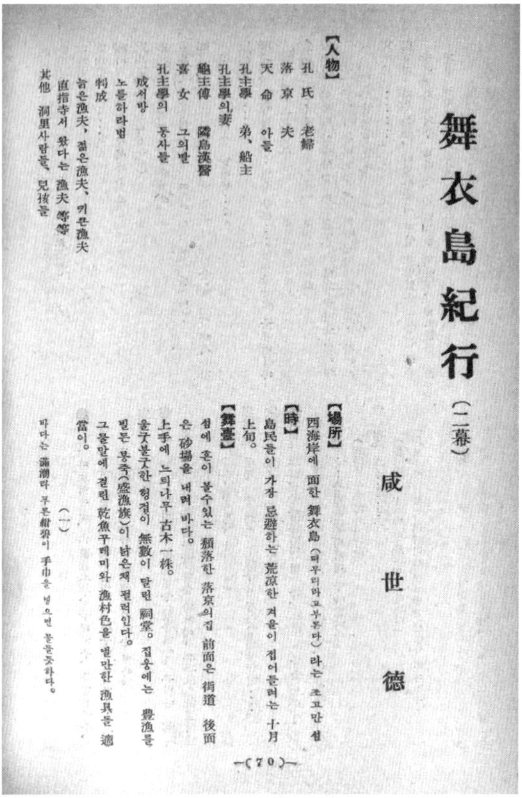
舞衣島紀行 (二幕)

咸世德

【人物】
孔氏 老婦
落京 夫
天命 아들
孔主學 弟、船主
孔主學의 妻
船主傅 隣島漢醫
喜女 그의딸
孔主學의 동사들
成서방
노틀하라범
判成
늙은漁夫、젊은漁夫、키큰漁夫
直指寺서 왔다는 漁夫 等等
其他 洞里사람들、兒孩들

【場所】
西海岸에 面한 舞衣島(떼무리마고부른다) 라는 조고만 섬

【時】
島民들이 가장 忌避하는 荒凉한 겨울이 접어들려는 十月上旬。

【舞臺】
섬에 흔이 볼수있는 頹落한 落京의집 前面은 街道 後面은 砂場을 내려 바다。
上手에 느틔나무 古木一株。
울긋불긋한 헝겊이 無數이 달린 祠堂。 집웅에는 豊漁를 빌든 봉죽(盛漁旗)이 낡은채 펄럭인다。
그물말에 걸린 乾魚꾸레미와 漁村色을 낼만한 漁具들 適當이。

(一)

바다는 滿潮라 푸른紺碧이 手巾을 넣으면 물들듯하다。

—(70)—

그림344 **함세덕의 〈무의도기행〉**[274]

다 묘사는, 1936년 〈산허구리〉에서 바다를 보다 무대 환경에 도입하려는 의도를 담고 있다. "캄캄한어둠속에 늠실늠실물결치는 거츨은 바다"가 미지의 세계처럼 현실과 떨어진 곳에 존재하는 인상을 품겼다면, "만조滿朝라 푸른 감벽紺碧이 수건을 넣으면 물들듯"한 바다는 생활환경과 주거 조건 속에 근접한 바다의 면모를 보여준다고 하겠다.

273 함세덕, 〈무의도기행〉, 『인문평론』, 1941.3, 70~71면.
274 함세덕, 〈무의도기행〉, 『인문평론』, 1941.3, 70면.

하지만 이러한 미세한 차이(바다의 현실감 증대)에도 불구하고 〈무의도 기행〉의 바다는 물리적이고 시각적인 차원에서는 배경으로서의 역할에 한정되어 있었고, 제작 형상으로 볼 때는 무대 바깥off stage 존재하는 가상의 영역으로 간주되어 있었다.

〈무의도기행〉과 비슷한 시기에 함세덕은 〈동어의 끝〉을 발표하기도 했다. 함세덕의 희곡 〈동어의 끝〉은 1940년 9월 『조광』에 수록되었다.[275] 지면 수록 시기로만 보면 〈산허구리〉(1936년 9월) → 〈동어의 끝〉(1940년 9월) → 〈무의도기행〉(1941년 3월)의 순서로 발표된 셈이다.

〈동어의 끝〉의 공간적 배경 역시 어촌 초가이다. 그리고 그 후면에 바다를 상정함으로써 무대 공간 내에 바다의 정경과 정조를 끌어오고 자 했다. 이러한 창작 의도는 아래의 무대 해설에서 분명하게 확인된다.

〈동어의 끝〉 최초 발표 판본에 해당하는 이 지면에는 이 작품과 관련된 삽화가 수록되어 있다. 이 삽화는 남궁현에 의해 그려졌는데, 응당 발표 희곡을 근간으로 표현되었을 것으로 보인다.

**그림 345**의 삽화에서 구서의 집은 초가로 표현되었다. 이 초가는 무대 해설에서 설명한 대로 돌축대 위에 지어져 있고, 그 가운데 마루를 중심으로 양쪽 공간으로 나뉘어 있다. 좌변으로 지칭되는 하수 쪽 공간에는 '낭대'가 비쭉하게 솟아 있다. 무대 해설에서는 '낭대가 어리목으로 뒤를 바치고 물속까지 쑥 나갔다'고 기술되어 있다. 이러한 설명을 그대로 수용하면 낭대가 초가의 한 측면으로 받치고 있어야 하는데, 삽화에서는 상징적인 낭대가 세워져 있을 뿐이다. 이로 인해 '수상서실水上棲室'

---

**275** 함세덕, 〈동어의 끝〉, 『조광』, 조선일보사 출판부, 1940, 152~162면.

간만의 차 삼천여 척인 서해안에 면한 어느 도서. 좌변에 퇴락한 구서(龜書)의 집.

두꺼운 돌담 얕은 지붕 떼ㅅ목 껍질로 만든 헷간새벽 대신 개흙을 친 토벽 마루 뒷문을 내려스면 돌축대, 축대 밖으로 남양토인들의 수상서실(水上棲室) 같은 낭대가 어리목으로 뒤를 바치고 물속까지 쑥 나갔다. 하계(夏季)에는 대청이 되고 만조 때는 동리아해(洞里兒孩)들의 도보고다이(飛込臺)가 되지만 동절에는 헷간으로 쓴다.

우변에 동리사람들의 선앙님(水神)을 안치한 사당이 놓여 있는 노령(老齡)한 느티나무 고목 일주.

가지에는 울긋불긋한 댕기 같은 포편(布片)이 달려있다. 나무 끝에는 올해도 풍어(豊漁)를 빌던 봉죽(旗)이 풍우에 퇴색(褪色)한 채 초라이 펄럭어린다.

적당한 곳에 서해안의 어촌색을 내일그래(探貝具) 조개망태 생선상자 광주리 지개 낡은 그물 사위ㅅ대 패곡퇴(貝殼堆) 젓독 갈가마(그물을 삶어서 풀을 멕이는 목제요, 木製窯). 사게로 세운 그물대. 새끼에 꿴 건어꾸래미 등등

후면은 낙뢰(落磊)한 암반과 모래 사장에 연하야 바다

전면은 가도.

그림345 『조광』에 발표된 〈동어의 끝〉 무대 묘사[276]

---

같아야 한다는 설명은 제대로 실현되지 못했다.

우변으로 지칭되는 상수 쪽 공간에는 고목 일주가 서 있는 것으로 상정된다. 지면 발표 당시 삽화에서는 이러한 고목을 확대하여 별도의 지면에 배치한 바 있다. 고목 뒤에는 사당이 있어야 한다고 했는데, 삽화에서도 성황당을 연상시키는 돌무더기가 놓여 있어 작은 사당의 외벽 같은 인상을 전해주고 있다.

무대 해설에는 구서의 집 적당한 곳에 어구와 살림살이 등이 위치해야 한다고 지정하고 있다. 삽화를 통해 그 위치를 확인하면, 초가와 상

---

**276** 함세덕, 〈동어의 끝〉, 『조광』, 조선일보사 출판부, 1940, 152~153면.

수 방향 고목 사이의 공간이 된다. 즉 초가의 '우변'이자 고목의 '좌변'이 그곳이다.

이처럼 삽화에서는 돌축대 기반, 초가의 지붕, 중앙 마루, 하수 방향 낭대, 상수 방향 고목과 그 고목 뒤의 사당, 그리고 초가와 고목 사이의 어구와 살림살이(들)가 핵심적인 무대디자인으로 표현되어 있다. 그런데 이러한 무대 배치는 기본적으로 농촌을 배경으로 한 희곡의 공간 배치와 크게 다르지는 않다.

그림346 **동경학생예술좌의 〈소〉 무대**[277]

좌편에는 헛간, 우편은 마당, 마당에는 밖알 행길의 일부분을 경계하는 울타리, 그러나 이 집에서는 울타리 밖 행길에다가 일쑤 소를 매어둔다. 울타리에는 길로 빠지는 조그만 삽작문이 잇다. 헛간 좌편 벽에는 방문. 그 앞에 퇴ㅅ마루, 헛간의 후방에는 집곁으로 통하는 입구. 마당에 서 잇는 감낭구에는 빨안감이 군데군데 달렷다. 명랑한 늦은 가을철.

유치진의 〈소〉 무대 해설[278]

1930년대 중반에 공연된 동경학생예술좌의 〈소〉 무대는 좌측부터 초가-장독대(살림살이)-나무(감나무)의 순서로 배치되어 있다. 이러한 배치는 함세덕 〈동어의 끝〉과 크게 다르지 않다고 해야 한다. 이 공연의 원작인 유치진의 〈소〉 무대 해설을 참조해도, 동경학생예술좌의 무

---

277 「동경학생예술좌 제 일회 공연」, 『조선중앙일보』, 1935.6.11, 4면 참조.
278 유치진, 「〈소〉(3막)」(1), 『동아일보』, 1935.1.30, 3면.

대디자인이 〈소〉의 무대 해설을 비교적 직접적으로 반영한 결과임을 확인할 수 있다. 즉 〈동어의 끝〉은 동일 사실주의 작품인 〈소〉의 무대 디자인과 유사한 특성을 발휘하고 있다.

이처럼 함세덕 어촌극의 기본 구도는 농촌극(〈소〉)에서 비롯된 것이며, 농촌의 초가와 그 환경을 구현하려는 무대디자인을 근간으로 하되 그 기본 바탕에 '바다'의 이미지를 덧입혀서 공간적 차이를 만드는 데 집중하고 있었다. 그러니 〈동어의 끝〉 더 나아가서는 〈무의도기행〉의 무대디자인이 농촌 배경을 어촌 배경으로 전환하는 데에 기본적인 목표가 설정되어 있음을 확인할 수 있다. 그러니 엄밀하게 말하면, 물리적 측면에서 함세덕의 어촌극 무대 배치는 농촌극의 전형적 특성에서 완벽하게 탈피하지 못했다고 볼 수 있다. 결국 함세덕이 구가했던 어촌극으로서의 〈산허구리〉→〈동어의 끝〉→〈무의도기행〉은 농촌극으로서의 〈소〉의 영향력을 무시할 수 없으며, 이로 인해 무대디자인 역시 일정한 한계를 담보하고 있을 수밖에 없었다.

신극 작품으로서 1940년대 어촌극의 대표작인 〈무의도기행〉은 서정적 정감을 바탕으로 하여 어촌의 현실과 고난을 그린 수작이자 대표작이었지만, 이러한 작품의 실제 무대를 형성하는 연극적 기교에 대해서는 그다지 참신한 방안에 천착하지 못한 상태였다고 해야 할 것이다.

## 3) 어촌극 바다 디자인의 특성

신극 진영에서 무대디자인상으로 바다를 이끌어 올 수 있는 작품으로는 함세덕의 일련의 희곡을 들 수 있다. 다른 지면을 통해 검증한 대로 이러한 작품들은 일련의 발전적 연속선상에 위치하며, 일련의 작품을 통해 바다가 '가난과 절망의 터전'에서 '강제된 숙명의 공간'으로 나아가는 의미망을 이미 확인할 수 있다.[279]

하지만 이러한 희곡적 의미가 무대 위에서 직접적으로 구현될 수 있는 가능성은 간접적으로만 허용되었다. 즉 희곡의 무대 해설을 참조하면, 함세덕의 희곡에서 바다가 직접적인 형상으로 연기 영역performance area 내에 설정될 가능성은 근본적으로 차단되어 있다고 보아야 한다. 함세덕의 작품에서 무대 배경은 어촌의 환경을 고수하고 있으며, 본론에서 분석한 대로 그 연원은 유치진의 작품 속 농촌 배경일 것으로 짐작된다.[280]

이러한 농촌의 움막이나 초가 혹은 토막(집)은 결국 가난과 질곡의 세월을 무대 배경으로 흡수하여 등장인물로 대변되는 조선인들의 환경과 절망을 드러내기 위한 시도였다. 사회상을 요약적으로 드러내는 동시에 정치적 압제로부터의 저항의 의미도 지니고 있다. 이러한 기존의 공간을 어촌으로 확대하고 새로운 공간을 추가했다는 의의는 분명 인정되지만, 이러한 과정에서 중요하게 다루어져야 할 바다는 무대 바깥off stage으로 밀려나고 말았다. 함세덕의 희곡에서 바다라는 공간은 무대 디자인 곁에 부속된 존재로만 남아 있어, 극적 사건을 직접적으로 다룰

---

279 김남석, 「어촌 소재 희곡의 상동성 연구」, 『오태석 연극의 미학적 지평』, 연극과인간, 2003, 205~210면.

280 유치진의 작품 속 농촌 배경 역시 그 이전 작품 속에서 흔히 다루는 초가나 움막을 다루었다는 점에서는 그 연원을 별도로 논의할 필요가 있다. 다만 〈토막〉에서 제시된 공간적 배경은 신극 진영의 주요한 모델이 되었다는 점에서는 그 시원으로서의 의의를 따질 수 있겠다.

수 있는 연기 영역으로 독립되지 못한다. 걸개그림이나 가상의 설정으로 멀리서 빛나고, 각종 기물을 통해 간접적으로 그 존재가 확인될 따름이다. 이로 인해 생겨나는 가장 문제적인 폐단은 '사자의 보고' 형태로만 바다 위의 정황과 사건을 관객들에게 전달해야 한다는 점이다.

결국 〈산허구리〉에서 석이 형인 복조의 죽음은 그가 죽던 날의 정황이나 사건을 무대 위에서 직접 재현하지 못하고 죽은 복조의 시체(송장)의 등장으로 대체해야 한다. 바다 위에서 조난과 익사 장면을 구현할 수 없기에, 〈무의도기행〉에서도 천명의 후일담을 들려주는 형식으로 극서사를 마무리하고 있다. 이러한 간접적인 전달은 연극적 장면으로 핵심 사건을 꾸미거나 전달하는 데에 근본적인 제약으로 작용한다.

마지막으로 이러한 바다 배경 무대 공간과 그 디자인을 간추려 보자. 어촌극의 경우에는 무대 위에 바다 혹은 물을 이용하여 디자인을 한 경우가 아니라, 무대 바깥에 바다를 가상으로 설정하고 무대 내부에는 지상(어촌)의 집을 배치하여 가난과 질곡 그리고 폭압과 저항의 의미를 완성하고자 한 경우도 포함된다. 바다의 배치와 형상으로만 본다면, 간접적이고 비유적인 형태의 바다 디자인을 활용한 경우로, 이후에도 계속적인 모방과 반복의 대상이 된다는 특징을 지니고 있다.


## 4. 동경에서 작품 활동과 무대디자인의 궤적

## 1) 동경학생예술좌의 〈소〉

### (1) 동경학생예술좌의 창립과 성장

#### ① 동경학생예술좌의 탄생

동경학생예술좌는 1934년 7월에 동경에서 창립되었다.[281] 동경학생예술좌의 창립일은 정확하게 1934년 6월 24일이었고, '연극을 공부하고 연구하는 뜻'을 지닌 이들의 모임이었다.[282] 조선인 유학생이 중심이 되어 결성된 이 단체는, 조선신극운동의 일환으로 학생극 운동을 정립하고 지원하려는 목적을 내세웠다. 애초 이 단체는 문예부, 연출부, 의장부, 서부부의 4개 부서로 조직되었다가, 이후 연기부가 추가되었다(1935년 공연 전후로 판단됨).

문예부에는 김진수, 주영섭, 황순원, 김정호, 송기영, 한적선, 손정봉, 이석중, 윤형연, 박동철, 박영보, 김의호 등이 포함되어 있었고, 연출부에는 주영섭, 김영수, 김동혁, 김정호, 김진순, 이순갑 이용준, 이휘창, 박은식, 송관섭, 최춘선, 한수, 한적선 등이 소속되어 있었다. 연기부에는 이원근, 김동혁, 김정호, 송관섭, 마완영, 윤형연, 홍남제, 전용길, 김의호, 박영복, 장계원 등이 속해 있었으며, 의장부意匠部 혹은 장치부에는 김정환, 김병기, 장오평이, 서무부(경영부)에는 이진주와 주영섭이 속해 있었다.[283]

---

281 「동경에 조선인극단(朝鮮人劇團) '학생예술좌(學生藝術座)' 창립」, 『동아일보』, 1934.7.18, 3면 참조.
282 한적선, 「동경학생예술좌 제1회 공연을 앞두고(상)」, 『동아일보』, 1935.5.19, 3면 참조.
283 「동경 유학생계에 '학생예술좌(學生藝術座)' 창립되다」, 『조선중앙일보』, 1934.7.19,

동경학생예술좌의 사무소는 동경시 삽곡구에 위치하고 있었으며,[284] 무대 공연은 축지소극장을 대여하여 시행하였다. 동경학생예술좌가 창립 운영될 당시에는, 동경에 조선인 연극 단체로 고려극단의 후신 격인 '조선예술좌'와 '동경신연극연구회'가 공존하고 있었는데, 학생예술좌는 공부를 주로 하는 단체로 이 두 단체 외 단체로 분류되곤 했다.[285]

② 동경학생예술좌의 임무

동경학생예술좌는 창립 시부터 공연 계획을 수립하고 이를 위한 다양한 모색을 시도했다. 그들이 시행했던 준비 겸 학습 활동은 '관극각본낭독회', '실험공연', '견학' 등이었다. 특히 동경학생예술좌에 참여하는 조선 학생들은 그들의 학생극을 단순 소인극으로 치부할 수만은 없는 입장이었다.

그들의 입장에서 볼 때, 조선의 연극은 신극 운동을 필요로 하는 상황이었다. 비록 극예술연구회가 존속하고 있었고 그 활동 범위를 확장하고 있었지만, 그들이 수시로 접하는 일본의 연극계와 비교할 때 후진적이어서 개혁을 필요로 하는 상황이었다. 그들은 조선을 대표하는 유학생으로, 조선 연극의 발전을 위해서 새로운 국면을 개척해야 할 의무감을 느끼고 있었다. 이를 위해서는 그들은 4개의 부서가 제각각 자신의 역할을 다해야 한다는 사명감마저 지니고 있었다. 문예부는 작가를, 연출부는 연출자를, 연기부는 배우를 산출해야 했으며 특이하게도 장치부가 존재하며 그 목적을 뚜렷하게 변별해야 한다는 책무를 보이고

---

3면 참조:「동경학생예술좌 초 공연」,『동아일보』, 1935.5.12, 3면 참조.
**284**「동경학생예술좌 초 공연」,『동아일보』, 1935.5.12, 3면 참조.
**285** 유치진,「동경 문단 극단 견문초(見聞抄)」(6),『동아일보』, 1935.5.18, 3면 참조.

있었다. 일반적인 극단과 달리 동경학생예술좌의 장치부는 조선인의 손으로 무대장치를 완성할 수 있는 단원을 확보해야 했다.[286]

이러한 상황은 4~5개의 주요 부서를 확립하고 유학생들이 해당 부서에 소속되어 활동한 이유를 어느 정도는 설명해 준다. 그들은 조선으로 돌아가 자신이 관심 있고 전문성을 갖춘 분야에서 활동하기를 기본적으로 소망했던 것이다. 그러기 위해서는 동경학생예술좌에서 활동을 한층 전문적인 수준으로 격상시켜 직업극단의 면모까지 갖추어야 한다는 보이지 않는 임무마저 스스로에게 부여하고 있었다.[287] 그 결과 주영섭이라는 새로운 연출 전문가를, 김영수라는 다채로운 능력을 소유한 극작가 겸 작가를, 그리고 김동혁(김동원)이라는 후대 한국 배우의 동량을 산출할 수 있었다.

동경학생예술좌는 '조선 냄새 나는 새로운 극'을 공연 목표로 삼았다. 그들은 연극 공연에서 '관중 본위'보다는 '자신들의 공부'를 우선적인 목표로 삼았기 때문이다. 즉 관객들이 선호하는 연극을 통해 공감대를 형성하는 연극보다는 자신들이 계몽의 도구로 활용할 수 있는 창작극 공연을 선택한 것이다.[288]

---

286 한적선, 「동경학생예술좌 제1회 공연을 앞두고(상)」, 『동아일보』, 1935.5.19, 3면 참조.
287 한적선, 「동경학생예술좌 제1회 공연을 앞두고(상)」, 『동아일보』, 1935.5.19, 3면 참조; 「학생예술좌의 초(初) 공연」, 『동아일보』, 1935.6.2, 3면 참조.
288 한적선, 「동경학생예술좌 제1회 공연을 앞두고(하)」, 『동아일보』, 1935.5.21, 3면 참조.
289 「동경학생예술좌 제 일회 공연」, 『조선중앙일보』, 1935.5.22, 4면.

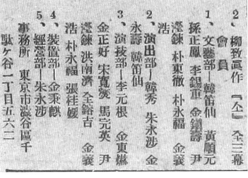

그림347 동경학생예술좌 제1회 공연 상황[289]

　그들이 제1회 공연작으로 선택한 작품은 주영섭(문예부 좌원)의 〈나루〉(1막)와, 조선 연극계의 중진 유치진의 〈소〉(3막)였다. 특히 〈소〉의 공연에 상당한 의미를 두어 스스로 그 차이를 설명하기도 했다. 조선 농촌의 암울한 면을 다루면서도, '유모러스하게' 밝은 면을 부각한 새롭고 의미 있는 극작품으로 이해한 것이다. 이러한 그들의 태도는 일본에 체류 중이던 유치진과의 관계를 설명한다고 하겠다.

　한편 김용길도 두 작품이 '조선 농촌의 현실을 가장 잘 표현한 우수한 희곡'이었기 때문에 공연작으로 선정되었다고 말한 바 있다. 비록 그가 이러한 목적이 공연을 통해 올바르게 성취되었다고는 판단하지 않았지만, 공연 이전에 희곡이 지닌 우수성에 대해서는 상찬한 바 있다.[290]

---

290　김용길, 「동경학생예술좌 제 일회 공연을 끗내고 그 한사람으로 시의 후감(後感)」, 『조선중앙일보』, 1935.6.11, 4면 참조.

## (2) 〈소〉 공연 현황과 무대 지문의 수용

### ① 무대 공간의 분할과 연기 공간의 확보

동경학생예술좌는 1935년 6월(4일, 6시 30분)에 유치진의 〈소〉를 공연하였다.[291] 전술한 대로 동경학생예술좌의 〈소〉 공연 관련 무대 사진이 남아 있어, 당시 〈소〉의 공연 현황을 살펴보고 무대디자인과의 관련(성)을 재구 분석할 수 있다

그림349 **동경학생예술좌의 〈소〉 공연 사진**[292]

동경학생예술좌 〈소〉 공연의 무대(디자인)는 실제적으로 두 부분으로 분리될 수 있다. 무대 하수 방향(무대 오른쪽, Right)에는 초가집이 비스

---

291 「동경학생예술좌 제 일회 공연」, 『조선중앙일보』, 1935.6.11, 4면 참조.
292 「동경학생예술좌 소연 〈소〉의 무대면(舞臺面)」, 『동아일보』, 1935.6.11, 3면 참조.

듬히 세워져 있다. 위의 사진을 참조하면, 이 초가에는 방으로 통하는 문이 하나 있고, 부엌으로 통하는 문이 또 하나 있다. 그리고 무대 중앙 Center에 가까운 구획 공간에는 창고(헛간)로 보이는 공간이 자리 잡고 있다. 그러니까 UR$^{Upstage\,Right}$에서 UC$^{Upstage\,Center}$에 걸쳐 초가가 무대 장치로 설치되어 있고, UC에서 UR 방향으로 순서대로 창고(입구) → 부 엌(문) → 방(문)이 배치되어 있다.

창고(헛간)로 통하는 문은 배우들의 등퇴장이 가능한 크기여야 하며, 방문은 실제로 배우가 드나들 수 있는 기능을 갖추어야 한다. 무대를 무 시로 드나드는 배우들이 창고 문을 이용할 수 있어야 하기 때문이며, 국 서네 일꾼들이 말똥이를 방에 가두는 연기가 가능해야 하기 때문이다.[293]

반면 상수(Left) 방향에는 일종의 공터(빈 곳)가 마련되어 있고, 상수 뒤편UL, Upstage Left 으로는 낮은 담장(소규모 무대장치)이 설치되어 있는데, 이 담장은 무대 중앙을 거쳐 초가의 창고까지 연결되어 있다(UL → UC). 그리고 상수 방향 울타리 앞에는 작은 나무가 세워져 있고, 그 나무 뒤 로 제법 넓은 들판이 펼쳐져 있다.

이러한 무대 공간을 도면으로 정리하며 간략한 평면도로 구획하면, 무대장치들의 위치는 주로 Upstage에 해당한다고 하겠다.(〈표 27〉)

Upstage를 일렬로 점유하면서, 무대장치들은 right side로부터 방 문(문)과 툇마루 → 부엌(문) → 창고(통로) → 장독대 → 사립문 → 담장 → 감나무 → 담장의 순서로 연속적으로 배치되어 있다. 전반적으로 볼 때, 무대 right side에는 초가가 설치되어 원경이 펼쳐지지 않도록 조율

---

293 유치진, 「〈소〉(3막)」(7), 『동아일보』, 1935.2.6, 3면.

| UR(upstage right)<br>(방문 – 부엌문 – 창고(헛간)) | UC<br>(담장 – 장독대 – 사립문 – 담장) | UL(upstage left)<br>(담장 – 감나무 – 담장) |
|---|---|---|
| | | |
| | | |

되었고, 무대 left side에는 낮은 담장과 앙상한 감나무가 배치되어 먼

멀리 경치가 드러나도록 디자인되었다.

　무대장치가 배치된 영역과는 달리, 배우들이 연기할 수 있는 공간은

주로 무대 'Center'와 'Downstage' 영역이었다. 무대 도면에서 추출

하면 대략 〈표 28〉과 같다.

〈표28〉 **무대 간이 평면도 — 배우 연기 공간**

| | | |
|---|---|---|
| | | |
| RC | C(center) | LC |
| DR(downstage right) | DC | DL(downstage left) |

　아무래도 배우들은 무대장치와 분리된 공간에서 주로 활동하고 연기

를 수행할 수밖에 없다. 부분적으로 펼쳐지는 툇마루를 활용하는 연기

나 문을 통과하는 동작선을 제외한다면 말이다. 자연스럽게 후경의 무

대장치와, 전중경의 연기 영역(공간)이 구축되는 셈이다. 결국 무대 후

면인 Upstage 부분은 초가와 담장과 나무를 연결하여 일종의 세트 공

간으로 형성했고, 그 앞을 넓게 비워 다수의 배우들이 움직일(연기하고

이동할) 수 있는 '연기 공간Performance area'으로 할애한 셈이다.

## ② 무대디자인의 세부와 연기 공간의 관련성

이러한 무대 구조를 더욱 자세하게 보여줄 수 있는 사진을 한 장 더 살펴보자. 아래 사진 역시 다소 상이한 각도와 대목에서, 동경학생예술좌의 〈소〉 공연을 포착한 공연(무대) 사진 중 하나이다.

그림350 **동경학생예술좌의 〈소〉 공연 사진**[294]

위의 사진은 초가의 무대 중앙부 구획(칸)이 자세하게 포착되고 있다. 초가에서 가장 중앙 부분에 근접한 구역(UR과 UC의 접경 면)은 사람들의 왕래가 비교적 자유로운 공간으로 보이는데, 〈소〉의 무대 설정상 이러한 공간은 소가 거처하는 외양간(헛간)이 될 수밖에 없다.

---

**294** 「동경학생예술좌 제 일회 공연」, 『조선중앙일보』, 1935.6.11, 4면 참조.

좌편에는 헷간, 우편은 마당, 마당에는 밖앝 행길의 일부분을 경계하는 울타리, 그러나 이 집에서는 울타리 밖 행길에다가 일쑤 소를 매어둔다. 울타리에는 길로 빠지는 조그만 삽작문이 잇다. 헷간 좌편 벽에는 방문. 그 앞에 **퇴ㅅ마루**, 헷간의 후방에는 **집겻으로 통하는 입구**. 마당에 서 잇는 감낭구에는 **빩안감이** 군데군데 달렷다. 명랑한 늦은 가을철.[295] (강조 : 인용자)

위의 지문은 유치진이 『동아일보』에 〈소〉를 연재할 당시 기록했던 무대 관련 지문(무대 해설)이다. 이후 〈소〉는 여러 차례 개작 기술(발표)되지만, 이 지문은 시기상으로 동경학생예술좌가 직접 참고했던 대본이거나 시기상으로 가장 친연성 높은 판본(의 지문)으로 판단된다.

동경학생예술좌는 무대 좌우를 관객의 시선(즉 관객이 무대를 바라보았을 때의 좌우 방향)으로 파악했다. 즉 객석에서 관객들이 바라보는 좌편을 지문에서 말하는 좌편, 즉 하수 방향으로 결정한 셈이다. 사실 무대 좌우 개념은 무대에서 출연자(배우)가 관객을 바라보았을 때 나타나는 좌우 개념을 통상적으로 따르고 있다.

하지만 동경학생예술좌가 생각한 무대 좌측right side, 즉 하수 방향에 헷간을 비롯한 '시골 농가'가 배치되었다. 전술한 대로 이러한 '농가' 중에서 가장 중앙에 가까운 곳에 헷간을 배치했는데, 전체적으로는 무대 좌측(이 경우는 관객이 무대를 바라볼 때 좌측 방향)에 해당한다. 당연히 그 반대가 되는 무대 우측(상수) 방향에는 마당이 마련되어야 하며, 마당은 얕은 울타리를 경계로 '바깥 행길'과 분리된다. 이때 바깥 행길은

---

295  유치진, 「〈소〉(3막)」(1), 『동아일보』, 1935.1.30, 3면.

무대 바깥off stage의 기능을 일부 담당한다.

그림349-① UR

그림349-② UC

그림349-③ UL

그림350-① **헛간과 입구**(right side)

그림350-② **울타리와 삽작문**(center)

그림350-③ **감나무**(left side)

비교를 위해 관련 사진(위의 두 무대 사진)을 대응시켜 보자. 두 사진을 나란히 겹쳐 보면, 〈소〉 공연과 무대 배치의 숨은 측면을 찾는 단서를 확보할 수 있다. 우선, 헛간에는 사람들이 이동하는 흔적이 드러난다. 이것은 무대 지문에서 '집 곁으로 통하는 입구'를 따로 설정한 것과 관련이 커 보인다. 여기서 '집 곁'이란 '집 뒤에 있는 뜰이나 마당'을 가리키는 '뒤꼍'을 말한다. 실제로 희곡 〈소〉의 1막 도입부에는 "집 뒤에 타작마당"이 벌어지는 풍경이 묘사되고 있다. 따라서 헛간과 그 통로는 집 뒤에 있는 마당으로 통하는 입구 구실을 위해 설정된 공간이 될 수밖에 없다. 그래서 이 입구를 통해 국서가 무대 전면으로 등장하지 않고도 목소리가 무대로 퍼져 나올 수 있어야 하고, 뒤따라 그가 무대에 등장하는 동선이 자연스럽게 연결되어야 하며, 이웃집 우삼이 타작마당으로 향하는 동선이 실현될 당위성이 확보되어야 한다.

> 무대에는 절구통 뒤에 가마니를 쓰고 말똥이(더벅머리 노총각, 돼지꼬리 같은 댕기를 드렷다)가 숨어 잇을 뿐이고 아무도 없다. 웬일인지 말똥이는 오늘 아침부터 게으름을 피고 잇다.
>
> 국서  (집 곁에서 소리만) 말똥아! 말똥아! 이 배라먹다 죽을 놈이 어딜갓 서?(헷간으로 나온다. 완고한 농사꾼. 뒷통수에 눈꼽재기만한 상투가 붙엇다)……일은 하지 안쿠 이 육시를 헐 놈이 어디로 새버리고 말엇나? 원 사람이 바뻐죽겟는데.
>
> (이웃사람 우삼 등장)
>
> 우삼  국서 어때? 타작 잘들 하나?
>
> 국서  그저 그러이. 저 타작마당으로 가세. 술이나 한잔 노나 먹게.
>
> 우삼  너남즉 할 것 없이 농사는 잘 됏서. 참 금년이야말로 풍년이야. 가 다드문 대풍년이거든(우삼 헷간 입구로 퇴장. 개똥이 울타리 밖 행길에 나타난다. 뱃일하는 사람이 흔히 입는 툭툭한 '샤쓰'를 입고 조타모 (鳥打帽)를 썻다).[296] (강조 : 인용자)

무대 중앙에는 울타리가 있고 그 앞에 장독들이 널려 있으며 상수 방

---

296  유치진, 「〈소〉(3막)」(1), 『동아일보』, 1935.1.30, 3면.

향으로 바깥으로 통하는 문이 위치한다. 이 문은 헛간에서 뒷마당으로 통하는 문과 달리, 울타리 사이에 설치된 정식 대문으로, 주로 '행길'로 드나드는 통로에 해당한다. 무대 지문에서는 '조그만 삽작문(사립문)'이라고 기술되어 있는 대문인 셈이다. 길가(행길)로 등장한 인물들은(가령 우삼이나 개똥이) 이 문을 통해 연기 공간으로서 무대Performance area로 진입한다.

울타리에 널려 있는 장독들은 대본에 기술되어 있는 '절구통'을 연상시킨다. 희곡 1막 도입부에서 타작마당에서 도망친 말똥이가 "절구통 뒤에 가마니를 쓰고" 숨어 있는 설정이 나타나는데, 이러한 설정을 위해서는 아무래도 사립문('삽작문') 옆 장독대를 활용할 수밖에 없어 보인다.

무대 좌측(상수, left side)에는 감나무가 서 있다. 감나무는 사람 키 두 배 높이 정도로 설정되었다. 지문에서는 '빨간 감이 군데군데 달린' 것으로 묘사되어 있는데, 이러한 설정을 수용하여 나뭇가지에 감이 대여섯 개 정도 달려 있도록 감나무가 도안되었다.

여기에 농가의 내부 역시 지문에 대응할 수 있도록—무대 지문을 적극 고려하여—무대장치를 제작 배치한 흔적이 강하게 남아 있다.

그림349-④ 헛간 옆의 방과 방문

그림349-⑤ 연기자 9명이 서고 2명이 앉아서 시행한 연기

지문에는 '헛간 좌편 벽에는 방문'이 있어야 한다고 지시되어 있다. 대본(지문)에서 일컫는 '좌측'을 하수 방향(즉 right side)으로 간주할 때, 위 화면에서 헛간 좌측 방향에 창호지 문이 있고, 그 문 앞에는 살짝 돌출한 '툇마루'가 설치되어 있다. 이러한 툇마루는 한 사람이 앉기에는 비좁은 공간인데,[297] 이로 인해 전체적으로 서서 연기하는 상황이 펼쳐졌다고 보아야 한다. 실제로 〈소〉 공연을 본 한 유학생(전일검)은 연기자들이 앉는 동선(연기)이 거의 없다고 비판한 바 있다.[298]

그 이유 중 중요한 하나는 앉을 수 있는 툇마루의 비좁은 디자인에서 찾을 수 있다. 무대 지문에는 툇마루에서 앉거나 눕는 행위가 지시되어 있는데, 실제 마련된 무대 배치에서는 해당 공간에 앉는 연기가 제약을 받았기 때문이다. 확보된 공연 사진으로 이러한 상황을 점검해 보자. 등장인물 3명이 포착된 무대 사진 **그림 350**에서는 앉아 있는 사람이 부재하고, 연기자들이 11명 출연한 무대 사진 **그림 349-⑤**에서도 단 2명만이 앉아 있는 광경이 연출되어 있다. 〈소〉에는 상당수의 인물이 등장하기 때문에, 연기 영역 역시 상당한 넓이를 확보하고 있어야 한다. 전반적인 무대 배치가 무대 후면upstage에 치우친 것도 이러한 연기자의 상황을 감안한 결과이다.

그래서 위 사진에 포착된 11명의 출연자들 중에서, 앉아 있는 두 사람의 연기는 해당 상황의 특이성을 강렬하게 대변하고 있다. 다른 장면

---

297  원작 〈소〉에는 말뚝이의 낫에 다친 개똥이가 이 마루에 눕는 지문이 수록되어 있다 (유치진, 「〈소〉(3막)」(15), 『동아일보』, 1935.2.16, 3면 참조). 실제 무대 위 툇마루는 협착해서 이러한 동선을 수용할 수 없을 것으로 보인다.

298  전일검, 「동경 학생예좌(學生藝座)의 제1회 공연을 보고서(3)」, 『동아일보』, 1935.6.13, 3면 참조.

과 차별화된 연기 상황과 인물의 감정을 보여주려는 의도를 강하게 드러내고 있기 때문이다. 이 중에서 무대 중앙에 앉아 있는 남자(배우)는 실의에 찬 표정의 인물로 여겨진다. 이 남자는 대책 없이 바닥에 털썩 주저앉은 모습으로 자신의 실망감을 표현하고자 했고, 다른 이들이 일률적으로 서 있는 상황에서 특별한 관심과 주목을 받도록 유도된 측면도 다분히 나타나 있다. 아쉽게도 전일검의 평문(감상문)에서는 이러한 남자(연기)의 차별성이 농도 짙게 반영되지는 못했다.

무대 상수 방향의 여인 역시 무대 바닥에 쪼그려 앉아 있으며, 시선을 무대 중앙이 아닌 외부로 돌리고 있어, 다른 인물들의 시선과 차이를 표현하고 있다. 무대 위 대다수의 인물들이 주저앉은 남자를 향해 시선을 보내고 있는 것 — 앉은 남자를 향해 시선을 모으고 있는 것 — 과 달리, 상수 근처 여인은 이러한 시선들을 일부러 외면하고 있다. 두 사람 모두 앉는 모습(연기)이 매우 자연스러워 보이지는 않지만, 〈소〉 공연에서 희귀한 빈도로만 나타나는 '앉는 연기'가 일반적인 연기와 고의로 차별화된 표현이었음을 확인할 수는 있다. 다만 이때에도 툇마루 공간을 활용하기 곤란하기 때문에, 무대 하수 방향이 실질적으로 앉는 영역(연기 공간)으로 활용되지 못했다는 한계는 분명하게 노정되고 있다.

무대 지문에는 명확하게 표시되어 있지 않지만, 이러한 농가('국서의 집')에서는 농촌 분위기가 물씬 풍겨야 한다. 이를 위해 초가를 설정하고, 농가의 기물(장독대, 감나무) 등을 추가하여 설치해야 하겠지만, 이에 못지않게 쇠락한 농토를 보여줄 수 있는 방안도 강구해야 했다. 동경학생예술좌 측은 배경 작화(걸개그림)로 이러한 고민을 해결하고자 했다.

당시 배경 작화(그림 349-③)의 원경 부분을 보면, 볏가리나 가로街路에

그림349-⑥ 배경 작화로 묘사된 농토(뜰)　　　　그림350-④ 배경 작화에 묘사된 산과 나무들

심은 나무가 보이고, 울타리와 그러한 원경의 기물 사이에 수평으로 펼쳐진 농토가 드러나 보이고 있다. 배경 작화에서 원경의 풍경을 강조하기 위해 지평선과 하늘이 강조되면서, 그 사이에 존재해야 할 농토는 축소된 인상이다. 하지만 축소된 농토는 국서 일가를 비롯하여 1930년대 조선의 농민들이 처해야 했던 가난의 원인을 보여주는 구실을 할 수 있었다.

　다른 각도에서 포착된 배경 작화(그림 350-④)를 보면, 작화를 통해 주변 산세가 드러나고 그 산세를 타고 들판까지 이어지는 나무들의 형상이 비중 있게 배치되어 있다. 이러한 풍경은 평지 논이 거의 없고 농토 자체가 부족한 농촌의 실상을 시사하는 기능을 겸한다. 즉 애초부터 풍족하지 않은 농업 여건을 지니고 있는 현실의 모습을 암시하는 셈이다.

　제작 의도상 〈소〉 공연의 관건은 구조적으로 가난에서 헤어 나오기 어려운 농촌을 더욱 강하게 옥죄며 더욱 큰 수렁으로 몰고 들어가는 '어떤 존재'에 대한 표현 유무에 달려 있었다. 〈소〉는 조선에서는 검열에 걸려 공연하지 못할 정도로,[299] 이러한 수탈자의 존재를 드러내는 데에 과감한 암시를 남긴 작품이었다고 해야 한다.[300] 하지만 동경학생예술좌는 상대적으로 완화된 기준을 적용 받아 동경에서 이 작품을 공연할 수 있었는데, 이때 조선의 농촌 현실을 가급적 무대에서 실현할 수 있는 수법에 치중한 것으로 보인다.

무대장치로 볼 때 동경학생예술좌는 비교적 충실하게 〈소〉의 지문을 수용했으며, 〈소〉의 전언을 실현하기 위한 부가된 장치에도 소홀하지 않은 것으로 판단된다. 이러한 판단을 통해, 〈소〉의 현실 모사 혹은 사회 비판적 전언에 공감한 공연이었다고 볼 여지가 마련된다고 하겠다. 다만, 이러한 무대디자인의 성과와 관련 없이, 당대 공연평 중에는 〈소〉의 효과에 대해 반문하는 비평도 제기된 바 있다. 김용길은 동경학생예술좌의 〈소〉 공연이 관객에게 웃음을 주고 그들의 주목을 이끌어내는 데에는 일정한 성취를 보였지만, 공연 미학적으로는 실패에 가까웠다고 비판한 바 있다.[301] 김용길의 비판 논조는 희곡의 우수성으로 인해 관객들에게 '웃음과 만족'을 전달하는 데에는 어느 정도 성취를 거두었지만, 이러한 웃음과 함께 전달되어야 했을 '극예술로서의 사명' 즉 실제 공연에서 디테일과 완성도가 소홀하게 다루어졌다는 지적을 기반으로 한다.[302]

---

**299** 「극연(劇硏) 제8회 공연은 검열 불통과로 연기」, 『동아일보』, 1935.6.30, 3면 참조.
**300** 농촌의 지배 구조에 대한 암시는 〈소〉의 강력한 영향을 주었을 것으로 추정되는 일본 작품 〈말〉도 동일하게 견지하는 특징이다(이성숙, 「유치진의 희곡 〈소〉에 미친 일본 희곡 〈말〉의 영향」, 『한국극예술연구』 32집, 한국극예술학회, 2010, 141~142면 참조).
**301** 김용길, 「동경학생예술좌 제 일회 공연을 끝내고 그 한사람으로 시의 후감(後感)」(하), 『조선중앙일보』, 1935.6.11, 4면 참조.

김용길의 지적을 따라가면 개똥이의 허위의식을 통해서 교훈을 얻을 수 없었을 뿐만 아니라, 감명과 충격('쇼크')을 받을 수 없었다는 내용을 어렵지 않게 발견할 수 있다. 관객들에게 만주로 가겠다는 개똥이의 발언이 공허하게 전달될 뿐이라는 비판인 셈이다. 하지만 이러한 논리적 구조에는 몇 가지 결함이 있다. 애초부터 개똥이와 말똥이는 부정적 형상으로 그려진 인물로, 관객들로 하여금 개똥이와 말똥이를 바라보면서 현실 행동의 표본으로 삼도록 만들려는 목적을 부여받은 인물이 아니었다. 오히려 농촌 현실에서 드러나는 개똥이나 말똥이의 행동과 언변을 통해, 내적 모순으로 인해 자체 붕괴되고 있는 조선 농가의 현실을 가늠하도록 창작된 인물이라고 보는 편이 보다 온당한 해석일 것이다.

따라서 전일검의 해석은 역으로 이해될 여지도 있다. 개똥이와 말똥이의 행동이나 언변이 부정적으로 느껴질 만큼, 그들(농촌 총각)은 피폐한 농가의 상황과 미래가 불투명한 절망적 전망을 대변하고 있고, 이로 인해 관객과 동시대인들의 각성을 유도했다고도 할 수 있다. 만일 이러한 평가가 가능하다면, 〈소〉의 무대디자인이 궁벽하고 또 구체적인 것을 그리려고 했고 그 효과와 의의 또한 적지 않았다고 해야 할 것이다.

---

302 김용길, 「동경학생예술좌 제 일회 공연을 끗내고 그 한사람으로 시의 후감(後感)」(하), 『조선중앙일보』, 1935.6.11, 4면 참조.

## (3) 〈소〉의 연기 영역과 배우(들) 연기

### ① 실의와 분노를 표출하는 연기 영역으로서 감나무 밑

말뚱이는 1막 도입부부터 뒤꼍에서 벌어지는 타작마당(노동 현장)에 참여하지 않고, 무대 후면에 놓인 절구통(실제 무대에서는 장독들) 뒤에 숨어 있다. 몸을 은신하는 행위로 무대 위에서 연기를 시작하는 셈이다. 그로 인해 한동안 집안사람들은 말뚱이를 찾아다니게 되고, 결국 국서의 처(모친)에게 발각된다. 하지만 모친의 타박을 들은 이후에도, 말뚱이는 타작마당으로 돌아가지 않고 자신의 처소를 감나무 밑으로 옮겨버린다.

| | |
|---|---|
| **귀찬이 부** | 아마 어디가 아픈 거겠지요. 말뚱아 어디가 아프니? |
| **처** | 아프긴 어디가 아퍼요. 어제는 햇쌀밥을 햇는데 꾹꾹 눌러 담은 제목아치를 한 그릇 다처 먹구 게다가 에미 목아치까지 배앗아 먹구 그리고 방구를 통 통 뀌든데요. |
| **귀찬이 부** | 이눔야 일이 세여서 몸이 괴럽니? |
| **처** | 괴럽다구 들어 눕는 농사꾼이 어디 잇겠수? 그러면 바루 상감님 팔짜게. 아마 무슨 귀신이 씌엿나봐요. 어느 점쟁이를 불러다가 물어봐야지. 그러찬으며 이럴 리치가 없어요. 농가에서 가을철에 일 만흔 건 어디 금년에 시작된 노릇입니까? 어제까지두 이 눔은 일을 잘 햇어요. 힘이 세서 밥도 잘 먹구. 그랫는데 별안간 오늘 아침부터 이래요. 밥도 안 먹구. |
| **귀찬이 부** | 불시에 벙어리가 됏니? 이눔아, 무엇이 실커든 실타구 탁 털 |

어노코 말을 해 바.

처　　　　아니야요. 정녕 귀신이 쓰인 탓입네다. 내버려둬요. 타작이나
　　　　　마치거든 막걸리나 받어다가 터줏님께 걸찍하게 고사를 드
　　　　　려야 해요. 그러지 안흐며 도시 낫지 안흘 병입네다.

말뚱이　　(실므시 감낭구 밑에 가서 앉는다)

　　　　　(…중략…)

귀찬이 부　(소리를 낮추어서)……그런데 저 댁에서도 이런 소문을 들엇
　　　　　서요? 어찌 되는 건지 내녀부터서는 무슨 농지령이란 법령이
　　　　　새로 내린다나요. 그래서 입때까지 밀린 도지는 이번 추수까
　　　　　지 다해 들여놔야 한 대요. 그러찬으며 논을 떼고 막 집행을
　　　　　헌대요.

처　　　　우리한테는 금년 봄부터 그런 말성이군요. 어찌 되는 눔의 세
　　　　　상인지

귀찬이 부　허는 수 없어서 우리는 우리집 귀찬이란 년을 팔어 먹게 햇
　　　　　지오.

처　　　　귀찬이를? 그 얌전한 애를?

귀찬이 부　도지를 갚지 안흐면 논을 뗀다는 데야 해 볼 장수가 잇나요.
　　　　　자식이라도 팔어서 갖다 갚어야지. 그러케라도 하지 안흐면
　　　　　꿩 일코 매 일는다는 셈으로 논은 논대로 떨어지구 자식은 자
　　　　　식대로 굶어죽일 걸.

말뚱이　　(혼자 말같이)……논이 떨어지면 어쩌람 말야! 빌어먹을! 자식 팔어
　　　　　먹구 잘되는 집안은 못봣서! (퇴장)[303] (강조 : 인용자)

'귀찬이 부'의 등장으로 인해, 모친('처')이 아들 말똥이와 벌이는 실랑이가 새로운 국면으로 접어든다. 아들을 발견하고 화를 내던 처(모친)는, 묵묵부답인 말똥이를 대신해서 귀찬이 부와 대화를 나누게 된다. 그런데 이 대화를 통해 말똥이의 폐업과 실의의 이유를 우회적으로나마 파악할 수 있게 된다. 이 대목에서 그 원인까지야 소상하게 밝혀지지는 않지만, 말똥이의 '혼자 말'로 드러나는 불만은 그가 농사일에 흥미를 잃고 무기력 상태에 빠져든 이유를 대략이나마 암시하고 있다.

위의 장면은 도입부opening에 해당하므로, 아직은 말똥이의 문제(갈등의 소지)인 내적 불만을 완전하게 노출하기에는 부담스럽다고 해야 한다. 관객들에게 말똥이의 서사와 집안(농가)의 우환(농지령 시행)을 점진적으로 이해하도록 유도하여, 극 서사에 흥미를 유지한 채로 사건 진행을 지켜보도록 만들어야 하기 때문이다. 그러니까 왜 말똥이가 농사일을 작파하고 장독대(원작에서는 '절구통') 뒤에 숨어들었고(누워있음), 어떤 이유로 온갖 구박과 설득에도 불구하고 농사일에 나서려 하지 않는가에 대해 직설적으로 설명할 단계는 아닌 것이다. 하지만 꿈쩍도 하지 않는 말똥의 태도와, 그러한 그가 이 대목에서 유일하게 대꾸하는 귀찬이의 수난(인신매매)에 대한 관심을 통해 〈소〉가 표현하려고 하는 문제의식의 발단을 드러낼 필요가 있다고 하겠다. 그래서 말똥이의 은신, 침묵, 그리고 독백이 요구되는 상황이다. 이러한 무대 표현을 통해 말똥이의 심중(내면)에 강력한 고민이 도사리고 있으며, 이러한 고민이 반항심으로 나타나고 있다는 사실을 시사하는 데에 주력하고 있다.

---

**303** 유치진, 「〈소〉(3막)」(3), 『동아일보』, 1935.2.1, 3면.

무대 표현으로서의 말뚱이의 불만은, 대화 장소(연기 영역)에서 이탈하여 상수 방향 무대 후면(UL, Upstage Left)으로 물러앉는 방식으로 가시화되고 있다. 이때의 '감나무 아래'는 말뚱이가 스스로 선택한 소외와 이탈의 처소(영역)에 해당한다. 이러한 사례는 〈소〉에서 간헐적으로 발견되는데, 아래 경우는 또 다른 대표적인 사례라 할 것이다.

①

(귀찬이 부 도리깨를 들고 귀찬이와 퇴장. 국서의 처 혼자 함지를 꿰어 맨다. 개똥이 일하다가 집 뒤에서 헷간으로 들어온다.)

처　　　소마구깐은 다 치엇니?

개똥이　대강 치우노라구 치어놧서. ……그런데 저 어머니

(말뚱이 등장. 시름없이 감낭구 밑에 다시 앉는다.)

처　　　(말뚱이를 보고 잇더니) 너 성 녀석이 대관절 웨 그러니? 뭣이 이 비위에 들려서 저러케 왼종일 우거지상을 하고 잇서? 응?[304](강조: 인용자)

②

국서　　그럼 어떠케 말을 허람! 내게 팔랑개비 재조가 없는 담에야 뭐라구 해?

(이때 말뚱이, 일하다가, 멋도 몰으고 노래하며 들어온다.)

국서　　(말뚱이를 보고) 엑키! 치독을 맞을 놈의 자식 같으니라구! 무엇

---

이 기뻐서 노랜 불러!……못난 게, 흥, 제 주제에! 꺼들대기는 잘

하지! 이눔아 보기 실패! 저리 가서 쇠진덕이나 잡아줘라!

(말똥이 부루퉁해져서 감낭구 밑에 가 앉어버린다.)[305] (강조 : 인용자)

화가 나서 집 바깥으로 나갔던 말똥이는 다시 돌아와서 **그림 349**처럼 감나무 밑을 찾아들어 간다. ①의 상황까지는 말똥이가 자신의 불만을 직접 토로하지 않은 상태였다. 이를 감안하면, 말똥이는 자신만의 공간을 찾아들어 가 실의에 찬 자신의 속내를 드러내는 연기가 필요했다고 할 수 있는데, 이때에도 집안(무대)에서 이러한 연기 공간으로 가장 적당한 공간은 감나무 밑이었다. 처는 그러한 말똥이를 보면서, 아들 말똥이가 고민하는 이유를 부쩍 더 궁금해 한다. 물론 처의 궁금함은 곧 관객의 궁금함으로 전이될 수밖에 없다.

②의 경우에도 말똥이는 부친 국서와의 대화를 거부하고 감나무 밑 공간을 찾아들어 가는 선택을 감행한다. 무대에서도 가장 외진 곳에 해당하는 이 영역은 사세가 불리하거나, 대꾸할 의사가 없거나, 심지어는 대화 상황에서 자신을 스스로 배제하기 위한 선택(처소)으로 기능한다. 감나무 밑은 말똥이가 스스로를 유폐하고 극 전반의 상황에서 물러날 곳으로 설정한 공간인 셈이다.

〈소〉의 사건 전개 과정을 따라가면, 말똥이의 이러한 행동은 다른 사람들에게도 이미 인지된 상태이다. 가령 동생 개똥이는 형인 말똥이를 무시하며, "너 따위가 세상에 어찌되어 먹는 알기나 하나? 꾸어다 놓은 보릿자

---

305  유치진, 「〈소〉(3막)」(12), 『동아일보』, 1935.2.13, 3면.

루 같으니! 너 같은 건 감낭구 밑에 그저 눌러 붙어 잇어!"[306]라고 비난하기도 한다. 이러한 비난에는 감나무 밑에서 자신만의 세계(영역)를 형성하고 세상과의 소통을 거부하는 말똥이의 평소 습성이 녹아들어 있다.

이러한 말똥이의 습성까지 감안한다면, 그가 찾는 감나무 밑은 불만과 상심 그리고 우울함과 반항심을 드러내기에 적당한 일종의 전용 공간의 성격을 지닌다고 할 수 있다. 이러한 연기 공간은 중세 연극이 공연장(교회) 내에 설치했던 맨션mansion과 기본적으로 동일한 기능을 수행한다. 맨션은 중세 연극의 대표적인 공간 개념으로 "여러 장소들을 한 무대 위에 동시에 재현하는 동시 무대를 만드"는 기본 틀이었으며, 그로 인해 무대에는 "각각의 집을 의미하는 구조물"로서의 개별적 연기 공간이 다양하게 조성될 수 있었다. 특히 중세에 유행했던 종교극은 극 중에서 필요한 장소를 공연장 곳곳에서 만들어 분산 배치하고, 이렇게 분산된 공간을 넘나들며 연극적 서사를 진행하곤 했다. 가령 연기 공간으로서 천국(왼쪽)과 지옥(오른쪽)은 가장 대표적인 맨션으로, 교회(성당)를 무대로 사용하는 연극에서 자연스러운 연기 영역으로 인지되고 있었다. 또한, 천국과 지옥 사이와, 해당 서사 관련 공간에 크고 작은 맨션을 배치하여 나자렛, 궁전 등을 표현하기도 했다. 17세기 프랑스 전원극도 이와 비슷한 형태(맨션으로서의 연기 영역)를 취하여 성, 감옥, 정육점, 정원 등의 장소를 마련한 바 있다. 중세 연극(특히 신비극)과 이를 이어받은 프랑스 연극에서는 이러한 맨션을 즐겨 도입하여 동시적 무대를 현현한 역사적 사례라고 하겠다.[307]

---

306  유치진, 「〈소〉(3막)」(5), 『동아일보』, 1935.2.3, 3면.
307  권현정, 「무대미술의 형태미학」, 『한국프랑스학논집』 53집, 한국프랑스학회, 2006,

이러한 맨션의 개념은 현대의 관점에서는 개별적 연기 공간으로 환원하여 이해할 수 있겠는데, 〈소〉에서는 감나무 밑이 이러한 공간으로 지정되어 활용되었다고 볼 수 있다. 말똥이는 필요할 때마다 이곳으로 이동하여 자신만의 심리적 공간을 규정해 나갔고, 그곳에서 극적 의미를 피력하는 행위(침묵의 연기)를 반복적으로 수행했다. 그러니 말똥이가 이러한 감나무 밑으로 처소를 이동하는 행위는 근본적으로는 '소통 거부', 즉 '대화 단절'이자 '고민 표출'로 이해할 수 있겠다. 순진한 말똥이는 이곳으로 도피하는 순간, 자신이 타인과 대화할 뜻이 없음을 대외에 보여주고자 한 셈이다. 그래서 그가 그곳에 머무를 때마다, 처(모친)나 이웃집 어른(귀찬이 부)의 물음에 대답하지 않는 그의 연기가 자연스러워질 수 있으며, 그들과의 대화를 기피하는 듯한 인상을 강하게 남길 수 있었다. 자연스럽게 그 이유를 두고 처와 귀찬이 부가 대화를 나눌 수 있는 상황이 전개될 수도 있었다.

처와 귀찬이 부의 대화가 진행되면서 말똥이의 문제도 가시화되기 시작한다. 특히 농지령에 대한 농가의 압박과 공포가 서서히 드러나고(점진노출), 이로 인해 겁을 먹은 귀찬이 부친이 친딸 귀찬이를 파는 정황이 설득력을 더할 수 있었다(행위의 근거 마련). 이에 대해 처는 당황한 대응(심리)으로 일관하지만, 말똥이는 강력한 적개심을 표출하며 대응 방식을 변화시킨다. 말똥이는 자식을 팔아 목숨을 보존하고 농토를 유지하려는 어른들의 욕심(자기 정당화)에 일침을 가할 수 있게 된다.

한편 이러한 말똥이의 태도는 무대 동선으로도 표출되고 있다. 그는

---

366~367면 참조: 권현정, 「무대미술의 관례성」, 『프랑스어문교육』 15권, 한국프랑스어문교육학회, 2003, 308~313면 참조.

감나무 밑에서 자신을 소외시켰던 동선을 더욱 강화하여, 그 연장선(상)에서 무대 바깥off stage으로 퇴장을 감행해 버린다. 그가 퇴장할 사유가 외적으로 존재하지 않았다는 점에서, 그의 퇴장은 내적 고민의 표출로 보아야 한다. 즉 그는 무대에서 대화를 나누는 처와 귀찬이 부의 자기합리화에 동조하지 않겠다는 자신의 의지를 분명하게 드러낸 셈이다.

정리하자면, 말뚱이의 동선은 '장독대'에서 '감나무(밑)'로, 그리고 '감나무'에서 '집 바깥off stage'으로 향하고 있다. 그는 노동과 대화 그리고 협력과 상호 소통이 필요한 상황에 동조하기를 거부하고 있고, 이를 무대에서 주 연기 영역에서 멀어지는 선택으로 표현하고 있다. 물론 이러한 거부의 표현은 불만을 표출하고자 하는 의도 때문이다. 곁들여서 그의 무언과 욕설 역시 이러한 불만을 표시하는 또 다른 선택이기도 했다.

도입부의 무대 위 상황은 이러한 말뚱이의 행로와 선택을 뒷받침하기에 적당한 환경을 조성하고 있다. 대다수 인물이 무대 후면 너머의 공간off stage에서 작업(농사일)을 하는 상황이었고, 장면 구성의 필요에 의해 연기 공간으로 틈입한 이들은 처와 귀찬이 부친이었다. 그들은 대화를 통해, 말뚱이의 고민을 차츰 드러내는 역할을 자임한다.[308] 그리고 점차 그들의 대화는 동시에 시대적 문제, 즉 일제의 정책과 농촌의 가난이 이루는 상관성을 드러내어, 말뚱이의 적개심이 비단 개인(귀찬이 부친)에게 향하는 것만이 아님을 암시한다.

이 시점에서 말뚱이는 타인과 대화를 거부하지 않는 상태에서, 자신에게 주어진 역할을 수행해야 했다. 이를 위해 장독대 뒤 허름한 숨을

---

308 이러한 역할은 고전주의 시대에 주요 인물의 내면적 진실을 끌어내기 위하여 배치된 인물인 컨피던스의 역할과 기본적으로 흡사하다.

곳으로서 감나무의 외딴 형상이 필요했으며, 결과적으로 불만을 품고 퇴장하는 동선을 수행하는 극단적인 소외 공간이 필요했다. 특히 감나무 밑으로 이동하는 동선은, 무대에서 주요 연기 공간과, 말뚱이의 소외된 공간을 저절로 분리시켜 연기의 이원적 공존을 가능하게 만든다. 관객들은 무대 중앙의 연기 공간에서 처와 귀찬이 부가 나누는 대화를 들으면서, 동시에 불만스럽게 고립을 자처하는 말뚱이와 그의 공간(감나무 밑)을 바라보아야 하는 이중적 시선을 견지해야 하는 셈이다.

② 마당을 활용한 몹(mob) 씬과 말뚱이를 향한 배우들의 시선

말뚱이의 내적 발화는 사건이 진행되면서 더욱 첨예해진다. 내적 발화의 진행상을 분석하기 위해서는 앞에서 살펴본 무대 사진(그림 349)을 다시 논구해야 한다. 몹mob 씬의 분석을 위해, 해당 그룹별로 나누어 살펴보겠다(그림 349-⑦~⑨).

그림349-⑦ 말뚱이를 바라보고 있는 일꾼들 | 그림349-⑧ 주저앉아 우는 말뚱이와 그 이유를 묻는 가족과 이웃들 | 그림349-⑨ 동리 여인들과 말뚱이를 향하는 시선

위의 사진에는 실망감을 거침없이 드러내며 주저앉는 인물이 포착되어 있다. 이 인물은 희곡적 설정으로는 말뚱이에 해당한다. 전술한 대로

말똥이는 도입부에서부터 절구통(장독대) 뒤에 앉는 형상으로 제시되어 이미 앉는 연기(형상)에 익숙해진 상태이며, 사건이 진행되면서 이웃집 처녀(귀찬이)의 인신매매(수난)로 인해 깊은 실망감을 드러내는 대목이 표면화되었기 때문이다. 즉 말똥이는 어른스러운 체모를 드러내지 못하는 인물로, 극 중에서 공식적으로 농도 짙은 희화화 연기를 허용받은 인물이다. 이로 인해 그는 한없이 우직할 수 있었고, 다소 바보스러울 수도 있었다. 이러한 측면에서 말똥이가 주저앉아 떼를 쓰는 듯한 연기를 수행할 여건은 충분하다고 여겨진다.

위의 공연 상황에 부합되는 원작 희곡의 대목은 다음과 같다.

| 문진 | 나이가 차면 게집애 생각두 나지, 안 나겠수? |
|---|---|
| 일꾼 갑 | 그건 하늘이 마련한 이치야 넨장 그게 무엇이 부끄러워 말을 못헌담! 말똥아 어물거리지 말고 바토 대라. |
| 늙은 일군 을 | 암요 그래야 보는 사람도 시원스럽죠. |
| 국서 | 에그 갑갑해! 꼭 비저 놓은 보리범벅 같은 게 웨 이러케 감 때는 세? 에이고만!(또 따리려 한다). |
| 말똥이 | (몸을 갖다 맡기며) ……자 실큰 때려요. 나는 막 맞어 죽을 테야……그저 죽을 테야…… |
| 처 | 에그 때리기만 하지 마세요. 소몰 듯 욱역 다짐만 하면 되는 줄 알우? 좌우간 이눔이 게집 생각이 나서 병이 난 것만 빤하니 그것을 순순히 물어봐야죠. ……애 말동아 혹시 네가 보고 눈 마쳐 논 게집애가 잇니? 잇거든 잇다구 말을 해라. 여러 사람 앞에서 말하기가 부끄럽거든, 이 에미 귀에 |

다 대고 살그머니 실통을 해, 에미에게야 못 할 말이 어딧

니? ……네가 소 멕이러 들판에 나갓슬 적에 혹 나물 하러

나온 동리 게집애허구 서로 눈짓으로 어러쿠 저러쿠 한 일

이 잇니? 응? 애야?

**말뚱이**　　　　(대답은 하지 안코 별안간 울어버린다)


(말뚱이의 우는 것을 일동 서로 의아하게 치어다보다가 대소(大笑)한다).[309] (강조

: 인용자)


이 대목은 **그림 349-⑦~⑨**의 상황과 일치한다. 말뚱이는 귀찬이가 팔

려간다는 소식에 의욕을 잃고 타작 일을 작파했다가, 부친에게 들켜 크

게 혼이 나고 있다. 국서는 아들의 이상한 게으름을 보다 못해 매 타작

을 시작하면서, 타작 작업을 하고 있던 이웃들을 모두 마당으로 불러들

여 말뚱이의 문초를 구경시킨다.[310] 위의 공연 대목에서 많은 등장인물

이 포착되는 정황은 이러한 사건 전개의 특수성 때문인데, 〈소〉 전체를

통틀어 보아도 이 정도 규모의 군중 장면은 소가 끌려가는 광경을 제외

하면 이 장면이 유일하다고 하겠다.

　말뚱이는 귀찬이의 불행과 어긋난 약속(혼약) 그리고 가족들의 추궁

에 지치고 당황하여 끝내 울음을 터뜨리고 마는데, 그의 울음은 모여든

군중의 시선을 이끌어내는 역할을 한다. 인물 그룹별로 분리된 상황을

별도로 살펴보면, 이러한 광경은 더욱 확연하게 드러난다. 하수 방향

---

**309** 유치진, 「〈소〉(3막)」(6), 『동아일보』, 1935.2.5, 3면.
**310** 유치진, 「〈소〉(3막)」(5), 『동아일보』, 1935.2.3, 3면.

right side의 일꾼들은 '문진'을 비롯한 '일꾼 갑' 과 '늙은 일꾼 을'에 해당한다. 그들은 일종의 '타작 일꾼' 그룹을 형성한 상태로, 말똥이를 놀리고 있다.

가운데 인물 그룹은 말똥이의 '가족'에 해당한다. 모친과 부친이 말똥이의 양옆에 위치하고 있고, 그 뒤에 삼촌 국진이 자리 잡고 있는 형상이다. 이들 가족은 말똥이가 전례 없이 게으름을 부리고 불만을 터뜨리는 이유를 알고(듣고) 싶어 한다. 그래서 그들의 자세는 말똥이를 둘러싸고 어떠한 여인(처자)에게 관심이 있는지를 캐묻는 형세를 취하고 있다.

상수 쪽left side 인물 그룹은 타작 장소에서 나온 동네 여인들로 여겨진다. 이러한 그녀들 앞에서 무대 LC를 점령하고 앉아 있는 인물이 개똥이다. 개똥이는 형 말똥이에게 쫓겨 도망 다녀야 했으며, 잡힌 이후에는 말똥이와 부친에게 차례로 구타를 당해야 했다. 그래서 개똥이 역시 축 힘없이 마당에 앉아 있는 상황이었다.

위의 몹 씬에서 일차적으로 주목되는 상황은 말똥이와 개똥이를 무대 중앙에 위치시키고, 그 주위를 가족과 이웃들로 둘러싸도록 배치한 정황이다. 전체적인 구도는 두 아들을 둘러싼 일종의 대오를 연상시키는데, 실제로도 두 아들은 자신의 꿈을 사회와 제도의 압력으로 인해 상실하는 희생양의 처지로 전락한 상태였다. 그들의 꿈이 긍정적이든 그렇지 않든 간에, 이 대목에서는 그 꿈을 누르는 힘이 더욱 거세게 작동하고 있는 농가 현실이 폭로되고 있는 셈이다. 그래서 이러한 억압이 그들—두 아들을 둘러싼 사회와 집단에서 나온다는 인식을 극적으로 형상화할 수 있다.

집단을 이루는 구성원들의 시선 역시 흥미로운 관찰을 더하고 있다. 그들은 어떠한 방식으로든 무대 중앙center으로 수렴되는 시선을 의식하고 있다. 상수left에 위치한 여인들은 하수 방향으로 몸을 틀고 있고, 하수에 서 있는 남성들은 시선을 돌려 말뚱이를 향하도록 연기를 조율하고 있다. 이러한 주변 인물들의 공조 덕분에 무대 전체에는 시선의 그물(포위망)이 형성되면서, 등장인물들의 시선이 말뚱이가 위치한 무대 중앙으로 모여들 수 있었다. 이러한 시선의 집중 효과는 자연스럽게 관객들의 시선까지 가운데로 수렴시키는 작용을 수행한다.

관객들의 시선이 일차적으로 모여드는 지점은 center에 위치한 말뚱이지만, 그 옆에 위치한 개뚱이 역시 상당한 시선을 끌어 모을 수 있다. 두 사람은 모두 객석을 쳐다보고 있다는 공통점을 지니고 있는데, 이로인해 관객들의 시선을 정면으로 응시하는 듯한 효과를 불러일으킨다.

다만 이러한 인물 배치와 시선 각도에서 문제점도 발견된다. 분명 두 인물(말뚱이와 개뚱이)을 반월형으로 감싸고, 주변 인물들을 세 그룹으로 나누어 그룹별로 임무를 부여한 점은 인물 배치의 합리성과 타당성을 실현하고 있다. 하지만 그 결과 말뚱이와 개뚱이가 인물들 그룹 사이에 앉는 연기가 더욱 필요해졌고, 그러자 정작 중요한 그들 ― 두 아들의 얼굴이 희미해지고 그들을 바라보는 다른 이들의 시선이 급한 각도를 이루는 폐단이 나타났다.

이렇게 되면 극의 중심으로 부상해야 하는 두 인물의 표정이 오히려 가려지고, 두 인물을 바라보는 인물들의 표정에도 음영이 강하게 드리우고 만다. 말뚱이의 절망을 주시하고, 대면해야 하는 다른 배역들의 시선이 너무 높기 때문에 벌어진 일이다. 또한 말뚱이의 실망감을 충분하게 보여주기에도, 말뚱이의 얼굴 위치가 지나치게 낮고 각도상 어두워져서 의도했던 효과를 발휘하기 어렵게 된다. 이것은 분명 이러한 인물 배치의 단점에 속한다. 하지만 이러한 단점에도 불구하고, 위의 폽 씬은 정갈한 인상을 전하고 있다. 다수의 인물이 무대에 등장했음에도 불구하고 어수선한 인상을 줄일 수 있었던 것도 이러한 배치와 시선의 역할 때문이었다. 이러한 인물 배치에서는 무대를 감싸듯 둘러싸고 그 중앙을 비워 결과적으로 시선의 방향을 자연스럽게 중앙의 한 점으로 몰아넣은 무대장치의 힘도 크게 작용했다고 볼 수 있다.

### ③ 마름의 은밀한 행적과 연기 영역으로서 툇마루

〈소〉에서 마름은 적대적인 세력의 수장 격으로 등장한다. 토지의 주인인 '논임자'는 희곡에서 유곽만 설정만 되어 있을 뿐, 실질적으로 소작농을 관리하고 혹독하게 다스리는 인물은 '마름'으로 대체되어 있다. 흥미로운 점은 이러한 마름의 등퇴장과 이동 그리고 공간 점유가 일정한 패턴을 형성한다는 점이다.

일단 마름은 은밀한 행적으로 무대에 등장하기 일쑤이다.

제2막

전막과 같은 무대

전막의 익일 아츰

(사음은 국서를 더부러 툇마루 양지에서 숫가지 세간을 하고 잇다. 도조의 심을 치르는 것이다. 국서의 처는 부지런하게 소에 꼴을 주고 잇다. 이으코 문진이 지게를 지고 행길에 나타난다).[311] (강조 : 인용자)

무대장치로서의 툇마루는 극 중에서 도지賭地를 정산할 때, 사음(마름)과 국서가 연기하는 공간(앉아서 도조의 셈을 치르는 연기)으로 활용되어야 한다. 전술한 대로 동경학생예술좌의 〈소〉 공연(무대)에서는 이 툇마루가 충분한 넓이를 확보하지 못했기 때문에, 위 장면(2막 도입부)에서 요구하는 지문의 효과를 충분히 살리기 어려웠을 것으로 판단된다. 간접적으로나마 전일검의 평문에서도 이러한 정황이 확인된 바 있다.

이 희곡 무대가 전부 흙마당이어서 그런지 등장인물의 등장인물의 대부분이 서서 연기하게 한 것이 제일 눈에 거슬렸다. 1막, 2막을 통해서 무대에 앉은 사람은 말똥이와 국서의 처뿐이다. 흙마당에다가 조고마한 방석을 깔고 앉은 국서의 처는 몹시 부자연하엿다.[312]

이러한 평가에도 불구하고, 실제로는 1막에서도 말똥이와 개똥이가 마당에 앉는 장면이 구현된 바 있음을 확인할 수 있다. 이러한 객관적 사안을 함께 고려한다면, 전일검의 평가는 앉는 연기의 빈도 부족을 문제 삼았다기보다는, 해당 연기의 효과적인 수행이 이루어지지 않았다는 비판적 논조로 이해되어야 할 것이다. 즉 전일검의 시각에서는 조선학생예술좌의 〈소〉 공연이 근본적으로 '앉는 연기'에 약점을 보였던 공연으로 이해된 것이다.

희곡의 설정에 근거한다면, 2막의 도입부에서 사음과 국서는 관객들

311  유치진, 「〈소〉(3막)」(8), 『동아일보』, 1935.2.7, 3면.
312  전일검, 「동경 학생예좌(學生藝座)의 제1회 공연을 보고서(3)」, 『동아일보』, 1935.6.13, 3면.

과 여타의 등장인물이 파악하기 어려운 은밀한 대화와 상황을 전개하고 있어야 했다. 그렇다면 툇마루에 앉아 그들만의 앙상블(부분 연기)을 만드는 편이 훨씬 효과적이라고 할 수 있겠다. 하지만 아무래도 이러한 효과는 원작의 설정에서만 가능했던 것으로 보인다. 남아 있는 증거(사진)가 없어 이 장면에 대한 논의는 현재로서는 실제적으로 진전되기 어렵겠지만, 툇마루의 디자인이 이러한 극적 상황을 표현할 수 있도록 구조화되지 못한 점은 분명하다고 하겠다.

이러한 툇마루가 있었다면, 유치진 희곡의 중요한 특징 중 하나인 두 사건의 동시 전개가 보다 분명하게 표현되었을 것으로 여겨진다. 그러니까 사음과 국서가 한편에서 자신들의 연기를 수행하는 동안right side, 동시 상황으로 국서의 처와 문진이 대화를 주고받는 연기가 보다 확연하게 차이를 드러낼 수 있다left side. 이러한 차이는 '좌/우'라는 공간적 차이뿐만 아니라, '앉고/서고'의 높이의 차이도 동반하기 때문이다. 또한 '우측의 앉'은 인물의 정적인 연기 대 '좌측의 서서 움직이는' 동적인 연기의 구별도 가능했다고 보아야 한다. 이러한 두 상황의 표출은 결과적으로 마름과 국서 사이의 은밀한 거래 혹은 내밀한 압박을 명시적으로 표현할 수 있었을 것이다.

### ④ 동시대의 시각으로 본 〈소〉의 무대디자인과 그 한계

동경학생예술좌와 동시간대에 일본에서 활동했던 조선예술좌 멤버들은 〈소〉 공연에 대한 관심을 쏟아 내었다. 조선예술좌는 〈소〉의 공연에 주목했고 직간접적으로 자극을 받아 1935년 11월 〈토성낭〉을 공연하기도 했다.[313]

하지만 조선예술좌는 이러한 〈소〉가 반영하고 있는 세계(농촌)에 대한 묘사가, '농촌 현실의 본질'이라고는 판단하지는 않았다.[314] 특히 조선예술좌 단원 전일검은 비판적 논조를 내세우면서, 비판적인 시각으로 〈소〉 공연의 무대디자인과 관련하여 구체적인 지적을 내놓기도 했다. 아래의 공연평을 보면, 무대미술을 연극의 주변적인 요소가 아니라, 연극의 본질을 적시하는 핵심 표현 매체로 간주하고 있다. 그래서 무대미술에 대한 안일한 접근이 곧 작품 해석에 대한 중대한 오류라는 논점을 만들어 내었다.

장치의 색채는(〈소〉〈나루〉) 조선의 그것이 아니었다. 이것은 우리 조선 사람의 제작자를 가지지 못하엿다는데 그 원인이 잇다. 우리들의 참다운 무대미술가들이 얼마나 필요한가를 절실히 느꼇다. 〈소〉의 조명에 잇어서 '구름'을 너무 남용하엿다. 특히 동경에서 얻기 어려운 소도구, 의상 등등을 구비하게 마련한 제군의 노력에는 놀래지 안흘 수가 없엇다.[315]

전일검이 평가한 〈소〉의 무대디자인에서 가장 중요한 비판 논점은 '색채'의 부적합성이었다. 현재 남아 있는 당시 〈소〉의 무대디자인을

---

313 조선예술좌의 활동상과 동경학생예술좌 〈소〉에 대한 비판 논조에 대해서는 다음의 논문을 참조했다(김남석, 「조선예술좌 〈토성낭〉 공연의 무대디자인」, 『건지인문학』 22집, 전북대 인문학연구소, 2018, 37~59면).
314 「문단 동향의 타진 : 9인회(九人會)에 대한 비판」, 『동아일보』, 1935.7.31, 3면 참조; 전일검, 「동경 학생예좌(學生藝座)의 제1회 공연을 보고서(완)」, 『동아일보』, 1935.6.15, 3면 참조.
315 전일검, 「동경 학생예좌(學生藝座)의 제1회 공연을 보고서(완)」, 『동아일보』, 1935.6. 15, 3면 참조.

보면, 이러한 부적절한 색채에 대한 단서를 찾을 수 있다.

동경학생예술좌의 〈소〉 무대디자인은 하수 방향에 '초가(움막)'를 설치하고 상수 방향에 들을 배치하여, 관객의 입장에서는 좌측이 돌출하고 우측이 물러난 인상의 무대를 마주하도록 만들었다. 남아 있는 사진이 흑백이어서 당시 사용 색채까지야 정확하게 분별하기 어렵지만, 좌측으로 음영이 강하게 드리우고 우측으로는 상대적으로 밝은 조도를 유지할 수 있었다. 이러한 배치는 무대 전면에 나와 연기하는 배우들에게는 상당히 곤혹스러운 상황을 조성하지 않을 수 없었다.

실제로 위 화면에 포착된 등장인물들은 마땅한 공간을 찾아 앉거나 쉴 수 없는 상황에 처해 있다. 무대 위에는 앉는 동작을 뒷받침할 만한 장치가 없으며, 초가 근처는 지나치게 어두워서 접근하기 힘든 상태였다. 얼굴에 깔린 음영이나 제법 짙게 드리워진 그림자 등으로 인해 무대 전체의 조도는 어두운 편이었으며 이를 효과적으로 제어할 조명이 충분히 존재하지 않았다.

이러한 〈소〉 무대의 색채는 어두움으로 귀결되고 있으며, 이로 인해 어두운 인상이 그 어느 색채보다 강렬하게 이 공연에 맴돌았을 가능성이 높다. 전일검이 말한 부적절한 색채는 기본적으로 이러한 어두움에 의해서 만연했을 가능성이 높다. 비록 명암과 색깔은 구분되는 개념이기는 하지만, 근본적으로 관람자의 인상에까지 명확하게 구분되어 영향을 미치는 요소는 아니기 때문이다. 이러한 어두운 색채감(조도)은 조선예술좌의 〈토성낭〉 공연을 참조해도 동일하게 발견되는 사항이기 때문에 비록 〈소〉만의 단점이라고는 할 수 없으나, 분명 〈소〉의 무대디자인이 양산한 약점인 것은 분명해 보인다.

### ⑤ 무대디자인을 통해 본 〈소〉 공연의 한계와 의의

〈소〉에서 말뚱이의 태업과 반항은 극 서사의 핵심으로 진입하는 주요한 계기를 형성하는 사건이다. 말뚱이가 타작을 거부하고 몸을 은신한 채 불만을 터뜨리는 이유가 농촌의 가난 그리고 농민 사회의 몰락과 직접적으로 연관되기 때문이다. 말뚱이가 마음에 둔 여인 귀찬이가 팔려가고 결국에는 인신매매를 막지 못해 저항적인 돌출 행위를 하게 되는 근원적인 이유 역시 농촌 사회의 수탈 구조 때문이다. 지주와 마름이 수탈자로서 존재하고 소작농은 그들의 수탈을 막지 못해 가난한 농민들의 권리와 생존권이 무너지는 현실이 도래한 것이다.

〈소〉는 이러한 현실을 보여주는 시발점으로서 말뚱의 은신, 말뚱의 주저앉음, 말뚱의 울음 같은 구체적인 극 연기를 도입한다. 동경학생예술좌의 실제 공연에서도 이러한 말뚱의 연기는 차례로 구현되었다. 이때 무대장치와 연기 공간은 말뚱의 연기와 동선을 뒷받침할 수 있는 구조를 갖추고 있었다. 장독대를 배치하여 말뚱의 은신처를 제공했고, 감나무 밑을 만들어서 반복적인 말뚱의 이동이 지니는 의미를 구체화할 수 있는 여건을 조성했다.

말뚱이 울음을 터뜨리고 마을 사람들이 그의 고민을 이해하는 순간에는 무대 중앙의 넓은 연기 영역을 개방하여 그에게 시선이 모이도록 구조화하였다. 전체적으로 어둡고 답답한 농가의 풍경 역시 이러한 말뚱이의 어두운 앞날을 구조화하고 있다.

〈소〉의 주제와 의미는 이미 여러 차례 상론된 바 있다. 〈소〉의 원작개념으로 일본 작품 〈말〉이 상정된다고 해도, 농촌의 수탈 구조와 가난한 농민의 애환을 그려냈다는 의의가 변하는 것은 아니다. 다만 〈소〉의 번안 과정에서 식민지 조선의 고달픈 현실이 보다 강조되었어야 한다는 아쉬움은 남는다고 해야 한다.

동경학생예술좌가 공연한 〈소〉는 식민지 조선의 현실을 정면으로 묘파하는 수준에는 도달하지 못한 것으로 보인다. 그 근거로 전일검의 비판을 들 수 있는데, 전일검은 앉는 동선의 부족이나 조선 색채의 결핍 같은 요소를 지적하고 있다. 이러한 지적들은 〈소〉 공연이 궁극적으로 지향해야 할 식민지 조선에서 구체적인 의미를 결여하도록 만드는 원인에 대한 지적이기도 하다. 이러한 한계는 분명 동경학생예술좌 〈소〉 공연의 부인할 수 없는 약점을 보여준다고 하겠다.

이러한 약점에도 불구하고, 동경학생예술좌는 원작 〈소〉 희곡의 설정을 구체적으로 무대화하고, 이를 통해 인물의 연기 공간을 확보하는 측면에서는 일정한 성과를 거두었다. 전술한 대로 말똥이의 연기와 동선은 그의 문제로부터 촉발되어 〈소〉의 주제와 작가 의식을 드러내는 핵심적인 실마리라고 할 수 있다. 〈소〉 공연에서는 이러한 서사의 단초를 분명하게 살려내기 위해 애쓴 흔적이 역력하다.

흔적은 무대장치에서 확인된다. 동경학생예술좌 〈소〉 공연은 무대 후면upstage에서 우측 초가와 무대 중앙 문 그리고 무대 좌측 감나무와 담장을 기본 무대장치로 삼고 있다. 그리고 무대 중앙center과 전면 downstage을 연기 공간으로 할애하여 주요 연기와 동선을 배치하고 있다. 이러한 무대디자인이 특별하다고는 할 수 없다. 1930년대 조선 연극계의 무대디자인과 크게 다르다고 할 수 없기 때문이다.

하지만 이러한 무대디자인을 통해 희곡 〈소〉의 세부 설정을 세밀하게 구현하고 연기할 수 있는 여건을 마련하려고 한 점은 주목되지 않을 수 없다. 〈소〉에는 인물들의 등퇴장이 빈번하고 그들의 등퇴장로는 다양한 방식으로 사건 전개에 연관되어 있다. 또 비록 하나로 고정되어 있고 그 크기 역시 한정된 공간이기는 하지만, 세부 공간에서 다양한 연기 디테일을 수행할 수 있는 장치들이 요구되고 있었다. 동경학생예술좌는 이러한 희곡적 세부와 연기상의 협연을 위해 무대디자인에 신경을 쓴 흔적이 농후하다. 말뚱이를 중심으로 전개된 일련의 씬 중에서 현재 남아 있는 군중 씬은 이러한 흔적을 뒷받침하는 소중한 자료이다. 더 이상의 자료와 근거를 확보하지 못하는 아쉬움에도 불구하고, 현재로서는 말뚱이를 중심으로 한 군중 씬은 〈소〉 공연이 추구했던 무대디자인과 극 중 연기의 조화를 증거하고 있기 때문이다.

이후 〈소〉에 대한 연구는 다양한 각도에서 계속 이루어져야 할 것으로 여겨진다. 지금까지 희곡에 관한 연구가 주류를 이루었다면, 이러한 연구 방향을 보완하고 새로운 시각을 제시할 수 있는 연구가 이제부터라도 보완 병행되어야 하기 때문이다. 무대디자인이라는 낯익지만 생소한 분야는 〈소〉를 대하는 당시 연극인들의 입장과 의도를 보여준다는 점에서 이러한 가능성 중 하나로 볼 수 있다. 아울러 1935년 조선의 현실에서 공연되지 못한 〈소〉의 실체를 가늠하는 데에도 적지 않은 도움을 줄 것이다. 〈소〉가 공연되기 위해서 필요했던 동시대의 인식과 공감의 폭 역시 그 안에 담겨 있기 때문이다.

## 2) 조선예술좌의 〈토성낭〉

### (1) 조선예술좌의 창립과 정체감

조선예술좌는 일본에서 결성된 조선인 연극 극단이었다. 조선예술좌는 공식적으로 창단 공연을 하기 이전부터 자체적인 활동은 전개한 바 있다. 그것은 이 단체가 일본 프롤레타리아 연극 단체의 정신을 계승했기 때문이다. 그 일례로, 조선예술좌가 정식으로 제1회 공연(1935년 11월)을 시작하기 이전 시점인 1935년 3월 4~5일 지포회관芝浦會館에서 공연을 시행한 경우를 들 수 있다. 동경 교외에 집거하는 조선 노동자들을 상대로 공연이었다. 당시 상연작은 허원 작 〈울릉도〉(2장), 이운방 작 〈선술집〉(1막), 촌상지의村山知義 작 오상민 안 〈보통학교 선생〉(2장), 그리고 유치진 〈빈민가〉 등이었다.[316] 이 공연에는 안영일, 이화삼, 김일영, 전일검 등이 참여하였고, 이후 이들은 조선예술좌와 밀접한 관련을 맺으면서 일본에서 공연 활동을 전개한다.

연원을 거슬러 올라갈 때, 조선예술좌는 삼일극장과 고려극단의 맥을 잇는 극단이라고 할 수 있다. 삼일극장은 1930년 6월에 창립된 극단으로, 최초에는 '동경조선푸로레타리아 연극연구회'라는 명칭을 사용했다가, 이후 '동경말극단' 등으로 명칭을 변경하기도 했다. 당초 일본 프롤레타리아 연극동맹에 정식으로 가입하여 활동했으나, 일제의 탄압으로 인해 활동이 동반 중단될 위기에 처하자, '고려극단'으로 극단 명칭을 다시 변경하여 그 명맥을 잃지 않고자 애썼다. 일제의 탄압에 저항하며, 민

---

316 유치진, 「동경 문단 극단 견문초(見聞抄)」(6), 『동아일보』, 1935.5.18, 3면 참조.

족극 수립을 병행하는 극단으로 거듭나고자 한 극단으로 평가된다.[317]

하지만 다채로운 변신과 존속을 위한 시도에도 불구하고, 고려극단은 이념적 편향이 강하고 상대적으로 예술적 표현 능력이 약하여 결국에는 해산의 길을 피하지 못했다. 이러한 고려극단의 맥을 잇는 극단으로, 조선예술좌와 동경신극연구회가 창립 발족하였다. 두 극단은 역사적으로 고려극단의 후신으로 인정되는 단체였다. 두 극단의 차이점을 논하자면, 동경신극연구회가 이념적 지향성을 더욱 강조하였다면, 상대적으로 조선예술좌는 안영일, 전일검, 이화삼, 김일영 등이 관여하면서 예술적 잠재력도 중시했다는 점을 들 수 있다.[318] 상보적 관계에 놓일 수밖에 없었던 두 극단은 1936년 무렵 결국 통합의 수순을 밟았다.

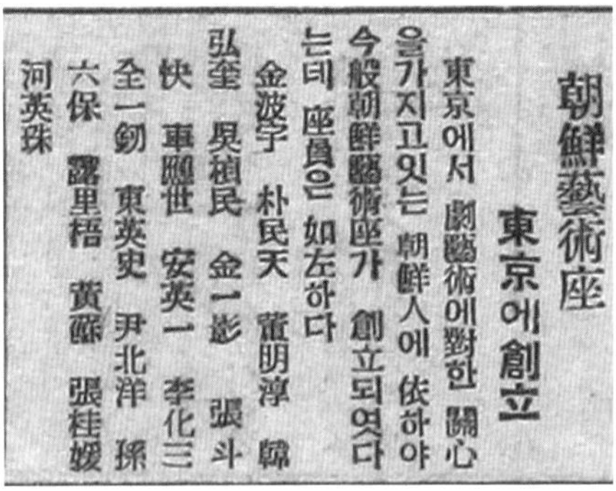
朝鮮藝術座
東京에創立
東京에서 劇藝術에對한 關心을가지고잇는 朝鮮人에 依하야 今般朝鮮藝術座가 創立되엿다는데 座員은 如左하다
金波宇 朴民天 崔明淳 韓弘奎 吳禎民 金一彭 張斗快 車顯世 安英一 李化三 全一釖 東英史 尹北洋 孫六保 露里梧 黃薛 張桂媛 河英珠

그림351 동경의 조선예술좌 창립[319]

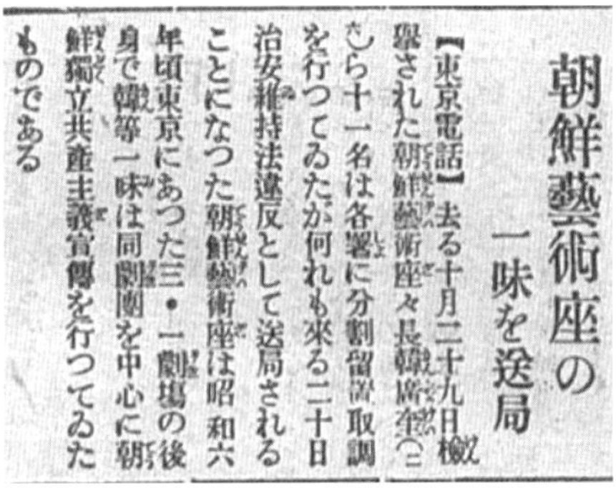
朝鮮藝術座の
一味を送局
【東京電話】去る十月二十九日檢擧された朝鮮藝術座々長韓[illegible]ら十一名は各署に分割留置取調を行つてゐたが何れも來る二十日治安維持法違反として送局されることになつた朝鮮藝術座は昭和六年頃東京にあつた三・一劇場の後身で韓等一味は同劇團を中心に朝鮮獨立共産主義宣傳を行つてゐたものである

그림352 조선예술좌(藝術座)의 일행을 송국(동경)[320]

조선예술좌가 공식적으로 창립된 시점은 1935년 6월 무렵이다.[321]

317 유치진, 「동경 문단 극단 견문초(見聞抄)」(6), 『동아일보』, 1935.5.18, 3면 참조.
318 유치진, 「동경 문단 극단 견문초(見聞抄)」(6), 『동아일보』, 1935.5.18, 3면 참조.
319 「조선예술좌 동경에 창립」, 『조선중앙일보』, 1935.6.3, 4면.
320 「조선예술좌[藝術座]의 일행을 송국(동경)」, 『부산일보』, 1936.12.3, 3면 참조.

그러니까 1935년 3월부터 공연을 시행하면서 암묵적인 활동을 시작했다가, 당해 6월에 무렵 정식으로 창립을 선언한 것이다. 극단 창단은 6월에 성사되었지만, 창립 공연은 가을 무렵에야 이루어질 수 있었다. 정식 창립 당시 극단원으로 소개된 연극인으로는 김파우, 박민천, 동명순, 한홍규, 오정민, 김일영, 장두쾌, 차응세, 안영일, 이화삼, 전일검, 차영사, 윤북양, 손육보, 노리오, 황소, 장계원, 하영주 등이었다.[322]

조선예술좌는 공식 창립 이전에도 각종 연극 공연을 기획 시도했다. 그 일례로 조선예술좌가 1935년 5월에 연극 관련 행사에 참여한 기록을 찾을 수 있다. 조선예술좌가 동경에서 개최된 '조선유행가의 밤'에서 연극을 공연한다는 소식이 그것이다.[323] 정황상으로 볼 때, 조선예술좌의 창립을 준비하는 과정에서 연극 공연을 미리 시행한 경우로 판단된다. 유치진의 언급 속에서도 조선예술좌는 이미 1935년 5월 시점에서 활동하고 있는 극단이었다.[324]

이처럼 조선예술좌는 1935년 3월부터 창립 작업을 준비해 왔으며, 여러 차례 실질적인 활동을 거쳐 당해 6월에 공식 창립되었다. 그리고 그 창립 공연 격으로 1935년 11월 공식적인 공연을 시행했다. 그 공연 속에 한태천의 〈토성낭〉도 포함되어 있었다.

321 「재동경조선인(在東京朝鮮劇人) 조선예술좌(朝鮮藝術座) 창립」, 『동아일보』, 1935.6.5, 3면 참조.
322 「조선예술좌 동경에 창립」, 『조선중앙일보』, 1935.6.3, 4면 참조.
323 「동경서 처음 열리는 조선유행가의 밤, 본보 동경지국 후원」, 『조선중앙일보』, 1935.5. 19, 2면 참조.
324 유치진, 「동경 문단 극단 견문초(見聞抄)」(6), 『동아일보』, 1935.5.18, 3면 참조.

## (2) 조선예술좌 무대 인식과 〈소〉를 향한 비판적 논점

정확하게 말하면, 조선예술좌는 1935년 11월 25~26일 양 일 동경 축지소극장에서 제1회 공연을 열었다. 공연 작품은 이기영 원작, 한홍규 각색의 〈서화〉(3막 7장), 동아일보사 1935년 신춘문예 당선 희곡인 한태천 작 〈토성낭〉(1막)이었다.[325] 이 공연을 살피기 전에, 11월 공연에 앞서 시행된 한 공연을 주목할 필요가 있다. 1935년 6월 동경의 또 다른 연극 단체인 (동경)학생예술좌는 일본 거주민(유학생) 뿐만 아니라, 조선에 거주하는 연극인들도 주목하는 공연을 시행했다. 해당 작품은 유치진의 장막극 〈소〉였다.[326]

1935년 11월에 개최된 〈토성낭〉과 〈서화〉의 공연은, 1935년 6월 학생예술좌의 〈소〉 공연과 관련이 적지 않은 것으로 짐작된다. 동경의 또 다른 조선인 연극 단체였다고는 하지만 학생예술좌는 아마추어(소인극) 단체였는데,[327] 이러한 단체가 성인들도 하기 어려운 작품인 〈소〉의 공연에 도전했기 때문이다. 〈소〉 공연의 여파는 결과적으로 극예술연구회까지 미쳤다는 점에서, 같은 동경 거주극단으로서 그 충격이 적지 않았던 것으로 보인다.

그 결과 조선예술좌 멤버들은 〈소〉 공연에 대한 관심을 쏟아 내었다. 하지만 조선예술좌는 이러한 〈소〉가 반영하고 있는 세계(농촌)에 대한 묘사가, '농촌 현실의 본질'이라고는 판단하지는 않았다.[328]

---

325 「동경조선예술좌(東京朝鮮藝術座) 공연」, 『동아일보』, 1935.11.22, 3면 참조.
326 「동경학생예술좌 초 공연」, 『동아일보』, 1935.5.12, 3면 참조; 선일검, 「동경 학생예좌(學生藝座)의 제1회 공연을 보고서(중)」, 『동아일보』, 1935.6.12, 3면 참조.
327 유치진, 「동경 문단 극단 견문초(見聞抄)」(6), 『동아일보』, 1935.5.18, 3면 참조.
328 「문단 동향의 타진 : 9인회(九人會)에 대한 비판」, 『동아일보』, 1935.7.31, 3면 참조; 전일검, 「동경 학생예좌(學生藝座)의 제1회 공연을 보고서(완)」, 『동아일보』, 1935.6.15,

특히 조선예술좌 단원 전일검은 비판적 논조를 내세우면서, 흥미롭게도 〈소〉 공연의 무대디자인과 관련하여 구체적인 지적을 내놓기도 했다. 아래의 공연평을 보면, 무대미술을 연극의 주변적인 요소가 아니라, 연극의 본질을 적시하는 핵심 표현 매체로 간주하고 있다. 그래서 무대미술에 대한 안일한 접근이 곧 작품 해석에 대한 중대한 오류라는 논점을 만들어 내었다.

> 장치의 색채는(〈소〉·〈나루〉) 조선의 그것이 아니었다. 이것은 우리 조선 사람의 제작자를 가지지 못하엿다는데 그 원인이 잇다. 우리들의 참다운 무대미술가들이 얼마나 필요한가를 절실히 느겻다. 〈소〉의 조명에 잇어서 '구름'을 너무 남용하엿다. 특히 동경에서 얻기 어려운 소도구, 의상 등등을 구비하게 마련한 제군의 노력에는 놀래지 안흘 수가 없엇다.[329]

전일검이 평가한 〈소〉의 무대디자인에서 가장 중요한 비판 논점은 '색채'의 부적합성이었다. 현재 남아 있는 당시 〈소〉의 무대디자인을 보면, 이러한 부적절한 색채에 대한 단서를 찾을 수 있다.

동경학생예술좌의 〈소〉 무대디자인은 하수 방향에 '초가(움막)'를 설치하고 상수 방향에 들을 배치하여, 관객의 입장에서는 좌측이 돌출하고 우측이 물러난 인상의 무대를 마주하도록 만들었다. 남아 있는 사진이 흑백이어서 당시 사용 색채까지야 정확하게 분별하기 어렵지만, 좌

---

3면 참조.
**329** 전일검, 「동경 학생예좌(學生藝座)의 제1회 공연을 보고서(완)」, 『동아일보』, 1935.6.15, 3면 참조.

그림353 동경학생예술좌의 〈소〉 공연[330]

측으로 음영이 강하게 드리우고 우측으로는 상대적으로 밝은 조도를 유지할 수 있었다. 이러한 배치는 무대 전면에 나와 연기하는 배우들에게는 상당히 곤혹스러운 상황을 조성하지 않을 수 없었다.

실제로 위 화면에 포착된 등장인물들은 마땅한 공간을 찾아 앉거나 쉴 수 없는 상황에 처해 있다. 무대 위에는 앉는 동작을 뒷받침할 만한 장치가 없으며, 초가 근처는 지나치게 어두워서 접근하기 힘든 상태였다. 얼굴에 깔린 음영이나 제법 짙게 드리워진 그림자 등으로 인해 무대 전체의 조도는 어두운 편이었으며 이를 효과적으로 제어할 조명이 충분히 존재하지 않았다.

이러한 〈소〉 무대의 색채는 어두움으로 귀결되고 있으며, 이로 인해

---

330 「동경학생예술좌 소연 〈소〉의 무대면(舞臺面)」, 『동아일보』, 1935.6.11, 3면 참조.

어두운 인상이 그 어느 색채보다 강렬하게 이 공연에 맴돌았을 가능성이 높다. 전일검이 말한 부적절한 색채는 기본적으로 이러한 어두움에 의해서 만연했을 가능성이 높다. 비록 명암과 색깔은 구분되는 개념이기는 하지만, 근본적으로 관람자의 인상에까지 명확하게 구분되어 영향을 미치는 요소는 아니기 때문이다. 이러한 어두운 색채감(조도)은 조선예술좌의 〈토성낭〉 공연을 참조하면 한결 분명하게 이해되기도 한다.

### (3) 한태천의 〈토성낭〉 공연과 그 개요

한태천의 〈토성낭〉은 1935년 『동아일보』 신춘문예 희곡 당선작이었다.[331] 극예술연구회도 이 작품을 무산된 〈소〉 공연의 대체작으로 염두에 둘 만큼, 당시로서는 그 귀추가 주목되는 작품이었다. 그럼에도 정작 한태천에 대해서는 알려진 바가 거의 없다. 그것은 아무래도 그의 행적과 무관하지 않다.

극작가 한태천은 1906년 진남포에서 태어나 평양에서 성장했으며 이후 광성보교에서 교원으로 활동하던 인물이었다.[333] 그는 한때 문학에 뜻을 두고 일본 유학까지 시행했지만, 조선으로 돌아온 이후에는 교직에 투신하였다. 교사로 활동하던 그가 극예술운동에 적극적으로 참가하겠다는 의지를 피력한 것은 신춘문예 당선 직후였다.

그림354 **한태천의 모습**[332]

---

331 「신춘 모집 원고 당선자 발표」, 『동아일보』, 1935.1.1, 1면 참조.
332 「현상 당선자 소개」, 『동아일보』, 1935.1.9, 3면 참조.
333 「현상 당선자 소개」, 『동아일보』, 1935.1.9, 3면 참조.

그의 대표작이자 데뷔작인 〈토성낭〉은 1935년 1월 11일부터 『동아일보』에 전제되기 시작하여,[334] 총 10회차에 걸쳐 연재 형식으로 게재되었다. 이 작품은 가난한 조선 민중의 모습을 그리고 있는데, 특히 독특한 주거 형태인 '토성낭 거주지'로 인해 여타의 작품과 변별성을 지닐 수 있었다. 그러니까 극적 배경이자 작품 제명이기도 한 〈토성낭〉은 한태천의 성장처이자 주거지인 평양의 빈민굴의 형상과 생활상을 십분 반영한 희곡이었다. 이러한 특징을 감안하면, 〈토성낭〉은 분명 1920~30년대에 걸쳐 유행한 희곡적 소재이자 창작 경향을 염두에 둔 작품이었다.

희곡의 취제(取題)에 있어 금년(1935년 : 인용자)에도 조선의 몰락상을 그린 것이 대부분이었다. 작품을 들어 구체적으로 예시해 본다면, 〈나루〉, 〈토성낭〉, 〈줄행랑에 사는 사람들〉, 〈소〉, 〈당나귀〉 등등이 그것일 것이다. 이들 작품 중에는 그 몰락상을 직접 테마로 한 것도 있고, 간접 테마로 한 것도 있지마는 그 직접 간접의 차(差)만은 다르나, 하여튼 몰락상에 취제한 작품이 태반인 것만은 사실이다. 오히려 이 소극만을 그리는 경향은 예년에 비하면 금년은 조금 희박해진 편이라고 하겠다. 사실 〈아리랑〉, 〈토막〉 등을 필두로 하여 최근 4,5년래로 얼마나 많은 몰락상이 우리 눈에 작품으로 전개되었었는지? 조선의 희곡이라면 대개가 보따리를 싸 짊어지고 '아리랑 고개'를 넘어가는 것이 아니었던가? 금년에도 그런 유의 것이 없지 않았다. 그러나 금년부터 차츰 그런 취제 경향이 적어지려는 것을(적어진 것은 아

---

**334** 한태천, 「〈토성낭〉(1막)」(1), 『동아일보』, 1935.1.11, 3면 참조.

니지만) 우리는 안 볼 수 없다. 이와 같은 작품으로 조선의 소극면을 그리려는 경향이 차츰 적어지려는 이유는 그러면 어디서 온 것일까? 사회적 정세가 그만큼 명랑해진 때문일까? 나는 아니라고 생각한다. 작가 자신이 그런 소극면만 보고 있다가는 그것은 작가로서의 정체에 불과한 것인 줄을 알게 된 것이 아닐까 한다.[335]

유치진의 지적대로, 〈토성낭〉은 농촌의 몰락상을 묘파한 '빈궁문학' 류에 해당하는 작품으로 간주되고 있다.[336] 이러한 생활의 빈궁과 군중의 몰락상을 그려내려는 시도는 대중극(상업극) 계열에서는 〈아리랑(고개)〉, 신극(연구극) 계열에서는 〈토막〉을 필두로 한 일종의 유행을 이루고 있었다. 더구나 이러한 창작 풍조는 기존 작가를 넘어, 신진 작가에게도 '취제'의 기본으로 자리 잡게 되었다. 앞에서 검토한 전일검이 〈소〉와 〈나루〉가 조선의 색채가 아니라고 비판했던 숨은 뜻도 이와 상통한다고 하겠다. 빈궁문학의 일환으로 민중의 몰락(상)을 다루어야 할 희곡(들)이, 현실 묘사의 진정성을 고심 있게 획득하기보다는 동시대에 유행하는 창작 기법(풍조)을 무분별하게 수용하려는 속내를 숨기지 못했기 때문이다.

실제로 〈토성낭〉 역시 '팔려가는 여인(들)'의 모티프를 비중 있게 활용한 작품이다. 극 중에서 충격적인 이미지를 전달하는 덕실은 이미 팔려갔다가 정신 이상을 겪으며 돌아온 여인으로 설정되어 있고, 여 주인

---

335  유치진, 「지난 1년간의 조선 연극계 총결산—특히 희곡을 중심으로」, 『동랑 유치진 전집』 8권, 서울예술대 출판부, 1993, 171~172면.
336  「신춘문예선후감(新春文藝選後感)」(5), 『동아일보』, 1935.1.15, 3면 참조.

공 덕순(덕실의 동생) 역시 만주로 떠날(팔려갈) 날을 기다리는 처녀로 등장하고 있다. 작품의 시간적 배경인 늦가을(동시대)의 해지기 전 시점은, 덕순이 만주 이주를 위해 짐을 싸고 떠나야 할 시간이며 삶에 낙담한 덕실이 생을 마감하는 지점이기도 하다.

이러한 비극의 시작은 가난이었고, 그 가난에 짓눌려 일어난 인신 매매(매춘)이었다. 21세의 덕순은 이미 몸값 50원에 팔린 상태이며, 누구인지도 모르는 사람과 살기 위해서 만주로 이주해야 하는 처지이다. 그녀의 언니인 덕실은 25세인데, 이미 이 과정을 거친 인물로 설정되어 있다. 매춘에 시달리던 그녀는 정신과 육체가 모두 피폐해진 상태로 간신히 귀가할 수 있었지만, 희망 없는 삶을 견디기 위해 아편에 중독된 상태였다.

불행한 여인들은 비단 덕실네 여인들만은 아니었다. 덕실 이웃집 딸이자 덕순의 친구인 '에뿐이' 역시 35원에 팔린 신세이다. 에뿐이를 구입한 남자(에뿐이 부夫)가 에뿐이를 반 강제로 끌고 가는 바람에, 비참하게 끌려가는 에뿐이는 토성 일대의 주민들에게 희한한 구경거리로 전락하고 만다. 하지만 그 누구도 에뿐이의 부당한 대우에 간섭할 수 없는 상황이다. 그녀는 매매를 통해 팔렸고, 그녀를 산 사람의 의견에 복종해야 하는 상황으로 전락했기 때문이다. 결국 에뿐이 역시 사랑하는 사람과의 미래를 포기하고, 돈에 팔려 원하지 않는 결혼(매매혼)을 해야 할 상황에 놓인 여인이었다.

덕순에게도 사랑하는 남자 순팔이 있었다. 순팔은 떠나는 덕순을 향해 의미심장한 대사를 쏟아낸다. 순팔의 순애보에 실려 나오는 대사는 작가가 작품을 통해 말하고 싶었던 전언이기도 하다.

| 순팔 | 인제부터 난 뭘하러 살란? |
|---|---|
| 덕순 | 순팔아!…… |
| 순팔 | 토성낭. 이 더럽고 또 더러운 이곳이래두 나에게는 네가 잇기 때문에 꽃동산이엿다. 하루종일 노동을 하면서두 너 맛날 걸 생각하면 남모르게 혼자 깃버햇드니…… |
| 덕순 | 모두 내 팔자가 사나와 그러쿠나 |
| 순팔 | 팔자가 다 무어가 우리들은 가난과 원한에서만 살라고 냇단 말이가 그럼 우리들을 가난에서만 살라고 낸 놈은 누구란 말이가 |
| 덕순 | 누구 내긴 저마다 쥐구나지 |
| 순팔 | (손바닥을 들여다보며) 그러면 이놈에 손금은 가난 속에 울라는 지령(指令)이란 말이가. 아니다. 만약 이것이 정말이라면 나는 손목을 찍어버리구 말 터이다. 덕순아. |
| 덕순 | 팔자가 아니면 무슨 도리가 잇니? |
| 순팔 | 제발 팔ㅅ자 소릴랑 그만 두어라 그것은 가난할 사람들 저 혼자 속는 수작이다.(間) 나두 그만 이놈의 토성낭을 떠나구 말겟다.[337] (강조 : 인용자) |

　덕순과 순팔은 팔려가는 신세를 한탄하고 순팔은 또 그러한 여인을 막을 수 없는 자신의 무능에 절망하고 있다. 이러한 비극적 상황은 점차 순팔에게 현실에 대해 자각하도록 유도하고 사회의 구조적 모순에 대해 질문을 던지도록 종용한다. 그가 던지는 질문에는 '가난과 원한'을

---

337　한태천, 「〈토성낭〉(1막)」(7), 『동아일보』, 1935.1.19, 3면.

강요하는 이들에 대한 저항감이 녹아들어 언변을 타고 자연스럽게 표출되고 있다.

1930년대 이러한 '딸 팔기 모티프' 혹은 '팔려가는 여인 에피소드'는 가난하고 억압된 농촌의 현실을 보여주는 데에 효과적인 전략으로 공인되어 공유되고 있는 실정이었다.[338] 극 중에서 농촌의 딸(들)이 증언하는 도시 혹은 남성들의 세계는 매음과 향락으로 이어지는 실제 현실과 맞닿아 있었다.[339] 그 결과 그 시기 희곡들(신극과 대중극을 막론하고) 중에는 팔려가는 여인들의 몸값과 그 이후의 비참한 현실에 대해 논의하고자 하는 작품들이 상당한 비중을 차지했다.

그 일례로 팔극(유지영)의 〈인간모욕〉 같은 작품은 최초 거래가 40~60원에 불과했던 '팔려가는 여인'의 몸값이 한껏 부풀려져서 200원에 육박했고 종국에는 빚에서 헤어 나올 수 없게 된 현실을 고발하고 있다.[340] 이러한 작품(들)이 일관되게 주목하는 바는, 여인들의 몸값이 헐값으로 전락한 현실 상황과 인신매매가 매춘 사업으로 이어지며 팔려간 여성들이 자신의 신체를 건사할 수 없도록 만들어 버리는 사회의 모순과 병폐를 지적하는 데에 맞추어져 있었다.[341]

이러한 공연 전략은 비단 대중극 진영에서만 유효했던 것은 아니었다. 결과적으로 신극계도 이러한 풍조에 동참했고, 팔려가는 여성 모티

---

338 양승국, 「1930년대 농민극의 딸 팔기 모티프의 구조와 의미」, 『한국 근대극의 존재 형식과 사유구조』, 연극과인간, 2009, 159면 참조.
339 박정애, 「일제의 공창제 시행과 사창 관리 연구」, 숙명여대 박사학위 논문, 2009, 100~109면 참조.
340 팔극(유지영), 〈인간모욕〉, 『동광』 38호, 1932, 92면 참조.
341 김남석, 「1930년대 공연 대본에 나타난 여성의 몸과 수난 모티프 연구」, 『조선의 대중극단과 공연미학』, 푸른사상, 2013, 137~140면 참조.

프와 매매되는 신체 에피소드는 결국 조선의 희곡/연극계에서 유효하고 현실적인 소재로 공인되기에 이르렀다. 〈토성낭〉 역시 이러한 풍조가 전반적으로 만연한 시점에서 탄생한 희곡이었고, 이로 인해 합당한 소재로 공인된 빈민가의 문제를 다룬 신극 작품으로 인정될 수 있었다.

이러한 공인된 소재에서 각성하는 민중의 표상이 탄생하는 구도 역시 일반적이다. 사랑하는 연인과의 이별을 통해 가난과 억압의 구조에 대항해야 할 필요성을 인식하는 젊은이가 등장하곤 한다. 또한 이러한 인식이 모여, 숙명과 지령으로 위장된 지배 구조를 극복해야 한다는 의지가 생성되기도 한다. 그리고 이러한 의지를 관객이라는 계몽 대상에게 전파해야 한다는 당위성도 확산되기에 이른다.

### (4) 〈토성낭〉의 무대디자인과 그 의미

#### ① 〈토성낭〉과 〈소〉의 공통점과 차이점

조선예술좌 〈토성낭〉의 무대 배치는 일견 학생예술좌 〈소〉와 흡사해 보이지만, 본질적으로 중대한 차이를 내포하고 있기도 하다. 그래서 아래의 무대디자인을 통해 그 공통점과 이질감을 찾아볼 필요가 있다.

우선 초가를 전면에 내세우는 무대디자인은 두 극단 모두 동일하다고 보아야 한다. 다만 초가(움막)의 무대 내 위치는 정 반대로 결정되었다. 〈토성낭〉의 경우, 상수 방향에 초가 세트를 설치했고 그 앞에 살림살이를 배치했다. 이러한 구조는 초가 세트 부분이 전면으로 돌출하는 구조를 창출했고, 이 점은 두 극단의 경우 모두 동일하다고 해야 한다.

반면 〈토성낭〉의 무대디자인에서는 하수 방향 무대에도 세트를 설치

그림355 조선예술좌 공연 작품 〈토성낭〉의 무대디자인[342]

하여 집 안 구조를 폐쇄적으로 그려내고 있다. 〈소〉에서는 초가 반대편에 얕은 담장만을 설치하고 연기 공간을 개방하는 구조를 취했지만, 〈토성낭〉에서는 동일한 자리에 위로 상승하는 비탈길을 배치하고 그 옆에 농기구들을 늘어놓아 집안이 더욱 옹색하게 보이도록 만들었다. 그러니까 〈토성낭〉의 연기 공간은 상수와 하수 사이의 무대 중앙으로 국한될 수밖에 없었고 비좁고 가난한 생활 반경을 두드러지게 보이도록 하는 효과를 자아냈다.

그럼에도 사진에 포착된 초가의 분위기는 전반적으로 밝은 편이다 (〈소〉와 비교하면 더욱 그러히다). 〈소〉의 무대디자인과는 달리 처마를 제거하고 부엌으로 향하는 어두운 공간을 설정하지 않은 것이 주요 원인

342 「사진은 조선예술좌 소연 〈토성낭〉의 무대면」, 『동아일보』, 1936.1.1, 31면 참조.

이다. 그 덕분에 집은 다소 평면적으로 배치되고 말았지만, 관객들의 시야를 방해할 정도의 어둠을 만들지는 않았다.

다만 집안 분위기는 대체로 폐쇄적이다. 상수의 초가와 하수의 비탈길이 연기 공간을 둘러싸고 있는 상황 때문이기도 했지만, 집 밖 풍경을 보여주는 그림(배경 작화)이나 관련 장치가 부재하기 때문이기도 하다. 배우들이 초가 내부와 마당(뜰)을 중점적인 극 공간으로 삼을 수밖에 없는 상황이 연출될 수밖에 없었다. 이러한 공간의 설정과 배치는 희곡 〈토성낭〉의 공간적 배경과 서사적 특징에서 그 연유를 찾을 수 있다.

〈토성낭〉은 가난한 자들의 공간을 그려내는 데에 역점을 둔 작품으로 그들의 생활공간은 평양 인근의 가난한 이들의 거처였다고 한다. 이를 명징하게 표현하기 위해서는, 답답하고 옹색한 인상의 무대가 절실하지 않을 수 없었다. 더구나 이러한 남루한 무대는 하층민의 삶을 대변하는 효과를 거두고 있다.

② 비탈길과 높이 차

다음으로, 〈토성낭〉의 무대 배치에서 하수 부분은 동시대의 다른 공연(무대디자인)에 비해 이질적인 특색이 강조된 부분이다. 언뜻 보면, 하수 부분은 손쉽게 수긍하기 어려울 정도로 사실적인 구도에서 벗어나 있다. 더구나 현재의 사진은 하수 부분을 명확하게 포착하고 있지도 못하다. 그럼에도 하수 부분을 유심히 관찰하면, 무대에 높이 차를 실현하고자 했음을 확인할 수 있다. 포착된 무대 사진에서 세 그룹의 인물을 개별적으로 살펴보면, 무대에 구현된 높이 차를 실감할 수 있다.

무대 하수에 등장한 세 그룹의 인물은 무대 높이에서 차이를 보이고

(좌) 중간 위치　　(중) 높은 위치　　(우) 평면 위치　　　　무대 하수 인물 그룹(전체)

그림356 **무대 하수에 등장한 인물들의 높이 차**

있다. 객석에서 바라볼 때(하수 그룹 중) 우측에 위치한 여인(위의 사진 (우))은 무대 평면에 위치한 인물로, 상대적으로 가장 낮은 위치(서 있음) 를 차지하고 있다. 반면 좌측의 남자는 경사진 비탈길을 오르는 초입에 있는데 이로 인해 그 옆의 인물 그룹보다 머리 하나 정도 위에 오를 수 있었다(위의 사진(좌)). 하수 그룹 중 중간에 배치된 청년은(위의 사진(중)) 비탈길의 가장 높은 지점을 점유하고 있는데, 평면에 위치한 인물들과 거의 한 사람의 키 정도의 차이를 보이고 있다. 중간 청년의 높이는 그 앞에 서 있는 또 다른 청년(무대 평면)과 비교하면, 상당히 우뚝 솟은 인 상을 전하고 있다.

　사진상에서 서로 다른 높이에 서 있는 세 사람은, 〈토성낭〉 1막 도입 부에 등장하는 '거지아이' 세 명을 연상시킨다. 작품 오프닝에서는 세 명의 아이들이 토성을 오르면서 대화를 하는 장면이 펼쳐지는데, 이때 세 아이의 갈 길(행로)이 서로 달라 분리되는 인물로 그려지고 있다. 이 러한 차이와 갈림을 보여주기에, 토성길을 이용한 높이 차는 적당하다고 볼 수 있다.

　이러한 세 인물의 높이 차(상/중/하)는, 무대 상수 방향에 위치한 인물들의 구성(화면)과 비교하면 흥미로운 차이를 드러내고 있다. 무대 하수의 세 인물(거지)들은 높이 차를 형성하며 세 단계 정도의 격차를 형성하고 있고, 무대 상수의 인물들은 평면에 서고 앉는 차이로 두 단계 정도의 격차를 형성하고 있다. 결국 전체 인물(들)은 앉은 높이(평면 이하), 서 있는 높이(평면), 비탈길을 오르는 높이(중간 높이와 최상위 위치) 등으로 세분된 위상을 보여준다. 이러한 위상은 일차적으로 무대의 평면성을 극복하는 효과를 실현하고 있다.

### ③ 높이의 상징, 가난의 풍경

　그렇다면 왜 〈토성낭〉은 이러한 물리적/정신적 높이 차를 무대에서 적극적으로 구현(표현)하려고 했을까. 기본적으로 〈토성낭〉은 토성 옆에 지어진 가난한 마을의 풍경을 공간적 배경으로 삼은 작품이었다. 그래서 비탈길이 존재할 수밖에 없었고, 이 비탈길은 물리적 실체를 넘어 세상으로 통하는 통로로서 유무형의 상징성을 담보할 수 있었다.

　　무대

　무대 면 뒤는 토성(土城)이 길게 서 잇다. 토성으로부터 나려오는 길이 좌수(左手)로 비스듬히 구불어저 들어갓다. 토성 뒤는 평양 도시. 토성 우에는 잎 다 떠러진 아카시아가 앙상하니 잇다금씩 바람에 비명을 낸다.

　덕실네 집은 뒷꼬리를 토성에 비스듬이 대고 잇는데 출입문이 왼편 관중을 바라보고 잇기 때문에 제 사벽을 통하야 거진 정면으로 내부가 들여다 보인다.

무대 중앙으로는 덕실네집 숫대바주가 쑥나왔다. 그 가운데 간즈메통으로
단 출입구가 잇다. 토성대 밑에는 보통강이 냄새를 피우면서 흐른다.

집안은 부엌과 방 사이에 문이 없으므로 모든 것이 다 내에 걸어서 껌하다.

세간이라야 헌 뒤주 우에 다해진 이부자리 두서너 개 부엌에는 적은 솥 두어 개 석
유상자를 노코 그 우에와 속에 사발 멫 개 쟁갑이 등이 있다.

막이 열리면 덕실이는 문 앞 토방에 앉아서 해바래기를 하고 있다.[343] (강조 : 인
용자)

위에서 묘사된 극 공간을 감안하면, 청년이 걸어 내려가고 다른 남자
가 걸어 올라가는 '비탈길'은 평양 외성인 토성을 형상화하고 있음을
알 수 있다. 이 토성 비탈길은 길게 만호를 그리면서 하수 쪽으로 구부
러지는데, 이렇게 구부러지는 길은 덕실 집의 담이자 문(출구)으로 기능
한다. 무대 중앙 뒤편에서 덕실의 초가집은 토성과 만나고, 구체적인 오
브제로 표현되지는 않았지만, 이러한 접점 부분에 출입문이 있는 것으
로 가정된다. 그러니까 위의 무대 포착 사진에서 토성에서 내려오는 사
람과 토성을 올라가는 사람들은 공히 덕순의 집(길목)에서 만나고 헤어
지는 행인들에 해당한다.

본래 무대 지문에는 토성과 집 사이로 평양의 풍경이 제시되어야 하
는데, 실제 무대 풍경에서는 이러한 걸개그림(배경화)이 사용되고 있지
않다. 대신 일종의 벽면이 설치되어 있는데, 그 벽에는 별다른 풍성이

---

**343** 한태천, 「〈토성낭〉(1막)」(1), 『동아일보』, 1935.1.11, 3면.

그려져 있지 않다. 이러한 무대 작화 방식은 원작 희곡의 무대 지문과의 차이를 보여준다. 다만 실제 무대 벽면에 평양(성)의 거리를 재현하는 일이 그다지 큰 의미를 지니지 않을 수는 있다. 왜냐하면 실감 나는 작화를 완성하기도 어려울 뿐만 아니라, 동경에서 공연이 진행되는 상황에서 굳이 '평양'이라는 지역 공간을 부각할 필요가 없어 보이기 때문이다. 오히려 가난한 공간, 혹은 조선 민중의 삶이라는 상징적이고 가시적인 배경이 요긴했을 수도 있다.

상수 부근 무대 전면에 놓인 자질구레한 살림살이 역시 이러한 가난의 풍경을 보여주는 데에 적격이다.

| 림57 토방의 쪽마루 / 앉아 있는 여자 | 그림358 뒤주 위 세간 | 그림359 상수 부근 풍경(전체) |

상수 부근 풍경에서 우측 세간은 주목된다(위 사진 '뒤주 위 세간'). 본래 희곡 지문에는 헌 뒤주 위에 이부자리 두 서 채가 놓여 있어야 한다고 기술되어 있다. 실제 우측 화면에도 뒤주로 여겨지는 세간과 그 위에 천이 걸려 있는 모습이 포착되어 있다. 뒤주 앞에도 세간이 너저분하게

널려 있는데, 희곡 지문 속의 '석유상자'로 여겨진다.

이러한 세간들은 역시 비좁은 공간과 가난한 살림살이를 대변하는 기능을 맡는다. 지문과 달리 실제 무대에서는 방과 부엌이 곧바로 연결되는 풍경(벽 없이)을 구현하지 못했기 때문에, 이러한 무대 구조가 함축하는 공간적 협소함을 강조할 필요가 있었다. 상수 부근에 배우들의 자유로운 동선이 불가능할 정도로 세간이 쌓여 있는 것도 결과적으로는 가난과 협소함을 강조하기 위한 장치였던 것이다.

### ④ 앉고/서는 연기와 무대 구현 방식

한편 무대 중앙(부)에는 토방과 댓돌 사이에는 작은 쪽마루가 설치되어 있다. 이 쪽마루는 한 사람이 착석하기에 충분한 크기를 지니고 있었다. 희곡 〈토성낭〉의 도입부에서 덕실이 토방에 앉아 햇살을 바라보고 있도록 지시되고 있기 때문에, 이러한 마루를 활용할 수 있는 여지가 전혀 없는 것은 아니었다. 하지만 실제 연출가는 토방을 '쪽마루'가 놓인 공간으로 해석하기보다는 '뜰'의 방언으로 파악하고 흙바닥에 앉도록 지시한 것으로 보인다.

사실 이때의 덕실은 "눈이 게겜츠레해서(게슴츠레해서) 코ㅅ물이 줄줄 흘리고 있는" 모습을 형상화되어 있고, "뼈만 남은 얼골 파리한 몸에 감기어 잇는 남누한 옷"으로 인해 죽은 이를 연상시킬 정도로 쇠약한 인상이어야 했다.[344] 연출자는 이러한 덕실의 인상을 충격적으로 전달하기 위해서는, 무대 후면보다는 가급적 무대 전면이 효과적이라고 판단

---

[344] 한태천, 「〈토성낭〉(1막)」(1), 『동아일보』, 1935.1.11, 3면.

한 것으로 여겨진다.

무대 전면에 앉아 있는 덕실의 모습은 매우 추레하다. 현실의 흐름에 뒤쳐져 망연히 주저앉고 있는 조선 농촌의 이미지를 저절로 상기시킨다고 하겠다. 더구나 극 중에서 '아편쟁이'로 설정된 덕실은, 현재적 삶의 의미를 포기하고 미래를 생각하지 않는 낙담한 환자의 전형으로 묘사되어 있다.[345] 시간적 배경도 이러한 몰락을 보여주기에 적당하다. 늦가을 해지기 직전 빈민가 풍경은 기울어가는 날들의 마지막을 효과적으로 보여주기 때문이다. 덕실을 비롯하여 토성의 빈민가(토성낭)에서 살아가야 하는 이들에게는 암담한 시간이 아닐 수 없으며, 곧 닥쳐 올 겨울을 예비한다는 점에서 고난을 예비한 시점이기도 하다.

작품의 공간과 내적 분위기 그리고 인물의 상황과 예비 서사를 고려할 때, 덕실은 몰락한 농촌과 조선의 상징이었다. 그렇다면 그녀가 의지할 것 없이 흙바닥에 주저앉는 연기는 그 자체로 상당한 상징성을 보유한다고 하겠다. 몰락한 농촌과 비참한 조선의 현실의 대유로 기능할 수 있기 때문이다. 이러한 측면에서 덕실이 무대 쪽마루가 아닌 전면 바닥에 앉는 디렉션은 나름대로는 의미 있는 설정으로 판단된다.

인물에 관한 행동 지문에 의거할 때, 이러한 디렉션(연출가의 지시)이 원작의 의도를 크게 손상했다고는 할 수 없다. 다만 조선예술좌의 기존 발언과 연결 지을 때, 다른 의미를 추출할 수는 있다. 〈토성낭〉 공연 직전 조선예술좌의 전일검은, 〈소〉 공연을 비평하면서, 인물들이 앉을 공간이 없고 거의 대부분 서서 연기를 했다고 비판한 바 있다.[346] 이러한

---

345  한태천, 「〈토성낭〉(1막)」(6), 『동아일보』, 1935.1.18, 3면.
346  전일검, 「동경 학생예좌(學生藝座)의 제1회 공연을 보고서(3)」, 『동아일보』, 1935.6.13,

지적은 역으로 〈토성낭〉에도 근본적으로 적용될 수 있다.

이러한 비판을 염두에 두었는지, 〈토성낭〉 공연에서는 마당에 앉아서 연기를 수행하는 인물이 등장했고, 무대 배치상으로도, 상수 방향 초가에 쪽마루를 설치하여 '앉는 동선(움직임)'을 소화할 수 있는 무대 여건을 갖추고자 했다.

특히 일률적으로 서서 연기하는 바람에 단조로운 시각적 풍경만을 창출했다는 지적을 확대하면, 서 있는 연기자들의 동일 높이에 변화를 줄 필요가 있다는 해석을 끌어낼 수 있다. 그렇다면 〈토성낭〉의 비탈길을 이용한 높이 차는 어느 정도 설명된다. 〈소〉의 한계를 파악했던 조선예술좌 측은 자신들의 공연에서는 하수 방향 토성을, 높이를 줄 수 있는 공간(기물)으로 변화시켜 활용하고자 했고(화면 속 인물 높이 차 표현), 뜰에 앉는 연기와 서서 수행하는 연기를 추가하여 무대 높이를 세분화하고자 했으며, 쪽마루의 높이까지 활용할 수 있는 가능성을 마련하고자 했다. 이러한 다양한 층위의 설정은 관객들에게 시각적 지루함을 덜고 인물 연기의 변별력을 확보하는 데에 적지 않은 도움을 주었을 것으로 보인다.

⑤ 통로와 경계로서의 비탈길

비단, 토성의 역할은 높이 차의 구현에만 있지는 않았다. 기본적으로 토성은 등퇴장로였고 출입구였다. 그러니까 하수에 마련되어 무대 후면back stage과 전면front stage(객석 방향)을 잇는 통로로서의 역할을 토성이 담당했으며, 이로 인해 무대의 주요 이동로이자 무대장치로 기능할 수

---

3면 참조.

있었다.

무대 공간상 토성은 등장인물들의 등/퇴장로이다. 작품에서 덕실(네) 집으로 들어가는 동선은 극도로 제한되어 있다. 이와는 달리 작품 속 대부분의 인물들은 무대 후면 평양 시가에서 토성(에서 내려오는 길)을 타고 빈민가로 진입하고, 이곳은 거꾸로 빈민가에서 시내로 나가는 출구이기도 하다.

공연의 도입부에서 거지들이 시내로 나가는 설정이나, 덕실이 덕순의 옷을 훔쳐 달아나는 설정, 그리고 덕실 모가 나가 덕순이 들어오고 에뿐이 남편이나 순팔(덕순의 연인)이 들고 나는 설정은 모두 이 길(토성)을 근간으로 이루어질 수 있었다. 심지어는 이웃집 장손 댁의 장손이나 장손을 쫓는 사람들도 이 길을 통해서만 극적 공간으로 스며들 수 있다.

이러한 측면에서 토성(에서 갈라져 내려온 길까지 포함)은 인물의 상황과 사건의 국면을 전환하는 동력을 비축하고 있는 무대장치였다. 무대디자인상으로 이러한 장치(길)가 반원형으로 구부러지면서 하수 방향 무대 뒤편으로 멀어지는 인상을 주고 있으며, 전술한 대로 높이감을 극대화하여 토성을 넘는다는 설정까지 아울러 담당하고 있다.

이 과정에서 관객들은 토성을 넘어 등장하는 인물들의 면면을 분명하게 확인할 수 있다. 좁은 연기 구역에서 동일 높이로 겹쳐져서 배우들이 서로를 가리는 약점을 해소할 수 있기 때문이다. 이와 동시에 등장하는 인물과 등장해 있는 인물들 사이의 대화 혹은 표정 교환 등의 관계를 능률적인 사이트 라인sight line으로 관극할 수 있는 이점도 제공한다.

이 등/퇴장로가 가장 인상적으로 사용되는 시점은 작품의 끝(결말) 부분이다. 드디어 복순을 데리고 만주로 갈 시간이 다가오자, 운명처럼 한 사내가 이 토성을 넘어 등장한다.

(토성낭 아카시아 나무에서 까마귀가 청성 맞게 깍깍 운다. 덕순 불길한 것을 예감하는 듯 얼굴빛이 변해진다. 이때 바가 뚱뚱한 개기름이 흐르는 사나이가 팔을 내저으며 성낭을 넘어나려 온다)

포주     (까마귀가 우는 소리를 듣고) 애팁!

(바주ㅅ문을 열고 들어서면서 '에헴에헴' 잔기침을 한다)

덕실 모   (빨리 일어나 머리를 만지며 치마를 바루 입으면서) 넘어 오섯
         습니까 애 아바지 오섯다.

덕순     (문을 열구 나오면서) 아이구 아바지 넘어오섯습니까?

포주     응. 다 준비됐니?

덕순     네

         (…중략…)

순팔     (너무 분위기가 별해서 어쩔 줄을 모르구 잇다가) 아니 다리 아
         래 사람 숫탠 왜 섯드라.

덕순     또 싸움 난 거지

(그때 덕실 모 짐꾼을 다리고 하수로 등장. 일행이 막 나가랴고 할 때에 장손이 어미 숨이 하눌에 다서 하수로 등장하야)

장손 모   형님 데걸 어찌 하겟소. 덕실이가 다리에서 떨어데 죽엇소 고레

| | |
|---|---|
| **덕실 모** | 뭐!(그만 자리에 풀석 주저앉는다) |
| **덕순** | (들고 나가든 빠스켓을 내던지고) 뭐요! 우리 형이 죽다니(빨리 뛰여나간다 순판 따라 뛰여 간다) |
| **장손모** | (덕실 모를 흔들면서) 형님 정신 좀 차리우 응…… |
| **포주** | (어이가 없다는 듯이) 웬 놈에 가마귀가 자꾸 울드라.[347](강조: 인용자) |

한태천의 〈토성낭〉은 10회 분재되었는데, 위의 대목은 마지막 10회분의 처음과 끝 대목이다. 포주의 등장으로 시작하는 10회 분량은, 덕순이 만주로 팔려갈 시간을 그리고 있다. 임박하는 시간은 포주의 등장으로 제시되고, 포주의 등장 역시 토성을 넘어오는 길(비탈길)로 이루어진다. 이때 포주는 아카시아나무에 앉아 울고 있는 까마귀의 청승맞은 소리를 배경으로 등장한다. 그리고 그 불길함은 덕순을 통해 증폭되고 관객들에게도 어느 정도 전파되기에 이른다.

포주가 등장한 이후에는 순팔이 도착하는데, 그 역시 토성을 건너 무대에 진입한다. 순팔은 포주를 향해 적대감을 드러내고, 다른 한편으로는 시내 다리에 몰려 있는사람들의 소식을 전하는 역할을 한다. 이어, 이웃집 장손 모가 덕실의 죽음에 관한 소식을 알려준다. 포주→순팔→장손 모로 이어지는 보고자(사자)는 무대 바깥off stage의 소식을 무대 내에 전달(보고)하고, 이러한 전달된 정보(보고)는 포주 등장 이전에 벌어진 덕실의 모친과 덕실의 다툼을 상기시킨다.

---

347 한태천, 「〈토성낭〉(1막)」(완), 『동아일보』, 1935.1.23, 3면.

집안의 가난을 해결할 요량으로, 강제 이혼을 종용당하고 자식과의 이별까지 강요당한 상태에서 결국에는 죽은 이로 둔갑하여 매음녀로 팔려간 여인 덕실의 일생에 대해 생각하도록 만드는 결말이라고 할 수 있다. 고통을 잊기 위해서 맞았던 모르핀이 결국 그녀를 아편 환자로 만들었다. 게다가 그녀는 과거의 매춘 행각으로 인해 사회적 부적응 상태로 빠져들어 결국 금치산자로 살아야 하는 운명으로 전락했다.

희곡의 전언에 따르면 이러한 운명은 비단 덕실만의 것은 아니었다. 그 원인은 일차적으로 포주에게 있겠지만, 그 포주를 움직이는 사회 모순과 그러한 사회 모순을 조장하는 방관자들에게도 그에 못지않은 책임이 있다. 더구나 극작가 한태천은 무지한 민중의 선택에도 면죄부를 주지 않고 있다. 즉 사회의 구조적 문제, 지배층의 욕심 그리고 피지배층의 무지가 어우러져 빚은 참상이자 비극으로 정의한 것이다.

이러한 비극을 표현하는 데에 비탈길은 유용한 장치로 기능한다. 전술한 대로, 이 비탈길은 인물의 등장과 상호 관계를 보여주는 데에 적격일 뿐만 아니라, 요동치는 사건의 부침을 상징적으로 보여주는 구부러지고 높낮이를 가진 구조물이기도 하기 때문이다. 이러한 비탈길은 조선인, 특히 가난한 농촌 사람들과 그 희생물인 여성들의 굴곡진 삶을 대변한다는 상징적 의미도 포괄할 수 있다.

비탈길을 넘어서 등퇴장하는 이들의 모습은 1920년 토월회의 〈아리랑고개〉를 통해 극단적으로 형상화된 바 있다. 유치진도 인정할 정도 〈아리랑(고개)〉의 영향력은 컸고 이로 인해 무대 공연에서 이러한 효과를 자아내려는 시도는 일종의 유행을 이루고 있었다고 판단해도 좋다.

제5장

# 조선성악연구회와
# 창극의 무대

---

1936년 이후 조선성악연구회는 기존의 (마디)판소리 공연이나 명창 대회 위주 공연에서 일부 탈피하여 창극 공연에 본격적으로 매진한다. 그 계기는 동양극장과의 협연 때문이었다. 동양극장 측은 극장 레퍼토리를 보완하고 관객의 다양한 기호를 충족하기 위하여 조선성악연구회의 〈춘향전〉, 〈심청전〉, 〈흥보전〉 공연을 필요로 하였다. 또한 이러한 전래의 가창에서 벗어나 〈숙영낭자전〉, 〈옥루몽〉, 〈마의태자〉 등의 창작(에 가까운) 창극 공연에도 적극적이었다.

이에 따라 창극 공연에 필요한 다양한 요소가 요구되었다. 무대장치와 장면에 따른 공간 디자인은 필수적인 요소라고 하겠다. 특히 동양극장과의 협연에서 연출가(박진)와 장치가(원우전)의 도움을 받을 수 있었던 조선성악연구회는 1인 가창 위주의 기존 공연 방식을, 무대에서 펼쳐지는 시각적 이미지를 동반한 창극 공연 방식으로 바꾸어 나갔다. 비록 조선성악연구회의 무대 관련 사진은 제한적으로만 남아 있고, 이에 대한 본격적 연구도 희귀한 상황이지만, 관련 장면의 연계를 통해 그 의미와 내재된 의의를 살펴보고자 한다.


## 1. 조선성악연구회의 연원과 구성

조선성악연구회의 단초는 1925년 경부터 발견된다. 조선악연구회라는 이름으로 이동백, 김창룡 등이 1925년 2월 10일과 11일에 걸쳐 〈춘향가〉와 〈심청가〉 판소리 공연을 시행했다.[1] 이때는 10일에 이동백이

---

1    「조선성악연주(朝鮮聲樂演奏)」, 『동아일보』, 1925.2.10, 2면 참조.

〈춘향가〉를, 11일에는 김창룡이 〈심청가〉를 독연하는 형식으로 공연이 이루어졌다.

조선성악연구회가 정식으로 발족한 시점은 1934년 4~5월 경이다(5월에 총회 개최). 1934년(소화 9년) 5월 송만갑, 이동백, 정정렬의 발기로 창립되었고, 공평동 29번지에 소재했던 성악원聲樂院을 근간으로 하였다. 창립 당시에는 38명의 회원이 참여하였고 초대 이사장은 이동백, 상무로 정정렬이, 교수로 송만갑, 정정렬, 서홍구 등이 선임되었다. 남도소리, 서도소리, 기악, 무용(한성준) 등의 과를 배치했고, 각 과를 책임지는 교수들이 수강생을 가르치는 분담 체제를 시행했다.[2]

애초의 창립 취지는 교육이나 연구의 직능에 더 주력한 인상이다. 조선의 가무를 연구하고 가객을 양성하는 일과, 조선의 고유 음악(음률)과 성악을 보존하고 보급하는 일을 주요 목표로 삼은 것이다.[3] 하지만 수강생을 가르치는 일만으로 재정적 어려움을 감당할 수 없었고, 회원들의 예술적 성취욕을 만족시킬 수 없었다. 그래서 조선성악연구회는 공연 활동을 적극적으로 펴나가기 시작했다. 조선성악연구회는 1934년 6월에 '명창음악대회'를 개최하였고,[4] 9월에도 명창대회를 열었으며,[5] 1935년 10월 경에는 관련 활동에 주력하였다. 이 무렵부터 조선성악연구회의 가창 활동이 더욱 활발해지면서 제5회 공연을 대구에서 개최하기도 했다.[6]

---

2   「조선성악연구회」, 『조선일보』, 1938.1.6, 7면 참조.
3   『매일신보』, 1934.4.24 참조; 『매일신보』, 1934.5.14 참조; 「조선성악연구회(朝鮮聲樂硏究會) 대구서 공연」, 『매일신보』, 1935.10.19, 2면 참조.
4   「명창음악대회(名唱音樂大會)」, 『동아일보』, 1934.6.10, 2면 참조.
5   「성악연구회의 추계명창대회」, 『조선중앙일보』, 1934.9.29, 2면 참조.
6   「성악연구회, 대구에서 공연, 이십사일부터」, 『조선중앙일보』, 1935.10.19, 2면 참

제5회 공연은 특별히 지방에서 개최된 대회로, 지방 여러 도시 중에서도 대구가 공연 장소로 선정되었다. 이 대구 순회공연에 참가한 가창자는 이동백, 송만갑, 정정렬, 김창룡, 오태석 등의 조선성악연구회의 일류 명창들이었다.[7] 1935년 11월(27~28일)에도 조선성악연구회는 '초동初冬 명창대회'를 개최했다(6회). 이 대회는 경성 우미관에서 개최되었고, 출연진은 이동백, 송만갑, 정정렬, 김창룡 등으로 이전 공연과 크게 다르지 않았다.[8]

조선성악연구회가 경제적 곤란으로부터 벗어나는 시점은 1936년 경이다. 이 시기에 유지들의 후원이 증가하고,[9] 창극 〈춘향전〉의 개발이 주효했기 때문이다. 따라서 조선성악연구회는 1936년 9월 자체 제작한 〈춘향전〉부터 본격적인 '흥행수입'을 기대할 수 있었다.[10] 〈춘향전〉의 '가극화(창극화)'에 대한 도전과, 일련의 공연, 그리고 동양극장과의 협력 작업을 시행하면서 습득한 노하우를 통해 이룩한 성과에 해당한다.

이러한 측면에서 1935년 10월에서 1936년 1월까지의 시점은 주의 깊게 조망할 필요가 있다. 동양극장이 1935년 11월에 개관하였고, 청춘좌가 같은 해 12월(15일~)에 창단하여 공연에 돌입하였으며, 앞에서 말한 대로 청춘좌의 1936년 1월 공연에 조선성악연구회가 동참했기

조 : 「조선성악연구회(朝鮮聲樂研究會) 대구서 공연」, 『매일신보』, 1935.10.19, 2면 참조.

7 「조선성악연구회(朝鮮聲樂研究會) 대구(大邱)서 공연 24일부터 3일간」, 『매일신보』, 1935.10.24, 3면 참조.

8 「조선성악연구회 초동(初冬) 명창대회」, 『동아일보』, 1935.11.25, 2면 참조; 「조선 명창회 27, 28 양일에」, 『매일신보』, 1935.11.26, 2면 참조.

9 조선성악연구회가 후원회를 공식 조직하려고 공표한 시점은 1936년 5월 경이다 (「조선성악연구회 창립 3주년 기념」, 『조선일보』, 1936.5.31, 6면 참조).

10 「조선성악연구회」, 『조선일보』, 1938.1.6, 7면 참조.

그림361 **조선성악연구회 창립 3주년 기념 공연**
(1936년 5월 경)[11]

그림362 **조선성악연구회 일동**(1936년 8월 경)[12]

때문이다. 이 시기에 조선성악연구회와 동양극장이 실질적인 전속 관계를 형성하고 있지 않다고 해도, 동양극장은 조선성악연구회의 활발한 활동이 자신들의 공연과 관련된다는 점을 간과할 수 없었다.

1936년(벽두)에 활동하고 있던 대중극단의 면면을 살펴보자. 기존의 태양극장, 조선연극사, 신무대, 황금좌, 형제좌, 조선연극호, 예원좌 등이 각축하는 연극계에 청춘좌가 새롭게 모습을 드러낸 형국이라고 할 수 있다.[13] 이러한 등장에 보조를 맞추기라도 하듯, 평상시 1년 1~2회 발표회를 개최하는 단체였던 조선성악연구회는 1935년 10~11월 무렵에는 예년 공연 수준을 웃도는 발표회를 개최했다. 이러한 활발한 활동은 동양극장과의 활동 연계를 가능하게 했다.

1935년 공연과 1936년 공연을 대비해 보자. 1935년 공연의 경우에는 본격적인 분창이 이루어진 작품을 근간으로 하는 공연이 아니었다.

---

11 「조선성악연구회 창립 3주년 기념」, 『조선일보』, 1936.5.31, 6면 참조.
12 「조선성악연구회원 일동」, 『조선일보』, 1936.8.28, 6면 참조.
13 「각계 진용(各界 陣容)과 현세(現勢)」, 『동아일보』, 1936.1.1, 30면 참조.

조선성악연구회
대구서 공연

조선성악연구회에서는 조선성악연구와 성악가 양성 등 쇠퇴해가는 조선 성악계를 위하여 많은 공헌이 있었는데 이번 제5회 공연에 당하여 널리 지방에까지 순회 개최하기로 되어 제일 먼저 남조선의 웅부 대구에서 오는 24, 25, 26, 3일간 계속 공연하기로 되었는데 여기에 출연할 가수는 이동백, 송만갑, 정정렬, 김창룡, 오태석, 정남희 외에 여가수 등 전선적(全鮮的)으로 굴지하는 일류명창들만 망라하려 한다.

그림363 **1935년 10월 조선성악연구회 제5회 공연**(대구)[14]

성악연구회서
〈배비장전〉 공연

조선성악연구회에서는 오래전부터 〈배비장전〉에 대하여 연구에 연습을 거듭하여 오던 중 최근에 와서 그 완미를 세상에 드러내려고 오는 9일부터 11일 밤까지 연 3일 주야로 죽첨정 동양극장에서 남녀명창 30여 명이 출연한다는데 이 〈배비장전〉은 재래의 조선가극을 다시금 가다듬어서 시대에 적합한 예술적 가치를 충분하게 표현하고 고대의 정서가 풍부하고도 해학적 기분이 충만하다고 한다.

그림364 **1936년 2월 동양극장 공연**(7회 공연)[15]

그들은 각자의 노래를 부르거나 마디판소리 한 마당을 가창했을 가능성이 높다. 반면 1936년 동양극장 공연에서는 한 작품의 공연을 위해 오래 전부터 준비한 경우였다. 전술한 대로 분창이 이루어졌으며, '고대의 정서'와 '해학미'를 북돋우는 공연 목표에 입각하여 무대화되었다.

두 공연 사이에는 동양극장 공연이 자리 잡고 있었다. 조선성악연구회는 청춘좌의 〈춘향가〉와 〈효녀 심청〉에 참여하면서 어떠한 방식으로든 서양 연극의 공연 방식과 극적 특성을 수용하고 이를 체질화하기 위하여 여러 가지 모색을 펼쳤던 것으로 보인다. 그 결과 〈배비장전〉이라

---

14 「조선성악연구회(朝鮮聲樂研究會) 대구서 공연」, 『매일신보』, 1935.10.19, 2면 참조.
15 「성악연구회(聲樂研究會)서 〈배비장전〉 공연」, 『매일신보』, 1936.2.8, 2면 참조.

는 희극적 창극을 구현할 수 있었던 것이다. 전술한 대로, 〈배비장전〉은 조선성악연구회의 레퍼토리와 공연 방식에 일대 변화를 가져온 분기점을 형성한 작품이라고 할 수 있겠다.


## 2. 동양극장 공연 참여, 창극에 대한 재인식

본래 조선성악연구회는 송만갑, 이동백, 정정렬, 김창룡 등의 판소리 배우들이 종로 3가에 사무실(순천 갑부 김종익의 희사[16])을 내걸고 만든 단체 이름이었다. 1930년대 초반에 활동했던 조선음률협회를 계승한 단체로 1934년 4월 창립될 당시에는 '조선성악원'이라는 명칭을 사용했고,[17] 이후 '조선음악연구회'라는 명칭도 함께 사용하였으며,[18] 1935년 이후에는 주로 조선성악연구회로 불리었다.[19] 이밖에도 '조선성악회'라는 이름도 사용된 바 있다.[20] 이 저술에서는 조선성악연구회로 통일하여 지칭하고자 한다.

동양극장은 창립 직후부터 판소리 창자들을 자신들의 공연에 초청하

---

16  김종익은 김초향의 후원자로 조선성악연구회를 위하여 건물을 기부했는데, 이 건물을 근간으로 조선성악연구회는 회관을 운용하면서, 독립 단체로서의 위상을 한결 강화해나갈 수 있었다.

17  「남녀명창망라하여 조선성악원 창설, 쇠퇴하는 조선가무 부흥 위하여, 명창대회도 개최」, 『조선중앙일보』, 1934.4.25, 2면 참조.

18  「조선음악연총(朝鮮音硏總)」, 『동아일보』, 1934.5.14, 2면 참조; 「명창음악대회 (名唱音樂大會)」, 『동아일보』, 1934.6.10, 2면 참조.

19  「조선성악연구회(朝鮮聲樂硏究會) 초동명창대회」, 『동아일보』, 1935.11.25, 2면 참조.

20  「여류명창대회 15, 16 양일간」, 『매일신보』, 1936.7.14, 7면 참조; 「조선 성악회 총동원 〈토끼타령〉 상연」, 『조선일보』, 1938.2.28, 3면 참조.

여, 자신들이 만들고자 한 작품(들)의 자문과 찬조 출연을 요청했다. 조선성악연구회의 찬조 출연으로 공연된 작품으로 1936년 1월 청춘좌의 〈춘향전〉(최독견 각색)을 필두로 하여, 이어 공연된 이운방 작 각색 〈효녀 심청〉(3막 7장, 2월 1일~4일) 등을 들 수 있다.[21]

고설봉은 이러한 작품을 공연할 때, 조선성악연구회 창자들이 무대 뒤에서 소리(창)을 수행했다고 증언하고 있다. 판소리를 일종의 효과음으로 사용한 격인데, 이러한 판소리 삽입에 대해 관객들의 반응은 대체로 긍정적이었다. 이를 계기로 동양극장의 운영진들은 조선성악연구회에 분창 형태의 창극을 본격적으로 공연하는 방안을 강력 추천했다.[22]

실제로 조선성악연구회는 〈효녀 심청〉이 끝난 5일 후(만일 〈추풍감별곡〉에도 찬조 출연했다면, 이 공연 바로 직후)에 동양극장에서 조선성악연구회 제1회 시연회 '구파명성총동원'을 시행했다. 이것은 '조선성악연구회' 이름을 내걸고 동양극장에서 시행한 공연으로는 첫 번째 공연이었다.

이 시연회에서 공연된 작품은 〈배비장전〉이었고, 출연자들은 조선성악연구회에 속한 당대의 명창들이 주류를 이루었다. 이동백, 김창룡, 정정렬, 송만갑(4명창)을 비롯하여[23] 여류 명창 김소희 등도 참여하였다. 김소희는 〈배비장전〉의 작곡을 정정렬이 맡았다고 회고했고,[24] 〈배비

---

21  〈춘향전〉과 〈효녀 심청〉에 이어서 청춘좌는 〈추풍감별곡〉을 공연했는데, 이 작품 역시 이운방 각색의 '신창극'이었다. 공연 맥락으로 판단하면, 〈추풍감별곡〉에도 조선성악연구회 창자들이 출연했을 것으로 여겨지지만, 이를 뒷받침할 증거가 아직은 발견되지 않고 있다.

22  고설봉, 『증언 연극사』, 진양, 1990, 41~42면 참조.

23  조선성악연구회는 근대 5명창 중 김창환을 제외한 4명이 포함되어 있을 정도로 당대 판소리 명창의 중점 활동지였다.

24  박봉례, 「판소리 〈춘향가〉 연구 : 정정렬 판을 중심으로」, 단국대학교 석사학위 논문, 1979, 14면 참조.

| 시기 | 공연 작품 | 출연 배우 |
|------|----------|-----------|
| 1936.2.9~2.13 조선성악연구회 제1회 시연회 구파명성총동원 | 희창극 〈배비장전〉 | 이동백, 김창룡, 정정렬, 송만갑, 김소희, 장향란, 이기화, 김애란, 조계선, 한희종, 방금선, 김세준, 김만수, 오소연, 한성준, 임소향, 정원섭, 조명수, 황대홍, 오태석, 조상선, 이강산, 서홍구, 조채란[26] |
| | | 송만갑 이동백 김창룡 정정렬 한성준 정원섭, 박은기, 오태석, 한희종, 김세준, 김용승, 김남희, 정남희, 조명수, 황대홍, 조상선, 조앵무, 장향등, 오비취, 김소희, 조소옥, 이류화, 김란주, 이□선, 조계선, 신숙, 김만수, 오소연, 임소향[27] |

장전〉뿐만 아니라 그 다음 창극작인 〈유충렬전〉의 작곡도 정정렬이 맡았다는 증언이 남아있다.[25]

정정렬의 역할은 창작들의 기본 곡조를 정리하고 음악적 균형을 조율한 것에 있었다.[28] 특히 그는 음악적 구성에 뛰어난 심미안을 가진 창자로 손꼽히고 있었는데, 새로운 창극의 개발 시에 이러한 능력은 공연 전체를 좌우하는 핵심 역량이었다고 해야 한다.

참여 인원을 감안하고 주변 정황을 고려할 때, 〈배비장전〉은 분창에 기반을 둔 창극으로 공연되었다. 장르 명칭도 희창극이었고, 출연자들도 무대 연기를 수행했다.[29] 그 예로 이동백과 송만갑 등도 이 공연에 분

---

25  인터뷰, 「판소리 명창 정광수」, 『판소리연구』 2권, 판소리학회, 1991, 배연형, 「정정렬 론」, 『판소리연구』 17권, 판소리학회, 2004, 155면 참조).

26  「연보」, 고설봉, 『증언연극사』, 진양, 1990, 166면 참조.

27  「조선성악연구회서 〈배비장전〉 가극화」, 『조선일보』, 1936.2.8, 6면 참조.

28  백현미도 이러한 정정렬의 역할에 동의하고 있으며, 정정렬의 연출자로서의 역할이 '작곡자로서의 능력을 바탕으로 창극 공연에 대한 주도력을 발휘'하는 것에 있었다고 밝히고 있다(백현미, 『한국 창극사 연구』, 태학사, 1997, 217면 참조).

29  조선성악연구회를 후원했던 조선일보사는 '가극'의 의미를 가창과 연기의 일원화로 간주하고 있으며, 실제로 다음의 기사에서도 '출연자'를 직접 소개하고 있다(「조선성악연구회서 〈배비장전〉 가극화」, 『조선일보』, 1936.2.8, 6면 참조).

| 송만갑 | 이동백 | 정정렬 | 김창룡 |

그림365 **4명창의 모습**[30]

장을 하고 출연하였다. 특히 이동백은 엑스트라로 참여했는데, 이러한 정황으로 볼 때 직접 무대에 올라가 연기를 시행했음을 확인할 수 있다.

그렇다면 송만갑이나 이동백 같은 명창들이 이전까지의 활동과 달리 무대 연기를 직접 수행한 까닭에 대해 주목하지 않을 수 없다. 실제로 조선성악연구회가 처음 설립된 이후 1934년 4월부터 1935년까지 조선성악연구회는 창극, 즉 분창에 의지한 무대 연기를 포함한 공연을 시행하지 않았다. 조선성악연구회가 창립 직후 시행한 주요 활동은 명창대회 개최였는데,

그림366 **분장을 하고 있는 송만갑과 이동백**[31]

1934년 5월에 제1회 명창대회를 열고, 6월에 제2회, 10월에 제3회 명창

---

30 「사진은 성연(聲硏)의 원로들」, 『조선일보』, 1936.10.8, 6면 참조.
31 「엑스트라로서의 이동백」, 『조선일보』, 1937.3.5, 6면 참조.

대회를 이어갔다. 1935년 10월에는 대구극장에서 성악대회를 개최했고, 11월에는 우미관에서 역시 명창대회를 열었다. 창립 직후 근 2년간의 활동이 주로 명창대회 개최에 초점을 맞추고 있었다.

이러한 조선성악연구회의 활동 방향은 1936년 2월에 접어들면서 창극에의 도전으로 가시화되고 있으며, 그것도 가창과 연기의 일원화에 근접한 형태로 공연을 치르고자 했다. 뒤에서 자세하게 언급하겠지만, 조선성악연구회의 창극 공연은 두 가지 형태로 나눌 수 있다. 하나는 가창자와 연기자가 다른 경우이고,[32] 또 하나는 가창자와 연기자가 일치하는 경우이다. 조선성악연구회는 가창과 연기의 일원화, 동일 인물에 의한 동시 수행을 목표로 하는 경우가 많았는데, 의외로 초기 〈배비장전〉은 이러한 일원화에 근접한 공연이었다.

실제로 조선성악연구회의 핵심 멤버였던 송만갑은 1900년대 창극의 개발자 중 하나로 손꼽힌다.[33] 따라서 조선성악연구회가 발족할 당시부터 창극의 개념을 인지하지 못하고 있었다고는 할 수 없다. 조선성악연구회는 이미 창극의 개념을 알고 있었고, 심지어는 그 형식에 대해서도 상당 부분 이해하고 있었다고 해야 하지만, 그럼에도 불구하고 명창대회 위주의 공연 활동 즉 판소리 가창에 치중했던 것으로 당시 상황을 파악해야 한다.

그렇다면 조선성악연구회가 이러한 1934~1935년의 기조, 그 이전까지 거슬러 올라가면 1930년대 전반기의 조선음악연구회의 판소리 가창 형태의 공연 방식에 일대 변화를 꾀한 이유에 대해 탐문하지 않을

---

32  백현미, 『한국 창극사 연구』, 태학사, 1997, 217면 참조.
33  백현미, 「송만갑과 창극」, 『판소리연구』 13집, 판소리학회, 2002, 232~234면 참조.

수 없다. 가장 표면적인 이유는 1936년 1월 동양극장 청춘좌와의 협연이었다. 조선성악연구회는 동양극장 청춘좌의 호황을 보면서 창극에 대한 인식을 새롭게 할 수밖에 없었다고 해야 한다. 물론 동양극장 측에서 창극의 가능성을 보고 지원과 협조를 아끼지 않은 점도 주요 이유가 될 것이다. 유민영도 동양극장과의 개관이 중대한 역할을 했다고 기술하고 있다.[34]

많은 논자들이 동양극장과의 만남을 통해 조선성악연구회가 비로소 창극 연출의 방식을 깨달았다는 점에 동의한다. 하지만 이러한 주장에는 허점이 있다. 왜냐하면 송만갑은 창극 양식 개발 과정에 참여했던 인물이고, 무대극에서의 연기에 대해서도 이해를 하고 있던 인물이다.[35] 따라서 판소리계의 원로들은 창극 방식을 모르고 있었다기보다는 창극을 외면하고 있었다고 보아야 한다. 다시 말해서 그들이 왜 이 시점에서 창극 양식 정립과 정착에 눈을 돌리게 되었는지 그 이유를 탐문하는 것이 옳은 질의일 것이다.

당시 『동아일보』 기사를 참조하면, 조선성악연구회가 처한 상황을 짐작할 수 있다.

조선재래의 가극이라면 일 왈(曰) 〈춘향전〉, 이 왈 〈심청전〉 그 몇 가지에 지나지 못하였었다. 그러나 그 몇 가지 가극은 역사가 오래인 만큼 일반으로 대중화하여 자극성이 지극히 둔해진 감이 없지 않다. 그리하야 어떻게

---

34  유민영, 「근대 창극의 대부 이동백」, 『한국인물연극사(1)』, 태학사, 2006, 52~54
    면 참조.
35  백현미, 「송만갑과 창극」, 『판소리연구』 13집, 판소리학회, 2002, 238~239면 참조.

했으면 조선의 가극을 더 일층 예술화시키고 시대에 적합하면서도 고대의 정조를 뚜렷이 **표현할까** 함에 대하여 조선성악연구회에서는 오래 전부터 연구하고 계획하여 오든 〈배비장전〉을 이제야 충분한 연습과 준비로써 오는 2월 9일부터 11일 밤까지 주야 3일간 죽첨정 동양극장에서 남녀 명창 30여명 총출연으로 막을 열게 되었다.[36] (강조 : 인용자)

레퍼토리의 고갈은 시급하게 해결해야 할 문제였다. 〈춘향전〉과 〈심청전〉의 반복되는 공연은 판소리꾼들이 이러한 상황을 모면할 수 있는 거의 유일한 방법이었는데, 이 역시 거듭되는 반복에 한계에 직면하지 않을 수 없었다. 조선성악연구회는 도전적인 발상을 하게 되는데, 그것은 〈배비장전〉을 무대화하는 작업이었다.

도전적이라고 했지만, 〈배비장전〉은 나름대로 조선성악연구회가 도전할 수 있는 작품 가운데 비교적 양호한 작품이었다고 해야 한다. 왜냐하면 조선성악연구회 회원 중에서 〈배비장전〉을 '마디판소리'[37] 형태로 이미 가창하고 있었던 창자가 존재했기 때문이다.[38] 그 창자가 정확

---

36  「조선고유의 고전희가극 〈배비장전〉(전 4막)을 상연」, 『동아일보』, 1936.2.8, 5면 참조.
37  김재석은 창극 초창기 협률사 소속 창자들이 '분할과 분석'에 의거하여 '분창에 의한 마디판소리'를 제창했다고 논구하고 있다. 기존 판소리에서 핵심적인 부분을 잘라내어 공연 시간에 맞추어 공연하면서('분할'의 원리), 그 공연이 다채로운 볼거리가 될 수 있도록 다양한 배우가 등장하는 방식('분석'의 원리)을 따랐다는 주장이다(김재석, 「1900년대 창극의 생성에 대한 연구」, 『한국연극학』 38집, 한국연극학회, 2009, 12~13면 참조). 이러한 마디판소리는 판소리 명창대회 류의 공연과 함께 1920~30년대에도 공연되었을 것으로 보인다.
38  박동진은 조선성악연구회 회원들이 1932년 무렵에 〈배비장타령〉을 불렀다고 술회한 바 있다(박동진, 「판소리 배비장타령 서문」, 『SKCD-K-0256』, 김종철, 「실전 판소리의 종합적 연구」, 『판소리 연구』 3집, 판소리학회, 1992, 120~121면에서 재인용).

하게 누구인지는 밝혀져 있지 않았지만, 이러한 기존 가창 대목을 중심으로 새로운 음악을 짜 넣고 전체를 정리한다면, 창극으로의 변화 가능성이 전혀 없었던 것은 아니었다. 이 역할은 아무래도 정정렬이 맡았을 것으로 보인다.

이러한 새로운 시도는 판소리 공력을 중시하여, 창극보다는 명창 대회 류의 공연을 우선시했던 회원들의 참여와 인식 변화를 요구했고, 그 결과 송만갑이나 이동백 같은 원로 창자들도 직접 분장을 하고 무대에 참여하는 결과로 나타났다. 이렇게 하여 조선성악연구회에서 지칭하는 '가극', 즉 판소리를 창극화한 공연으로 〈배비장전〉이 준비될 수 있었다.

## 3. 연쇄창극의 실험과 〈배비장전〉 도전

우선, 〈배비장전〉에 대해 살펴볼 필요가 있다. 비록 시연회 형식으로 이 작품이 공연되었고, 〈배비장전〉은 실전된 판소리 중 한 작품이었지만, 여러 가지 측면에서 무대 공연에 유리한 면모를 지니고 있었다. 일단 조선성악연구회가 이 작품을 본격적으로 무대화(창극화)하기 이전에 이미 즐겨 불렀다는 증언이 남아 있고,[39] 1909년에 연흥사에서 〈배비장타령〉이 공연되었다는 기록이 남아 있어[40] 원로 창자들이 가창 방식

---

39 　박동진, 「판소리 배비장타령 서문」, 『SKCD-K-0256』, 김종철, 「실전 판소리의 종합적 연구」, 『판소리 연구』 3집, 판소리학회, 1992, 120~121면에서 재인용.
40 　김재석, 「1900년대 창극의 생성에 대한 연구」, 『한국연극학』 38권, 한국연극학회, 2009, 22면.

을 기억하고 있을 가능성도 배제할 수 없다.

〈배비장전〉이후 조선성악연구회는 새로운 작품에 대한 도전 의지를 가속화시켰다. 1936년 5월에 소위 4명창(송만갑, 이동백, 정정렬, 김창환)이 표창을 받는 것을 기화로 후원회를 발족했는데,[41] 이것은 조선성악연구회의 본격적인 활동을 위한 토대 확보 작업에 해당했다. 그리고 다음 작품을 발표했다. 그 다음 작품은 〈유충렬전〉이었는데, 이 작품 역시 기존의 판소리 양식으로는 공연할 수 없는 작품이었다.

그래도 〈배비장전(배비장타령)〉의 경우는, 본래 판소리 12마당에 속하는 작품이었다.[42] 비록 실전되어 판소리 창법 자체는 남아 있지 않지만,[43] 〈유충렬전〉처럼 판소리와 무관한 작품은 아니었던 것이다. 이유원(1814~1888)은 〈관극팔령〉에서 〈배비장전(배비장타령)〉을 언급한 바 있는데,[44] 이러한 기술에 비추어 볼 때 19세기 중후반까지 이 작품이 여항에서 연행되었음을 확인할 수 있다. 따라서 〈배비장전〉을 공연할 때에는 실전된 판소리를 되살린다는 명분이 작용했고, 사설이 남아 있어 작품 각색의 부담도 적었으며,[45] 이미 가창(청취)한 경험이 있었기 때

---

41 「사명창표창식(四名唱表彰式)」, 『매일신보』, 1936.5.29, 2면 참조.
42 〈배비장전〉은 1900년대에 들어서면서 창극화의 길을 걷게 되는데, 일반적으로 판소리계 소설이 창극화되면 그 흥행성이 쇠퇴한다고 이해되고 있다(김영주, 「〈배비장전〉의 풍자구조와 그 의미망」, 『판소리연구』 25집, 판소리학회, 2008, 130~131면 참조).
43 〈배비장전〉의 사설은 크게 '김삼불 교주본'과 '신구서림본' 두 가지로 남아 있는데, 두 판본에는 판소리 사설이 남아 있다.
44 이유원(李裕元)의 〈관극팔령(觀劇八帟)〉에는 신재효가 정리한 판소리 6마당 외에 〈배비장타령〉과 〈장끼타령〉이 포함되어 있다.
45 김종철은 이유원의 〈관극팔령〉에 〈배비장타령〉이 언급되고 있는 것으로 볼 때, 19세기 후반까지는 적어도 〈배비장타령〉을 포함한 판소리 9마당이 불렸다고 추정하고 있다. 이러한 추정을 존중한다면, 조선성악연구회의 판소리 명창 중에는 실제로 이

문에 본격적인 무대 공연에도 불구하고 실제로는 낯설지 않았다고 해야 한다.[46]

하지만 〈유충렬전〉의 경우는 상황이 전혀 달랐다. 이 작품은 실전 판소리 7가에 포함되지 않는 작품이었다. 그래서 각색의 자유와 상상력을 최대한 발휘할 수 있다는 장점을 확보할 수는 있었지만, 그로 인해 미지의 영역에 도전해야 하고 전통 판소리의 맥락에서 멀어진다는 불안감도 떨쳐버리기 힘들었을 것이다.

그렇다면 조선성악연구회가 이 작품을 공연 작품으로 선택한 이유를 분석하지 않을 수 없다. 우선, 〈유충렬전〉의 형식을 살필 수 있다. 〈유충렬전〉은 영웅소설 계열이었으면서도, 일찍부터 판소리 사설체의 영향을 받은 소설로 인정되어 왔다. 성현경이 판소리체 영향을 주장한 이래,[47] 4.4조의 율문체,[48] 간접 화법과 삽입가요[49] 등의 요소가 언급되면서, 〈유충렬전〉이 판소리체의 특징이 짙은 텍스트임이 여러 학자들에게서 인정된 바 있다. 더구나 〈유충렬전〉은 당시 고전소설 중 '가장 많이 여항간에 유포된' 소설로 인식되고 있었다.[50]

---

〈배비장타령〉을 들었을 가능성을 상정할 수 있다(김종철, 「실전 판소리의 종합적 연구」, 『판소리 연구』 3집, 판소리학회, 1992, 104면 참조).

46  박동진도 실전 판소리를 복원하는 작업을 펼친 바 있었고, 그 중에는 〈배비장전〉도 포함되어 있었다(유영대, 「20세기 창작판소리의 존재 양상과 의미」, 『한국민속학』 39권, 한국민속학회, 2004, 196~197면 참조).

47  성현경, 「〈유충렬전〉 검토」, 『고전문학연구』 2집, 한국고전문학회, 1974, 35~64면 참조.

48  박일용, 「〈유충렬전〉의 문체적 특징」, 『한글』 226호, 한글학회, 1994, 101~118면 참조.

49  임성래, 「완판 영웅소설의 판소리 문체 수용 양상」, 『판소리연구』 12집, 판소리학회, 2001, 7~31면.

50  「고대소설이 의연(依然)히 수위(首位)」, 『동아일보』, 1928.7.17, 2면 참조:「〈유충

이러한 특징을 당대의 명창들이 간과할 리가 없었다. 조선성악연구회는 이러한 텍스트가 대중의 관심을 모으는 데에 유리하다고 판단한 것으로 보인다. 따라서 전승 판소리 5마당을 제외한다면, 실상〈유충렬전〉은 창극화하기에 매우 유리한 점이 많은 텍스트라고 하겠다. 사설이 존재하지 않는〈가짜 신선타령〉보다, 사설로 활용할 수 있는 텍스트〈유충렬전〉이 오히려 창작과 각색에 적합하다고 할 수 있다.

한편, 실전 7가가 비장미가 아닌 골계미를 강조하는 음악적 특징으로 인해 향유층의 외면을 받았을 가능성이 있다는 진단이 행해진 바 있었는데,[51] 이러한 관점에서 보면 실전 7가를 되살리는 것보다 차라리 비장미를 간직한 고전소설을 각색하는 편이 오히려 당대의 향유층의 구미를 북돋울 수 있다는 판단도 작용할 수 있었을 것이다.

이전 작품〈배비장전〉이 골계미가 강조된 작품이었기에, 비장미를 북돋우는 작품을 선택하여 작품 선택을 보완하려는 의도를 상정할 수 있다. 실전 7가 중에는 골계미를 앞세운 작품이 많이 포함되어 있고, 〈춘향전〉이나〈심청전〉같은 비장미를 앞세운 작품이 당대 청중에게 더 큰 인기와 호소력을 지니고 있다는 점을 감안한다면, 신작 창극은 비장미를 지닌 작품이어야 흥행에 유리하다는 판단을 내릴 수 있다.

게다가〈유충렬전〉은 여항에서 가장 인기 있는 소설 중 하나였기 때문에, 당시의 공연 환경에 어울리는 선택이라고 할 수 있었다. 희극보다는 비극이 대중극의 주류를 이루고, 1일 3작품 공연 체제에서도 비극은

---

렬전〉부민관에서 상영 중」, 『조선일보』, 1936.6.11 참조.
**51** 김종철, 「실전 판소리의 종합적 연구」, 『판소리 연구』 3집, 판소리학회, 1992, 104면 참조.

그 중심에 놓여 있었다. 비장미를 강조하는 〈유충렬전〉이 아무래도 골계미를 강조하는 작품에 비해서는, 대중극에서 비극적 위상을 더욱 충실하게 받아들일 수 있는 작품이라고 하겠다.

조선성악연구회는 기존의 전승 5가에서 벗어나 실전 7가 중 〈배비장전〉에 도전했다가, 여기서 한 걸음 더욱 전진하여 판소리 계열이 아닌 작품을 무대에 올리는 모험을 시도한 셈이다.

더욱 흥미로운 것은 〈유충렬전〉이 연쇄극('연쇄창극')으로 제작되었다는 사실이다.

그림367 **연쇄창극 〈유충렬전〉**(전 12경)[52]

그림368 **연쇄극 〈유충렬전〉의 한 장면**[53]

연쇄극 〈유충렬전〉(1936년 6월 8일~11일, 부민관)[54]은 이평이 감독을

52  「조선성악연구회 연쇄창극 〈유충렬전〉」, 『매일신보』, 1936.6.1, 3면 참조.
53  「연쇄극화 한 유충렬전」, 『동아일보』, 1936.5.26, 3면 참조.
    http://newslibrary.naver.com/viewer/index.nhn?articleId=19360526002092
    03009&editNo=2&printCount=1&publishDate=1936-05-26&officeId=0002
    0&pageNo=3&printNo=5566&publishType=00020
54  「연쇄극 〈유충렬전(劉忠烈傳)〉 부민관(府民舘)서 상영중」, 『동아일보』, 1936.6.11,
    3면 참조.

맡았고, 이신웅이 촬영을, 이춘이 무대장치를 맡은 작품이었다. 연쇄극이었던 만큼 필름으로 촬영되는 분량과, 무대 위에서 실제로 공연되는 분량이 별도로 준비되어야 했다. 그러니까 이신웅은 필름으로 촬영되는 부분을, 이춘은 무대에서 실연되는 부분을 맡은 스태프인 것이다.

연쇄극은 연극과 영화의 중간 혼합적 장르로, 무대 공연 시 미리 준비했던 필름(영상)을 활용하여 사건을 확대하거나 공간적 제약을 벗어나는 공연 방식을 가리킨다. 배우들은 사전에 촬영되어 준비되었던 영상 부분에서는 무대 연기를 자제하고, 영상 부분이 마무리되면 다시 무대에 등장해서 연기를 펼치는 방식으로 연쇄극을 공연했다.

하지만 이러한 연쇄극의 공연 방식은 일반적인 무대극에서 발견되는 공연 방식이라고 할 수 있다. 공연 장르가 '창극'으로 명명된 만큼, 무대 연기의 상당 분량은 판소리를 바탕으로 진행되었을 것이다. 그러니 무대 실연 부분에서는 판소리를 중심으로 한 음악적 특성을 강조하고, 영상 촬영 부분에서는 관객들에게 볼거리를 제공하는 서사적 특성을 선보였을 것으로 보인다.

무대 실연 부분도 두 분야로 나누어 공연되었다. 이 작품은 연기와 가창이 한 인물에 의해 이루어지지 않았다. 즉 무대에서 연기를 하는 배우와, 가창을 통해 소리를 불어넣는 창자의 역할이 나누어져 있었던 것이다. 정남희(충렬 역), 이계선(충렬부인 역), 강태홍(정한담 역), 조상선(최일귀 역), 오태석(충렬 부 역), 이동백(충렬 장인 역) 등이 배역을 맡아 출연했고, 송만갑과 이동백 그리고 정정렬과 김창룡이 가창을 담당했다.[55]

---

55  「〈유충렬전〉 부민관에서 상영 중」, 『조선일보』, 1936.6.11 참조.

이 작품의 규모는 상당했다. '고대의 의상'이 준비되었고, '화려한 무대장치'도 마련되었다. 등장인물 숫자만 해도 100여 명에 달할 정도로 대규모 인원이 출연하는 작품이었다.[56] 부민관이 공연 장소로 선택된 이유 중에는 이러한 작품의 크기도 감안되었던 것으로 보인다. 물론 전문 영사시설도 필요했기 때문이다.

## 4. 1936년 9월 〈춘향전〉 공연의 실체와 연행사적 의의

이 공연 연보에서 특히 주목되는 부분은 1936년 3월의 창극단 공연과, 이후 1936년 7월부터 이어지는 동양극장 대관 공연이었다. 조선성악연구회는 김용승이 각색을 전담하면서, 〈춘향전〉(9월)[57]과 〈홍보전〉(11월)과 〈심청전〉(12월)을 1~2개월 간격으로 차례로 공연하였고,[58] 12월에는 다시 〈춘향전〉을 공연하였다.[59] 1936년 9월 이후의 공연은 조선성악연구회의 자체 공연으로 치러졌으며(동양극장과 조선일보사는 후원 단체), 일련의 계획('가극화'와 '창극'의 보급) 하에 주도된 연속 공연이었다.

정정렬은 〈춘향전〉의 연출 방향(공연 목표)을 '과거의 복원'에 맞추고

---

56 「조선성악연구회 제1회 작품 연쇄 창극 〈유충렬전〉」, 『조선일보』, 1936.5.26, 6면 참조.

57 「성악연구회에서도 〈춘향전〉 24일부터 동양극장」, 『매일신보』, 1936.9.26, 3면 참조.

58 조선일보사는 1936년 9월 이후 〈춘향전〉, 〈홍보전〉, 〈심청전〉의 공연을 후원했고, 가극 양식으로 정립하는 데에 도움을 주었다고 밝히고 있다. 이러한 조선일보사의 견해는 동양극장 외의 후원 단체로서 조선일보사를 상정하도록 만든다.

59 「조선성악연구회 〈심청전〉과 〈춘향전〉」, 『매일신보』, 1936.12.16, 3면 참조.

있다.[60] 인물의 복색과 행동거지를 과거의 풍속과 관습에 의거하고자 했고, 언어의 현대화도 가급적 피하고자 했다. 소리 창법 역시 당시의 것이 아닌 과거의 것을 추구하고자 했다. 이러한 변화는 이 〈춘향전〉이 처한 입장을 보여준다. 사실 '정정렬제 〈춘향가〉'는 당시 개념으로는 '신식 〈춘향가〉'에 해당하는 악곡으로, 음악적 구성이 매우 뛰어나고 세련된 〈춘향가〉로 인식되고 있었다.[61] 하지만 막상 이러한 정정렬도 무대화 작업에서는 현대식 〈춘향전〉이 아닌 전래의 〈춘향전〉을 고집하면서, 창극의 화려함보다는 판소리 공력의 탁월함에 집중하고자 한 것이다. 무대극으로서의 시각적 인상이나 배치보다는, 판소리로서의 음악적 깊이와 고졸함을 추구했다고 할 수 있다.

이러한 정정렬의 연출 의도는 이 〈춘향전〉이 무대극과 판소리 공연 사이에서 아직은 판소리 공연에 더욱 기울어 있는 연행사적 위상을 대변한다. 실제로 당시 공연은 '참다운 〈춘향전〉을 보려고 하는 사람'에게 적합한 공연이라고 선전되었는데, 이는 간접적으로 구 양식을 옹호하고 있는 태도를 보여준다.[62]

하지만 일각에서는 무대극적 특성을 강화하기 위한 다양한 방편도 마련되었다. 원로들은 젊은 창자들에게 배역을 양보하고 자신들의 장

---

60 현재 정정렬의 판소리 〈춘향가〉 바디가 남아 있는데, 정정렬→김여란→박초선으로 이어지는 서편제 형 바디가 그것이다. 이러한 판소리 바디는 조선성악연구회의 그것과 대체로 유사성을 지니고 있었을 것으로 추정된다.

61 현재에 남아 있는 〈춘향가〉는 김여란-최승희를 거쳐 전승된 '정정렬제 〈춘향가〉'가 대표적이다(배연형, 「정정렬론」, 『판소리연구』 17권, 판소리학회, 2004, 219~210면 참조).

62 「가극 〈춘향전〉 구란! 청주의 예원 개진할 구악의 호화판」, 『조선일보』, 1936.9.15, 6면 참조.

기를 발휘할 수 있는 배역을 맡았다. 김창룡, 송만갑, 이동백, 정정렬 등은 '변학도 역'과 그의 생일에 방문한 '이웃 고을 현감 역'을 맡았으며, 동시에 '농부(들) 역'을 맡아서 무대에 출연한 바 있다.[63] 특히 4명의 노명창이 농기를 펄럭이며 농부가를 주고받는 장면은 느린 중머리조로 연행되었는데, 관람한 평자로부터 '판소리 예술의 극치'라는 극찬을 받았으며,[64] '창곡의 변화와 아울러 전막全幕을 살리는 중요한' 장면으로 평가받았다.[65]

그림369 〈춘향전〉에서 이별 장면(연습)[66]    그림370 〈춘향전〉의 농부가 장면(연습)[67]

당시 〈춘향전〉의 무대 사진 중 좌측 사진은 한양으로 떠나는 몽룡과 이를 만류하는 춘향의 모습이 포착된 이별 장면으로 추정된다. 평자 홍

63  박황, 『창극사 연구』, 백록출판사, 1976, 86면 참조; 백현미, 「송만갑과 창극」, 『판소리연구』 13집, 판소리학회, 2002, 240면 참조.
64  박황, 『창극사 연구』, 백록출판사, 1975, 87면 참조.
65  홍종인, 「고전 가곡의 재출발 창극 〈춘향전〉 평(2)」, 『조선일보』, 1936.10.4, 6면 참조.
66  「가극 〈춘향전〉 구란! 청주의 예원 개진할 구악의 호화판」, 『조선일보』, 1936.9.15, 6면 참조.
67  「가극 〈춘향전〉 구란! 청주의 예원 개진할 구악의 호화판」, 『조선일보』, 1936.9.15, 6면 참조.

종인은 2막 장면이 '춘향가(춘향의 집)'였다고 했고, 이후 두 막이 '별리(이별)'을 다루었다고 했다.[68] 좌측 사진은 이 '별리' 장면에 해당하는데, 장면 뒤로 펼쳐진 무대 배경은 '춘향의 집'을 연상시킨다.

『조선일보』가 발표한 내용 개요에는 별리 장면의 공간적 배경으로 오리정이 설정되어 있는 것은 사실이다. 하지만 위의 좌측 사진은 본격적인 공연 사진이 아니라 공연이 시작되기 전에 촬영된 연습 사진이고, 배경의 형태로 보건대 '정자'가 아니라 '여염집' 대청과 방에 가깝다는 점을 고려하면, 연습 장면의 배경은 춘향의 집으로 준비된 세트로 여겨진다. 특히 춘향과 몸종(향단)이 편안한 차림으로 있는 것으로 보아, 외출을 하지 않은 것으로 보이기 때문이다. 이 사진에서는 춘향의 슬프지만 다소곳한 연기가 두드러지며, 전체적으로 단정하고 품격을 지키는 춘향의 모습으로 그려졌다고 할 수 있다. 전래 〈춘향가〉의 패악스러운 사설은 공연으로 변모되는 과정에서 축소 혹은 변모된 것으로 보인다.

우측 사진은 '농부가 장면'에 해당한다. 〈춘향가〉 혹은 〈춘향전〉에서 '농부가 대목'은 어사가 된 이몽룡이 남행하면서 목격하는 장면으로, '농부가'는 농부들이 논에서 모를 심으면서 부르는 노래이다. 주로 호남지역의 〈상사소리〉와 관련을 맺는 이 노래는 농부들이 부르는 노동요로, 농기와 함께 풍물을 곁들여서 연주 가창되곤 한다. 앞소리꾼이 선창하면 나머지 농부들이 제창하는 것이 일반적인 가창법이다. 본래는 민요였으나, 〈춘향전〉에 삽입되면서 하나의 장면으로 독립, 분화, 손질되었다.[69]

---

68  홍종인, 「고전 가곡의 재출발 창극 〈춘향전〉 평(3)」, 『조선일보』, 1936.10.8, 6면 참조.

69  이문성, 「방각본 〈춘향전〉의 〈농부가〉와 민요 〈상사소리〉의 상관성」, 『한국민요학』 9집, 한국민요학회, 2001, 162면 참조; 박관수, 「〈춘향가〉의 〈농부가〉 수용 양상」,

우측 사진에서, 무대는 모를 심을 수 있는 논으로 꾸며져 있고, 일렬로 줄을 맞추어 농부들이 무대 뒤편으로 후진하는 형태의 인물 동선이 만들어져 있다. 하수 측에는 꽹과리를 두드리는 풍물패가 있어, 이 대목에서 풍물(징, 꽹과리, 북, 장고)이 동원되었음을 직접 확인할 수 있다. 〈농부가〉에는 꽹과리 소리의 의성어('두리둥둥 꽹매꽹 어널널널 상사뒤여-어-여-루 상사뒤여'[70])가 들어가 있는데, 이를 무대에서 표현하기 위해서 꽹과리 연주자가 무대에 배치되기에 이르렀다. 그리고 두 손을 번쩍 든 사람이 전체를 조율하는 정경인데, 이 사람이 앞소리꾼으로 추정된다.

실제로 '〈농부가〉 장면'에 출연했고 작품 전체의 연출을 맡은 정정렬은, 판소리 가창뿐만 아니라 타악기와 장고 반주에도 능했던 것으로 조사되고 있다. 정정렬의 동생 정원섭이 타악에 능했으므로, 정정렬이 타악에 능했을 가능성을 함부로 배제하기 힘들다고 해야 한다. 또한 노재명은 한성준 피리시나위 유성기 음반의 장고 장단 반주자가 정정렬이었음을 밝혀내어, 정정렬이 장단 반주에도 명인이었음을 입증했는데, 이러한 입증을 통해 노재명이 제기한 주장 또한 한결 탄력을 받게 되었다. 노재명은 『정정렬 도창 창극 춘향전』(빅터판 녹음) 중 〈농부가〉에서 "꽹과리, 장고 연주 농악 가락이 있고 음반에는 누가 연주했는지 명시되지 않은데 꽹과리는 정정렬 명창, 장고는 한성준 명고수가 담당했"다고 주장하고 있다.[71]

---

『한국민요학』 2집, 한국민요학회, 1994, 132~133면 참조.

70 송만갑의 사설에 삽입된 꽹과리 악기 소리이다(정노식, 『조선창극사』, 조선일보출판사, 1940, 186면).

71 노재명, 「최초로 확인된 판소리 명창 정정렬 장고 반주 1932년 음반 해제」, 『한국음반학』 23권, 한국고음반연구회, 2013.

『정정렬 도창 창극 춘향전』은 일본 빅타음반회사에서 녹음한 유성기 음반 전집물(총 2시간, 19장 분량)이다. 이 음반은 정정렬과 임방울, 박록주, 이화중선, 그리고 고수 한성준이 녹음하였다. 이 음반이 녹음된 시기는 1937년 4~5월(4월 30일~5월 4일)이었는데,[72] 녹음 시점의 음악적 구성은 아무래도 1936년 조선성악연구회 〈춘향전〉(9월과 12월)이 공연된 후에 해당한다. 따라서 '〈농부가〉 대목'의 음악적 구성은, 창극으로서의 기본형을 갖춘 1936년 9월의 구도를 따랐다고 보아야 한다.

이 음반 작업에서 정정렬이 꽹과리를 연주했다는 사실은 곧 1936년 9월 〈춘향전〉에서 꽹과리의 등장이 필요했던 이유를 시사한다. 실제로 정정렬이 9월 공연에서 꽹과리를 연주하지 않았다고 해도, 이러한 악기의 구성과 필요성을 염두에 두고 해당 장면을 구상하고 조율했으며 동시에 4명창의 연기를 연출했다고 볼 수 있다.

우측 사진을 참조하면, '농부가 장면'은 농부들의 배역을 원로들이 맡았다고 믿어지지 않을 만큼 활기찬 동작이 인상적인 장면이다. 무대 위에 '모'를 직접 꼽는 장치를 실현한 점이 이색적인데, 이것은 동양극장 무대미술팀의 협조로 가능했다고 볼 수 있다. 유민영은 조선성악연구회의 창극 공연에 무대미술가 원우전의 공헌이 컸다는 점을 밝혀내었는데,[73] 이러한 근거에 따른다면 이러한 무대장치는 원우전과 동양극장 무대미술팀의 개가에 해당한다.

---

72  노재명, 「〈정정렬 도창 창극 춘향전〉 빅타판 유성기 음반 복원 공연의 의미」, 『〈판에 박은 소리 춘향〉 공연 팸플릿』, 국립민속국악원, 2013.6, 5~6면 참조.
    http://www.hearkorea.com/gododata/gododata.html?g_id=8&g_no=33204
73  유민영, 「근대 창극의 대부 이동백」, 『한국인물연극사(1)』, 태학사, 2006, 53면 참조.

## 5. 〈흥보전〉 공연 양상과 흥보집의 기능

1936년 9월 〈춘향전〉 공연으로 제3회 정기공연을 치룬 조선성악연구회는 약 2개월 뒤인 11월에 제4회 정기공연 〈흥보전〉(5막)을 무대에 올렸다. 의욕적인 이 공연은 동양극장 무대에서 11월 6일부터 11일까지 6일간 공연되었다.

특히 〈흥보전〉 공연은 〈춘향전〉 공연과 연계하여 조선성악연구회가 추구하는 '구악 부흥'의 일환으로 기획된 공연이었다. 조선성악연구회는 〈춘향전〉을 필두로 하여 '전래의 창극을 모조리 가극으로 고치기로 결심'했다고 전하는데,[74] 이러한 각오는 새로운 창극 양식을 통해 기존의 양식적 결함을 보완 수정하겠다는 의미로 이해된다.

또한, 이러한 작품 개발을 통해 레퍼토리를 확대하고 이를 통해 흥행성을 제고하려는 전략도 포함되어 있다. 이를 위해서는 인기 있는 작품을 선택할 수밖에 없었고, 〈춘향전〉과 함께 가장 널리 알려진 작품인 〈흥보전〉을 고르는 전략을 선택했다. 그리고 가까운 장래에 〈심청전〉까지 창극으로 공연할 의도까지 내비쳤다.[75]

작품 선택 외에도 여러 가지 수정 사항이 제기되었다.[76] 특히 9월 〈춘향전〉 공연에서 나타난 결함들을 수정한 흔적을 엿볼 수 있다. 첫째, 캐스팅을 보다 신중하게 하고 새롭게 하고자 노력한 점이다. 후술하겠지만, 〈흥보전〉의 캐스팅에서는 4명창이 빠졌고, 1인 2역의 배역

---

74 「구악 부흥의 이 장거(壯擧)! 〈흥보전〉도 가극화」, 『조선일보』, 1936.11.5, 6면 참조.
75 「가극 〈흥보전〉의 경개」, 『조선일보』, 1936.11.5, 6면 참조.
76 「구악 부흥의 이 장거(壯擧)! 〈흥보전〉도 가극화」, 『조선일보』, 1936.11.5, 6면 참조.

이 증가했다.

둘째, 가창 영역을 넓히고 판소리가 없는 장면은 전면 삭제하는 구성 방식을 따랐다. 거꾸로 말하면 〈춘향전〉 공연에서 확대된 장면(11장)은 판소리 가창이 곁들여지지 않는 장면을 양산한 것으로 보이는데, 보다 창극다운 인상과 느낌을 강화하기 위해서 이러한 서사 연기 장면을 줄이고자 한 것으로 보인다. 실제로 〈홍보전〉은 5막이라는 다소 간략한 구도로 짜였다.

셋째, 독자나 감상자들의 반응을 최대한 수용하려는 의지를 내보인 점이다. 위의 두 가지 측면도 그러했지만, 관객들이 조언한 내용을 최대한 반영하여 창극의 세련화─『조선일보』측의 용어로는 '가극화'─에 주력한 인상이다.

조선성악연구회나 이를 후원하는 『조선일보』측은 사소한 결점에도 불구하고 〈춘향전〉 공연은 세인들의 관심을 끌었고 창작 주체 측에도 자신감을 심어주었다고 주장하고 있다. 그리고 이러한 자신감과 대중들의 지지를 바탕으로 이후 작업, 그러니까 모든 고전의 창극화를 추진하겠다는 의지를 피력하고 있다.[77] 그리고 그 성과로서의 흥행 성적도 빼어났다고 홍보하고 있다.[78]

제3회 정기공연과 마찬가지로 김용승이 각색을 맡고, 정정렬이 연출을 맡았으며, 조선성악연구회를 대표하는 박록주, 한성준, 오태석, 임소향 등이 출연하였다. 출연 인물과 배역을 살펴보면, 오태석(놀보 역),

---

**77** 「〈홍보전〉도 가극화. 조선 성악 연구회에서. 본사 학예부 후원으로 상연」, 『조선일보』, 1936.11.6, 3면 참조.

**78** 「〈홍보전〉 1일 연기 성악 연구회 주최 가극」, 『조선일보』, 1936.11.12, 2면 참조.

| 대관 공연 | 1936.11.6 ~11.11 조선성악연구회 제4회 공연 | 각색 김용승, 연출 정정열, 지휘 이동백, 송만갑, 김창룡 조선가극 〈흥보전〉(5막) | 오태석(놀보 역), 정남희(흥보 역), 임소향(놀보 처 역), 박록주(흥보 처 역), 성수향(놀보 자식 역), 서홍구, 김임수, 이금초, 조현자, 김초옥, 김비교(이상 흥보 자식 역), 김연수(호방 역), 서홍환, 조남승, 강태홍, 김세준(이상 하인 역), 성수향(삼월이 역), 김임수(초장焦章 역), 조상선, 조남승, 강태홍(이상 역군 역), 김연수(생원 역), 정원섭(상인 역), 조진영, 이금초, 조현자, 한산월, 김초옥(이상 장타령꾼 역), 조진영, 이금초, 한산월, 김초옥, 조현자(사당패 역), 조남승(장수 역)이었다.[79] |
| --- | --- | --- | --- |

정남희(흥보 역), 임소향(놀보 처 역), 박록주(흥보 처 역), 성수향(놀보 자식 역), 서홍구, 김임수, 이금초, 조현자, 김초옥, 김비교(이상 흥보 자식 역), 김연수(호방 역), 서홍환, 조남승, 강태홍, 김세준(이상 하인 역), 성수향(삼월이 역), 김임수(초장焦章 역), 조상선, 조남승, 강태홍(이상 역군 역), 김연수(생원 역), 정원섭(상인 역), 조진영, 이금초, 조현자, 한산월, 김초옥(이상 장타령꾼 역), 조진영, 이금초, 한산월, 김초옥, 조현자(사당패 역), 조남승(장수 역) 이었다.[80]

이러한 배역을 살펴보면, 선한 주인공 역인 흥보 역을 정남희가 맡고 있다. 정남희는 '충렬 역' → '이몽룡 역'에 이어 '흥보 역'을 맡아, 조선성악연구회 창극의 주인공 역을 도맡아 하는 배우로 자리 매김하고 있다. 박록주 역시 '춘향 역'에 이어 '흥보 처 역'을 맡아 여자주인공으로서의 위상을 확고히 했다. '정남희 – 박록주' 조합은 조선성악연구회의 남녀 주인공 조합이라고 할 수 있겠다.

---

79 「보라 들으라 적역의 명창들」, 『조선일보』, 1936.11.5, 6면 참조; 「조선성악연구회서 다시 가극 〈흥보전〉 상연 〈춘향전〉도 고쳐서 재상연 준비」, 『조선일보』, 1936.10.28, 6면 참조.

80 「보라 들으라 적역의 명창들」, 『조선일보』, 1936.11.5, 6면 참조.

반면 오태석은 '충렬 부 역'에서 '방자 역'으로 그리고 '놀보 역'을 맡고 있는데, 이러한 배역을 살펴보면 오태석이 주인공 다음으로 높은 위상을 갖는 배역을 담당하고 있음을 확인할 수 있다.[81] 특히 오태석은 악역과 희극적 역할에 특징을 발휘하고 있다. 이러한 오태석과 함께 조연배우 중 첫 번째 위상을 점유하는 여배우가 임소향이었다. 임소향은 '춘향 모 월매 역'에 이어 '놀보 처 역'을 맡아 노역과 제1 조역의 위상을 발휘했다. 이러한 그녀의 위상은 이후 '옹고집 모친 역'이나 '양창곡의 모친 역'으로 굳어진다.

홍보의 자식 역할을 맡은 이들인 김임수, 이금초, 조현자, 김초옥이나, 하인 역할을 맡은 이들인 조남승, 강태홍, 김세준은 주로 1인 2역을 맡았다. 그들은 박을 탈 때 등장하는 각종 인물들로 분하여, 무대에 2~3회 정도 출연했다. 이것은 〈홍보전〉이 지닌 주연과 조연 그리고 단역의 역할을 고려한 캐스팅이었다고 할 수 있다.

조선성악연구회에서 1936년 11월에 공연한 〈홍보전〉의 경개는 대략 소개되어 있다. 전체 5막 구조였는데, 그 내용을 상세하게 정리하면 〈표 31〉과 같다.[82]

전형적인 5막 구조를 활용한 작품 구성 방식이다. 홍보의 처지에서 보면 1막과 2막의 어려움을 겪고 안정된 삶을 구가하게 되고, 놀보의 처지에

---

81  전통적인 역할 분담에서 주인공(main character)과 조연(secondary character)은 대비적인 역할을 해왔다. 조연에 비해 주역(주인공)이 특권적 역할을 해왔다고 할 수 있다. 하지만 조연의 목적이 중요시되거나 주인공의 목적과 격심하게 충돌하면 조연은 적대자로 변모하기도 하는데, 놀부와 놀부 처의 역할은 이러한 특권적 주인공의 역할을 위협하는 조연으로 볼 수 있다(켄 던시거·제프 러시, 안병규 역, 『얼터너티브 시나리오』, 커뮤니케이션북스, 2006, 287~289면 참조).
82  「가극 〈홍보전〉의 경개」, 『조선일보』, 1936.11.5, 6면 참조.

|  | 제목 | 내용 |
|---|---|---|
| 1막 | 쫓겨나는 흥보 | 놀보에 의해 쫓겨난 흥보는 처자들과 갈 곳을 몰라 방황하게 된다. |
| 2막 | 정착하는 흥보 | 어려운 처지에 빠졌음에도 불구하고 분수에 합당하는 삶을 추구하는 흥보에게 하늘이 보상을 내려 정착할 수 있는 기회를 제공한다. |
| 3막 | 제비 구한 흥보 | 다친 제비를 고쳐주고 제비가 물어다 준 박씨로 인해 흥보는 큰 부자가 된다. |
| 4막 | 찾아온 놀보 | 흥보는 형과 함께 살기를 바라지만, 흥보의 처는 놀보의 박대를 기억하고 이를 거부한다. 한편 흥보가 잘 살게 되었다는 소문을 들은 놀보는 흥보를 찾아와 그 연유를 알아낸다. |
| 5막 | 벌을 받는 놀보 | 제비를 다치게 하고 박씨를 얻은 놀보는 오히려 박씨로 인해 재앙을 맞게 된다. 박 속에서 나온 것은 똥, 초라니 등이었고 놀보의 집이 아수라장이 되면서 대단원을 맞이한다. |

서 보면 3막과 4막을 지나면서 시샘과 질투로 인해 불안정한 삶으로 빠져들게 되다가, 결국에는 벌을 받고 파국을 맞이하는 구조로 짜여 있다.

아래의 사진은 『조선일보』에 수록된 연습 사진이다. 하지만 화면의 구도나 연습 배경을 고려할 때, 무대에서의 연습 사진으로 여겨지지는 않는다. 야외일 가능성이 오히려 높다고 할 수 있다.

**그림 371**의 왼쪽 사진은 놀보의 집에서 쫓겨나는 흥보 일가의 모습을 그리고 있는 것으로 여겨진다. 〈흥보전〉에는 구걸하던 흥보가 놀보에게 찾아와 봉변을 당하는 장면이 있기도 한데, 위의 경개에는 그러한 장면을 별도로 언급하고 있지 않다. 그렇다면 1막에 해당하는 연습 사진이라고 판단할 수 있겠다.

오른쪽 사진은 좌측 사진과 달리 흥겨워 보이는 흥보 일가의 모습으로 여겨진다. 아이들은 좌측에서처럼 풀이 죽어 있지 않고, 아이들의 뒤편으로는 큰 집이 포착되고 있다. 따라서 박씨를 통해 부유해진 흥보 일

놀보에게 쫓겨나는 흥보 가족들　　　　　　　　　흥보와 그의 자식들

그림371 『조선일보』에 게재된 〈흥보전〉 연습 사진[83]

가의 모습으로 판단할 수 있겠다.

실제의 무대 사진('무대면')은 **그림 372~373**과 같다. **그림 372**가 〈흥보전〉의 무대 사진이다.

우선, 〈흥보전〉의 무대 사진은 흥보 일가가 초라한 집, 그러니까 박씨로 인해 고루거각을 얻기 이전에 흥보 일가가 고생하며 간신히 장만한 집을 포착하고 있다. 아이들이 툇마루에 걸터앉아 있고, 그 뒤로 좁고 낡은 한 칸의 초가가 무대 세트로 제시되어 있다. 극적 정황을 고려할 때 3막의 정경을 포착한 것으로 보이며, 경우에 따라서는 2막의 결말 부분일 수도 있다.

아이들은 가장 왼쪽에 앉은 형('길게 머리를 땋고 있다')을 바라보고 있으며, 전체적으로 옷차림은 남루하다고 할 수 있다('옷을 기운 흔적이 있다'). 배역표를 보면 흥보 자식은 6명으로 소개되었는데, 무대 위에도

---

83　「보라 들으라 적역의 명창들」, 『조선일보』, 1936.11.5, 6면 참조.

그림372 흥보 일가의 모습[84]
그림373 1936년 9월 24일 〈춘향전〉의 공연 상황[85]

동일한 숫자의 인물이 앉아 있다. 이러한 측면에서 이 장면은 배고픔에 떨고 있는 흥보의 자식을 포착한 사진이라고 할 수 있겠다.

　주목되는 점은 2막에서 도승의 기연을 얻어 3막에서 마련된 집의 구조이다.[86] 벽은 회칠이 까져 있고 기둥은 온전하게 보이지 않는다. 더구나 처마는 짧고, 문은 작고, 방은 매우 비좁을 것으로 여겨진다. 인물들은 주로 흥보의 집을 배경으로 활용하고 있는데, 이것은 방 내부의 크기로 보아 인물들을 배치하기 어렵기 때문이다.

　그림 373의 사진은 1936년 9월에 공연된 〈춘향전〉의 무대 세트이다. 전체적으로 대칭형의 구조로 그 내부를 연기 공간으로 활용하고, 섬돌

84　「〈홍보전〉의 무대면」, 『조선일보』, 1936.11.8, 6면 참조.
85　「가극 〈춘향전〉 초성황의 제1일」, 『조선일보』, 1936.9.26, 6면 참조.
86　김태준은 도승이 나타나 명당을 점지하고 거기에 집터를 잡는 사건이 신재효 개인의 창작이라고 주장한 바 있다(김태준, 「〈홍부전〉 해제」, 김태준 역주, 『홍부전/변강쇠가』, 고려대 민족문화연구원, 1995, 10~11면 참조).

의 높이를 통해 상단/하단의 시선 차이를 이용했던 무대 세트와는 사뭇 다른 양상이다.

〈흥보전〉의 무대는 상수 쪽에 비스듬히 세워졌고, 그로 인해 하수 쪽 공간이 휑하게 열리는 구조를 감수할 수밖에 없었다. 이러한 차이는 '누추한 초가 : 고대광실(관아)'의 대조를 위한 차이라고 할 수 있다. 주목되는 것은 관아의 건물이 좌우대칭과 폐쇄적인 구조를 통해 위압감을 줄 수 있는 구도였다면, 상수로 치우친 초가집은 비스듬하고 기울어진 인상을 주면서 정면 대칭의 시각적 규범을 제거했다는 점이다. 이러한 구도 파괴는 불가피한 점도 있었지만, 무대에서 시각적 격차를 벌리기 위한 의도도 포함되어 있었다.

이러한 무대 위 흥보의 집은 판소리와 원전 서사에게 연유한다. 〈박흥보가〉에서 흥보는 이 집을 세워 거처하게 된다. 그리고 제비의 인연을 만나, 부자가 될 수 있는 토대로 작용한다. 이러한 흥보의 집은 조선성악연구회에서 무대 배경 즉 흥보의 집으로 차용하고 있다. 아이들이 모여 앉은 집은 작고 낡고 보잘 것 없어 보이지만, 그래서 아담하고 순박한 흥보의 성품을 대변하기도 한다. 무엇보다 제비가 깃들고, 그들을 보호하는 사건이 일어나는 공간적 배경으로 활용된다.

그림 374의 우측 사설에서 '움막'이라고 지칭된 흥보의 집은, 조선성악연구회 공연에서는 좌측 사진 같은 형태로 추정된다. 본격적인 의미에서의 큰 집(고루거각)은 아직 나타나지 않았고, 작은 집에 가난한 차림새의 아이들이 보여 있는 상황은, 흥보가 큰 부를 얻기 이선으로 여겨지기 때문이다. 좌측의 사진은 6명의 아이들이 모여 있는 장면이므로, 흥보의 집임에는 의심의 여지가 없다고 해야 한다.

도승인 줄 짐작하고 있던 집 헐어
다가 그 자리에 의지하고 간신히
지낼 적에, 백설한풍 깊은 겨울 벌
거벗고 굶주린 배로, 아니 죽고 살
아나서 정월 이월 얼음이 풀리니,
산수 경개 참으로 좋다.(…중략…)
삼월 동풍이 부는 이른 봄의 화창
한 날씨에, 온갖 새와 짐승이 즐길
적에 강남서 나온 제비, 옛날 왕사
당전 제비가 이제는 백성의 집에
날아들었네. 흥보의 움막에 날아
드니, 흥보가 좋아하고 제비보고
치하한다.

그림374 **도승으로부터 얻은 집에 살고 있는 흥보 일가의 모습**[87]

흥보가 집을 얻어 살게 된 대목[88]

이 집에서 일어나는 가장 주요한 사건 중 하나는 부러진 제비 다리를
고치는 일이다. 조선성악연구회의 공연 경개에 따르면, 제비 다리를 고
치는 사건은 3막이고, 흥보가 정착하는 상황은 2막에 해당한다. 그러니
까 움막을 짓는 것은 2막에, 움막에서 제비와 사연을 맺는 것은 3막에
속한다고 보아야 한다. 위의 사진은 그러한 측면에서 2막의 후반부 혹
은 3막의 전반부에 해당한다고 보아야 한다.

워낙 귀중한 자료이다 보니, 위의 사진은 다양한 접근을 허락할 수밖
에 없다. 일단 위의 사진에서 협소하고 좁은 연기 공간을 볼 수 있다. 툇
마루는 6명의 아이들이 안기에도 넉넉하지 않은 형국이었고, 골방은 현
실적으로 들어가서 연기할 수 없는 구조였다. 더구나 무대 배경 역시 온
전히 갖추어지지 않았고, 썰렁한 무대 역시 권장할 만한 상황이 아니었

---

87  「〈흥보전〉의 무대면」, 『조선일보』, 1936.11.8, 6면 참조.
88  〈박흥보가〉, 김태준 역주, 『흥부전/변강쇠가』, 고려대 민족문화연구원, 1995, 131면.

다. 그럼에도 위의 배경은 〈흥보전〉의 특징을 압축적으로 투자한 무대였다는 사실은 변함이 없다.

## 6. 〈심청전〉 공연 양상과 집을 나서는 장면

〈춘향전〉과 〈흥보전〉의 자체 제작과 그 성과에 고무된 조선성악연구회는 1936년 12월(15~17일)에 〈심청전〉을 공연하였다. 소위 말하는 조선의 3대 고전을 창극으로 변환하여, 조선의 연극 무대에 발표하는 작업을 마무리한 것이다. 이러한 3대 고전의 창극화는 『조선일보』로부터 '창극사상의 신기축新氣軸'으로 평가받기도 했다.[89]

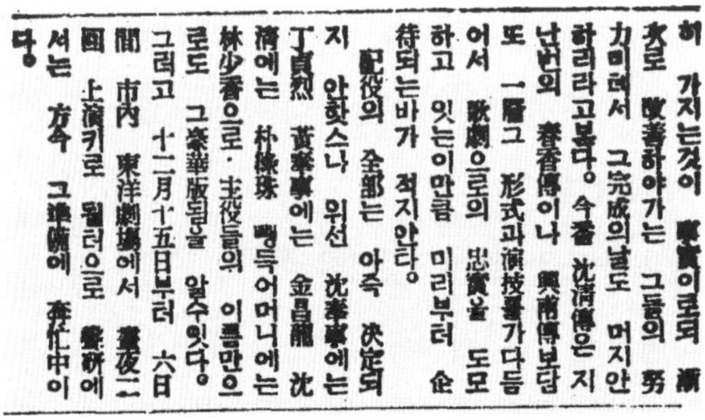
히 가지는것이 事實이로되 漸
次로 改善하야가는 그들의 努
力미테서 그完成의날도 머지안
하리라고본다。今番 沈淸傳은 지
난번의 春香傳이나 興甫傳보담
또 一層그 形式과演技를가다듬
어서 歌劇으로의 忠實을 도모
하고 잇는이만큼 미리부터 企
待되는바가 적지안타。
配役의 全部는 아즉 決定되
지 안핫스나 위선 沈奉事에는
丁貞烈 黃奉事에는 金昌龍 沈
淸에는 朴綠珠 뺑득어머니에는
林少香으로·主役들의 이름만으
로도 그豪華版됨을 알수잇다。
그러고 十二月十五日부터 六日
間 市內 東洋劇場에서 晝夜二
回上演키로 될터으로 聲硏에
서는 方今 그準備에 奔忙中이
다。

가지는 것이 사실이로되 연차로 개선하야가는 그들의 노력미테서 그 완성의 날도 머지 안하리라고 본다. 금번 〈심청전〉은 지난번의 〈춘향전〉이나 〈흥보전〉보담 또 일층 그 형식과 연기를 가다듬어서 가극으로의 충실을 도모하고 잇는 이만큼 미리부터 긍지되는 바가 적지 안타.
배역의 전부는 아즉 결정되지 안핫스나 위선 심봉사에는 정정렬, 황봉사에는 김창룡, 심청에는 박록주, 뺑득 어머니에는 임소향으로 주역들의 이름만으로도 그 호화판 됨을 알 수 잇다.
그러고 12월 15일부터 6일간 시내 동양극장에서 주야 2회 상연키로 될 터으로 성연(조선성악연구회) 방금 그 준비에 분망 중이다.

그림375 **조선성악연구회의 〈심청전〉**

89 「조선성악연구회의 세 번째 선물 구악계(舊樂界)에 또 희소식 가극 〈심청전〉 공연」, 『조선일보』, 1936.12.9, 6면 참조.

정정렬 연출(편극)의 〈심청전〉은 〈춘향전〉과 함께 조선성악연구회가 창극 공연에서 성과를 얻은 공연으로 평가받고 있다. 이러한 성과는 정정렬의 노력과 다양한 모색으로 인해 가능했다고 볼 수 있다. 이전 창극보다 조선성악연구회의 창극은 연극적 표현 수단을 수준 높게 구사하였고, 이를 위해서 대화의 형식을 확대했고 창자의 개입은 오히려 축소시켰으며, 가창 중에 노래에 생기와 변화를 유도하기 위한 다양한 방식을 개발하였다.[90]

당시 〈심청전〉 공연과 관련하여 두 장의 사진이 남아 있다. 비록 공연 사진은 아니지만, 당시 공연 상황과 함께 무대 배치를 환기하는 역할을 한다.

남경 뱃사람을 따라가는 심청        집을 나서는 심봉사

그림376 **1936년 12월 조선성악연구회 〈심청전〉 연습 사진**[91]

---

90 이원희,『전북연극사 100년』, 전라북도연극협회, 2008, 36면, 류경호,「창극 공연의 연출 특성과 발전적 대안」,『판소리연구』 27권, 판소리학회, 2009, 64~65면 참조.
91 「공연을 앞두고」,『조선일보』, 1936.12.12, 6면 참조.

위의 두 사진은『조선일보』에 게재된 연습 사진이다. 사진이 게재될 즈음에는 아직 공연이 시작되기 이전이기 때문에, 다소의 변수는 생겨날 수 있다. 다시 말해서 해당 장면이 공연까지 그대로 유지되었을 지에 대해서는 확답하기 어렵다. 다만 연습 배경으로 펼쳐진 무대 세트로 보건대, 상당히 고정된 장면이었을 가능성은 높다고 해야 한다.

좌측의 사진은 심청이 배를 타는 날 정경으로 이해된다. 하수에는 선인들로 보이는 두 명의 남자가 위치하고 있고, 이 남자들은 심청을 데리고 갈 듯 한 포즈를 취하고 있다. 반면 상수에 자리 잡은 심봉사는 원통한 마음에 바닥에 쓰러져, 쉽게 일어나지 못하고 있다. 관련 서사를 대입하여 이해하면, 심청이 공양미 300석에 자신을 팔고 떠난다는 사실에 큰 충격을 받은 모습이다.

선인들과 심봉사(아버지) 사이에 심청이 위치하고 있고, 심청은 치마로 얼굴을 가리고 울고 있다. 자신의 신세와 홀로 남은 아버지를 위해 흘리는 눈물로 여겨진다. 〈심청전〉의 대표적인 장면에 해당한다.

우측의 연습 사진을 참조하면, 심봉사가 누군가의 도움을 받아 집을 나서고 있는 장면이 있다. 이 장면은 맹인연에 참석하기 위해서 집을 나서는 장면으로 여겨진다. 본래 심봉사는 뺑덕어미와 함께 맹인연에 참석하고자 했고, 중도에서 황봉사를 만나 뺑덕어미를 잃게 되지만, 조선성악연구회 배역에는 뺑덕어미가 출연하지 않기 때문에 이러한 서사는 변화되었을 것으로 보인다.

좌측 사진과 관련하여 당시 〈심청전〉의 3막은 주목된다. 3막 1장 '이별'은 크게 두 장면으로 구성 가능하다. 첫 번째는 인당수로 떠나기 전 날 밤을 보내는 심청의 내면 심정을 드러내는 장면이다. 심청은 아버지를 위해 희생을 택했지만, 아버지의 장래와 자신의 신세로 인해 괴로운 날들을 보내다가 마지막 날을 맞이한다. 그러면서 밤을 새우는 이 시점에서, 판소리 〈심청전〉에는 인물의 내면 독백이 나타난다. '창'의 핵심을 이루며 비장미를 고조시키는 '내면 고백적 대화'의 한 양상으로서의 독백이다.[92]

3막 1장의 두 번째 장면은 뱃사람들의 방문과 심청의 출발이다. 이 장면은 거의 확정적으로 단정할 수 있다. 왜냐하면 신문에 공개된 연습 사진에서 뱃사람들의 방문과 심봉사의 통곡을 확인할 수 있기 때문이다. 이에 해당하는 71장본 〈심청전〉의 주요 대목은 **그림 377**과 같다.

우측의 대사는 71장 완판계 〈심청전〉에서 해당 대목으로 추정되는 사설을 옮겨온 것이다. 3막 1장에서 두 번째 장면은 이러한 세 인물(그룹) 간의 대화로 추정된다. 먼저, 새벽에 찾아온 뱃사공에게 양해를 구하고 심청은 심봉사에게 조식을 봉양하고, 그 이후 사당에 가서 이별을 고하게 된다. 그때 심청이 하소연(사당에 고함)을 하고, 이 하소연을 우연히 들은 심봉사의 물음(캐물음)이 야기되며, 이 질문에 심청은 신변의 비밀을 실토하고 만다.

우측의 대사는 이러한 심청의 고백을 들은 연후에, 심봉사가 하는 대사이다. 심봉사는 긴 장광설을 통해 자신의 슬픔과 혼란 그리고 무능함에 대한 후회와 간곡한 당부를 쏟아낸다. 중요한 점은 심봉사의 장광설이 상당한 내면 독백적 위상을 차지하면서도, 당시의 상황을 간략하게 압축하는 효과를 거두고 있다는 점이다. 본래 연극에서 장광설의 독특한 특징을 지니고 있다.

---

92  박일용, 「판소리계 소설 〈춘향전〉의 사실적 성격」, 『조선시대의 애정소설』, 집문당, 1993, 239면 참조.

그림377 선인을 따라가는 심청의 장면으로 추정

심봉사가 이 말을 듣고,

"참말이냐, 참말이냐? 애고 애고, 이게 웬말이고? 못 가리라, 못 가리라. 네가 날더러 묻지도 않고 네 마음대로 한단 말이냐? 네가 살고 내가 눈을 뜨면 그는 마땅히 할 일이나, 자식 죽여 눈을 뜬들 그게 차마 한 일이냐? 너의 어머니 늦게야 너를 낳고 초이레 안에 죽은 뒤에, 눈 어두운 늙은 것이 품안에 너를 안고 이집저집 다니면서 구차한 말 해 가면서 동냥 젖 얻어 먹여 이만치 자랐는데, 내 아무리 눈 어두우나 너를 눈으로 알고, 너의 어머니 죽은 뒤에 걱정 없이 살았더니 이 말이 무슨 말이냐? 마라 마라, 못 하리라. 아내 죽고 자식 잃고 내 살아서 무엇하리? 너하고 나하고 함께 죽자. 눈을 팔아 너를 살 터에 너를 팔아 눈을 뜬들 무엇을 보려고 눈을 뜨리? 어떤 놈의 팔자길래 사궁지수 된단 말이냐? 네 이놈 상놈들아! 장사도 좋지마는 사람 사다 제사하는 데 어디서 보았느냐? 하느님의 무남독녀 철모르는 어린아이 나 모르게 유인하여 값을 주고 산단 말이냐? 돈도 싫고 쌀도 싫다, 네 이놈 상놈들아. 옛글을 모르느냐? 칠년대한 가물 적에 사람을 빌라하니 탕 임금 어지신 말씀, '내가 지금 비는 바는 사람을 위함인데 사람 죽여 빌 양이면 내 몸으로 대신하리라.' 몸소 희생되어 몸을 정히 하여 상임 뜰에 빌었더니 수천 리 너른 당에 큰 비가 내렸느니라. 이런 일도 있었으니 내 몸으로 대신 감이 어떠하냐? 여보시오 동네 사람, 저런 놈들을 그저 두고 보오?"

심청이 아버지를 붙들고 울며 위로하기를,

"아버지 할 수 없어요. 저는 이미 적지마는 아버지는 눈을 떠서 밝은 세상 보시고, 착한 사람 구하셔서 아들 낳고 딸을 낳아 후사나 전하고, 못 난 딸자식은 생각하지 마시고 오래오래 평안히 계십시오. 이도 또한 천명이니 후회한들 어찌하겠어요?"

뱃사람들이 그 딱한 형편을 보고 모여 앉아 공론하기를,

"심소저의 효성과 심봉사의 일생 신세 생각하여 봉사님 굶지 않고 헐벗지 않게 한 살림을 꾸며주면 어떻겠소?"

**떠나는 날 심청과 심봉사 그리고 뱃사람의 대화 장면[93]**

장광설은 비극에서 많이 사용되고 있으며 비교적 격렬한 대사이다. 수사학적 문장들로 구성되거나 논증의 형식을 취하기도 한다. 장광설에서는 대사의 시적 기능이 두드러진다. 장광설이 많으면 사건의 진행 속도가 늦어지

---

93 〈심청전－완판본〉, 정하영 역주, 『심청전』, 고려대 민족문화연구원, 1995, 125~127면.

고 대사와 동작의 통일성이 적어서 관객의 관심을 장광설 자체에 집중시킬 수 있다.[94]

심봉사의 장광설은 〈심청전〉의 비극성(비장미)을 고조시키는 기능을 하고 있다. 특히 격렬한 어조와 무차별적 욕설이 뒤섞여 표출되고, 협박과 바람이 혼재되어 있어 어수선한 느낌을 전달한다. 이러한 어수선한 느낌은 심봉사가 느끼는 절망감과 한탄을 포함하고 있기에 오히려 자연스럽게 인식되며, 딸을 잃은 슬픔을 겪는 인물의 내면 심리를 적확하게 보여주고 있다는 인상을 전한다.

이 대목은 창으로 표현되는데, 운율을 함축한 창의 선율과 함께 시적인 기능을 발휘하여, 듣는 이들로 하여금 비극적 정서를 만끽하도록 만들고 있다. 장광설의 일반적 기능처럼, 이러한 심봉사의 대사는 사건의 진행 속도 — 남경 뱃사람의 심청 인계 — 를 지연시키고, 무대 위에서 움직임(동작과 이동)이 제한되는 상황을 창출하여 — 뱃사람과 심청뿐만 아니라 심봉사마저 함부로 동작선을 이동하기 힘들다 — 관객들이 정태적인 장면에서 그들의 심리적 추이를 관찰하도록 유도하고 있다.

실제로 심청이 떠나는 것을 심봉사가 막무가내로 가로막자, 심청은 "저의 아버지를 동네 사람에게 붙들게 하고 뱃사람들을 따라갈 제, 소리내어 울며 치마끈 졸라매고 치마폭 거듬거듬 안고" 나간다고 묘사되어 있다.[95] 이러한 묘사는 집을 나와, 동리를 지나, 아버지를 돌아보는

---

94  김일영, 『연극과 영화의 이해』, 중문, 2000, 126면.
95  〈심청전-완판본〉, 정하영 역주, 『심청전』, 고려대 민족문화연구원, 1995, 133면 참조.

일련의 사건을 포함하고 있기 때문에, 제한된 무대 위에서는 모두 실연하기 곤란한 측면도 분명 존재한다.

이러한 상황을 방지하기 위해서, 심봉사는 자탄에 가까운 심정으로 통곡하고 있으며, 심청 역시 치맛자락을 뒤집어쓰고 우는 연기로, 동작선의 긴 이동을 대체하고 있다. 즉 심청의 집에서 심청과 심봉사는 정태적인 이별로, 〈심청전〉의 역동적인 이별을 대체하고 있는 셈이다. 무대 공간이 협소하고 소설적인 장면 묘사에 한계를 보이는 극적 장면(장면 묘사와 사건 전개)이라고 할 수 있다.[96]

## 7. 〈옥루몽〉의 미학과 공연 무대

1940년에 발표된 그 해의 신작은 〈옥루몽〉과 〈백제의 낙화암〉이었다. 이 중에 1940년 상반기에 공연된 〈옥루몽〉은 단연 주목되는 작품이었다. 조선성악연구회는 1940년 2월(20일~25일) 제일극장에서 신춘 특별 공연 형식으로 창작 창극 〈옥루몽〉을 무대에 올렸다. 이 공연은 몇 가지 측면에서 이전 창작 공연 작품과 차이를 드러냈다.

첫째, 각색자의 변화이다. 창극 〈옥루몽〉의 공연 대본을 각색한 이는 김용승이 아니라 박생남朴生南이었다. 둘째, 공연 장소(극장)의 변화이다. 창극 〈옥루몽〉은 조선성악연구회가 전통적으로 사용하던 '동양극장'이

---

96 본래 71장본 완판계 〈심청전〉에는 뒤늦게 달려온 장승상댁 부인과의 대화가 포함되어 있지만, 조선성악연구회는 장승상댁 부인을 생략했기 때문에, 세 번째 장면은 실연되지 않았을 것으로 판단된다(〈심청전-완판본〉, 정하영 역주, 『심청전』, 고려대 민족문화연구원, 1995, 127~131면 참조).

아닌 '제일극장'에서 공연되었다. 각색자에 이어 공연 장소마저 변화한 셈인데, 이러한 공연장의 변화는 비단 장소의 변화만이 아니라 후원 내지는 기획 단체의 변화를 내포하고 있다. 셋째, 신작 공연 방식의 변화이다. 과거에는 신작 공연을 한 편만 올리는 것이 상례였으나, 1940년 2월 공연에서는 두 편의 대작을 연속적으로 올려 공연하는 방식을 택했다. 박생남 각색 〈옥루몽〉 공연 직후에, 〈신판 홍보전〉이 이어서 제일극장에서 공연되었다.[97] 과거 조선성악연구회가 〈홍보전〉을 공연한 적 (1936년 11월)이 있기 때문에, 1940년 〈홍보전〉은 재공연작이라고 할 수 있지만, 조선성악연구회 측은 〈신판 홍보전〉으로 변화를 가미하여 공연하였다.

관습적으로 조선성악연구회는 매년 2~3월에 신춘공연 형식으로 신작 공연을 무대에 올렸고, 그 공연에서 성공을 거두면 고정 레퍼토리로 삼아 차후 재공연하는 공연 패턴을 고수했다. 1940년의 경우에는 신작 공연이 〈옥루몽〉이었고, 이어지는 재공연 레퍼토리가 〈홍보전〉이었던 셈이다. 예년 공연에서 주로 〈춘향전〉과 〈심청전〉을 선보이던 방식(재공연 패턴)과는 다소 차이를 보이지만, '상반기 신작 발표('신춘 공연' 형식) → 기존 레퍼토리 재공연'의 패턴 역시 유지되었다고 해야 한다. 물론 이러한 상반기 공연 일정은 정기총회를 기점으로 그 이전 시점을 말한다.[98]

넷째, 원전 소설 자체의 변화이다. 〈옥루몽〉은 본래 판소리 12마당에 속하는 작품이 아니었으며, 판소리계 소설의 문체적 특징을 지니고 있

---

97 「신춘특별공연 이월이십오일까지 조선성악연구회」, 『동아일보』, 1940.2.25, 2면.
98 「조선성악연구회 제7회 정기총회」, 『동아일보』, 1940.6.15, 2면 참조.

는 작품도 아니었다. 더구나 이러한 '몽자류' 소설은 판소리 가창에 유리한 점을 지닌 소설은 아니었다. 그럼에도 당시 조선성악연구회는 과감하게 〈옥루몽〉 공연에 도전했다.

조선성악연구회가 공연했던 〈배비장전〉이나 〈옹고집전〉 혹은 〈숙영낭자전〉(1937년 2월)[99]과 달리, 〈유충렬전〉과 〈옥루몽〉은 이전에 판소리로 가창된 적이 없는 작품이었다. 그럼에도 조선성악연구회는 창극화 작업에 나섰는데, 중요한 이유는 〈유충렬전〉이나 〈옥루몽〉이 당대의 인기 소설이었다는 점을 상정하지 않을 수 없다.[100]

〈유충렬전〉은 영웅소설 계열이었고 대중들의 관심을 받았다는 점은 〈옥루몽〉과 유사한 지점이다.[101] 다만 〈옥루몽〉은 한문소설로 판소리의 영향을 받은 흔적이 발견되지 않고 있다는 점은 〈유충렬전〉에 비해 각색상 난맥상이 될 공산이 컸다고 해야 한다. 그럼에도 조선성악연구회는 기존의 각색 과정에서 얻은 노하우와 경험을 바탕으로 이에 대해 도전했고, 〈옥루몽〉의 창극화를 이룩했다.

이러한 〈옥루몽〉의 창극화에서 무대장치는 중요한 기능을 담당했다. 관련 사진 자료를 통해 〈옥루몽〉의 무대화에 대한 분석을 시도해 보자.

그림 378의 두 사진은 〈옥루몽〉의 연습 사진에 해당한다. 두 사진으로 판단하건대, 일단 군담소설의 장점을 살려 무예 대결 장면이 삽입되어 있었음을 확인할 수 있다(좌측 사진 참조). 또한 이 작품(원작)은 인생의

---

99 「조선성악연구회의 〈숙영낭자전〉」, 『매일신보』, 1937.2.17, 4면 참조; 「조선성악연구회 14회 공연 가극 〈숙영낭자전〉」, 『조선일보』, 1937.2.18 참조.

100 「고대소설이 의연(依然)히 수위(首位)」, 『동아일보』, 1928.7.17, 2면 참조; 「〈유충렬전〉 부민관에서 상영 중」, 『조선일보』, 1936.6.11 참조.

101 김남석, 「조선성악연구회와 창극화의 도정」, 『인문과학논총』 72권 2호, 서울대학교 인문학연구원, 2015, 358~363면 참조.

| 군담 요소가 발현된 장면 | 가정 문제가 함축된 장면 |

그림378 **창극 〈옥루몽〉 연습 사진**[102]

부귀영화와 축첩의 환상을 그리고 있기 때문에, 필연적으로 여러 명의 여인들과 한 명의 남자 주인공이 주축을 이루게 되는데 이러한 서사 역시 창극화 과정에서 반영된 것으로 확인된다(우측 사진 참조).

따라서 두 장의 사진은 무예 대결을 통한 호쾌함과, 강호 연정의 다감함을 대표한다고 할 수 있겠다. 이중 전자는 '활극적 요소'에 해당하고, 후자는 '멜로드라마(대중극)적 취향'에 해당한다고 할 수 있다. 활극적 요소와 멜로드라마적 취향은 1910년대 신파극의 주요한 특징으로 등장한 이래, 1920~30년대를 거치면서 조선의 연극과 영화에서 빈번한 소재로 다루어진 바 있다. 1910년대 혁신단의 〈육혈포 강도〉에 활극적 요소가 삽입되어 조선 관객의 호응을 얻은 이후[103], 1920년대 나운규의 영화,[104] 1930년대 경성촬영소 제작 무성영화,[105] 1935년 이후

---

102 「조선 성악연구회 20일부터 제1극장에서 창극 〈옥루몽〉 상연」, 『조선일보』, 1940.2.18, 4면 참조.
103 이두현, 『한국신극사연구』, 민속원, 2013, 88~103면 참조.
104 이정하, 「나운규의 〈아리랑〉(1926)의 재구성 : 〈아리랑〉의 활극적 효과 혹은 효과

동양극장의 레퍼토리에서 활극적 요소는 빈번하게 재취합/재구성되기에 이르렀고, 그럴 때마다 관객들은 이에 대해 상당히 흥미로운 반응을 보이기 일쑤였다.

또한 강호 연정과 처첩 갈등으로 대표되는 여성 수난담 역시 '화류비련'[106]이나 '가정비극'[107]의 형태로 조선의 연극과 영화에서 빈번하게 다루어지는 양식적 특징과 전통으로 조선 연극사에서 한 줄기 맥락을 이루고 있는 상황이었다. 그런데 〈옥루몽〉은 이 두 가지 장점을 고루 함축한 텍스트였고, 이러한 텍스트의 장점을 살려 가창의 어려움에도 불구하고, 창극으로의 변환을 모색했던 것이다. 다시 말해서 조선성악연구회가 판소리 사설이 부재하고, 해학적 요소가 그다지 크게 나타나지 않음에도 불구하고, 이 작품을 전격적으로 각색하여 창극으로 전환하고자 한 이유를 여기에서 찾을 수 있을 듯 하다.

이 밖에도 조선성악연구회는 1941년 2월(11일~18일) 신작 공연으로

---

의 생산」, 『영화연구』 26집, 한국영화학회, 2005, 265~290면 참조: 김수남, 「활극 배우로서 나운규의 민족정신과 영화 속 연인들의 상징에 대한 고찰」, 『영화연구』 30집, 한국영화학회, 2006, 40~44면 참조: 한상언 · 정태수, 「1920년대 초반 조선영화의 형식적 특징」, 『한국콘텐츠학회논문지』 13권 12호, 한국콘텐츠학회, 2013, 123~125면 참조.

105 김남석, 「경성촬영소의 역사적 전개와 제작 작품들」, 『조선의 영화제작사들』, 한국문화사, 2015, 23~25면 참조.

106 이영미, 「화류비련담과 며느리 수난담의 조합 : 〈사랑에 속고 돈에 울고〉의 서사구조」, 『한국극예술연구』 27집, 한국극예술학회, 2008, 95~122면 참조.

107 이승희, 「멜로드라마의 이율배반적 운명─〈사랑에 속고 돈에 울고〉와 〈어머니의 힘〉을 중심으로」, 『민족문학사연구』 20집, 민족문학사연구소, 2004, 208~234면 참조: 김유미, 「신파극 혹은 멜로드라마의 지속성 연구─관객의 입장에서 본 〈장한몽〉과 〈사랑에 속고 돈에 울고〉」, 『한국연극학』 28호, 한국연극학회, 2006, 163~188면 참조: 백현미, 「1930년대 기생─가정극 연구 : 〈사랑에 속고 돈에 울고〉와 〈어머니의 힘〉을 중심으로」, 『대중서사연구』 21권 1호, 대중서사학회, 2015, 227~257면 참조.

이광수 원작(〈마의태자〉)을 김용승이 각색하여 〈신라사화〉(4막5장)를 공연한 바 있었다.[109] 직접적인 무대 정경은 아니었지만, 그 연관성을 살필 수 있는 사진이 **그림 379**이다.

그림379 **이광수 원작 〈마의태자〉의 창극화**[108]

---

108 「조선성악연구회 공연」, 『매일신보』, 1941.2.12, 4면 참조.
109 「조선성악연구회 공연」, 『매일신보』, 1941.2.12, 4면 참조.

# 제6장

# 무대디자인으로 재구하는 1940년대 연극들

1. 김옥균 소재의 연극과 그 다양한 변이
2. 동양극장의 〈아들의 심판〉과 무대 배치

1941년을 정리하는 시점에서 함대훈은 조선 연극계를 조감하며 흥미로운 정리를 선보였다.

끄트로 一言할것은 舞臺裝置家로써 活動한 분을들려고하는것이다 裝置家로써 今年度에第一活潑한분은 李源庚 金一影 姜聖範 元雨田氏等을 들수잇는데 李源庚氏는 黑龍江 早春 金一影氏는 青春茂盛 街頭 姜聖範氏는 南風 秋夕 元雨田氏는 家族 白馬江等을製作하여 各其 그能熟한手腕을 發揮햇다 裝置家의存在는 演劇生産에잇서서가장 빼놀수업는것이니 現在의裝置에서 좀더

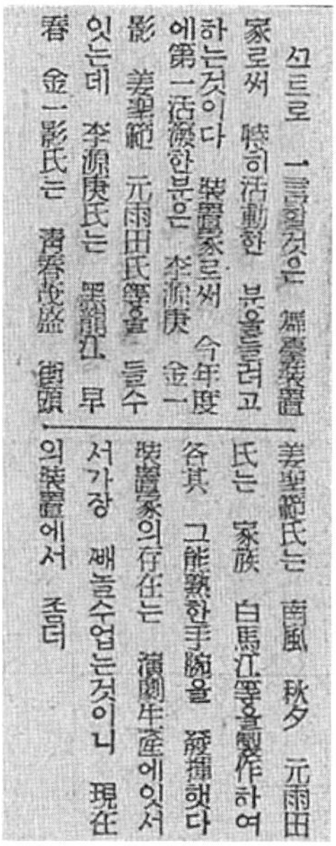

끄트로 일언한 것은 무대 장치가로써 활동한 분을 들려고 하는 것이다. 장치가로써 금년도(1941년 : 인용자)에 제일 활발한 분은 이원경, 김일영, 강성범, 원우전 씨 등을 들 수 잇는데 이원경 씨는 〈흑룡강〉, 〈조춘(早春)〉, 김일영 씨는 〈청춘무성〉, 〈가두〉, 강성범 씨는 〈남풍〉, 〈추석〉, 원우전 씨는 〈가족〉, 〈백마강〉 등을 제작하여 각기 그 능숙한 수완을 발휘(發揮)햇다. 장치가의 존재는 연극 생산에 잇서서 가장 빼놓을 수 업는 것이니 현재의 장치에서 좀더(비약하는 날 조선의 연극은 더욱 빗나는 성과가 나타나리라 밋는다. 그리고 박의원 씨의 조명은 이들 무대장치가와 함께 금년도에 잇서서 빗나는 활동을 햇고 또 유일한 조명가로서 금후 더욱 기대되는 것이다.)

그림381 **1941년도 무대장치가들**[1]

함대훈은 1941년을 정리하면서, 당해 연도에 활약한 무대장치가로 이원경, 김일영, 강성범, 원우전을 꼽았고, 그들의 대표작을 나열했다. 이원경은 현대극장의 공연에 합류하면서 〈흑룡강〉 등의 장치를 맡은 바 있었고,[2] 김일영은 고협에서 활동하면서 〈청춘무성〉의 무대를 담당했다.[3] 강성범과 원우전도 활동을 이어갔는데, 특기할 점은 원우전이

1 함대훈, 「국민연극에의 전향－극계 일년의 동태(6)」, 『매일신보』, 1941.12.13, 4면.
2 「극단 '현대극장' 제1회 공연 〈흑룡강(黑龍江)〉 상연」, 『매일신보』, 1941.5.13, 4면 참조.

동양극장 무대장치를 담당했다는 점이다. 원우전은 1941년 11월(7~13일)에 개막하는 박영호 작 〈가족〉과 11월(23일~12월 3일)에 개막한 성군의 〈백마강〉(김태진 작)의 무대장치를 맡았다. 원우전은 아랑에서 1941년 10월 28일(~11월)에 무대에 올린 〈성길사한〉의 무대장치를 맡았는데,[4] 시기적으로 볼 때 이 작품을 마지막으로 아랑을 떠나 다시 동양극장으로 귀화한 것으로 판단된다.

그렇다면 현대극장은 이원경이 무대장치를 맡고, 고협과 1941년 이후의 아랑은 김일영이 무대장치를 담당하며, 원우전은 동양극장에 귀속하여 활동하는 구도가 형성된 셈이다. 이러한 무대장치가의 등장과 균형은 1930년대에 비해 한층 균형 잡힌 극단 구도와 공연 배분을 일구어낼 수 있는 기본적 구도를 형성한 셈이다.

## 1. 김옥균 소재의 연극과 그 다양한 변이

### 1) 〈김옥균전〉을 둘러싼 청춘좌 대내외 사정과 공연 의도

1940년 4월 30일은 조선의 연극계에서는 상당히 특별한 날로 기억될 수 있다. 이날, 동양극장 청춘좌는 김건 작 〈김옥균전〉 공연을 시행하였다. 이 공연은 동양극장에서 오랫동안 기획했던 공연 중 하나로, 일찍부터 심혈을 기울여 준비해 온 작품이기도 했다. 더구나 이 공연의 주

---

3　「연극평 극단 고협 공연 〈청춘무성〉」, 『매일신보』, 1941.8.28, 4면 참조.
4　「매일신보』, 1941.10.31, 4면 참조.

체는 동양극장 최고 인기 극단이었다가, 1939년 9월 이후 참담한 하락(세)을 경험하고 있던 청춘좌였다.

청춘좌는 1939년 9월 동양극장의 사주가 교체되면서 대대적인 변화(제작/공연 환경 변화)에 직면해야 했고, 그 결과 새로운 사주의 경영에 찬성하지 못하는 일군의 배우들이 탈퇴하는 바람에 1939년 4/4분기 내내 독립적인 공연을 제대로 수행하지 못할 정도로 타격을 받은 상태였다.

청춘좌는 새로 단장한 동양극장 1939년 9월 16일(~21일) 신장개관 공연에서도 스스로 공연을 준비하지 못하고 호화선과 합동으로 공연해야 했으며,[5] 그 이후로 오랫동안 '합동 공연'의 형식을 빌려 중앙공연(동양극장)을 시행하거나 지역 순회공연에 치중한 형태로 떠돌아야 했다.[6] 물론 이러한 지역 순회공연을 통해 청춘좌의 과거 진용을 회복하고 중앙 공연을 위한 여력을 일부 확보했지만, 1939년 10월 이후 청춘좌는 당분간은 창단 이래 최대 암흑기에서 완전히 헤어 나오지 못하는 인상이었다.

사주 교체 이후 청춘좌가 단독으로 그나마 중앙공연을 시행하는 시점은 1939년 12월이다. 지역 순회공연에서 상경한 청춘좌는 '귀경 공연' 형식으로 이광수 원작 송영 각색 안종화 연출 〈유정〉, 이서구 작 〈사랑보다 귀한 사랑〉, 이운방 작 〈눈물의 천사〉, 김건 작 〈애정의 화원〉, 남궁운 작 〈인생대학〉 등의 신작을 공연하면서 예년의 명성과 인기를 되찾고자 다양한 모색을 감행했다. 1939년 12월에서 1월에 걸친

---

5    「청춘좌 호화선 합동공연으로 '신장의 동극' 16일 개관」, 『조선일보』, 1939.9.17, 4면 참조.
6    「청춘좌 호화선 서조선 순연」, 『조선일보』, 1939.10.4, 4면 참조.

이러한 신작 공연들은 청춘좌가 다시 지역 순회공연을 이어갈 수 있는 여력을 마련해 주기는 했다. 청춘좌는 본래부터 지역 순회공연에서 최고의 인기를 구가하는 극단으로 중앙공연(동양극장 공연) 못지않게 순회공연에서도 막강한 저력을 발휘한 바 있다.

이렇게 시행된 1940년 2월의 청춘좌 공연은 24~5일 춘천 공회당을 시작으로, 함흥 본정영화관 → 단천 단천극장 → 길주 길주극장 → 청진 공락관 → 청진 소화관 → 나진 나진극장 → 웅기의 웅기극장을 거쳐 국경 바깥 순업으로 들어갔다.[7] 1940년 2월 21~22일 웅기극장, 이후에는 23~24일 도문 도문극장, 25~26일에는 연길 신부극장, 27~28일에는 용정 용정극장에서 공연했으며, 다시 2월 29일~3월 1일에는 회령 회령극장으로 들어오면서 국경 밖 순업을 마무리 지었다. 물론 그 이후에도 청춘좌는 나남 초뢰좌를 기점으로 주을 주을극장 → 영안 영안극장 → 길주 길주극장(재방문)으로 순회공연을 이어갔는데, 길주극장 재방문 이후에는 혜산진 명치회관 → 단천 단천좌 → 흥남 소화좌 → 영흥 영흥극장 → 원산 원산관 → 장전 장전극장을 거쳐 철원 철원극장(3월 19~20일)을 마지막으로 하여 동양극장으로 귀경하는 루트를 예고했다.

이러한 순회공연 루트를 세부적으로 되짚어 보아야 하는 이유는, 장거리/장기간 지역 순회공연 이후 청춘좌가 경성에 돌아와서 보인 행보 중에 〈김옥균전〉이 포함되어 있기 때문이다. 그러니까 이러한 오랜 순회공연은 경성 동양극장에서 공연할 새로운 레퍼토리를 기획하는 시간이 되어야 했다. 동양극상의 경우에는 지역순회 공연 시스템이 엄밀하

7    「극단 호화선(豪華船) 개선공연」, 『동아일보』, 1940.2.3, 2면 참조.

여, 단순히 공연(기존 작품의 재공연)뿐만 아니라, 새로운 작품의 초연(혹은 초연을 위한 연습기간) 기회로 여기기도 했다. 즉, 1940년 2월부터 3월까지 시행된 북선 공연은 이러한 재기와 도약의 기회가 되어야 했다.

1940년 3월 23일부터 재개된 동양극장 중앙공연은 6회차 공연으로 짜였는데, 이 중에서 마지막 6회차 공연 그러니까 1940년 4월 30일부터 5월 5일에 이르는 공연은 1일(회) 1작품 공연 체제로 치러졌다.[8]

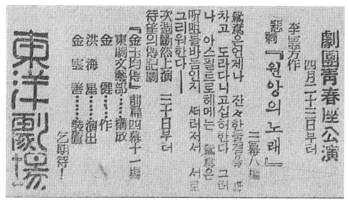

그림381 **극단 청춘좌 공연 광고**[9]

위 광고를 참조하면 청춘좌는 1940년 4월 23일부터(혹은 22일)[10] 시작되는 이운방 작 〈원앙의 노래〉 역시 야심찬 기획(작)이었다. 동양극장으로서는 청춘좌의 재기를 위해 이운방의 작품 〈원앙의 노래〉와, 또

8 김남석, 「사주 교체 직후 동양극장 레퍼토리 연구」, 『영남학』(통합 60호), 경북대학교 영남문화연구원, 2017, 307~338면 참조.
9 「극단 청춘좌 공연」, 『매일신보』, 1940.4.29, 4면.
10 『동아일보』는 〈원앙의 노래〉 개막일을 4월 22일로 광고하고 있다(「22일 밤부터 〈원앙의 노래〉」, 『동아일보』, 1940.4.24, 1면 참조).

다른 야심 찬 기획(작) 김건 작(최초에는 송영과의 공동 작업) 〈김옥균전〉을
마련하고 있었던 것이다.

그림382 동양극장의 〈원앙의 노래〉와 〈김옥균전〉 광고[11]

두 작품 모두 극단 내 중요한 위상을 차지하는 작품이었다. 특히 청
춘좌의 입장에서는 당시 〈김옥균전〉의 공연은 매우 중요한 의미를 지
니고 있었다. 그래서 두 작품을 청춘좌 6회 공연의 5회차와 6회차에 배
치한 의도는 분명하게 짚고 넘어가야 한다. 일단 이 두 작품은 위의 광
고대로, 보기 드문 1일 1작품 공연 사례이다. 동양극장이 1일 1작품 공
연을 상례화했다는 일부 연구자들의 믿음과는 달리, 실제 1일 1작품 공
연 사례는 보편적이지 않았으며 오히려 예외적이었다고 판단하는 편이
더욱 타당하다.

그 이유는 다양한 관람 콘텐츠를 제공해야 한다는 관습적 규칙을 적
용받고 있는 1930년대 공연 현실에서 관객들의 요구를 대체할 수 있는

---

11 『동아일보』, 1940.4.24, 1면.

대작이 아니면 1일 2~3작품 공연 체제를 유지하는 편이 상대적으로 유리했기 때문이다. 통상적으로 관객들은 메인 작품으로서 비극뿐만 아니라, 희극과 인정극도 요구하고 있었으며, 막간 역시 동일한 이유로 선호하고 있었다.

동양극장 역사에서 이러한 당대의 암묵적 관습을 벗어나 1일 1작품 공연 체제로 대대적인 성공을 거둔 경우는 〈단종애사〉가 최초였다(극단 역사상). 이 공연을 통해 청춘좌는 일약 주목받는 극단으로 부상할 수 있었으며, 동양극장은 당대의 관습에 도전해야 할 필요를 획득할 수 있었다. 극장의 필요에 따라서는 1일 2~3작품 공연 체제를 포기해야 한다는 교훈을 얻었다고도 할 수 있다.

1940년 동양극장으로서도 이러한 결단이 필요한 시점이었다. 동양극장을 이끌던 청춘좌의 공연 제작 수준과 관객 선호도가 본래 궤도에 오르지 않고 있었기 때문이다. 간신히 자체 제작 시스템을 복원했지만, 사주 교체 이후 아랑 분화로 인한 손실을 완전히 보완한 상태라고는 볼 수 없었기 때문이다. 따라서 청춘좌의 재기를 위해서는 대작의 제작과 인기가 절실했는데, 이러한 판단은 과거 극단 공연사에서 그 방안을 찾고자 했다.

이를 위해 동양극장의 좌부작가들이 절치부심한 흔적이 이 두 작품으로 결실을 맺었다고 할 수 있다. 지금도 그렇지만 1930년대에 대작(독립 공연이 가능한 다막극)을 집필하는 작업이 수월한 작업이 아니라고 할 때, 오랫동안 이 작품의 집필에 주력했음을 확인할 수 있다.

신문 광고를 통해 〈김옥균전〉에 대한 주변 정보를 취득하면 다음과 같다. '문제 중에 잇든 전기극 〈김옥균전〉'이라는 표현을 통해, 〈김옥균전〉이 일으킨 일종의 공론을 인정하고 있다.[12] 대신 '젊은 작가 김건'을 부각하여 송영의 흔적을 지우고자 했으며, 연출 홍해성과 장치 김운선을 통해 동양극장(청춘좌)의 건재를 과시하고자 했다. 경쟁 극단인 아랑이 내놓는 송영·임선규 작, 박진 연출, 원우전 장치 〈김옥균〉(6막 11장)에 대비하고자 했다.

요약해서 말한다면, 청춘좌는 재기(체제 완비)를 위해 순회공연을 오랫동안 시행하면서 공연 자립을 위한 기반을 다시 축적해 나갔고, 그 결과를 극대화할 요량으로 〈김옥균전〉의 야심 찬 제작에 돌입했던 것이다. 청춘좌에게 〈김옥균전〉은 사주 교체 이후 최대 규모의 단독 공연작이었고, 동양극장 제작 역사에서도 희귀한 1일 1작품 공연 체제의 작품이었다. 특히 〈김옥균전〉에 돌입하는 일련의 과정, 즉 1939년 12월 단독 공연→1940년 2월/3월 순회공연→4월 중앙공연(6회차 공연)의 순서와 흐름은 공연작 〈김옥균전〉을 최정점으로 하는 일련의 공연 정상화 과정으로 볼 수 있다.

이처럼 〈김옥균전〉이 사주 교체 이후 동양극장에서 차지하는 비중과 위상은 결코 낮지 않다고 해야 한다. 아니, 〈김옥균전〉은 사주 교체 이후 그 위상이 추락했던 청춘좌가 다시 비상과 재기의 기회를 얻기 위해 야심차게 마련된 작품이었다고 정리하는 편이 온당할 것이다. 그 결과 4막 11장의 다막극(장막극) 구조를 갖출 수 있었고 1일 1작품 공연 체제를 과감하게 도입하는 공연상의 파격을 단행할 수 있었다. 적어도 1939년 9월 사주 교체 이후(8월 24일 동양극장 일시적 폐쇄)의 동양극장(주로 청

---

12 「송영 씨 아랑 행」, 『조선일보』, 1940.4.2, 4면 참조.

춘좌)의 행보를 지켜보는 입장에서는 그 공연의 비중과 위상은 매우 중요하다고 판단해야 한다.

그렇다면 아울러 중요한 의혹이 제기될 수 있다. 이토록 중요한 의미를 가지는 〈김옥균전〉의 대본이 사전에 유출되어 경쟁극단에서 공연되는 불상사(각자의 극단에서는 일종의 손해)로 이어졌는데, 동양극장 측은 이에 대해 미미한 대처만 하고 만다. 당연히 동양극장 측이 이토록 중요한 작품이 타 극단(그것도 경쟁극단인 아랑)에서 공연되는 상황을 방치한 이유와, 저작권 등을 동원하여 납득할 조치를 취하지 않은 상황에 대해 의문을 품을 수밖에 없다.

위와 관련된 당시 상황을 감안하면, 청춘좌의 독자적 생존을 위해 마련했던 공연(권)을 너무 쉽게 포기한 이유와, 이와 관련된 경쟁극단의 저작권 침탈을 묵인한 상황에 대해 의문을 품지 않을 수 없다. 비단 이러한 이유와 상황은 일단 동양극장에서 불거진 문제이기는 하지만, 비단 동양극장만의 문제로 국한시킬 수는 없다. 이와 유사한 상황이 조선의 연극계에서 간헐적으로 목격되는 사안이었기 때문에, 이러한 의문은 근대극 초창기 조선의 연극계를 관통하는 관례에 대한 문제 제기와 하등 다를 바가 없다고 해야 한다.

### 2) 아랑의 〈김옥균〉 공연 과정과 그 성과

아랑과 '김옥균'을 소재로 하는 연극 사이의 관련 사실이 보도되기 시작한 시점은 동양극장 소속 극작가였던 송영이 돌연 동양극장을 탈퇴하고 아랑으로 이적하면서부터이다.[13] 송영은 중앙무대와 인생극장을 거쳐 동양극장 전속작가로 활동하고 있었는데, 탈퇴하기 직전까지 김건과 함께 '김옥균'을 대상으로 하는 희곡을 집필 중이었다. 당시 신문은 송영이 경제적 이익과 인간관계를 도모하고자 이적했다고 진단한 바 있다.[14]

송영의 이적 후 〈김옥균〉의 공연 소식이 보도된 것은 채 한 달이 지나지 않아서이다. 당시 신문은 동양극장이 김건 작 〈김옥균〉(4막 11장)을 무대에 올린다는 소식과, 아랑이 송영·임선규 합작 〈김옥균〉을 상연하려 한다는 소식을 동시에 전하고 있다. 극장은 각각 동양극장과, 시내 제일극장이고, 날짜는 공히 4월 31일부터라고 전하고 있다.[15]

실제로 〈김옥균〉이 상연된 시점은 1940년 4월 30일이었다. 아랑은 전 6막 11장에 달하는 〈김옥균〉을 박진 연출, 원우전 무대장치로 무대에 올렸다. 황철, 양백명, 김두찬, 유장안, 이응모, 고설봉, 한창우, 윤일순, 남량민, 량진, 맹만식, 서일성, 김선초, 문정복, 이정순, 이예란, 강혜숙, 김경숙, 이애영, 박영신, 엄미화(유년 역) 등이 출연해서 아랑의 호화 캐스팅을 다시 한번 보여주었다.[16] 박진은 이 작품에 차홍녀가 출연한 것처럼 기술했는데 이것은 착오이다.[17]

초연 당시 배역은 정확하게 기술되어 있지 않다. 다만 남림의 공연평을 참조하면 일부 배역을 확인할 수는 있다. 남림에 따르면 이 작품에는

---

13  아랑의 〈김옥균〉 공연 추이와 그 결과에 대해서는 다음의 논문을 원용했다(김남석, 「극단 아랑의 운영 방식 연구」, 『민족문화연구』 46호, 고려대 민족문화연구원, 2007, 77~85면 참조)

14  『조선일보』, 1940.4.2, 4면 참조.

15  『조선일보』, 1940.4.28, 4면 참조.

16  『매일신보』, 1940.4.30, 3면 참조.

17  박진, 「동양극장과 아랑」, 『세세연년』, 세손, 1991, 179~180면 참조.

특정한 주인공이 없었다고 하는데, 이 말은 배역의 비중이 고루 분산되었다는 뜻으로 이해된다. 김옥균 역은 황철이 맡았고, 홍영식 역을 서일성이 맡았으며, 양백명과 맹만식도 주요 배역을 맡은 것으로 여겨진다.[18] 양진梁進은 복쇠 역을 맡아서 열연했다.[19]

〈김옥균〉은 여러 차례 재공연을 시행했는데, 그중에서도 1940년 6월 7일부터 시작되는 재공연에서는 역할이 더욱 구체적으로 명시되었다.

(配役) 민영익-양백명, 량홍재-고설봉, 강녀-이예란, 복쇠-량진, 이조연-맹만식, 심상훈-이몽, 윤태준-윤일순, 한규준-남양민, 홍영식-서일성, □□□-임사만, 김옥균-황철, 원세게-유장안, 이건영-양뱅명, 이규완-김두찬, 윤영관-□□□, 신□□-량진, 임은명-고설봉, 백악설-윤일순, 박응학-임사만, 박영효-맹만식, 죽첨-유장안, 유씨-문정복, 경진-엄미화, □대□-김선초, 서광범-고설봉[20] (□는 인식 불능 : 인용자)

4월 30일부터의 공연은 제일극장에서 치러졌는데, 6월 7일 공연은 부민관으로 장소를 이동했다. 이것은 아무래도 관객 동원을 원활하게 하려는 의도로 보인다. 또한 재공연에서는 여러 가지 세부적인 사항들을 보완한 흔적이 엿보인다. 일단 초연에서 미흡했던 음악을 보강했다. 작곡가 김중영에게 의뢰하여 음악을 준비했고 이로 인해 극 진행이 더욱 충실해졌다.[21]

---

18  남림, 「아랑소연 〈김옥균〉을 보고」, 『조선일보』, 1940.6.9, 4면 참조.
19  『조선일보』, 1940.6.6, 4면 참조.
20  『조선일보』, 1940.6.7, 4면 참조.
21  『조선일보』, 1940.6.5, 4면 참조.

6월 20일 만주 공연에 임하는 아랑의 배역도 일부 공개되었다. 여기서는 무대미술을 맡은 이가 원우전이라는 사실도 다시 한번 명확하게 확인할 수 있다.

그림383 아랑의 〈김옥균〉 만주 공연[22]

그림 383은 청춘좌와의 흥행 경쟁에서 압도적으로 승리했다는 평가와 함께, 아랑의 만주 내방 공연을 전하고 있다. 가장 흥미로운 점은 임선규가 단독으로 '원작연출'로 표기된 점이다. 박진마저 연출에서 제외되었고, 가장 논란이 되었던 원작(혹은 각색) 대본 작가의 이름이 임선규만 표기된 것이다. 저작권 문제부터 아랑의 작가 표기의 문제에 이르기까지 송영은 또 하나의 논란에 설 수밖에 없었다.

다음으로, 역사적 고증을 들 수 있다. 당시 기사를 보면, 재공연에서 아랑이 가장 신경 쓴 부분은 '효과적인 음악사용'과 함께 '상세한 고증'

<hr />

22 「〈김옥균전(金玉均傳)〉 상연」, 『만선일보』, 1940.6.20, 1면 참조.

이었다.[23] 당시 공연을 보고 평을 쓴 남림도 이와 대해 언급한 바 있었다. 남림은 "이러타 할 히로인이 업는, 말하자면 극히 흥행적으로 보아서 위험천만한" 드라마를 들고나온 담력을 공연을 보면서 이해할 수 있었다고 전제하고, 그것은 "착참하고도 모로 보든지 지금 잇서서 손대기 어려운 까다로운 소재를 간간이 기묘한 복선을 너허 가며 끗까지 이끌어 나가도록 꾸"민 역량 때문이었다고 치하했다.[24] 이러한 평가를 분석하면 소재에 대한 적절한 도용과 드라마적 특성을 살린 극작술에 대한 칭찬이라고 할 수 있다.

그 다음으로, 다수 배우의 등장과 이로 인한 대규모 공연의 창출이다. 위에서 인용한 배역표를 보면 알 수 있듯이 이 작품에는 상당 수의 배우들이 출연하고 있다. 아랑만큼 폭넓은 캐스팅 능력을 가진 극단이 그다지 많지 않았음에도, 아랑의 배우들만으로는 모든 배역을 소화할 수 없었다. 그래서 아랑의 배우들은 기본적으로 더블 캐스팅을 원칙으로 하고 있다. 또한 아랑은 이 작품의 규모를 보다 확대하기 위해서 약 50명의 엑스트라를 동원하였다. 이것은 초연에서는 계획만 하고 구현하지 못했던 다이나믹한 무대를 인원을 충원하여 실현하고자 하기 위함이었다.[25]

초연 당시부터 이 작품의 영화화에 대한 기사가 계속 보도되고 있었다. 재공연 시 한양 영화사와 동화 영화사가 찬조 출연한다는 소식도 보도된 바 있는데, 그때 임시 등장 인원이 백여 명이 될 것이라는 기사도

---

23  『조선일보』, 1940.6.7, 4면 참조.
24  남림, 「아랑소연 〈김옥균〉을 보고」, 『조선일보』, 1940.6.9, 4면 참조.
25  『조선일보』, 1940.6.7, 4면 참조.

부기되어 있다.[26] 엑스트라 50명을 동원할 수 있었다면 이러한 찬조 출연 덕분이었을 것으로 여겨진다.

〈김옥균〉 공연에서 문제점으로 지적 받은 부분은 대략 네 가지이다. 첫째, 후편까지 결합된 것으로 보이는 재공연에서 '붓끝을 다른 곳으로 움직일 충동'을 덜 느낀 점이다. 이 말은 서사의 안이한 전개에 대해 비판하는 것으로 보이는데, 전반적으로 소재와 구성이 뛰어난 것은 분명했지만, 결론이 평이했고 반전이 필요했다는 뜻으로 이해할 수 있다.

둘째, 서일성과 유장안이 자기 몫을 하지 못했다는 지적이다. 서일성은 저력 있는 연기를 보여주었지만, '엘로퀘－숀'의 부주의로 숨이 가빠지는 단점을 지적받았다. 또한 유장안도 죽첨공사와 원세계를 동시에 열연했음에도 불구하고 활약을 하지 못했다는 평가에 직면했다. 황철이 신체적 조건이 불리함에도 자신의 성량을 잘 구사하였고 양백명과 맹만식도 무난한 연기를 펼쳤다는 평가와는 상반되는 결과였다.

셋째, 소도구의 부재였다. 평자 남림은 소도구가 없기 때문에 장치는 장치대로, 인물은 인물대로 동떨어져 보였다고 지적했다. 이것은 원우전 장치에 대한 근본적인 불만이라기보다는, 세부적인 처리 미숙을 지적하는 발언으로 풀이된다.

넷째, 김준영의 음악에 대한 부분적인 보완을 요구했다. 남림은 '나마'를 썼으면 더욱 효과적이었을 것이라고 판단하고 있다. 이러한 네 가지 약점 내지는 보완점은 〈김옥균〉 공연이 전체적으로 성공적이라는 전제를 가정하고 행해진 것들이나. 다시 말해서 〈김옥균〉 공연은 미학

---

26  『매일신보』, 1940.5.1, 6면 참조: 『조선일보』, 1940.5.1, 3면 참조.

적으로 그리고 흥행 면에서 성공한 작품이었다. 현재 대본이 남아 있지 않아 그 원형을 파악하지 못하는 점이 아쉽지만, 아랑의 저력이 묻어 난 작품으로 판단해도 무난할 것이다.

이 작품과 관련하여 동양극장 측의 사정을 살펴 볼 필요가 있다. 시내 전역에 선전물을 뿌리고 애드벌룬을 올리는 소동까지 벌이면서, 아랑과 동양극장은 각자의 〈김옥균〉을 홍보하는 데에 열을 올렸지만, 결과는 아랑의 승리로 돌아갔다. 박진의 표현을 빌리면 벽돌집 창고였던 제일극장은 관객들로 터져나갈 듯 만원이었고, 동양극장이 있는 서대문 마루턱은 대신집 문전처럼 한산했다고 한다.[27]

그러나 다른 자료를 참조하면, 동양극장의 〈김옥균〉이 마냥 실패한 것만은 아니었다. 송영과 임선규의 비중, 그리고 인기 배우 황철·서일성·양백명의 아성에 뒤지기는 했지만, 동양극장의 〈김옥균〉도 호평을 받으며 상당한 관객을 끌어모았다고 한다.[28] 작가 김건의 역량이 예상 외로 뛰어났고, 한일송·지경순 등의 스타들이 열연했기 때문이다.

여기서 동양극장과 아랑의 관계를 통해 이 작품의 연극사적 의의를 찾을 수 있다. 〈김옥균〉을 창작하던 송영이 동양극장을 뛰쳐나와 아랑에 합류한 사실은 석연치 않은 구석이 있다. 당시 연극계에서는 스카우트와 이적 문제가 적지 않은 말썽거리였는데, 이 사건에도 그러한 혐의가 짙게 배어 있기 때문이다. 그런 면에서 아랑은 세인의 입에 오르내릴 만한 흠결을 감수한 채 작품의 제작에 돌입했다.

대신 아랑은 이 작품을 자신만의 스타일로 바꾸어 개성을 살리는 데

---

27  박진, 「동양극장과 아랑」, 『세세연년』, 세손, 1991, 179~180면 참조.
28  『조선일보』, 1940.5.5, 4면 참조.

에 치중했다. 위에서 지적한 대로, 재공연을 통해 부족한 점을 보강했고 독자적인 측면을 살리려고 노력했다. 오히려 원작에 가까웠던 동양극장의 연극을 압도하는 미학과 흥행 성적을 보여준 점은 그래서 주목된다.

한편 아랑과 동양극장의 경쟁은 세인들의 관심을 집중시켰다. 남림은 이 기회를 이용하여 두 극단의 실력을 가늠할 수 있었고, 극작가나 배우들이 가진 역사 해석과 연기를 비교할 수 있어서 흥미로웠다고 언급했다. 일반 관객들도 재미있는 곳과 재미없는 곳을 비교할 기회를 얻었으며 두 작가의 역량을 논의할 수 있어서 또한 흥미로웠다고 말하고 있다.[29] 두 극단의 경쟁은 지금 생각해도 흥미로운 사건이었음에 틀림없다. 당대 최고의 극단들이 비슷한 조건에서 서로 최선을 다해 경쟁한 사건이었기 때문이다.

여기서 남림은 한 걸음 더 나아간 견해도 제시하고 있다. 이 부분은 세인의 평가나 흥미 위주의 평가에서 벗어나 두 극단을 보다 명확하게 파악할 수 있도록 하는 근거가 된다. 남림은 두 연극이 서로 달랐다는 것과 재미가 없다는 것(재미의 유무)은 근본적으로 성격이 다른 문제라고 전제하고, 한 극단의 작품이 재미있었고 다른 극단의 작품이 재미없었던 근본 원인을 분석하고 있다. 남림의 견해에 따르면, 그것은 극단과 극장 경영주의 책임이다.

남림은 비록 배우와 작가 그리고 연극 각 분야의 전문가들에게도 책임이 있지만, 그 책임은 사실상 미미한 것이고, 예산을 넉넉하게 책정해 작가가 요구하기 전에 재료와 참고품과 고서와 연구 서적을 지원하지

---

29  남림, 「역사물과 각색-충분한 고증 있기를」, 『조선일보』, 1940.6.7, 4면 참조.

못한 극단(극장 경영주)의 책임을 추궁했다.[30] 대본을 쓰고 공연을 연습시키는 입장에서 경영주에게 낯을 붉히며 예산을 구걸하는 행위는 결과적으로 창작의 능률을 제고시키지 못했다는 견해인데, 이러한 분석을 통해 우리는 당시 연극계의 실상을 짐작할 수 있다.

동양극장처럼 체계화된 연극 단체조차 생산비를 아꼈기 때문에 한층 다채로울 수 있었던 이야기가 경직되기에 이르렀고, 고증 작업의 중요성을 인식하지 못했기 때문에 세부적인 디테일에서 결함을 드러냈다는 문제 진단은, 아랑이 신진 극단이었음에도 비용 투입과 고증 작업에 소홀하지 않았기 때문에, 당시 최고 규모를 자랑하던 동양극장과의 경쟁에서 승리할 수 있었음을 시사한다고 하겠다.

또한 이것은 황철의 극단 운영 방침에 대해 시사하는 바가 적지 않다. 〈김옥균〉의 확대 개작 사업에서도 확인되었지만, 아랑은 연극의 완성을 위해 투자 비용을 아끼지 않았으며 보다 완성된 연극을 위해 조직적인 지원을 아끼지 않았다. 이러한 장기적인 투자와 능률적 제작 태도가 결국에는 아랑의 성공과, 〈김옥균〉의 흥행을 결정지은 셈이다.

아랑의 투자 의지는 여기에서 그치지 않았다. 극단 아랑은 이 작품을 통해 비단 동양극장하고만 경쟁한 것이 아니다. 당시 기사를 참조하면 아랑은 이 작품을 영화로 제작하려고 했고, 이로 인해 동일 계획을 수립하던 고영高映과 또다시 경쟁하는 입장에 처하고 만다. 고영 역시 임화 원작의 〈김옥균〉을 역시 기획하고 있었다. 고영의 〈김옥균〉이 실제로 만들어졌는지는 확인되지 않으나, 아랑이 계획을 실현하지 못하면서

---

30 남림, 「역사물과 각색 – 충분한 고증 있기를」, 『조선일보』, 1940.6.7, 4면 참조.

두 극단의 경쟁은 성립되지 않았다. 하지만 아랑이 이 작품의 영화화를 통해, 보다 발전적인 방향을 모색했다는 증거를 갖출 수 있다. 지금의 문화 현상으로 따지면, 원–소스–멀티–유즈<sup>one-source-multi-use</sup> 정책이라고 할 수 있다.

한편 아랑은 〈김옥균〉의 대규모 만주 공연을 시행하기도 했다. 경성 공연이 일단락되는 시점인 1940년 6월 중순을 기해, 서선西鮮, 만주滿洲, 북선北鮮을 순연하는 계획을 발표했다.[31] 이 계획은 6월 22일~23일까지 '외국두도가상무구락부外國頭道街商務倶樂部' 공연으로 실행되었다. 당시 공연 스텝을 소개하면, 황철·서일성·양백명·맹만식·박영신·문정복·이정순·김선초·엄미화를 망라하고 있으며, 착오인 것으로 여겨지지만 죽은 차홍녀의 이름도 포함하고 있어, 아랑의 최정예 부대가 출연할 것임을 거듭 강조했음을 알 수 있다.[32]

당시 만주 지역의 기사를 보면, 아랑을 조선 흥행계의 이름이 높은 극단으로 소개하고 있으며 〈김옥균〉으로 청춘좌와 경쟁을 벌여 청춘좌를 압도한 사실을 대서특필하고 있다. 또한 〈김옥균〉이 조선 내에서 인기를 독점한 각본이라는 점을 소개하면서 만주 지방 사람들이 이 작품을 보아야 하는 당위성을 선전하고 있다.[33] 이 기사는 근본적으로 〈김옥균〉의 광고임을 감안해야 하겠지만, 당시 기사의 내용으로 만주에서도 이 작품에 대한 기대가 대단했음을 확인할 수 있다.

김영수는 고협, 아랑, 조선무대 등을 '준準 신극단체'로 꼽고 있다. 김

---

31 『매일신보』, 1940.6.7, 4면 참조.
32 『만선일보』, 1940.6.20, 3면 참조.
33 「조선흥행극계의 효장(驍將) 극단 아랑 내연(來演)」, 『만선일보』, 1940.6.20, 3면 참조.

영수가 말하는 '준신극단체'란 '순수신극純粹新劇이 몰락하자 그 뒤를 대두한 일련의 신극관련 단체를 가리킨다. 아울러 김영수는 '준 신극'과 '중간극'이 크게 다르지 않다고 말하며, '준신극단체'가 결국 신극과 대중극, 지식인 연극과 흥행극의 절충적 개념임을 숨기지 않았다. 아랑이 '준 신극단체'로 취급된 것은 〈김옥균〉 때문이었다. 김영수는 아랑이 두 작품을 부민관으로 들고나오면서 신극이 붕괴된 영역을 '엄습掩襲' 했다고 표현했다.[34] 신극 운동이 실질적으로 와해되고, 그 자리에 고급스러운 극작술과 진지한 문제의식을 갖춘 대중극이 상연되기 시작했음을 비유적으로 표현한 말이다.

김영수는 고협이 스타-시스템에 의지하기보다는 '전체적인 무대의 완성'을 추구하였기 때문에, 대본의 약점에도 불구하고 전체적인 성공을 거둘 수 있었다고 평하면서, 아랑 역시 이러한 성향을 보였다고 분석했다. 또한 김영수는 이러한 극단들의 시도를 관객의 범위를 제한하지 않고, 관객 본위로 작품을 만들려고 하는 극단의 달라진 태도로 파악했다. 다시 말해서 신극 단체의 고압적인 작품 제작 태도에서 벗어나 관객을 염두에 두고 관객의 수요를 생각하며 관객이 좋아하는 연극을 만들려는 태도가 달라진 '준 신극단체'의 특징이라는 것이다. 연극의 질적 저하低下를 방비하면서도 동시에 흥행에서 성공을 도모하는 달라진 태도는, 결국 우수한 각본을 가지고 대중 속으로 들어간다는 뜻이라고 주장하며, 그 대표적인 작품으로 아랑의 〈김옥균〉을 꼽고 있다. 김영수는 아랑의 〈김옥균〉이 대중성과 흥행성, 그리고 진지함과 예술성을 고루

---

34  김영수, 「연극의 각성」, 『인문평론』, 1941.1, 31~33면 참조.

갖춘 연극이라고 평가한 것이다.

작품 〈김옥균〉이 기획되고 창작된 초기 상황(석연치 않은 송영의 이적)을 제외하면, 아랑은 자체 기획력과 공연 노하우를 바탕으로, 당대 최고의 인지도와 자금력과 연극적 인프라를 가진 동양극장과 경연에 나섰다. 비록 아랑이 호화 캐스팅을 자랑한다고 하지만, 수년에 걸쳐 대사회적 기반을 구축한 동양극장에 비하면 인프라가 부족했는데도 자신들의 선택을 굽히지 않았다.

이처럼 아랑의 극단 운영은 공격적이고 창의적이었다. 그들은 자신들만의 경영/공연 노하우를 내세웠고, 주변 여건에 흔들리지 않는 일관성도 보여주었다. 그들은 자신들의 연극을 끊임없이 보완하고 완성하려는 모색도 소홀하지 않았다. 이러한 극단 운영과 공연(제작) 마인드가 그들의 극단을 단시간 내에 안정된 궤도 위에 올려놓을 수 있었다. 〈김옥균〉에 나타난 과감한 투자와 창의적 발전 모색은 이를 증명한다고 하겠다.


## 3) 1940년대 라이벌 극단의 공연작 경쟁과 극작(품) 소유(권) 문제

양쪽의 입장을 살펴볼 때, 동양극장은 기획 제작의 일환으로 〈김옥균전〉에 도전했고, 그 대표 작가가 송영이었다고 해야 한다. 그러나 송영은 이 작품을 자신의 작품으로 간주하고 아랑으로 이적하는 이탈을 감행했고, 동양극장은 김건으로 하여금 이 기획 제작 〈김옥균전〉을 마무리하도록 유도했다. 결국, 동양극장의 문예부 소속 김건을 앞세워 기존의 〈김옥균전〉은 동양극장의 연극으로 변환될 수 있었고, 송영의 개인 창작 몫으로 분할된 〈김옥균〉은 역시 아랑의 연극으로 남을 수 있었다.

각본부 혹은 문예부로 통칭되던 대본 공급처는 어떠한 경우에는 개인의 저작권이 아닌 단체의 저작권을 생성하는 명분까지 제공했다. 실질적으로 대본을 집필했던 것으로 여겨지던 송영의 이적에도 불구하고, 동양극장 문예부는 〈김옥균전〉의 구상, 기획, 제작, 공연에 관한 관습적 권리를 주장할 수 있는 근거를 당대 공연 관습(관행)을 통해 확보할 수 있었고, 이를 통해 저작권(공연권)을 유지할 수 있었다고 해야 한다. 현재의 입장과는 달리 당시 연극적 환경에서는 동양극장이 저작권과 공연권을 어떻게 해서든 방어해야 하는 입장에 처했을 가능성이 높다고 해야 한다. 이러한 인식은 결과적으로 공연의 성패에도 영향을 끼칠 수밖에 없어, '김옥균'을 소재로 한 작품에서 아랑의 성공과 동양극장의 침체를 나누는 중요한 기준으로 작용했다고 보아야 한다.

이처럼 동양극장 〈김옥균전〉 논란을 불러일으킨 장본인은 단연, '송영'일 수밖에 없다. 송영의 동양극장(문예부) 이탈로 인해, 〈김옥균전〉은 아랑의 레퍼토리로 분화 제작될 수 있었다. 물론 당시 제작 관행에서 연극인의 '이합집산'은 일상적인 현상이었고, 결과적으로도 개인 소유의 작품이라는 정당성이 우세했다고는 하지만, 현재의 시각으로는 이러한 송영의 이탈(이적) 행위가 손쉽게 이해되는 것은 아니다. 극단의 자산이었던 작품을 무단 방출했음에도, 이러한 행위에 대해 동양극장 측의 제지가 뒤따르지 않은 점도 의아스럽다. 마찬가지로 이러한 대본 유출 상황에 대한 아랑의 사과나 죄책감 등의 최소한의 입장 표명도 찾기 어려운 상황이었다. 이러한 의아한 정황은, 송영을 중심으로 연극계의 상황을 폭넓게 되살피도록 종용한다.

송영은 1939년 9월에서 1940년 4월 무렵까지 동양극장에서 가장 비중 있는 좌부작가 중 한 사람이었으며, 송영 본인이 동양극장에서 활동한 두 번째 전성기에 해당한다. 하지만 송영의 활동은 1940년 4월 무렵 중지된다.[35] 그것은 송영이 동양극장을 이탈하여 아랑으로 이적했기 때문인데,[36] 아직까지 그 발단은 무엇인지 명확하게 밝혀지지 않았으나, 그 과정에서 〈김옥균〉의 대본을 동양극장과 아랑이 공유하면서,[37] 1940년 4월 조선 연극계는 동일 소재의 공연의 동시 진행을 경험할 수 있었다.

### 4) 〈김옥균전〉 공연과 그 재구성

남은 자료를 통해 동양극장의 〈김옥균전〉과 주변 상황을 재구하면 **그림 384**와 같다.

동양극장의 〈김옥균전〉은 '특별 공연'으로 애초부터 선전되고 있었다. 그만큼 동양극장으로서는 이 작품에 여러 기대를 걸고 있었다고 해야 한다. 제명도 '특별공연'으로 공고하며, '백 명' 이상의 출연진을 동원할 것이라는 광고도 내보낸 바 있다. 이러한 준비된 기획력은 김태윤 경영주가 등장한 이후에 즐겨 나타나는 현상이었다. 그렇다면 이러한 작품을 기획하게 된 특별한 이유가 있는지 살펴볼 필요가 있다.

---

35  1939년 4월 15일부터 24일까지 공연된 회차에서 청춘좌 작품으로 희극 〈아버지는 사람이 좋아〉가 이 시기 마지막 작품으로 기록된다. 하지만 이 작품은 재공연작이었고, 1936년 10월 초연 시점부터 문예부 안으로 여러 차례 발표된 작품이었다.
36  『조선일보』, 1940.4.2, 4면 참조.
37  『매일신보』, 1940.4.30, 3면 참조.

청춘좌의 〈김옥균(전)〉의 공연 장면(2막)[39]　　　　　특별 공연 〈김옥균(전)〉[40]

그림384 **동양극장의 공연 〈김옥균(전)〉**(1940년 4월 30일~5월 5일) **관련 사진과 기사**

이 작품이 공연된 1940년은 김옥균 사망(1895년)으로부터 46년이 되는 해였기에, 이를 기리기 위한 각종 추모 행사가 열리고 있었다.[38] 이러한 주변 상황은 이벤트 행사를 중요하게 여긴 김태윤에게는 절호의 기회가 아닐 수 없었다. 그는 청춘좌의 관련 공연을 김옥균 서거일(3월 28일)에 맞추어 계획하는 치밀함을 선보이면서, 대중들에게 동양극장의 연극을 자연스럽게 홍보하고 관람을 유도하는 공연 기획을 수립했다.[41]

당시 공연 사진을 살펴보면, 〈김옥균전〉의 규모가 상당했음을 확인

---

38 「고(古) 김옥균 씨 46주년 추모회 금일 동경에서 고우들이 개최」, 『매일신보』, 1940.3. 29, 2면 참조.

39 「청춘좌의 〈김옥균(金玉均)〉, 동극(東劇) 상연 중 제2막」, 『동아일보』, 1940.5.4, 5 면; 김남석, 「발굴된 무대 사진으로 살펴본 동양극장 무대미술에 대한 일 고찰」, 『우 리어문연구』 58집, 우리어문학회, 2017, 20면 참조).

40 「〈김옥균전(金玉均傳)〉 청춘좌 특별 공연」, 『매일신보』, 1940.4.29, 4면 참조.

41 김태윤의 홍보 제작 전략에 대해서는 다음의 논문을 참조했다(김남석, 「사주 교체 직후 동양극장 레퍼토리 연구」, 『영남학』(통합 60호), 경북대학교 영남문화연구원, 2017, 329~331면 참조).

할 수 있다. 위의 좌측 사진을 보면 상수 방향 객석에서 바라본 공연 상황이 인상 깊게 포착되어 있다. 도포를 입은 청년과 관복을 입은 사람들이 좌우로 벌려서 대립하는 형상인데, 이러한 구도는 김옥균이 살았던 당시의 조선 정치계를 연상하게 한다. 즉 보수파의 기층 권력자들과 개혁을 부르짖는 신흥 권력 세력이, 국운과 정권(쟁탈)을 놓고 대립하고 있는 구도였다. 전반적으로 젊은 관료들이 중심을 이룬 개화파는 보수 권력에 대항하여 혁신적인 개혁을 요구(역설)하고 있었다. 위의 구도는 이러한 정치적 현실을 시각적으로 반영한 결과라고 하겠다.

또한, 위의 구도에서 발견되는 특징은 다수의 등장인물이 출연하고 있다는 점과, 그럼에도 무대 위의 상당 부분을 비워두었다는 점이다. 청춘좌 역사상 100명의 출연을 필요로 한 작품은, 역대 작품 중 〈단종애사〉(1936년 7월 15일~21일)뿐이었다. 이 작품은 청춘좌만으로 출연 인원을 충당하지 못해서, 호화선의 배우들까지 연기에 참여해야 했고, 심지어는 극장 간부나 스태프 등도 보조 출연 인력으로 무대에 서야 했다.[42] 15막 17장에 이르는 대작이었던 만큼, 이 작품은 1일 1작품 공연 체제를 저절로 야기할 수밖에 없었다(당시로서는 파격적으로 막간도 생략되었다).[43] 그 결과 동양극장에서 최초의 1일 1작품 공연 기록을 남겼다. 이러한 대규모 출연과 규모를 앞세워 〈단종애사〉는 빛나는 흥행 기록을 세웠고, 이러한 기록 등이 합쳐지면서 초창기(1935~1936년) 청춘좌와 동양극장의 공연 제작 기틀과 흥행 기조가 마련될 수 있었다.

〈난종애사〉의 성공 신화는 1940년에도 여전히 유효했다. 동양극장

---

42 박진, 『세세연년』, 세손, 1991, 158~159면 참조.
43 고설봉 『증언 연극사』, 진양, 1990, 69면 참조.

의 전사를 연구하면, 이 〈단종애사〉가 세간의 주목과 물의를 일으키면서 오히려 동양극장이라는 존재를 세상에 알리는 계기가 되었음을 확인할 수 있다. 이 작품을 기획하고 연출했던 박진은 흥미로운 비사를 전하고 있다.

이 될 수 없는 노릇(검열 통과 : 인용자)을 되도록 하는데, 아무리 왕사(往事)지만 노골적으로는 애기할 수 없으나 그 일인 관리의 요구 조건(그때로서는 좀 어려운 일이었지만)을 쾌히 들어주고 용산 방면에 있던 1급 유곽으로 관인(官印)과 사인(私印)을 가지고 오게 해서, 일녀 창기를 하나씩 안겨주고 술을 진창 먹이면서 그 도장은 그 옆에서 창기에게 찍도록 했다. 생각하면 무엇에서 무엇까지 자랑할 만한 일은 아니지만 상연 불가(上演 不可)의 〈단종애사〉를 이렇게 했다.(…중략…) 현관의 큰 유리가 둘이나 깨지고 손님을 때려서 내쫓을 지경이었다. 이렇게 하기를 8일 간, 그제서야 경기도 경찰부장의 명령으로 서대문 경찰서장이 나와서 중지를 시켰는데, 이왕직에서 항의가 왔다는 것이었다. 이왕직은 8일 동안 잠만 잤던 모양이다. 그러나 8일은 5백 년보다 짧다.[44]

이 글을 쓰고 이 작품 〈단종애사〉를 연출한 박진은, 신분상으로 조선 고위 관료의 아들이었다. 일찍부터 지체 높은 아버지를 둔 덕분에 그는 조선 왕조의 실체를 면밀하게 파악하고 있었다고 해야 한다. 자연스럽게 그는 조선 왕조의 감추고 싶던 비밀 중 하나였던 단종 폐위가 지닌

---

44 박진, 『세세연년』, 세손, 1991, 159~160면.

가치(역사적 쟁점이 자극하는 관객의 호기심)를 소상하게 이해하고 있었다
고 해야 한다.

기원으로만 놓고 본다면, 이 작품 〈단종애사〉는 일찍이 박팽년 일가
의 이야기로 구 토월회(태양극장)에서 공연한 바 있는 〈공포시대〉의 리
바이벌 작품이라고 할 수 있다.[45] 하지만 박진은 박팽년 일가의 죽음과
몰락에서 벗어나, 단종을 중심으로 한 조선 왕조의 격동을 그려내는 데
에 주력하고자 했다. 등장인물이 대폭 증가한 것은 이러한 제작/연출
상의 의도가 확대되었기 때문이다. 결국 박진은 〈공포시대〉가 가졌던
한계를 극복하고 대중적인 관심을 폭넓게 끌어올 수 있는 이야기로의
개작을 모색한 것이다.

박진은 민중의 관심사를 파악하고 있었고, 단종과 세조의 이야기를
극화할 경우(그것도 대작으로 무대화할 경우) 관객들의 집중적인 관심과 주
목을 받을 수 있다는 사실을 이해하고 있었다. 그러니 이를 연극으로 구
성하여 흥행의 이점을 추구할 수밖에 없었던 것은 당연한 이치였다. 더
구나 그는 검열이라는 복잡한 절차를 우회하여 이 작품을 무대에 올릴
방안을 찾는 데에 주력했다. 지방 공연 중인 호화선을 불러들이고, 뇌물
에 가까운 상납으로 검열관을 매수하는 방식까지 불사했다. 그 결과는
대단한 성공으로 나타났다. 박진의 과장된 표현을 빌리지 않아도 〈단종
애사〉에 쏟아진 인기가 대단했다는 증거는 곳곳에서 발견된다.

또 다른 문제는 이 작품이 지니는 시사성에서 찾아야 한다. 단종과
세조의 이야기는 조선 왕조의 이야기이기는 하지만, 너 확대하면 조선

---

45 「극단 태양극장 귀경 공연」, 『조선일보』, 1933.12.15, 4면.

과 일본, 즉 피지배자와 지배자의 문제로도 환원할 수 있다. 관객으로 변신한 조선의 민중은 폭력과 야합의 결과로 만들어진 권력의 실상을 관찰하는 데에 인색하지 않았다.

그렇다면 이러한 민중의 생각은 1940년대에도 크게 변하지 않았다고 보아야 할 것이다. 민중들은 비운의 조선 역사를 과거의 이야기이자 현실의 비유로 받아들이려는 성향을 여전히 유지하고 있었고, 동양극장 측이 이러한 민중의 의중을 읽고 이를 공연 콘텐츠로 활용하는 방안에 대해 적극적인 것은 당연했다. 이러한 기획 의도는 1936년 〈단종애사〉의 '흥행 신화'를 재현해야 할 현실 여건과 결합하여, 〈김옥균전〉으로 가시화되었던 것이다.

당시 김옥균에 대한 민중의 의중은 다음의 몇 가지 소식으로 가늠될 수 있다. 가령 김옥균 관련 사적에 대한 소식,[46] 김옥균 추모 행사 거행 소식[47] 등이 기사화될 수 있었던 유력한 이유는 김옥균에 대한 민중의 관심 때문이었다. 이처럼 1939년 즈음은 김옥균에 대한 관심사사 증폭되던 시기였다.

게다가 김옥균의 누이가 살아 있다는 소식이 전해지면서 세간의 의식을 측정할 수 있는 기회가 마련되기도 했다.[48] 기실 1940년 8월 기사는 4개월 전에 공연된 〈김옥균전〉에 직접적인 영향을 미칠 수는 없다. 하지만 1940년이라는 공통의 시간대 위에서 당대의 민중이 김옥균과 죽음(김옥균의 사)을 어떻게 바라보았는가에 대해서는 살펴 볼 수 있다.

---

46 「고 김옥균 씨 등 일한지사의 사적」, 『매일신보』, 1939.9.19, 3면 참조.
47 「고 김옥균 씨 사십육주년 추모회」, 『매일신보』, 1940.3.29, 2면 참조.
48 「고 김옥균 씨의 친매(親妹)를 발견 서천군 하에 생존 중」, 『매일신보』, 1940.8.14, 2면 참조.

살아 있는 김옥균의 여동생을 바라보는 시선도 노출된다. 그녀를 바라보는 시선은 안타까움으로 점철되어 있다. 힘겹게 살아남은 과정을 소개하고 현재 노안과 병환으로 고생하는 그녀 ― 김균金均 여사의 근황을 연민의 어조로 그리고 있다. 이러한 기사의 논조는 그녀의 오빠였던 김옥균을 향한 민심을 반영한다고 하겠다.

동양극장의 〈김옥균전〉의 기획과 제작에 직접적으로 영향을 끼쳤을 사건도 1939년에 발견할 수 있다. 그것은 김옥균의 일생을 다룬 영화 제작 소식이다.

金玉均傳映畵化

六十年前에, 東洋協同體의 理論을絶叫하야 國內의混政에 改革을꾀하다가 뜻을일우지못한채 內地에 亡命하야 伊藤博文公、頭山滿翁等과交遊한 東洋의先覺者 古筠、金玉均傳記를 映畵化하기로 市內高麗映畵社가 그計畵着手를 發表하얏다

同社는벌서 이大業에邁進하기爲한 財團의完成을擧하얏다하며 다만남은일은 가장正確한史料의 蒐集이잇슬따름이라하는바 特히 文藝評論의權威 林和氏를文藝部 囑託으로任命하야 그脚本構成에 着手하얏다하며 撮影開始는 그 脚本脫稿를기다려 明春二月부터 開始되리라한다

그림385 **김옥균전 영화화**[49]

위 기사에는 고려영화사(고려영화협회)가 기획한 신작 영화 〈김옥균전〉에 대한 소식이 실려 있다. 기사에 따르면 임화를 비롯한 실력자들

---

49 「김옥균전 영화화」, 『매일신보』, 1939.11.10, 4면.

이 가담하여 각본 구성에 착수한 상태였다. 고려영화협회는 1939년 시점에서 〈수업료〉를 제작, 촬영하고 있었고, 창립작으로 기획했던 〈복지만리〉를 여전히 제작 중이었다. 그로 인해 제작 여건이 그렇게 긍정적이지 않았지만, 1939년 3월에 개봉한 〈사랑에 속고 돈에 울고〉를 통해 자금 회전의 여유를 일부 되찾은 상태였다.[50]

이때 고려영화협회는 신 촬영소 신축을 앞두고 있었는데,[51] 이 촬영소에서 촬영될 예정인 작품 중 하나가 〈김옥균(전)〉이었다. 실상 이 영화는 제작 완료되어 상영되지는 못했다. 그럼에도 이 기획은 주목된다. 고려영화협회와 동양극장이 몇 차례 흥미로운 관계를 맺고 있었기 때문이다.

가장 대표적인 관련성(관계)은 〈사랑에 속고 돈에 울고〉의 영화화 과정에서 찾을 수 있다. 동양극장 청춘좌의 대표작이었던 이 작품을 고려영화협회와 동양극장은 공동으로 경성촬영소를 인수하면서까지 제작에 나섰고,[52] 궁극적으로는 청춘좌의 배우들이 참여하는 발성영화로 개봉하는 데에 성공했다.

고려영화협회의 대표작 가운데 하나인 〈집 없는 천사〉에서도 비슷한 협력 양상이 나타난다. 동양극장의 사주가 된 김태윤은 향린원을 구호하는 기금을 기부하기도 했고, 향린원 원아들을 출연시키는 작품(〈향린원의 하로〉)을 특별히 기획하기도 했으며, 〈집 없는 천사〉를 상영하기도

---

50  김남석, 「경성촬영소의 역사적 전개와 제작 작품들」, 『조선의 영화제작사들』, 한국문화사, 2015, 58~65면 참조.
51  「고려영화사에서 촬영소를 건설」, 『동아일보』, 1940.1.31, 5면 참조.
52  「최근 극영계의 동정 신추(新秋) 씨즌을 앞두고 다사다채(2)」, 『동아일보』, 1937.7.29, 7면; 「최근 극영계의 동정 연극영화합동시대출현의 전조」, 『동아일보』, 1937.8.3, 7면 참조.

했다. 한편 〈산풍〉에 향린원 원아들을 출연시키는 파격을 단행하기도 했다.[53]

특히 향린원 원아들을 이용한 동양극장 공연물의 선전 혹은 제작 사항을 그 자체로 사회적 이슈가 될 가능성이 높기 때문에(실제 신문기사를 통해 경과와 사실 여부 공표), 동양극장 측에서는 민중의 동정과 함께 홍보 효과까지 감안할 수 있는 효과적인 협력 사업이었다. 즉 동양극장 측에서는 청춘좌의 재기와 인기 반등을 위한 조치로 고려영화협회(혹은 그 연관 관계 속에서 향린원)와의 제휴는 주요한 전략이 되고 있었다.

그렇다면 1940년 3월 영화화에 나선(공표한) 고려영화협회의 제작 스케줄에 발맞추어 해당 작품을 연극으로 발표하려는 계획은 그 실효성을 증폭시킬 것으로 예상되기에 충분하다. 즉 고려영화협회의 영화 제작 소식은 곧 동양극장의 연극 제작 의욕과 맞물리면서 시너지 효과를 창출하고자 하는 제작자들의 제휴와 공조를 낳을 수 있었다.

더구나 널리 알려진 사실은 아니지만, 동양극장은 이미 김옥균 관련 연극 작품을 공연한 바 있기 때문에, 자체적으로 축적된 노하우도 지니고 있었다. 동양극장의 이러한 내실과 의지는 거꾸로 고려영화협회의 제작 상황에도 기여하는 바가 컸을 것으로 여겨진다. 각본의 완성에 주력하는 고려영화협회의 입장에서는 기존 대본(비록 연극 작품일지라도)의 존재는 적지 않은 도움이 될 수 있기 때문이다. 지금까지는 동양극장의 기존 공연 대본을 공유했다는 증거는 제출되지 않았지만, 이러한 무의

---

53 김남석, 「〈집 없는 천사(家なき天使)〉와 1930~40년대 조선의 현실 – 실화의 리얼리티를 통해 본 친일(성)의 재조명」, 『한국극예술연구』 56집, 한국극예술학회, 2017.6. 30, 40~43면.

식적인 공조 체제는 두 단체 모두에 유리한 상황을 만들 수 있는 호재임에 틀림 없었다.

### 5) 두 〈김옥균(전)〉의 비교와 무대 배치로 읽는 〈김옥균(전)〉

현재 남아 있는 〈아랑〉의 공연 관련 자료는 매우 희귀하다. 아래의 사진은 비록 단편적일지언정, 이러한 현실 추세를 감안할 때 소중한 자료가 아닐 수 없다. 막과 장이 다르므로 일률적으로 비교할 수는 없지만, 아래의 두 장면은 다소 대조적인 정경을 표출하고 있다. 아랑의 〈김옥균〉은 단출하고 간략한 무대 배치가 특징이고, 청춘좌의 〈김옥균전〉은 무대 후면을 벽으로 감싸듯 둘러싼 벽과 담이 인상적이다. 아랑의 무대가 다소 헐겁고 여유로우며 개방적인 인상을 풍겼다면, 청춘좌의 무대는 촘촘하고 내밀하고 폐쇄적인 인상을 강조하고 있다.[54]

현재 남아 있는 사진을 중심으로 두 극단과 두 작품의 공연 상황을 추출해 보자. 극단 아랑의 〈김옥균〉의 세트는 간소해 보인다. 포착된 사진에서 두 인물이 마주 앉아 등장하고 있는데, 좌우 벽에 걸리듯 배치된 전통 가옥의 문과 벽이 간략하게 해당 공간의 이미지를 전달할 따름이다. 갓을 쓴 남성과 족두리를 한 여인의 대화는 은밀하고 사적인 인상을 남기고 있다.

반면 청춘좌의 〈김옥균전〉은 공적인 모임을 형상화하고 있다. 많은 이들이 모여 있고, 그들은 도열하듯 집 주변에 늘어서 있다. 그들 뒤쪽

---

54 다만 이러한 비교는 막과 장 그리고 연극적 상황을 무시한 채, 남아 있는 작품 사진만으로 판단한 것이므로 이 점에 대해서는 다른 오해가 없기를 바란다.

아랑의 〈김옥균〉<sup>55</sup>　　　　　청춘좌의 〈김옥균전〉<sup>56</sup>

그림386 동양극장 〈김옥균〉과 아랑의 〈김옥균전〉의 무대 비교

으로는 고관대작의 저택으로 보이는 무대 세트가 극장을 감싸듯 두르고 있다. 조밀한 간격으로 도열한 군중들의 고의적 시각화는 당시 거사(혁명)에 참여한 지사들의 의지와 세력을 보여주는 데에 적합한 무대 형상화 방안으로 판단된다.

더구나 그들은 일정한 높낮이를 나누어 가지고 있다. 상수 방향 등장 인물들은 단 위에 올라 아래를 내려다보고 있고, 하수 방향으로 이어진 다른 인물들에 비해 상대적으로 높은 위치를 점유하고 있다. 두 계층은 서로 마주 보고 있다. 특히 상단의 인물들은 상대적으로 넓은 간격을 유지하고 있어, 아래 군중들과 차별화된 도열 양상을 보인다. 그중에서도 평단 군중들에게 가장 가까운 인물은 뒷짐을 지고 있으며, 연설을 할 듯한 기세로 도열한 군중들에게 시선을 던지고 있다. 이러한 양상은 뒷짐을 진 인물의 신분이 높고 해당 모임을 주재하는 인물일 수 있다는 가정

---

55　「연극 〈김옥균(金玉均)〉 대성황」, 『조선일보』, 1940.5.5, 4면.
56　「연극 〈김옥균(金玉均)〉 대성황」, 『조선일보』, 1940.5.5, 4면.

을 돕는다.

이러한 측면에서 보면, 현재 남아 있는 아랑의 〈김옥균〉의 장면은 거사를 모의하거나 거사로 인해 사적 생활을 정리해야 할 필요성에 의해 만들어진 장면으로 추정된다. 사실 두 극단의 공연은 모두 대본이나 관련 시놉시스가 남아 있지 않은 상태였다. 그로 인해 현재 남아 있는 두 장의 사진에 대한 접근에는 제약이 없을 수 없다.

다만 원우전이 참여했던 아랑의 〈김옥균〉이 세트상으로는 비교적 소규모에 가깝고, 동양극장은 자신들의 극장을 최대한 채우는 방식으로 무대미술을 활용했다는 단편적 사실을 확인할 수는 있다.

두 극단 모두 도포와 갓을 쓴 남성들을 등장시켜, 김옥균의 시대를 재구하려 한 점이 주목된다. 그만큼 당대 사람들에게 김옥균의 이야기는 시간적 인접성에도 불구하고, 사극으로서의 중량을 지니고 있었다는 점 또한 확인된다고 하겠다.

## 6) 1940년 4월 〈김옥균전〉과 1937년 11월 〈심야의 태양〉의 관련성

### (1) 〈김옥균전〉의 모본으로서 〈심야의 태양〉

동양극장 청춘좌의 〈김옥균전〉의 내력(각색 여부나 원작 존재 가능성)에 대해서는 거의 알려져 있지 않지만, 동양극장의 공연 역사를 참조하면 이 〈김옥균전〉과 깊은 연관을 맺는 한 작품을 찾아낼 수 있다. 이 작품이 〈심야의 태양〉인데, 〈심야의 태양〉은 1937년 11월 24일부터 28일까지 이서구 각색작으로 공연된 바 있다.

공연 주체는 청춘좌였고(〈김옥균전〉도 청춘좌였다), 1937년 9월(22일)

부터 시작된 청춘좌 개선 공연(당시 제명)의 대미를 장식하는 3막 대작 공연이었다. 거의 2달 여 동안 공연된 청춘좌의 중앙공연(동양극장 공연)을 마무리하는 고별 주간 공연으로 선정된 작품으로 박진(남궁춘)의 희극〈심심산촌의 백도라지〉와 함께 공연된 바 있어, 동양극장이 1일 3공연 체제를 고집하지 않고 메인 작품으로서 〈심야의 태양〉의 비중을 한껏 높였다는 사실을 확인할 수 있는 경우이다(청춘좌는 이 작품 공연 이후에 부산을 시작으로 하는 남선 순회공연에 돌입했다). 즉 동양극장 청춘좌는 2달 여 공연의 피날레 작품으로 〈심야의 태양〉을 내세운 것이다.[57]

그림387 **동양극장 〈심야의 태양〉 공연 광고**[58]

〈심야의 태양〉의 공연 시점은 청춘좌의 피날레와 맞물리면서 자신들이 생각하는 대표작을 제공하려는 의지를 보여주고 있다. 그뿐만 아니라 1937년 이 시점에서 동양극장은 영화 상영을 다시 제기하면서, 주간 영화/야간 연극의 이원적 시스템을 확충하고자 했다. 영화 상영이 동양극장 창립부터 간헐적으로 가미된 수익 사업이었다고 할 때, 이러한 이원적 체계가 처음 시작된 것으로 볼 수 없지만, 1936년 이후 연극 상연에 주로 매진하던 동양극장으로서는 수익 확대를 다시 꾀해야 하

---

**57** 「동양극장 주간 영화 개시야간은 청춘좌의 〈심야의 태양〉」, 『동아일보』, 1937.11.28, 4면 참조.

**58** 「심야의 태양」, 『동아일보』, 1937.11.26, 1면.

는 처지를 반증한다고 하겠다. 결과적으로 이 시점은 동양극장의 재정 악화가 다시 재현되는 시작점으로 볼 수 있다. 동양극장 측으로서는 〈심야의 태양〉으로 점차 증가하는 재정 적자를 만회해야 할 필요성이 증가했다고 하겠다.

그렇다면 〈심야의 태양〉이 이러한 위치를 차지하는 이유를 확인할 필요가 있다. 〈심야의 태양〉은 김기진의 소설을 원작으로 하는 각색작이었다. 소설 〈심야의 태양〉은 1934년 5월(3일)부터 『동아일보』에 연재된 중편소설로,[59] 약 넉 달 후인 1939년 9월(19일) 총 112화로 종결된 바 있다.[60] 작가 김기진은 연재를 마무리 지으면서, 넉 달 가량의 연재분이 〈청년 김옥균〉의 전편이라고 설명한 바 있다.[61]

실제로 마지막 연재분을 보면 거사(혁명)에 실패한 김옥균이 박영효와 함께 망명하면서 어두운 시대 전망을 내놓은 대목을 찾을 수 있다. 이 대목에서 실의한 박영호는 자신들이 무엇을 해야 할지에 대해 김옥균에 묻는다. 이에 김옥균은 조선의 현재를 암흑으로 둘러싼 심야에 비유하고, 이 심야를 뚫고 광명의 태양이 떠오를 때에야 그 미래가 열릴 것이라는 암시적 답을 내준다. 이러한 답안 속에는 김기진이 생각하는 당시 조선의 모습이 담겨 있다. 김기진은 이 작품을 통해 시대의 어둠을 내몰고 찬란한 광휘를 펼치려 했던 김기진과 청년당을 재고하고, 그들의 실패를 통해 시대의 어둠을 다시 체감하려는 의도를 담아낸 것이다.

그리고 팔봉 김기진은 자신이 생각하는 '김옥균의 이야기' 중 전편으

---

59  김기진, 「〈심야의 태양〉(1)」, 『동아일보』, 1934.5.3, 5면 참조.
60  김기진, 「〈심야의 태양〉(112)」, 『동아일보』, 1934.9.19, 7면 참조.
61  김기진, 「〈심야의 태양〉을 끝내면서」, 『동아일보』, 1934.9.19, 7면 참조.

로, 거사에서 망명(출발)까지의 내용을 규정하고 있다. 즉 김기진은 〈청년 김옥균〉의 망명 이후부터 갑오년의 상황까지를 다룬 후반부를 예고하고 있다. 이 후반부가 결합될 때, 〈심야의 태양〉은 〈청년 김옥균〉이라는 장편소설의 전편이 될 수 있다는 견해인 것이다.[62]

### (2) 소설 〈심야의 태양〉과 그 분석

〈심야의 태양〉은 개화파의 모임에서 출발하여, 임오군란의 발발, 민비의 탈출과 복원, 대원군의 복권과 청국행 등의 사연을 서술하고 있다.

그림388 조선의 앞날을 걱정하는 김옥균의 사연과 그 사연을 다룬 삽화[63]

중심 사건이 되는 갑신정변을 이해하기 위해서는 조선의 상황과 관련 인물의 관계를 파악해야 한다고 믿었기 때문이다. 그래서 개화파가 갑신정변을 준비하고 있는 현재 시점의 서사에, 과거의 임오군란을 둘러싼 복잡한 조선의 정세가 덧붙여지는 형국으로 전체 작품이 구성되어 있다.

이러한 구성은 소설적 구성에 가깝다. 시간 이동이나 공간적 비약이 심하고, 인물의 내면이나 회상을 통한 초점화가 달라지고 있기 때문이다. 더구나 김옥균의 등장이 지연되는 효과도 자연스럽게 조성된다.

---

62　김기진, 「〈심야의 태양〉을 끝내면서」, 『동아일보』, 1934.9.19, 7면 참조.
63　김기진, 「심야의 태양」(19), 『동아일보』, 1934.5.25, 6면 참조.

### (3) '김옥균' 이야기의 도입과 그 배경

동양극장 측은 연재가 종료된 후 약 3년이 지난 후에 이를 동명의 연극 〈심야의 태양〉으로 개작하여 무대에 올렸다. 그리고 앞에서 설명한 대로, 청춘좌의 피날레를 장식하는 대작으로 공연 기획했으며, 이를 통해 늘어나기 시작한 적자를 만회하려는 속내를 투입했다. 그렇다면 한 가지 의문이 남는다. 왜 1940년 4월 시점에서 동양극장은 〈심야의 태양〉을 재공연하지 않았을까 하는 문제 제기이다.

기존의 작품인 〈심야의 태양〉을 활용하면 더욱 간단하게 대본을 수급할 수 있었음에도 불구하고 〈김옥균전〉을 굳이 새로운 대본으로 준비한 연유를 묻지 않을 수 없다.

일단 두 작품은 공연 규모에서 차이를 보인다. 〈심야의 태양〉이 3막 작품으로 1일 2공연 체제 하에서 공연되었다면, 결과적으로 김건 작 〈김옥균전〉은 4막 11장의 1일 1공연 체제 하에서 공연되었다. 이러한 차이는 1940년 4월 〈김옥균전〉이 규모가 더욱 크고 집중적인 공연 기획이 이루어졌음을 뜻한다. 그러니 작품 규모의 확대를 위해 새 대본을 구상할 필요가 있었다는 잠정적인 결론을 얻을 수 있다.

당시 상황도 새로운 창작이 필요한 이유를 더하고 있다. 1939년 사주 교체 이후 동양극장은 청춘좌의 재기를 유도하면서, 새로운 작품과 작가의 활용 빈도를 높였다. 기존에 소속되었던 작가라고 해도, 재공연을 유도하기 보다는 새로운 작품을 창작하도록 독려했다. 이러한 차원에서 〈김옥균전〉의 새로운 집필은 불가피했을 것으로 보인다.

흥미로운 점은 청춘좌의 피날레 작품으로 다시 '김옥균(갑신정변)'의 소재 희곡을 선택했다는 점이며, 두 시기가 3년이라는 시차를 두고 있지만 재정적으로 동양극장의 위기가 나타나고 있는 시점이었다는 사실이다. 이른바 이러한 관찰을 통해, 동양극장 측이 관객들의 호응도를 격상시켜 줄 작품의 출현을 고대하고 있었음을 확인할 수 있다.

1940년 4월 〈김옥균전〉이 비록 1937년 11월 〈심야의 태양〉을 원작으로 삼았다는 직접적인 증거는 찾을 수 없지만, 동양극장의 공연사적 맥락으로 볼 때 〈심야의 태양〉이 일종의 모작으로 작용했을 가능성마저 배제할 수는 없다. 1940년 〈김옥균전〉을 기획할 당시에, 만약 동양극장 측이 원작으로 삼을 수 있는 작품을 상정한다면, 두 작품 정도로 압축할 수 있는데, 그 하나가 김기진의 소설 〈심야의 태양〉이고, 다른 하나가 나운규의 영화 〈개화당이문〉이다.[64]

흔히 알고 있는 것처럼 〈개화당이문〉은 기획 단계인 1931년부터 오랜 기간 공들여 준비를 거듭한 끝에, 1932년 나운규가 재기를 위해 야심 차게 내놓은 작품이었지만,[65] 검열의 혹독한 방해를 받고 제대로 된 필름 자체를 개봉할 수 없는 처지에 처했으며 결과적으로 흥행과 완성도에서 참담한 실패를 경험해야 했던 작품으로 알려져 있다.[66] 당대에도 이러한 사실은 비밀이 아니었으므로, 동양극장 측으로서도 굳이 실패한 작품을 원작으로 삼을 이유는 없었다고 해야 한다.[67] 더구나 공개

---

64  1929년 5~8월 『학생』에 발표된 김진구의 〈대무대의 붕괴〉도 김옥균의 이야기를 다룬 작품이지만, 1930년대 현실에서 해당 작품을 참고하기가 수월하지 않고 그 내용이 암살에 치우쳐 있어 내용상의 재현에 제약이 많았을 것으로 보여, 관련 논의에서 제외하기로 한다.

65  나운규, 「〈개화당〉의 영화화」, 『삼천리』 3권 11호, 1931.11, 53면 참조.

66  김남석, 「〈개화당이문〉의 시나리오 형성 방식과 영화사적 위상에 대한 재고」, 『국학연구』 31집, 한국국학진흥원, 2016, 699면 참조.

67  더구나 나운규의 〈개화당이문〉은 김옥균이 아닌 이규완을 영화적 중심으로 삼고 있어, 일반 대중에게 이러한 인물에 대한 감정이입을 요구하는 데에 적지 않은 무리를

된 나운규의 시나리오는 간략한 대본(시놉시스 형태의 대본)의 수준에 머물고 있었기 때문에,[68] 이를 희곡으로 각색해야 할 경우 그 과정에서 막대한 불편함이나 심각한 차질이 발생할 우려도 무시하기 힘들었다.

반면 김기진의 〈심야의 태양〉은 이미 소설로 발표되어 있었고,[69] 동양극장과도 일정한 관련을 맺고 있었다. 김기진은 1934년 9월(19일) 〈심야의 태양〉의 연재를 잠정 마무리하면서 그때까지 발표된 소설의 대목을 〈청년 김옥균〉의 '전편前篇'이라고 잠정 정리한 바 있어,[70] 이후 사연을 연극 대본으로 각색할 여지도 상대적으로 크다고 하겠다. 따라서 개작에 유리하고 극단 내 전작 공연에 대한 노하우가 남아 있는 상태여서, 〈심야의 태양〉 편이 저본으로 삼기에 상대적으로 유리한 상황이기도 했다. 심지어 〈심야의 태양〉의 공연 대본을 제공한 이서구와 원작자 김기진은 토월회에서부터 연극을 함께 한 친우였고(일본 유학파로 교분을 쌓기 시작했다), 1940년 당시에도 이서구가 동양극장에 대본을 공급하는 작가로 활동하고 있었기 때문에, 상대적으로 수월한 조건을 간직한 저본이었다고 해야 한다.

---

초래할 수 있었다. 역사극의 주인공은 인간과 역사의 요로(교점)에서 활동했던 '세계사적 개인(들)'이어야 극적 전언을 전달하는 데에 용이하며, 그로 인해 역사적 격동을 몸소 체험한 인물일 경우에 관객의 공감을 살 여지가 크다고 알려져 있다(G. 루카치, 이영욱 역, 『역사소설론』, 거름, 1987. 136~139면 참조; 김남석, 『빛의 향연』, 연극과인간, 2017, 184~187면 참조).

68  나운규, 「〈개화당〉」, 『삼천리』 4권 7호, 1932.7, 52~54면.

69  「장편소설 예고」, 『동아일보』, 1934.4.20, 2면 참조.

70  김기진, 「〈심야의 태양〉을 끝내면서」, 『동아일보』, 1934.9.19, 7면 참조.

## 7) 〈심야의 태양〉과 공연 정황 - 〈심야의 태양〉의 공연 사진과 그 의미

아쉽게도 동양극장이 공연한 〈심야의 태양〉에 대해서는 별도의 연구
가 진행되어 있지 않은 상황이다. 하지만 관련 자료에 따르면 이 작품의
스케치가 남아 있어, 상대적으로 의문을 해결할 기미를 보인다.

그림389 **동양극장 청춘좌의 〈심야의 태양〉**(공연 사진)

공연 당시 〈심야의 태양〉은 '사회비극'으로 장르명이 부기되어 있다.
따라서 당시 조선의 풍조를 배면에 깔고 있는 작품으로 판단된다. 더구
나 묘가 설치되어 있는 극 중 배경화(걸개그림)는 조선시대의 음울한 분
위기를 배면에 깔고 있어, 이 작품이 사회적 비극을 다룬 작품임을 강조
하고 있다. 김기진의 비유로 하면 극 중 시대적 배경인 '심야'의 분위기
를 묘사하는 데에 적당하고, 후기를 참조하면 '김옥균의 죽음'을 보여
주는 데에 유효한 배경으로 여겨진다.

현재 남아 있는 위의 무대 사진은 원우전의 솜씨로 추정된다. 1930
년대 후반기 동양극장에서 원우전은 배경화(걸개그림)를 그리는 데에 주
력한 바 있고, 산의 모양이 그의 남아 있는 스케치와 상당히 유사하다고

판단되기 때문이다. 더구나 청춘좌의 무대미술에 강하게 남아 있는 그의 흔적을 감안하면, 위 배경화는 원우전의 흔적을 지울 수 없다.

그림390 〈**남편의 정조**〉**의 걸개그림**[71]

그림391 **원우전의 무대 스케치**[72]

〈남편의 정조〉는 1937년 6월 5일부터(11일까지) 공연된 작품으로 같은 해 11월에 발표되는 〈심야의 태양〉과는 시기적으로 인접해 있다. 특히 주목되는 점은 산을 그리는 양태(기법)의 유사성이다. 회오리치듯 산세를 따라 끌고 올라가면서도 산봉우리 자체는 뾰족하게 모으는 수법은 원우전 특유의 기법으로 판단된다.

더구나 원우전이 남긴 무대 스케치와 산의 유사성이 더욱 강하게 드러난다. 뾰족하게 하늘을 향해 들어 올려 진 형태의 봉우리와, 그 밑으로 몇 겹으로 굴곡진 산세의 형태는 이러한 유사성을 확정적으로 보여준다고 하겠다.

그러면 이러한 산세는 왜 필요했을까. 깊은 산속에 위치한 묘와 은거지를 표현하기 위해서인 듯 한데, 이를 통해 작품 속 해당 공간을 상징적으로 그려내기 위한 조치로 여겨진다. 그 공간은 〈심야의 태양〉이 김

---

71 「〈남편의 정조〉」, 『동아일보』, 1937.6.9, 1면.
72 원우전이 남긴 무대 스케치 중 일련번호 '2'에 해당하는 스케치이다.

그림392 **산세의 비교**(차례로 〈심야의 태양〉, 〈남편의 정조〉, 원우전 무대 스케치)

옥균의 죽음을 형상화하는 내용을 지니고 있었음을 보여주는 근거로 판단된다. 이러한 추가 설정은 〈심야의 태양〉의 저본으로 삼아 〈김옥균전〉을 재창작할 때에도 유효할 수 있다. 즉 동양극장 측은 김옥균의 거사와 실패 그리고 그 이후의 사연을 첨부하는 과정을 거쳐, 4막 11장의 〈김옥균전〉을 탄생시켰다.[73]

청춘좌의 1937년 〈심야의 태양〉 공연이 〈김옥균전〉으로 전환되어 새로운 대본으로 탈바꿈되어야 할 이유는 앞에서 살펴본 요인 외에도, 당시의 시대적 풍조를 들 수 있다. 1940년대를 넘어서면서 김옥균에 대한 언급과 추모가 더욱 자유로워졌고 민중들의 의식 속에서 개화를 추구한 갑신정변이 드리우는 의미가 심화되었기 때문으로 풀이된다. 외세의 외침 속에서 자주권의 발동과 사회 혁신을 주장했던 젊은이들의 주장은 식민지 조선의 민중에게 각별한 의미로 다가왔으며, 일제 역시 이러한 김옥균의 의미를 추모하지 못하도록 방해하지 않았기 때문에 이에 대한 역사적/심리적 접근이 상대적으로 자유로웠다고 해야 한다.

더구나 청춘좌의 재기와 도약을 위한 발판이 필요했던 1940년대 시

---

73  송영이 〈김옥균전〉의 창작 아이디어를 보유한 채 아랑으로 이적하고 난 이후에 발표된 〈김옥균〉의 규모는 6막 11장이었다(『매일신보』, 1940.4.30, 3면 참조).

점에서 대내외의 분위기는 이 작품의 재구성 혹은 각색 명분을 부추기고 있었다. 당연히 이러한 과정에서 과거의 공연 콘셉트(대본 구성) 대신 새로운 공연 콘셉트(대본 구성)가 요구될 수밖에 없었다. 시대적 흐름까지 염두에 둔 야심찬 계획은 결과적으로 동양극장과 아랑의 동시 공연이라는 결과로 공유되기에 이른 셈이다.[74]

〈김옥균전〉은 동양극장의 사활을 건 공연으로 준비되었지만, 결과적으로 아랑의 승리로 종결되었고, 청춘좌는 아랑과 비슷한 지명도를 가진 극단으로 재부상하는 데에는 실패했다. 이 점은 동양극장 수뇌부로서는 아쉬운 점이지만, 불과 6개월 전만 해도 심각한 타격으로 자체 공연마저 불가능했었다는 점을 감안하면, 1940년 4~5월의 청춘좌는 예전의 성세를 대부분 되찾았다고 볼 긍정적 여지도 있었다. 사실 이러한 재기 과정은 놀라운 일이 아닐 수 없으며, 1930년대 유명 대중극단들이 핵심 소속 단원들의 이적 탈퇴로 일거에 무너진 사례와 비교하면, 동양극장이 그동안 축적한 획기적인 효율성(성과)이라고 하지 않을 수 없다.

---

74 　당시 언론 보도에서 송영의 이적을 '돈과 사람'의 문제로 암시한 기사가 있는데(『조선일보』, 1940.4.2, 4면 참조), 〈김옥균전〉이 지니는 연극 대본으로서의 가치가 쟁점이 된 것으로 여겨진다. 그만큼 1940년대 시점에서 김옥균 관련 서사는 시대의 호응과 밀착되고 있었다.

## 2. 동양극장의 〈아들의 심판〉과 무대 배치

### 1) 동양극장과 이서구

동양극장에 관한 연구는 최근 활발하게 이루어지고 있지만, 아직도 베일에 싸여 있는 지점은 상당하다고 해야 한다. 특히 동양극장에서 공연된 작품에 대한 연구는 한정된 범위 안에 갇혀 있는데, 이러한 한계는 꾸준히 극복되어야 할 과제가 아닐 수 없다. 동양극장이 거의 연중무휴로 연극 작품을 무대에 올렸음에도 불구하고, 공연 작품에 관한 연구가 부진한 이유는 해당 작품에 관련된 대본이나 자료가 미비하기 때문이다. 동양극장의 대표작이자 당대의 인기작에 대한 대본 역시 거의 남아 있지 않기 때문에, 해당 공연을 재구하고 고찰할 근거가 희박해지기 일쑤이다.

이서구는 그러한 대표적인 작가 중 하나이다. 그는 동양극장 창립 무렵부터 동양극장의 좌부(전속) 작가로 활동했고, 청춘좌에서 시작하여 동극좌 창단 공연을 거쳐 호화선 공연에 참여했으며(3회 공연 최초), 이후 동양극장을 대표하는 극작가로 임선규, 송영 등과 함께 활약한 바 있다.[75]

하지만 동양극장에서 공연된 그의 작품 중 현재 확인되는 작품은 〈거리에서 주은 숙녀〉(1937년 10월 1일~6일, '관악산인'으로 발표, 청춘좌 공연, 이후 1938년 1월 7일~13일 재공연), 〈어머니의 힘〉(1937년 11월 29일~12월 7일 초연, 호화선 공연, 이후 1937년 12월/1938년 3월/1938년 6월/1938년 10월/1939년 6월/1941년 2월/1942년 8월/1943년 4월/1943년 9월 재공연) 등에 불

---

**75** 김남석, 『조선 대중극의 용광로 동양극장(1)』, 서강대 출판부, 2018, 156~178면 참조.

과하다. 그나마 〈거리에서 주은 숙녀〉는 1931년 연극시장에서 초연한 작품에 해당한다.[76]

최근 이서구의 동양극장 공연작 〈아들의 심판〉이 발굴되어, 이서구 연구의 어려움을 한결 덜어줄 전망이다. 아울러 동양극장 레퍼토리를 확장하여 그 실체를 고찰하는 데에 적지 않은 도움을 줄 것으로 판단된다. 더구나 〈아들의 심판〉이 최초 공연된 시점은 1940년 10월(18~27일)이므로, 1939년 8~9월 사주 교체 이후 변모한 동양극장의 환경을 살피는 데에도 일조할 것으로 기대된다.

## 2) 〈아들의 심판〉의 개요와 분석

이서구 작 〈아들의 심판〉은 동양극장에서 공식적으로 두 번 공연되었다. 초연은 1940년 10월 18일부터(27일까지) 청춘좌에 의해 동양극장에서 무대화된 공연이다. 그리고 재공연은 1943년 8월 7일부터 11일까지 성군에 의해 동양극장에서 무대화된 공연으로, 이때 연출은 계훈이 맡은 바 있다.

〈표32〉

| 공연 기간과 공연 주체 | 작가와 작품 |
|---|---|
| 1940.10.18~10.27<br>청춘좌 공연 | 이서구 작 〈아들의 심판〉(3막) |
| 1943.8.7~8.11<br>성군 공연 | 이서구 작 〈아들의 심판〉(3막) 연출 계훈 |

---

**76** 『매일신보』, 1931.6.14, 1면 참조.

그림393 청춘극장의
〈아들의 심판〉 공연[77]

1946년 7월(25일부터)에 이 작품은 극단 청춘극장 제작으로
동양극장에서 공연되었는데, 당시 주요 스태프로 장치 김운선
金雲善, 조명 차욱車旭이 참여한 바 있다.[78] 이 작품은 동양극장 공
연이 종료된 이후, 1946년 8월 11일까지 성남극장에서 공연된
바 있다[79]

해방 이후 청춘극장은 동양극장에서 공연을 간헐적으로 시
행하곤 했다. 동양극장에서 제공한 작품을 청춘극장에서 공연
하는 사례는 이서구의 작품을 청춘극장에서 제작한 이유가 될
수 있다.

## 3) 〈아들의 심판〉의 무대 배치와 동양극장 연극 디자인

### (1) 〈아들의 심판〉 1막의 '조선집'

〈아들의 심판〉의 1막은 '서울 시외 박 씨의 집'으로 설정되어 있다.
박 씨는 당대의 현인이자 세계적인 과학자 이성주의 첩실로, 과거에는
'박추월朴秋月'이라는 기명으로 활동하다가 이성주를 만나 그의 자식을
낳고 숨어사는 여인이다. 작가 이서구가 이러한 박 씨의 집으로 설정한
극적 공간은 '정갈한 조선집'이다.

상수에 부엌, 우물, 버드나무 하나

---

77  『중앙신문』, 1946.8.10 참조.
78  『한성일보』, 1946.7.25 참조; 『중앙일보』, 1946.7.25 참조.
79  『중앙신문』, 1946.8.10 참조.

중앙에 마루 안방만 잇고 거느 방 자리에는 높은 마루가 있다.

뜰에는 안 주인의 아담한 성격을 말하는 듯 화초가 갓구어 잇고

하수에는 대문이 잇다.[80]

위의 지문은 〈아들의 심판〉의 1막 정경을 드러내고 있다. 여러 측면
에서 이러한 공간은 동양극장에서 간헐적으로 제시했던 무대 공간과
유사한 측면이 있다. 특히 상수에는 부엌이 위치하고 중앙에는 마루가
펼쳐져 있으며 극적 배경 속에 안방이 배치되어 있는 형태는 다음 작품
의 무대디자인과 유사하다고 하겠다. 그러니까 〈아들의 심판〉에 구획
되어 있는 조선집 내부의 공간 배치와 전반적인 분위기는 다음과 같은
무대디자인에서 그 편린을 찾을 수 있다.

그림394 **동양극장 호화선의 〈젊은 안해의 일기〉**[81]

위의 무대디자인은 1938년 2월에 공연된 〈젊은 안해의 일기〉(3막)

---

80 이서구, 『〈아들의 심판〉』, 청춘극장 대본, 2면.
81 「사진은 동양극장 전속획단 '호화선' 소연의 〈젊은 안해의 일기(日記)〉의 일 장면,
『동아일보』, 1938.2.24, 5면 참조.

의 세트 디자인이다. 이러한 무대 공간 디자인은 전반적으로 조선인의 집과 의상을 담아내는 데에 치중하고 있어, 〈아들의 심판〉에서 묘사하고 있는 '조선집'의 인상을 그린 사례에 포함될 수 있겠다.

〈젊은 안해의 일기〉는 호화선의 공연작이었고, 극작은 이서구가 담당했으며, 시기적으로 〈아들의 심판〉 초연과 2년 정도의 격차만을 보이고 있다. 비록 그 사이에 동양극장의 사주가 바뀌는 변화가 발생했고, 무대미술의 주축이었던 원우전이 아랑으로 이적하는 차이가 일어났지만, 여전히 무대미술팀에 김운선이 남아 있고(김운선은 1946년 〈아들의 심판〉의 스태프로 참여했다) 1940년 2월 시점의 동양극장 역시 1937년 전후 동양극장의 성세를 재현하려 했다는 점에서, 두 작품(공연)의 상관성은 함부로 무시하기 힘들다고 해야 한다.

언급한 대로, 이서구 작 〈젊은 안해의 일기〉의 극적 공간은 '고가'로 설정되었다.[82] 이러한 고가는 전체적으로 고풍스러운 인상을 자아낸다. 이러한 인상은 창호지 문이나 편액 혹은 장식장에서 그러한 고풍스러움의 원인을 발견할 수도 있지만, 기본적으로는 높은 마루와 전통의 방 배치 그리고 한국식 거주 공간의 특징에서 비롯되고 있다고 할 수 있다. 〈아들의 심판〉이 서울 시외의 정갈한 조선집을 배경으로 특화한 것은 이러한 인상과 정서를 끌어내기 위한 방편이었다고 여겨진다.

〈아들의 심판〉과 유사한 무대디자인은 여러 모로 찾을 수 있다. 가령 1937년 공연된 〈행화촌〉이나 〈애원십자로〉 같은 무대디자인에서 일부 유사한 측면을 찾아낼 수 있다.

---

82 김남석, 「발굴된 무대 사진으로 살펴본 동양극장 무대미술에 대한 일 고찰」, 『우리어문연구』 58집, 우리어문학회, 2017, 12~13면.

그림395 **동양극장 청춘좌의 〈행화촌〉**(무대 사진, 1937년)[83]　　그림396 **동양극장 청춘좌의 1937년 8월 〈애원십자로〉**(무대 사진)[84]

마찬가지로 1937년(10월 18일~24일 초연, 1938년 1월 7일~13일과 1940
년 12월 23일~29일 재공연) 청춘좌 〈행화촌〉의 무대디자인도 〈아들의 심
판〉의 일부 지문 내용을 공유한다. 가령 나무가 서 있는 모습이나 무대
한쪽에 대문이 있는 형태, 안방이 부각되는 방 구획 상황 그리고 상당한
높이를 갖춘 마루의 존재나 무대 중앙에 놓인 소도구들의 아담한 배치
등이 그러하다.

청춘좌의 〈애원십자로〉는 비록 호화선의 제작 공연은 아니었고, 대
본 창작자도 이서구가 아닌 임선규였지만, 1937년 7~8월에 공연된 이
작품의 무대디자인이 높은 단을 도용하고 있고, 공간을 삼단으로 구획
하고 있으며, 안방의 모습이 부각되어 있다는 점에서 〈아들의 심판〉에

---

83　〈행화촌〉의 무대디자인과 공연 기록에 대해서는 다음 논문과 기사를 참조했다(김남
석, 「동양극장 발굴 자료로 살펴본 장치가 원우전의 무대미술 연구」, 『동서인문』 5
호, 경북대 인문학술원, 2016, 137~143면; 「〈행화촌(杏花村)〉의 무대면(동양극장
소연)」, 『동아일보』, 1937.10.23, 5면 참조.
https://newslibrary.naver.com/viewer/index.nhn?articleId=1937102300209
105005&editNo=2&printCount=1&publishDate=1937-10-23&officeId=000
20&pageNo=5&printNo=5803&publishType=00010

84　「연예(演藝) 〈애원십자로〉의 무대면」, 『동아일보』, 1937.8.3, 6면.
https://newslibrary.naver.com/viewer/index.nhn?articleId=1937080300209
106003&editNo=2&printCount=1&publishDate=1937-08-03&officeId=000
20&pageNo=6&printNo=5722&publishType=00010

서 묘사하는 무대 지문과 유사하다는 점을 확인할 수 있다. 〈애원십자로〉에서 상수와 중앙의 마루는 상당한 높이를 점유하고 있어, 〈아들의 심판〉에서 요구하는 '높은 마루'에 상응한다고 하겠다.

〈아들의 심판〉에서는 이러한 '높은 마루'를 활용하는 동선(움직임)이 묘사되어 있다. 춘미와 그녀의 모친 박 씨가 사는 집에 술 취한 '불량자' 윤명진尹明進이 찾아와서 행패를 부리자, 춘미의 약혼자인 원인상元仁常이 참다 못해 윤명진을 끌어내는 대목이 그러하다.

| 모 | 너 이놈 너 이놈_ 대체 누가 그런 소릴하느냐 응. |
|---|---|
| 윤(명진) | 하…… 서방잇는 과부도 잇습듸가 |
| 모(친) | 아이고 이 일을 엇더케 해야 존가 |
| 원(인상) | (마루끗헤 안저 담배 피다 담배를 홱 내던지고 이러느며) 친구(井의 먹살을 잡고 젊은 속에 술이 드러갓거든 일즉 가서 잠이나 자는 게 엇대 |
| 윤 | 흥, 그-예 네가 나서는구나[85] (강조 : 인용자) |

춘미의 집에 있던 모녀는 윤명진에게 귀가할 것을 당부하지만, 윤명진은 헤어진 춘미를 잊지 못하겠다고 하면서 협박과 회유를 가한다. 춘미는 윤명진의 부도덕한 행실을 모르고 그와 사귀었던 시절을 후회하고 있지만, 윤명진은 자신이 유혹한 많은 여자들처럼 춘미를 악용할 생각으로 가득하다.

---

85  이서구, 『〈아들의 심판〉』, 청춘극장 대본, 18면.

현재의 약혼자인 원인상은 변호사 시험을 친 예비 법조인으로, 춘미의 개인사(첩실 소생)와 연애사(윤명진과의 사교)를 알고 있는 착실한 청년이다. 원인상은 춘미를 만나기 위해 이 집을 방문했다가 이 집에 찾아와 행패를 부리는 윤명진과 충돌하고 있는 것이다.

흥미로운 점은 이서구가 춘미의 집을 방문했던 원인상에게 대사를 거의 부여하지 않다가, 뒤늦게 찾아와 행패를 부리는 윤명진의 패악이 극도로 달하는 시점에서 원인상의 행동 지문을 내놓고 있다는 점이다. 이러한 행동 지문에서 주목해야 할 지점은 원인상이 중심 갈등인 춘미와 명진의 대립(충돌)에서 한 발 빗겨선 자리에 위치하고 있었다는 점이다. 충돌 지점의 권외 지점에 위치하는 것인데, 그 위치가 '마루끝'으로 설정되어 있다. 즉 원인상은 춘미의 과거지사와 연애지사에 틈입하지 않을 요량으로 무대 위에서 소외된 지역을 찾아야 했고, 그러한 장소로는 무대에서 마루 끝이 적당했다고 할 수 있겠다.

이러한 무대 위의 상황은 춘미, 춘미 모, 심지어는 윤명진에게도 인지되고 있다. 윤명진이 춘미의 숨겨진 부친인 이성주 박사의 정체와 관계를 폭로하겠다는 심산을 드러내자, 춘미 모는 자신의 남편을 보호해야 한다는 일념에 흥분하고 만다. 윤명진이 가족의 약점을 파고들 기미를 보이자 과민하게 반응하는 셈이다. 하지만 윤명진의 대처는 냉정한 편이어서, 결국 춘미의 모친은 방관자로 위치하고 있던 원인상의 도움을 요청하게 된다.

원인상 역시 춘미 집안의 일에 수수방관만 할 수 없는 입장이라, 소외자로 물러나 있던 위치에서 벗어나, 무대 중앙의 권역 즉 춘미 집안 사람들과 윤명진이 대립하고 있는 갈등의 핵심으로 진입한다. 그때 원인상은 자신의 분노를 마루끝에서 피우던 담배를 내던지며 윤명진의 멱살을 잡는 행동으로 표출한다. 이러한 원인상의 이동과 행동은 마루라는 무대 배치를 적절하게 활용하면서 연극적으로 발현될 수 있었다.

마루를 사용한 다른 시각적 배치도 고려할 수 있다. 박 씨 소생이지만 어려서 본실 부인인 유 씨에게 의탁되어 본가에서 성장한 아들 문식은 자신을 본실 부인의 소생으로 알고 있다. 이러한 그는 아버지에게 본처 이외의 부인(첩)이 있다는 사실을 수치로 알고, 아버지의 첩으로만 알고 있는 박 씨를 찾아와 자신의 요구를 전한다. 개명한 사회에서 첩을 두는 행위는 야만의 선택으로 여겨지고 있고, 자신의 아버지 이성주 같이 대중의 존경을 받는 사람에게는 더욱 치명적인 해독을 끼칠 수 있기 때문에, 첩인 박 씨가 아버지 이성주를 위해서라도 사라져주어야 한다고 설득하고자 한다.

박 씨는 헤어진 이후 처음 만나는 문식을 반가워하면서도, 자식의 출세와 판단을 해치지 않기 위해서 문식의 부탁을 수락한다. 다만 그 조건으로 남편 이성주가 건네준 문식의 사진을 자신이 간직하게 해달라고 요구한다. 문식은 자신 사진을 애써 소유하려는 박 씨의 내심을 제대로 간파하지 못하면서도 아버지 곁에서 떠나겠다는 약속에 기꺼워하며 사진을 돌려준다.

본래 사진은 이성주가 성공을 자축하면서 첩인 박 씨에게 건넨 선물이었다. 박 씨는 아들의 사진을 볼 수 있다는 기쁨을 만끽하면서, 집안에서 가장 눈에 띄는 곳인 '마루' 위에 사진을 올려둔 바 있다. 이 사진은 문식이 들어오는 순간에, 모친이 바로보고 있었던 것이었다.

칠월과 춘미 목욕 도구를 들고 퇴장

**모친**　(아들의 사진을 보고 잇다).

문식 드러선다.[86]

**문식**　네 제 요구 조건은 극히 간단합니다 우리 아버지를 멀니 떠나주십
　　　시오. 그 대신 그 감사한 은혜는 후일 무엇으로든지 갑겠습니다.
　　　(마루에 노힌 사진을 보고) 이 사진은 누가 갓다놋습니까.[87]

　박 씨가 보고 있던 사진은 무대에서 상대적으로 높은 위치를 점유하는 마루 위에 올려놓아짐으로써, 관객들뿐만 아니라 아들인 문식의 눈에 들어오게 된다. 마루의 높이는 시선을 집중시킬 수 있는 조건으로 작용하기 때문이다. 이러한 높이로 인해 마루는 여타의 공간과 차별화되는 무대 공간으로 인식될 수 있다.

　동양극장 측은 1930년대 무대 경험을 통해 마루의 넓이와 높이가 다양한 효과를 마련할 수 있다는 사실을 알고 있었다고 해야 한다. 마루는 무대 배치상으로 일종의 단으로 작용하는데, 이러한 단의 조성은 동양극장 연극에서 전반적으로 중시되면서 그 쓰임이 확대되기에 이르렀고, 새로운 공간감을 조성하는 원동력으로 작용한 바 있다.[88]

　이처럼 〈아들의 심판〉과 유사하거나 관련된 작품의 무대상 특징은 한쪽 공간을 방으로, 다른 쪽 공간을 정원 혹은 담 내지는 문으로 설정

---

86　이서구, 『〈아들의 심판〉』, 청춘극장 대본, 29면.
87　이서구, 『〈아들의 심판〉』, 청춘극장 대본, 39면.
88　김남석, 『조선 대중극의 용광로 동양극장(2)』, 서강대 출판부, 2018, 2018, 34~38
　　면 참조.

하고, 그 사이에 마루를 배치하여 인물들의 앉고 서는 동선을 비교적 자유롭게 만들었으며, 높이 차를 이용한 연기를 가능하게 했다는 점이다. 이러한 공간 분할은 무대의 가로 폭을 3등분하여 무대를 구획하는 기본적인 패턴, 즉 '정형화된 삼분구도'와 관련이 있다.[89]

동양극장 무대디자인 중에서 '문화주택' 성향의 극적 공간을 적극적으로 재현한 작품의 무대디자인을 제외하기만 한다면, 이러한 전통 가옥과 그 특징에 대한 묘사는 동양극장 무대디자인의 핵심적 목표에 해당한다고 하겠다. 이른바 '조선적인 것'의 스타일을 확인할 중요한 기회라고도 할 수 있다.

### (2) 〈아들의 심판〉 2막 양옥집

한편 〈아들의 심판〉 2막은 1막과 다른 장소를 공간적 배경으로 삼고 있다. 1막이 이성주李性周의 첩이었던 박 씨의 집이었다면, 2막은 이성주의 본가로 그의 아들 문식文植의 집이다. 2막은 1막에서 시간이 소요된 시점으로, 이성주가 죽고 난 이후의 이성주의 가족이 살았던 풍경을 그리고 있다.

제2막

문식의 집 문전(門前)

하수에 비스듬히 양□(洋□)의 점잔은 현관(玄關)

돌층대 두 세 층

---

**89** 김남석, 「동양극장 발굴 자료로 살펴본 장치가 원우전의 무대미술 연구」, 『동서인문』 5호, 경북대 인문학술원, 2016, 151~154면.

중앙에 걸처서 수림(樹林) 맛치 소공원 갓치

상수에 치우처서 이성주(李性周)의 동상(銅像)이 서 잇고

동상 압헤는 적은 울타리가 서 잇고

생화 꽂는 꽃병 두 개가 노혀 잇다.[90]


이러한 풍경은 동양극장의 무대디자인에서 전형적으로 활용하던 '문화주택' 유형의 디자인임을 알 수 있다. 동양극장에서 1937년 무렵에 공연한 작품들 중에서 비근한 사례를 들어보겠다. 이운방 작 〈눈물을 건너온 행복〉(1937년 10월 1일~6일)과 이서구 작 〈불타는 순정〉(1937년 12월 8일~13일)이 적합한 사례로 손꼽힐 수 있겠다.

우선 〈눈물을 건너온 행복〉의 경우를 보자.[91]

그림397 **동양극장 청춘좌의 〈눈물을 건너온 행복〉**(무대 사진)[92]


〈눈물을 건너온 행복〉은 청춘좌 제작 작품으로 이운방의 창작극이기

90    이서구, 『〈아들의 심판〉』, 청춘극장 대본, 39면.
91    김남석, 「동양극장 발굴 자료로 살펴본 장치가 원우전의 무대미술 연구」, 『동서인문』 5호, 경북대 인문학술원, 2016, 138면.
92    「〈눈물을 건너온 행복(幸福)〉」 무대면, 『동아일보』, 1937.10.5, 5면 참조.
      https://newslibrary.naver.com/viewer/index.nhn?articleId=1937100500209
      105001&officeId=00020

도 했다. 이 작품에서 수림이 울창하게 우거져 있는 모습을 볼 수 있으며, 현관이 무대 한편(상수)에 배치되어 있으며, 현관 앞과 무대 중앙에 돌층계가 놓여 있는 상황을 확인할 수 있다. 벤치가 비치되어 있고 그 뒤편 하수의 큰 나무와 무대 중앙의 크고 작은 꽃나무들이 어울려 전체적으로 '소공원' 같은 정취를 물씬 풍겨내고 있다. 이러한 특징은 전반적으로 현관, 돌층계, 꽃나무 등을 강조하고 있는 측면에서 〈아들의 심판〉의 문식의 집과 유사한 분위기라고 할 수 있다.

다음으로 〈불타는 순정〉의 무대디자인을 살펴보겠다.[93]

그림398 **동양극장 호화선 〈불타는 순정〉**(무대 사진)[94]  그림399 〈불타는 순정〉의 출입문  그림400 〈해바라기〉의 출입문

전반적으로 층계가 있고, 층계를 오르면 현관이 있으며, 무대 중앙이 낮은 담장으로 둘러싸여 있고, 그렇게 마련된 공간 속에 벤치가 놓여 있어 공원과 같은 인상을 주고 있는 점도 공통점이다. 인용된 무대 사진의

---

93  아래의 무대 사진은 다음의 논문에서 사용한 사진을 이용했으며, 관련 설명 역시 주요하게 참조했다(김남석, 「발굴된 무대 사진으로 살펴본 동양극장 무대미술에 대한 일 고찰」, 『우리어문연구』 58집, 우리어문학회, 2017, 26~27면).

94  「사진은 〈불타는 순정〉의 일 장면」, 『동아일보』, 1937.12.11, 5면.
https://newslibrary.naver.com/viewer/index.nhn?articleId=1937121100209105013&editNo=2&printCount=1&publishDate=1937-12-11&officeId=00020&pageNo=5&printNo=5852&publishType=00010

오른쪽 마지막 사진은 〈해바라기〉(1938년 4월 15일~22일, 청춘좌 공연)의 현관에 해당한다. 〈해바라기〉라는 작품에서도 현관과 층계가 마련되어 있는데, 이 역시 동양극장 무대미술의 주요한 특징이라고 할 수 있다. 특히 〈해바라기〉의 경우에는 이서구의 창작 작품이다.

이렇게 전반적인 무대디자인을 통해 볼 때, 양옥과 정원을 재현하면서 문밖의 실외를 포함시킨 이러한 무대디자인 사례는 〈아들의 심판〉 2막의 무대디자인(지문)과 유사한 양상을 보이는 경우가 드물지 않다. 그러니 1940년에 제작된 〈아들의 심판〉의 경우에는 이서구가 대본을 집필하는 시점부터 그 이전 작품들의 공간 활용 사례를 은연중에 염두에 두지 않을 수 없는 상황이었다. 그러니 동양극장의 최 전성기였던 1937년의 상황을 자연스럽게 적용할 가능성도 매우 높다고 해야 한다.

제7장

대중극과
신극 무대디자인의
맥락과 차이

1920년대 토월회의 발족부터 무대디자인 혹은 무대장치는 연극 공연의 중요한 요소로 부각되었다. 토월회는 무대 연기나 연출 분야에서는 미숙함을 드러냈지만, 무대장치와 작품 선택에서는 당대의 연극적 기류를 넘어서는 성과를 보여주었다. 특히 무대장치는 찬사를 받는데, 이러한 연극적 성과는 1920년대 연극의 패러다임을 일정 부분 시사한다고 하겠다.

1910년대 대중극 진영은 연극 서사의 전달과 이의 무대적 표현에 보다 집중하는 형국이었다. 리얼리즘 연극이 추구하는 사실감에 크게 경도되지 않는 연극을 추구하다 보니, 무대 위 사실성을 구현하고 보조하고 때로는 상징해야 할 무대장치의 필요성을 크게 절감하지 못했다고 해야 한다.

하지만 토월회는 이른바 새로운 연극을 선보이면서 이러한 기존 무대 인식과 연극 개념에 충격을 가하고자 했다. 동경 유학생으로 구성된 토월회 단원들은 축지소극장 공연 관람을 통해 사실성에 대한 진보된 인식을 가지고 있었고, 이러한 사실성을 무대 위에서 표현하려는 강력한 욕구도 가지고 있었다.

이로 인해 무대 위에서 시각적 도안과 그 표현 방식에 주력할 수 있었고, 서툰 연기와 일관성을 잃은 연출 메소드에도 불구하고 새롭다는 평가를 끌어낼 수 있었다. 이러한 토월회의 등장은 무대 공연에서 주력해야 하는 분야로서의 무대장치를 주목하도록 만들었다.

토월회의 초기 무대디자이너로 함께 성장한 이가 원우전이었다. 원우전은 박승희, 박진 등과 함께 토월회의 주요 멤버로 활동하면서, 토월회의 무대디자인을 전담하기 시작한다. 창립 공연에서는 김복진과 이

승만이 함께 참여했지만, 무대디자이너로 성장하고 그 활동세를 이어가는 인물은 원우전이었다.

원우전은 다양한 극단에서 작품 활동을 시행했지만, 그의 본류는 토월회였다. 토월회는 연기자와 연출자가 하나의 인맥을 형성했고, 이 인맥은 1930년대 초반 다양한 극단으로 우후죽순처럼 명멸했다. 토월회가 양성한 인맥이 이합집산하면 극단을 만들었기 때문이다. 토월회 자체도 흥행극단으로 거듭나기 위하여 태양극장으로 변모했고, 태양극장은 토월회가 간접적으로만 시행했던 대중극단으로서의 면모를 마음껏 발휘하는 행보를 보였다.

이처럼 원우전은 1920년대 중후반부터 토월회의 이력을 뒤따르면서, 1930년대 전반에는 그 일맥의 극단들을 넘나들었고, 이를 넘어서 다양한 토월회 인맥 바깥의 극단까지 활동 폭을 넓혀나가고 있었다. 하지만 이렇게 방대했던 원우전의 활동력은 1935년 11월 즈음에 일시적으로 중단되기에 이른다. 왜냐하면 그는 동양극장에 가담했고, 무대장치를 맡아서 1939년 8~9월 탈퇴하기 이전까지 전심전력으로 청춘좌, 호화선(동극좌와 희극좌), 조선성악연구회 관련 무대 제작에 관여하기 시작한다.

동양극장은 지금까지도 신화적 경영으로 유명한 극단이자 극장이었기 때문에, 1년 내내 상시 공연 체제를 유지하고자 했다. 청춘좌의 공연이 끝나면 호화선의 공연이 이어지고, 이때 청춘좌는 지방 순회공연을 떠나 기존 레퍼토리를 소진하고 돌아오곤 했다. 결국 두 극단의 교차 공연은 경성 동양극장 무대의 상시 운영을 전제로 하고 있었다.

원우전은 명목상으로는 무대장치부에서 소속되어 있었고, 주로 청춘좌의 공연/무대디자인 작업을 전담한 것으로 알려져 있다. 하지만 전반적으로 무대 작업은 협업이 중요했기 때문에, 이러한 소속과 전담 분야를 넘어서는 활동 폭을 보여주었다. 그는 1936년 동양극장 최전성기의 무대디자인을 담당했으며, 각 작품 공연 때마다 예상하지 못한 방식으로 관객들의 시선을 잡아끄는 새로운 무대디자인을 선보이곤 했다.

〈춘향전〉의 뒤틀린 무대, 〈명기 황진이〉의 폭포와 흐르는 물, 〈단종애사〉의 숱한 무대 장면, 〈내가 사랑하는 사람들〉의 거대한 배경화와 그 사이로 난 길 등 그의 아이디어가 투입된 공연은 새로운 시각적 자극을 동반하는 일이 잦았다. 특히 청춘좌의 단원들은 그의 무대디자인을 정석으로 수용했고, 연기의 도움을 받는 일에 익숙했다. 그 결과 그는 동양극장 부도와 매각으로 이어진 청춘좌의 탈퇴 과정에서 아랑으로 이적하기에 이른다. 이후 원우전은 아랑에서도 참신한 무대디자인으로, 대작 공연을 추구하고 1일 1작품 공연의 묘미를 살리려 했던 아랑의 무대적 표현을 이끄는 중추적 힘으로 작용했다.

이러한 원우전의 행보는 토월회, 동양극장, 아랑으로 이어지는 일제강점기 대표적 대중극단의 내부로 깊숙하게 연계되어 있었다. 그가 거쳐 간 극단은 당대 최고의 대중극단을 다투는 자리에 있었고, 그가 함께 연기했던 배우들은 대중극계의 내노라하는 대표 배우(들)에 해당했다. 그가 걸어간 길이 대중극의 정통이 되고, 그가 만든 무대가 대중극 대표 배우들의 무대가 된 것이다.

이러한 원우전의 행보는 대중극 진영에서는 강력한 동력이 될 수밖에 없었다. 일제강점기 조선의 연극계가 대중극계를 중심으로 운영되었고, 그러한 대중극계의 활동은 상대적으로 많은 공연으로 채워질 수밖에 없었기 때문이다. 무대장치가는 드물었고, 그것도 개성적인 공연 미학을 창출할 수 있는 장치가는 손에 꼽을 수 있을 정도였다. 원우전은 이러한 상황 속에서 대중극계의 공연 전반에 참여하였다. 본론에서 살펴 그의 행적은 신생극단 혹은 파생극단이 창립 공연과 이후 공연을 이어가기 위하여 그의 조력을 얼마나 필요로 했는가를 보여준다.

신극계는 대중극계에 비해서는 상대적으로 위축된 공연 환경을 지니고 있었다. 1930년대 신극계를 대표했던 극예술연구회의 실제 공연 현황을 살펴보면 이러한 열세를 짐작할 수 있다.

일단 공연 횟수와 작품 수에서 신극계 극예술연구회는 저조한 성적을 거두고 있었다. 그것도 제1기 공연에서는 1일 1작품 공연 비중이 늘어나면서 공연 빈도나 작품 수는 더욱 줄어들었다. 그러면서 무대디자인에 대한 수요 역시 줄어들었다고 볼 수 있다. 더구나 신극 진영에서는 무대미술가로 자처할 수 있는 인사가 충분히 확보되어 있지 않았다. 사실 무대미술가의 숫자에 한해서는 대중극계도 크게 다르지 않았기 때문에 단순 비교는 힘들지만, 극예술연구회 무대디자인은 전담 인력에 의한 통일성을 갖춘 무대 작업은 아니었다.

그러다 보니 적지 않은 문제점들이 산견된다. 가령 창립 공연은 축지소극장의 무대미술 디자인을 대거 옮겨온 형식으로 무대장치가 마련되었다. 홍해성이 『동아일보』에 공개했던 무대디자인을 참고하면, 그 닮은 꼴의 형상을 부인하기 힘들다. 더구나 이러한 무대디자인은 비단 무대디자인만의 유사성으로 끝나시만은 않는다. 인물의 동선과 연기 위치, 연출 콘셉트와 연기 메소드에도 영향을 끼치지 않을 수 없었다. 따라서 극예술연구회 창립 공연작 〈검찰관〉은 축지소극장의 상당한 영향력 아래에서 시행된 공연이었다는 사실을 확인할 수 있다.

창립 공연 이후 계속 교체되는 무대미술가의 면모도 크고 작은 변화를 불러일으킨다. 창립 공연부터 무대디자인의 독창성과 완성도에 신경을 쓴 흔적이 없었던 관계로, 그 이후의 무대디자인 역시 미적 통일성이나 구조적 안정감을 도모한 흔적이 없다. 제2회 공연에서 〈옥문〉은 상징성을 겸비한 무대였지만, 〈해전〉은 극도의 비판을 받은 무대였다. 제3회 공연 〈우정〉은 산만한 외국 거실의 이미지를 끝내 극복하지 못했다.

극예술연구회 공연에서 가장 일차적으로 주목을 받은 작품이자 무대는 〈토막〉의 공연 무대였을 것이다. 〈토막〉은 조선의 가난과 그 원인을 직접적으로 보여줄 수 있는 상징이자 시각적 표현이어야 했다. 어느 정도 강력한 인상을 남기는 데에는 성공했으나, 이전 작품들과의 통일성이나 일관성을 형성하지는 못했다. 사실 이러한 문제는 극예술연구회 공연 내내 나타난 현상이었고, 그 원인 중 주요한 원인은 작품과 정기공연마다 변화되는 무대디자이너의 면모 때문이었다.

제4회 공연작 〈무기와 인간〉의 공연 사진을 통해 당시 무대디자인을 추려낼 수 있는데, 보기 드물게 신극 대작의 공연이었음에도 당시 무대는 서사의 재현 장소 이상의 의미와 이미지를 담보하지는 못했다. 다만 〈무기와 인간〉의 경우에는 무대디자인을 통해 해당 공연의 규모와 상황을 일정 부분 재구하는 데에 도움을 받을 수는 있다.

제1기 극예술연구회는 무대디자인에 대한 강력한 재현 의지를 피력하지 않았다. 사실 제2기에 접어들면서도 이러한 성향은 크게 변화하지 않았는데, 이러한 극예술연구회의 연극적 생리에 변화를 준 이가 김일영이었다. 김일영은 일본에서 조선예술좌에서 활동하며 무대미술에 대한 자립적 미학관을 가진 무대디자이너였다. 세인들은 김일영의 등장을 원우전의 독주 시대를 끝낼 디자이너의 출현으로 간주하기도 했다.

김일영은 부민관이라는 대극장을 사용하는 극예술연구회에게 무대미술적 독특성을 선사했을 뿐만 아니라, 공연 목적에 맞는 장소성을 담아내는 무대미술 콘셉트의 적용 가능성을 시사하기도 했다. 오래된 구옥의 이미지를 유지하면서도 연극적 새로움을 덧씌울 방안을 찾는다거나, 관객의 시야선을 차단하지 않기 위하여 공연에 활용할 수 있는 무대미학적 개념을 제시하는 방안이 그것이다.

더구나 그는 1일 2작품 공연 체제에서 서로 다른 작품에 따라 차별적인 무대디자인을 적용하는 종합적 무대디자인의 기능도 염두에 둔 채로 작업에 임한 바 있다. 비록 복잡한 사정이 생겨나면서, 그러한 개념과 역할 적용이 매끄럽게 실현되지 못한 것도 사실이지만, 이러한 무대디자인을 선보인 사례만으로도 이미 어느 정도의 반향을 도모했다고 할 수 있다.

김일영이 남긴 〈자매〉의 무대디자인은 새롭지만 전통적이고 거대하지만 부담스럽지 않은 무대미술의 한 측면을 열어주었다. 동시에 부민관이라는 극장 환경을 고려하여 제시한 '단면'을 기능뿐만 아니라 미학에 접목시킨 점도 깊게 생각해야 할 점이다. 그의 디자인은 원우전의 경우처럼 시각적 자극을 강렬하게 불러일으키지는 않지만, 작품의 분위기와 연기 메소드를 적절하게 수용할 수 있는 현실성을 함축하고 있었다.


극예술연구회가 적지 않은 공연을 시행했고, 이러한 공연을 동아일보사가 직간접적으로 후원하면서, 그들 공연에 대한 자료들이 상당히 축적되었고, 이렇게 축적된 자료 중에는 무대 정경과 관련된 자료도 상당수에 달한다. 이러한 자료의 축적은 근본적으로 극예술연구회의 공연 실상을 간접적으로나마 파악할 수 있게 해준다. 숫자는 많지 않지만, 결코 무시할 수 없을 만큼의 자료가 존재하고 있기 때문에, 이에 대한 접근을 통해 지금까지 베일에 가려져 있는 극예술연구회의 공연 상황과 무대 실상을 파악할 수 있을 것으로 여겨진다. 그러한 측면에서 극예술연구회의 공연 정황은 각별하게 주목되고, 그러한 정황에 근접할 수 있는 근거가 무대미술임을 인정하지 않을 도리가 없다.

궁극적으로 무대미술은 극예술연구회의 공연 상황을 보여주고 그 성과를 측정하는 일종의 바로미터 구실을 할 수 있다. 제1기 적지 않은 공연이 이러한 측면에서 미학적 완성도와 거리가 멀다고 하겠다. 서구의 위대한 작품을 고른 경우에도, 이러한 작품의 미학적 재창조 과정에서는 다소 답보적인 상황을 연출하고 만 흔적도 강하게 담보된다.

반면 제2기의 활동에서는 더욱 공격적인 무대디자인이 필요해졌다. 극장 자체가 동양극장이나 부민관으로 확장되었고, 그에 따라 관객 역시 증대되었다. 좁은 무대를 간신히 채우고 얼기설기 세운 간이무대가 아니라, 보다 계획적인 설계와 도안으로 무대 위에 시각적 의미와 이미지를 강하게 동반하는 조직적인 무대가 필요해진 것이다. 이러한 무대미술의 필요성은 대작 공연이 늘어나고 음악극 형식의 공연이 생겨나면서 더욱 절실해졌다. 다만 이러한 절실함에 호응할 수 있는 디자이너의 부재가 아쉽다고 해야 한다.

# 참고문헌

「'인생극장' 초공연(初公演) 사극〈백화〉를 상연」,『동아일보』, 1937.12.14, 4면.

「'호화선' 소연(所演)〈남편의 정조〉무대면」,『동아일보』, 1937.6.8, 8면.

「〈검찰관(檢察官)〉제1막의 한 장경(동경축지소극장 소연(所演))」,『동아일보』, 1932.4.28, 4면.

「〈검찰관〉제4막의 장□」,『동아일보』, 1932.4.30, 4면.

「〈검찰관〉의 최종 장경(場景)(일본축지소극장소연)」,『동아일보』, 1932.5.2, 4면.

「〈견우(牽牛)와 직녀(織女)〉」,『경향신문』, 1958.7.28, 2면.

「〈김옥균〉상연」,『동아일보』, 1940.5.1, 5면.

「〈김옥균전(金玉均傳)〉상연」,『만선일보』, 1940.6.20, 1면.

「〈김옥균전(金玉均傳)〉청춘좌 특별 공연」,『매일신보』, 1940.4.29, 4면.

「〈남아행장기(男兒行狀記)〉의 무대면」,『동아일보』, 1937.7.25, 7면.

「〈남편의 정조〉」,『동아일보』, 1937.6.9, 1면.

「〈눈물을 건너온 행복(幸福)〉무대면」,『동아일보』, 1937.10.5, 5면.

「〈단장비곡(斷腸悲曲)〉」,『동아일보』, 1937.12.21, 1면.

「〈단종애사〉청춘좌 제 이주공연(第 二週公演)」,『매일신보』, 1936.7.19, 3면.

「〈단풍이 붉을 제〉의 무대면(舞臺面)」,『동아일보』, 1937.9.14, 6면.

「〈대장간의 하루〉향토극 전1막」,『매일신보』, 1931.6.9, 5면.

「〈동학당〉상연의 '아랑'의 준비 회합」,『매일신보』, 1941.3.26, 4면.

「〈동학당〉성황」,『매일신보』, 1941.8.24, 2면.

「〈명기 황진이〉」,『동아일보』, 1936.8.7, 2면.

「〈무정(無情)〉'무대화'」,『동아일보』, 1939.11.18, 5면.

「〈바람 부는 시절〉공연 대본」, 8~14면.

「〈바람 부는 시절〉」,『독립신문』, 1946.7.30.

「〈바람 부는 시절〉」,『매일신보』, 1940.10.9, 2면.

「〈바람 부는 시절〉」,『영남일보』, 1946.9.13.

「〈바람 부는 시절〉」,『중앙신문』, 1946.7.29.

「〈방황하는 청춘들〉무대면(동양극장 소연)」,『동아일보』, 1937.7.4, 7면.

「〈비련초(悲戀草)〉의 일 장면(一場面)」, 『동아일보』, 1937.9.25, 6면.

「〈수호지(水滸誌)〉 각색 동극에서 상연」, 『동아일보』, 1939.12.3, 5면.

「〈아리랑 고개〉 무대면」, 『동아일보』, 1929.12.4, 5면.

「〈유충렬전〉 부민관에서 상영 중」, 『조선일보』, 1936.6.11.

「〈은하수〉 공연 대본」, 사단법인 여성국극예술협회, 2006.

「〈제이(第二)의 출발〉의 무대면」, 『동아일보』, 1937.10.28, 4면.

「〈청춘일기〉의 무대면」, 『동아일보』, 1937.8.15, 6면.

「〈춘향전〉 상연 토월회에서 =금 십일 밤부」, 『동아일보』, 192.9.10, 5면.

「〈탁류〉 삽화 정현웅 화백」, 『조선일보』, 1937.10.8, 4면.

「〈항구(港口)의 새벽〉의 무대면」, 『동아일보』, 1937.6.15, 7면.

「〈행화촌(杏花村)〉의 무대면(동양극장소연)」, 『동아일보』, 1937.10.23, 5면.

「〈홍보전〉 1일 연기 성악 연구회 주최 가극」, 『조선일보』, 1936.11.12, 2면.

「〈홍보전〉도 가극화. 조선 성악 연구회에서. 본사 학예부 후원으로 상연」, 『조선일보』,
        1936.11.6, 3면.

「〈홍보전〉의 무대면」, 『조선일보』, 1936.11.8, 6면.

「18일로 연기된 토월회 제2회 공연」, 『매일신보』, 1922.9.17.

「1일부터 '조극'에 열릴 토월회의 부흥공연」, 『중외일보』, 1929.11.2, 3면.

「22일 밤부터 〈원앙의 노래〉」, 『동아일보』, 1940.4.24, 1면.

「가극 〈춘향전〉 구란! 청주의 예원 개진할 구악의 호화판」, 『조선일보』, 1936.9.15, 6면.

「가극 〈춘향전〉 초성황의 제1일」, 『조선일보』, 1936.9.26, 6면.

「가극 〈홍보전〉의 경개」, 『조선일보』, 1936.11.5, 6면.

「가정극 〈며누리〉 상연」, 『조선일보』, 1931.6.10, 5면.

「각계 진용(各界 陣容)과 현세(現勢)」, 『동아일보』, 1936.1.1, 30면.

「脚本 : 〈人形의 家〉」, 『매일신보』, 1921.1.22, 1면.

「각종 신문잡지에 대한 비판」, 『개벽』 37호, 1923.7.1, 55면.

「강원도의 납량지(納凉地)(3), 금강산의 만폭동(萬瀑洞)」, 『매일신보』, 1913.8.16, 1면.

「강원도의 납량지納凉地)(2) 해금강(海金剛)」, 『매일신보』, 1913.8.15, 1면.

「개막의 5분전! 〈춘향전〉의 연습」, 『조선일보』, 1936.9.25, 6면.

「개성 금강・박연폭포」, 『동아일보』, 1937.8.15, 5면.

「개성좌의 개연, 개성좌의 처음 개연」, 『매일신보』, 1912.10.17, 3면.

「경성부 부민관 대강당 1・2층 좌석표」, 이정희, 「[사진으로 만나는 근대의 풍경24 : 부민관]

식민지 조선의 문화도시이고자 했던 경성부의 숙원사업」,『민족21』, 2008, 143면.

「경성음악스타디오 주최 악극(樂劇)〈춘향전〉상연」,『동아일보』, 1937.9.16, 7면.

「계명키네마 제1회 작품〈정의(正義)의 악마(惡魔)〉촬영 불일(不日) 완료」,『중외일보』, 1930.4.16, 3면.

「계명키네마 제1회작으로〈정의의 악마〉방금 촬영 중」,『조선일보』, 1930.4.16, 5면.

「고 김옥균 씨 등 일한지사의 사적」,『매일신보』, 1939.9.19, 3면.

「고 김옥균 씨 사십육주년 추모회」,『매일신보』, 1940.3.29, 2면.

「고 김옥균 씨의 친매(親妹)를 발견 서천군 하에 생존 중」,『매일신보』, 1940.8.14, 2면.

「고(古) 김옥균 씨 46주년 추모회 금일 동경에서 고우들이 개최」,『매일신보』, 1940.3.29, 2면.

「고대소설이 의연(依然)히 수위(首位)」,『동아일보』, 1928.7.17, 2면.

「고려영화〈유린(蹂躪)〉촬영 류봉렬 씨와 원 씨도 참가」,『매일신보』, 1927.9.6, 3면.

「고려영화사에서 촬영소를 건설」,『동아일보』, 1940.1.31, 5면.

「고려영화사의 내용 충실」,『조선일보』, 1927.9.6.

「공연 일자의 박두로 극연회원 맹연습」,『동아일보』, 1934.4.17, 3면.

「공연을 앞두고 극연(劇研) 맹연습」,『동아일보』, 1933.6.23, 4면.

「공연을 앞두고」,『조선일보』, 1936.12.12, 6면.

「광고」,『매일신보』, 1912.2.18, 3면.

「광고」,『매일신보』, 1912.6.18, 4면.

「광고」,『매일신보』, 1912.6.19, 2면.

「구경거리 백화점 23일 단성사 배구자예술연구소 공연 초유의 대가무극(大歌舞劇)」,『매일신보』, 1931.1.22, 5면.

「구악 부흥의 이 장거(壯擧)!〈흥보전〉도 가극화」,『조선일보』, 1936.11.5, 6면.

「국외자로서 본 오늘까지의 조선영화」,『별건곤』 10호, 1927.12, 103면.

「귀틀집」.『한국민족문화대백과』, http://terms.naver.com/

「극계(劇界)에 이상(異狀) 있다 '극연'의 실천부원(實踐部員) 11명 돌연 탈퇴」,『조선중앙일보』, 1936.6.30, 2면.

「극단 '아랑'의 공연〈동학당〉」,『매일신보』, 1941.5.6, 4면.

「극단 '중앙무대' 소연〈춘희(椿姬)〉의 배역과 경개」,『동아일보』, 1937.12.21, 5면.

「극단 '현대극장' 제1회 공연〈흑룡강(黑龍江)〉상연」,『매일신보』, 1941.5.13, 4면.

「극단 '호화선' 귀항(歸港)하자 간부 간에 대격투」,『동아일보』, 1937.12.7, 2면.

「극단 '호화선' 소연〈고아〉(이운방 작)의 무대면(舞臺面)」,『동아일보』, 1937.12.19, 4면.

「극단 고협 공연〈청춘무성〉」,『매일신보』, 1941.8.28.

「극단 신흥극장 제1회 공연」,『조선일보』, 1930.11.4, 5면.

「극단 아랑 공연 대성황〈바람 부는 계절〉」,『매일신보』, 1941.7.30.

「극단 아랑 공연 대성황」,『매일신보』, 1941.7.30, 4면.

「극단 아랑 공연－동학당」,『매일신보』, 1941.5.6, 4면.

「극단 청춘좌 공연」,『매일신보』, 1940.4.29, 4면.

「극단 태양극장〈춘향전〉상연」,『매일신보』, 1932.7.6.

「극단 태양극장 귀경 공연」,『조선일보』, 1933.12.15, 4면.

「극단 태양극장(太陽劇場)〈춘향전〉상연」,『동아일보』, 1932.7.6, 5면.

「극단 호화선〈행화촌(杏花村)〉상연」,『매일신보』, 1940.12.24, 4면.

「극단 호화선 제1회 공연 9월 29일부터」,『매일신보』, 1936.9.30, 1면.

「극단 호화선(豪華船) 개선공연」,『동아일보』, 1940.2.3, 2면.

「극단 황금좌(黃金座) 결성 중앙공연(中央公) 준비중」,『동아일보』, 1933.12.23, 3면.

「극연 공연 초야」,『동아일보』, 1936.5.30, 6면.

「극연 공연을 앞두고(1) 달빛이 호수에 비쳐 물결이 반작인다」,『동아일보』, 1936.5.27, 3면.

「극연 제10회 공연 배역과 극본 해설」,『동아일보』, 1936.4.11, 3면.

「극연 제5회 공연」,『동아일보』, 1933.11.5, 3면.

「극연 회원의〈승자와 패자〉연습 광경」,『동아일보』, 1936.2.28, 5면.

「극연(劇研) 제8회 공연은 검열 불통과로 연기」,『동아일보』, 1935.6.30, 3면.

「극연(劇研) 제9회 대공연」,『동아일보』, 1936.2.28, 4면.

「극연의 대공연 금야 7시부터」,『동아일보』, 1933.11.28, 3면.

「극연의 제5회 공연 시일장소를 변경 28일부터 4일간」,『동아일보』, 1933.11.19, 3면.

「극영화 : 새로 조직된 태양극장 미나도좌에서 음력 설에 공연」,『매일신보』, 1932.2.6, 5면.

「극영화(劇映畫)」,『매일신보』, 1932.12.14, 3면.

「극예술연구 공연 대성황」,『동아일보』, 1933.11.29, 2면.

「극예술연구회 내용을 확충」,『동아일보』, 1933.1.18, 4면.

「극예술연구회 내용혁신 규약(規約) 개정(改正)」,『매일신보』, 1933.1.15, 7면.

「극예술연구회 실험무대 제1회 공연」,『매일신보』, 1932.5.4, 5면.

「극예술연구회 제11회 공연」,『매일신보』, 1936.5.30, 3면.

「극예술연구회 제3회 일홈잇는 예술가 삼십여 씨(氏) 총 등장」,『중앙일보』, 1933.2.9, 2면.

「극예술연구회 직속 '실험무대(實驗舞臺)' 출현(出現)」,『동아일보』, 1931.11.8, 4면.

「극예술연구회원 공연 전 토막 탐견(貪見)」,『조선일보』, 1933.1.31, 4면.

「극예술연구회의 약진 제11회 대공연」,『동아일보』, 1936.5.13, 3면.

「금년 창시의 추천제도(推薦制度) 영예의 특선 발표」,『동아일보』, 1935.5.17, 2면.

「금야부터 극연 제6회 공연 7시 반 개막」,『동아일보』, 1934.4.18, 3면.

「금주 동양극장 이고범 작 〈해바라기〉…무대면(舞臺面) '청춘좌소연(청춘좌소연)」,『동아일보』, 1938.4.20, 4면.

「김도산, 김소랑 합동 공연회」,『조선일보』, 1921.2.4, 3면.

「김소랑일행 본보독자우대 평양 금천대좌에서 흥행 중」,『조선일보』, 1929.6.18, 5면.

「김옥균전 영화화」,『매일신보』, 1939.11.10, 4면.

「김정환(작고회원)이력서」, 예술원.

「남녀명창망라하여 조선성악원 창설, 쇠퇴하는 조선가무 부흥 위하여, 명창대회도 개최」,『조선중앙일보』, 1934.4.25, 2면.

「납량할 만한 명소」,『매일신보』, 1926.7.4, 3면.

「누마루」,『알기 쉬운 한국 건축용어 사전』.

「눈물의 명우(名優) 차홍녀(車紅女) 양 영면」,『조선일보』, 1939.12.25, 2면.

「待望の京城學友映畵會生る」,『保導月報』 30호, 1936.4, 8면.

「대성황 일운 '극(劇)하는 밤'의 첫 날」,『동아일보』, 1930.11.30, 5면.

「대성황 일운 찬영회 주최 무용, 극, 영화의 밤」,『동아일보』, 1929.12.7, 5면.

「덕성여대(德成女大)…국내최초 연극박물관 개관」,『매일경제』, 1977.5.18, 8면.

「독자구락부」,『매일신보』, 1913.5.2, 3면.

「동경 유학생계에 '학생예술좌(學生藝術座)' 창립되다」,『조선중앙일보』, 1934.7.19, 3면.

「동경서 처음 열리는 조선유행가의 밤, 본보 동경지국 후원」,『조선중앙일보』, 1935.5.19, 2면.

「동경에 조선인극단(朝鮮人劇團) '학생예술좌(學生藝術座)' 창립」,『동아일보』, 1934.7.18, 3면.

「동경조선예술좌(東京朝鮮藝術座) 공연」,『동아일보』, 1935.11.22, 3면.

「동경학생예술좌 소연 〈소〉의 무대면(舞臺面)」,『동아일보』, 1935.6.11, 3면.

「동경학생예술좌 제 일회 공연」,『조선중앙일보』, 1935.5.22, 4면.

「동경학생예술좌 초 공연」,『동아일보』, 1935.5.12, 3면.

「동서남북」,『동아일보』, 1936.7.7, 7면.

「동양극상 주간 엉화 개시야간은 청춘좌의 〈심야의 대양〉」,『동이일보』, 1937.11.28, 4면.

「동양극장 호화 주간 극단 호화선의 공연」,『동아일보』, 1937.6.3, 5면.

「동양극장에서 상연 중인 〈단장비곡〉의 일 장면(一場面)」,『동아일보』, 1937.12.25, 4면.

「마산지국 독자위안 취성좌 김소랑 신극 일행을 청하야 3일부터 수좌(壽座)에서」, 『조선일보』, 1926.1.3, 4면.

「만원사례(滿員謝禮)」, 『동아일보』, 1937.12.15, 1면.

『매일신보』, 1941.10.31, 4면.

「맹연습 중의 실험무대원」, 『동아일보』, 1932.5.3, 5면.

「명(明) 22일부터 중앙무대 제3회 공연」, 『동아일보』, 1937.7.21, 6면.

「명(明) 이십육일부터 희극좌 탄생 공연 동양극장에서」, 『매일신보』, 1936.3.26, 3면.

「명우(名優)와 무대(舞臺) (3) 김소랑(金小浪)의 〈오호천명(嗚呼天命)〉, 의리극(義理劇)의 육군대위(陸軍大尉) 역으로 단성사에」, 『삼천리』 5권 4호, 1933.04, 7면.

「名優와 舞臺 (3) 金小浪의 〈嗚呼天命〉, 義理劇의 陸軍大尉役으로 團成社에」, 『삼천리』 5권 4호, 1933.04, 7면.

「명창음악대회(名唱音樂大會)」, 『동아일보』, 1934.6.10, 2면.

「모윤숙 씨 시집 출판 기념 성황」, 『동아일보』, 1933.11.10, 6면.

「모윤숙(毛允淑)」, 『동아일보』, 1935.1.3, 10면.

「무대미술 담당자 원우전」, 『증언 연극사』, 진양, 1990, 137~138면.

「〈무정(無情)〉」, 『동아일보』, 1939.11.17, 2면.

「문단 동향의 타진 : 9인회(九人會)에 대한 비판」, 『동아일보』, 1935.7.31, 3면.

「문단인(文壇人)의 연극 금명 9, 10일 양일간 공회당 극연 제3회 공연」, 『동아일보』, 1933.2.9, 4면.

「문단인(文壇人)의 연극 금명 9, 10일 양일간 공회당 극연 제3회 공연」, 『동아일보』, 1933.2.9, 4면.

「문단풍문(文壇風聞)」, 『개벽』 31호, 1923.1, 44면.

「문외극단 조직 김소랑 신불출 씨 등 연극계의 화형이 중심」, 『중앙일보』, 1932.12.10, 2면.

「미전(1) 특선작」, 『동아일보』, 1931.5.24, 4면.

「민요 〈아리랑〉을 각색 상연」, 『동아일보』, 1929.11.22, 5면.

「백 만 원이 생긴다면 우리는 어떠케 쓸가?, 그들의 엉뚱한 리상」, 『별건곤』 64호, 1933.6.1, 24~29면.

「별다른 이유(理由) 없고는 봉급(俸給) 때문이지오」, 『동아일보』, 1937.6.18, 7면.

「보라 들으라 적역의 명창들」, 『조선일보』, 1936.11.5, 6면.

「본보 독자 우대 남량 공연」, 『매일신보』, 1941.8.22, 2면.

「본보 독자 우대 납량공연 극단 '아랑' 출연 〈마음의 고향〉을 상연」, 『매일신보』, 1941.8.17,

4면.

「본보독자우대 대구지국에서 신파 김소랑 일행이 만경관(萬鏡舘)에서 흥행케 된 것을 기회로」, 『조선일보』, 1927.1.24, 2면.

「본사대판지국 주최 동정음악무용대회」, 『조선일보』, 1934.8.13, 2면.

「본사주최연극경연대회 연운사상의 금자탑」, 『동아일보』, 1938.2.6, 5면.

「부령(副領)」, 『표준국어대사전』.

「부민관(府民舘) 준공」, 『동아일보』, 1935.12.8, 2면.

「부민관낙성식(府民舘落成式) 작일(昨日) 성대 거행」, 『동아일보』, 1935.12.11, 2면.

「빗다른 장치(裝置)와 연기(演技)로 실험무대 공연」, 『동아일보』, 1932.6.22, 5면.

「사극〈동학당〉아랑이 상연 기획」, 『매일신보』, 1941.3.12, 4면.

「사명창표창식(四名唱表彰式)」, 『매일신보』, 1936.5.29, 2면.

「사진 동양극장 전속극단 '호화선' 금주 소연의 이서구 작〈애별곡(哀別曲)〉의 일 장면」, 『동아일보』, 1938.3.9, 5면.

「사진(상)(上)은〈호상(湖上)의 비극(悲劇) 하(下)는〈자매(姊妹)〉」, 『동아일보』, 1936.5.27, 3면.

「사진 : 元世夏, 李昇稷, 金星嬢, 卜惠淑」, 『매일신보』, 1925.4.14, 2면.

「사진 :〈쌍옥루〉연극 중의 관람쟈의 만원 갈치ᄒᆞᄂᆞᆫ 모양」, 『매일신보』, 1913.5.2, 3면.

「사진 :〈쌍옥루〉연극 중의 리경자가 산후에 밋친 모양」, 『매일신보』, 1913.5.2, 3면.

「사진은〈부활〉장면」, 『동아일보』, 1925.9.27, 5면.

「사진은〈불타는 순정〉의 일 장면」, 『동아일보』, 1937.12.11, 5면.

「사진은 극연좌 상연〈눈먼 동생〉의 일장면(一場面)」, 『동아일보』, 1939.2.7, 5면.

「사진은 동극단 소연의〈봄을 기다리는 사람들〉의 일 장면」, 『동아일보』, 1938.3.1, 4면.

「사진은 동양극장 전속획단 '호화선' 소연의〈젊은 안해의 일기(日記)〉의 일 장면」, 『동아일보』, 1938.2.24, 5면.

「사진은 본사 주최 연극경연대회에 출연할 극예술연구회 진용」, 『동아일보』, 1938.2.6, 5면.

「사진은 성연(聲研)의 원로들」, 『조선일보』, 1936.10.8, 6면.

「사진은 아현 빈민촌」, 『동아일보』, 1934.12.9, 2면.

「사진은 조선예술좌 소연〈토성낭〉의 무대면」, 『동아일보』, 1936.1.1, 31면.

「새로 조직된 문외극단(門外劇團)」, 『동아일보』, 1932.12.15, 2면.

「새로 창립된 극단 아랑(阿娘)」, 『동아일보』, 1939.9.23, 5면.

「새로운 국극 지향」, 『조선일보』, 1958.7.28, 4면.

「서열(暑熱)도 불구하고 실험무대 초일 성황」, 『동아일보』, 1932.6.30, 4면.

「성악연구회(聲樂研究會)서 〈배비장전〉 공연」, 『매일신보』, 1936.2.8, 2면.

「성악연구회, 대구에서 공연, 이십사일부터」, 『조선중앙일보』, 1935.10.19, 2면.

「성악연구회에서도 〈춘향전〉 24일부터 동양극장」, 『매일신보』, 1936.9.26, 3면.

「성악연구회의 추계명창대회」, 『조선중앙일보』, 1934.9.29, 2면.

「성연(聲硏)의 〈춘향전〉 1막」, 『조선일보』, 1936.10.3, 6면.

「성염(盛炎)과 우중(雨中)도 불구(不拘) 신극애호자(新劇愛好者) 만당(滿堂)」, 『동아일보』,
　　　1933.6.28, 4면.

「송영 씨 아랑 행」, 『조선일보』, 1940.4.2, 4면.

「수재동정극(水災同情劇)」, 『동아일보』, 1925.9.23, 4면.

「시연의 시연(〈옥문(獄門)〉의 일 장경)」, 『동아일보』, 1932.6.29, 5면.

「시일, 장소 변경코 극연 맹연습 중」, 『조선일보』, 1934.11.16, 4면.

「신극 육십년의 증언(2)」, 『경향신문』, 1968.7.13, 5면.

「신극 육십년의 증언(1) 초기 신파극의 실정」, 『경향신문』, 1968.7.10, 5면.

「신극 육십년의 증언(8) 창극운동」 『경향신문』, 1968.10.26, 5면.

「신극운동(新劇運動) '백조회(白鳥會)' 조직」, 『동아일보』, 1926.2.26, 5면.

「신극운동의 선봉(先鋒) '실험무대' 시연」, 『동아일보』, 1932.4.14, 5면.

「신소설 쌍옥루」, 『매일신보』, 1912.7.10, 3면.

「신춘 모집 원고 당선자 발표」, 『동아일보』, 1935.1.1, 1면.

「신춘문예선후감(新春文藝選後感)」(5), 『동아일보』, 1935.1.15, 3면.

「신춘특별공연 이월이십오일까지 조선성악연구회」, 『동아일보』, 1940.2.25, 2면.

「신흥극장 〈모란등기(牧丹燈記)〉」, 『동아일보』, 1930.11.5, 5면.

「실험무대 4월 중 공연 2기생 모집」, 『동아일보』, 1932.2.22, 4면.

「실험무대 공연 시일 장소 변경」, 『동아일보』, 1932.4.27, 5면.

「실험무대 시연의 무대면(舞臺面)과 관객의 일부」, 『동아일보』, 1932.5.6, 5면.

「실험무대 시연의 무대면(舞臺面)과 관객의 일부」, 『동아일보』, 1932.5.6, 5면.

「실험무대 제1회 시연」, 『동아일보』, 1932.4.16, 5면.

「실험무대 제1회 시연」, 『동아일보』, 1932.5.2, 4면.

「실험무대 제2회 시연 제1일」, 『동아일보』, 1932.6.30, 4면.

「실험무대 제2회 시연」, 『동아일보』, 1932.6.19, 5면.

「실험무대에서 제2회 공연」, 『매일신보』, 1932.6.28, 5면.

「심야의 태양」, 『동아일보』, 1937.11.26, 1면.

「악극 〈춘향전〉의 공연 광경」, 1937.9.25, 7면.

「약진 극연의 대공연 명일 오후부터 개막」, 『동아일보』, 1936.2.28, 5면.

「약진(躍進) 극연(劇研)의 대공연 명일 오후부터 개막」, 『동아일보』, 1936.2.28, 4면.

「엑스트라로서의 이동백」, 『조선일보』, 1937.3.5, 6면.

「여류명창대회 15, 16 양일간」, 『매일신보』, 1936.7.14, 7면.

「여름의 바리에테(8~10)」, 『매일신보』, 1936.8.7~9일, 3면.

「여배우 언파레이드 일(一) 연극편」, 『동아일보』, 1931.6.13, 4면.

「여성국극 〈견우와 직녀〉 공연 대본」, (사)한국여성국극예술협회, 2006, 2~23면.

「연극 〈김옥균(金玉均)〉 대성황」, 『조선일보』, 1940.5.5, 4면.

「연극 중의 이경자가 한강에서 빠지는 모양」, 『매일신보』, 1913.5.2, 3면.

「연극시장 공연」, 『매일신보』, 1931.5.31, 5면.

「연극인들이 뫼여 극단 '인생극장' 결성」, 『동아일보』, 1937.12.8, 5면.

「연극평 극단 고협 공연 〈청춘무성〉」, 『매일신보』, 1941.8.28, 4면.

「연보」, 고설봉, 『증언연극사』, 진양, 1990, 166면.

「연쇄극 〈유충렬전(劉忠烈傳)〉 부민관(府民舘)서 상영중」, 『동아일보』, 1936.6.11, 3면.

「연쇄극화 한 유충렬전」, 『동아일보』, 1936.5.26, 3면.

「연습 중의 〈해전〉(실험무대 공연극)」, 『동아일보』, 1932.6.26, 5면.

「연예 〈김옥균전〉 청춘좌 특별 공연」, 『매일신보』, 1940.4.29, 4면.

「연예 〈단종애사〉」, 『조선중앙일보』, 1936.7.19, 1면.

「연예(演藝) 〈애원십자로〉의 무대면」, 『동아일보』, 1937.8.3, 6면.

「연예」, 『매일신보』, 1936.1.31, 1면.

「연예계 : 유일단」, 『매일신보』, 1912.12.3, 3면.

「연예계 : 유일단」, 『매일신보』, 1913.2.21, 3면.

「연예계 : 〈쌍옥루〉 차(次)에 〈봉선화(鳳仙花)〉」, 『매일신보』, 1913.5.4, 3면.

「연예계 : 〈쌍옥루(雙玉淚)〉」, 『매일신보』, 1912.7.17, 3면.

「연예계 : 30일 야(夜)의 〈쌍옥루〉 성황, 그제 밤에 쌍옥루 성황, 여러 사진을 보면 알겠소」, 『매
　　　　일신보』, 1913.5.2, 3면.

「연예계 : 대갈채(大喝采) 중의 〈쌍옥루〉」, 『매일신보』, 1913.5.1, 3면.

「연예계 : 혁신단」, 『매일신보』, 1913.5.13, 3면.

「연예계 : 혁신단의 〈쌍옥루〉 행연(行演)」, 『매일신보』, 1913.4.30, 4면.

「연예계소식 청춘좌 인기여우(人氣女優) 차홍녀 완쾌 31일부터 출연」, 『매일신보』, 1937.7.30,
　　6면.

「연협 제2회 공연 시의 연습 장면」, 『동아일보』, 1937.6.22, 7면.

「영예의 우리 손군(孫君)」, 『동아일보』, 1936.8.25, 2면.

「예원각계현세(藝苑各界現勢)」, 『동아일보』, 1935.1.1, 41면.

「예원근사편편(藝苑近事片片)」, 『동아일보』, 1936.1.31, 5면.

「예원정보실」, 『삼천리』 13권 3호, 1941.3, 210~211면.

「오페라스다디오 직속 '오페라'좌 창립」, 『동아일보』, 1937.7.31, 6면.

「울산 '애독자 위안의 밤' 성황」, 『동아일보』, 1936.1.23, 3면.

「울산극장 문제」, 『동아일보』, 1936.4.9, 4면.

「원우전 무대미술자료 수집 계획서」, 한국문화예술위원회 예술자료원, 2013.10, 2면.

「원우전 옹 별세」, 『동아일보』, 1970.10.21, 5면.

「월계관 쓴 손기정(孫基禎)」, 『동아일보』, 1936.8.13, 2면.

「위험하기 짝없는 빈민굴」, 『동아일보』, 1936.3.27, 5면.

「음력 세모(歲首)의 연예계」, 『매일신보』, 1913.2.6, 3면.

「이땅 연극의 조류(완)」, 『동아일보』, 1939.3.17, 5면.

「이서구 작 사비극(史悲劇) 〈폐허에 우는 충혼〉」, 『동아일보』, 1931.6.14, 4면.

「이전순회음악(梨專巡廻音樂)」, 『동아일보』, 1930.12.29, 3면.

「이화여전 추기음악회」, 『조선일보』, 1928.10.28, 7면.

「인천연극음악(仁川演劇音樂)」, 『동아일보』, 1927.4.26, 4면.

「임서방 작 〈며누리〉의 한 장면(단성사 상연)」, 『매일신보』, 1931.6.10, 5면.

「자료 사진」, 『동랑 유치진 전집』 9권, 서울예술대 출판부, 1993, 13면.

「작일(昨日) 실험무대 시연 성황으로 개막」, 『동아일보』, 1932.5.6, 5면.

「장편소설 예고 〈여명기〉」, 『동아일보』, 1935.12.24, 2면.

「장편소설 예고」, 『동아일보』, 1934.4.20, 2면.

「재기(再起)는 어렵습니다」, 『동아일보』, 1937.6.22, 6면.

「재동경예술가단체(在東京朝鮮藝術家團體)」, 『동아일보』, 1936.1.1, 31면.

「재동경조선인(在東京朝鮮劇人) 조선예술좌(朝鮮藝術座) 창립」, 『동아일보』, 1935.6.5, 3면.

「재만동포위문 연극과 무용의 밤」, 『동아일보』, 1932.1.27, 2면.

「저주된 신극의 운명」, 『동아일보』, 1923.7.15, 6면.

「전발성8권물(全發聲八卷物)로 극연 회원 총출동」, 『동아일보』, 1937.10.29, 5면.

「제1일의 대성황 이룬-극연〈인형의 가〉공연」, 『동아일보』, 1934.4.19, 3면.

「제1회 공연 중인 청춘좌」, 『조선일보』, 1935.12.18(석간2), 3면.

「제3회 공연 유치진 작〈토막〉」, 『극예술』(창간호), 극예술연구회, 1934.4.

「제6회 공연〈인형의 가〉의 일 장면」, 『극예술』 2호, 극예술연구회, 1934.12.

「조선 성악연구회 20일부터 제1극장에서 창극〈옥루몽〉상연」, 『조선일보』, 1940.2.18, 4면.

「조선 성악회 총동원〈토끼타령〉상연」, 『조선일보』, 1938.2.28, 3면.

「조선 신극의 고봉(高峯) 극연(劇硏) 제9회 공연」, 『동아일보』, 1936.2.9, 4면.

「조선 신극의 중진(重鎭) 극연 제8회 공연」, 『동아일보』, 1935.11.14, 3면.

「조선고유의 고전희가극〈배비장전〉(전 4막)을 상연」, 『동아일보』, 1936.2.8, 5면.

「조선극의 일본 진출〈춘향전〉〈단종애사〉등으로 태양극단 일행이 26일 경성 출발」, 『조선일보』, 1933.5.26, 2면.

「조선극의 일본 진출」, 『조선일보』, 1933.5.26, 2면.

「조선명창회 27, 28 양일에」, 『매일신보』, 1935.11.26, 2면.

「조선문화 급(及) 산업박람회, 영화 편」, 『삼천리』 12권 5호, 1940.5.1, 228면.

「조선성악연구회〈심청전〉과〈춘향전〉」, 『매일신보』, 1936.12.16, 3면.

「조선성악연구회 14회 공연 가극〈숙영낭자전〉」, 『조선일보』, 1937.2.18.

「조선성악연구회 공연」, 『매일신보』, 1941.2.12, 4면.

「조선성악연구회 연쇄창극〈유충렬전〉」, 『매일신보』, 1936.6.1, 3면.

「조선성악연구회 제1회 작품 연쇄 창극〈유충렬전〉」, 『조선일보』, 1936.5.26, 6면.

「조선성악연구회 제7회 정기총회」, 『동아일보』, 1940.6.15, 2면.

「조선성악연구회 창립 3주년 기념」, 『조선일보』, 1936.5.31, 6면.

「조선성악연구회 초동(初冬) 명창대회」, 『동아일보』, 1935.11.25, 2면.

「조선성악연구회(朝鮮聲樂硏究會) 대구(大邱)서 공연 24일부터 3일간」, 『매일신보』, 1935.10.24, 3면.

「조선성악연구회(朝鮮聲樂硏究會) 초동명창대회」, 『동아일보』, 1935.11.25, 2면.

「조선성악연구회(朝鮮聲樂硏究會) 대구서 공연」, 『매일신보』, 1935.10.19, 2면.

「조선성악연구회」, 『조선일보』, 1938.1.6, 7면.

「조선성악연구회서〈배비장전〉가극화」, 『조선일보』, 1936.2.8, 6면.

「조선성악연구회서 다시 가극〈흥보전〉상인〈춘향전〉도 고처서 재싱연 준비」, 『조선일보』, 1936.10.28, 6면.

「조선성악연구회원 일동」, 『조선일보』, 1936.8.28, 6면.

「조선성악연구회의〈숙영낭자전〉」,『매일신보』, 1937.2.17, 4면.

「조선성악연구회의 세 번째 선물 구악계(舊樂界)에 또 희소식 가극〈심청전〉 공연」,『조선일
보』, 1936.12.9, 6면.

「조선성악연주(朝鮮聲樂演奏)」,『동아일보』, 1925.2.10, 2면.

「조선연극협회(朝鮮演劇協會) 공연」,『동아일보』, 1937.6.8, 8면.

「조선연극협회(朝鮮演劇協會) 지난 21일 창립(創立)」,『동아일보』, 1936.8.27, 3면.

「조선연극협회(朝鮮演劇協會) 창립 내(來) 9월에 공연 예정」,『조선중앙일보』, 1936.8.23, 2면.

「조선영화인 언파레드」,『동광』 23호, 1931.7.5, 59면.

「조선예술좌 동경에 창립」,『조선중앙일보』, 1935.6.3, 4면.

「조선예술좌[藝術座]의 일행을 송국(동경)」,『부산일보』, 1936.12.3, 3면.

「조선음악연총(朝鮮音硏定總)」,『동아일보』, 1934.5.14, 2면.

「조선흥행극계의 효장(驍將) 극단 아랑 내연(來演)」,『만선일보』, 1940.6.20, 3면.

「중앙무대 신춘 제2회공연으로〈청조(靑鳥)〉(5막 9장) 상연」,『매일신보』, 1938.1.22, 4면.

「중앙무대에서〈청조〉를 상연」,『동아일보』, 1938.1.21, 5면.

「중앙무대의 장기공연」,『동아일보』, 1938.6.20, 3면.

「지경순(池京順)과 4군자」,『조선일보』, 1939.8.6, 4면.

「지명연극인(知名演劇人)들이 결성 극단 '중앙무대(中央舞臺)'를 창립」,『동아일보』, 1937.6.5,
7면.

「찬영회(讚映會) 조직」,『동아일보』, 1927.12.9, 2면.

「창립 5주년을 맞이하는 극예술연구회의 신방침(新方針)」,『동아일보』, 1936.1.1, 31면.

「천재아 엄미화 양 열연」,『동아일보』, 1937.12.21, 1면.

「첫날 흥행하는 단장록, 제2막이니 김정자의 응접실에서 정준모의 노한 모양」,『매일신보』,
1914.4.23, 3면.

「청춘좌 공연,〈춘향전〉 딸을 팔아 딸을 사다니」,『조선중앙일보』, 1936.8.18, 4면.

「청춘좌 공연」,『조선중앙일보』, 1936.8.12, 4면.

「청춘좌 공연의〈춘향전〉 대성황」,『조선일보』, 1936.2.1, 6면.

「청춘좌 소연〈물레방아는 도는데〉의 무대면」,『동아일보』, 1937.7.17, 6면.

「청춘좌 소연〈외로운 사람들〉의 무대면」,『동아일보』, 1937.7.9, 7면.

「청춘좌 호화선 서조선 순연」,『조선일보』, 1939.10.4, 4면.

「청춘좌 호화선 합동공연으로 '신장의 동극' 16일 개관」,『조선일보』, 1939.9.17, 4면.

「청춘좌소연(靑春座所演)〈외로운 사람들〉무대면(동양극장에서)」,『동아일보』, 1937.7.9,

6면.

「청춘좌의 〈김옥균(金玉均)〉, 동극(東劇) 상연 중 제2막」, 『동아일보』, 1940.5.4, 5면.

「청춘좌의 귀경 공연 〈어머니의 힘〉 상연」, 『매일신보』, 1941.3.3, 9면.

「촉망되는 신극단 신흥극단(新興劇團) 출현」, 『동아일보』, 1930.10.23, 5면.

「최근 극영계의 동정 신추(新秋) 씨즌을 앞두고 다사다채(2)」, 『동아일보』, 1937.7.29, 7면.

「최근 극영계의 동정 연극영화합동시대출현의 전조」, 『동아일보』, 1937.8.3, 7면.

「최근 극영계의 동정(動靜) 신추(新秋) 씨즌을 앞두고 다사다채(多事多彩)」(2), 『동아일보』,
    1937.7.29, 6면.

「춘원의 〈유정(有情)〉」, 『동아일보』, 1939.12.12, 5면.

「춘풍에 자라가는 극단의 군성(群星)들」, 『매일신보』, 1925.4.14, 2면.

「칠면구락부(七面俱樂部) 제1회 공연 인천에서 흥행」, 『매일신보』, 1928.6.25, 3면.

「침묵 중의 음악계는 후진양성에 주력」, 『동아일보』, 1938.1.3, 10면.

「태양극장 제2회 공연 새로운 진용과 새로운 레파토리로」, 『매일신보』, 1932.6.26, 5면.

「태양극장의 일본순업(日本巡業)」, 『동아일보』, 1933.5.29, 4면.

「토월회 〈춘향전〉 재연」, 『동아일보』, 1925.10.1, 5면.

「토월회 2회 극」, 『조선일보』, 1923.9.10, 3면.

「토월회 공연극, 대성황 중에 환영을 받아」, 『매일신보』, 1929.9.20, 3면.

「토월회 여배우 이월화 극단 떠나 기생생활」, 『조선일보』, 1928.1.5, 5면.

「토월회 연극은 금 사일부터 개연」, 『동아일보』, 1923.7.4, 3면.

「토월회 제11회 공연 독특한 승무」, 『동아일보』, 1925.5.1, 2면.

「토월회 제11회 공연」, 『동아일보』, 1925.5.3, 3면.

「토월회 지방순회 1회 공연」, 『시대일보』, 1925.11.6, 3면.

「토월회 혁신」, 『동아일보』, 1925.3.31, 2면.

「토월회공연(土月會公演) 금 10일부터」, 『동아일보』, 1925.4.10, 2면.

「토월회는 조선극장에서 거(去) 십팔일부터 〈카쥬사〉를, 금일(今日)부터는 〈하이델베르히〉
    상연」, 『조선일보』, 1923.9.22, 3면.

「토월회에서 〈아리랑 고개〉 각색 상연」, 『중외일보』, 1929.11.22, 3면.

「토월회의 새연극 오늘밤부터 상연」, 『동아일보』, 1925.5.7, 2면.

「토월회의 연극 1막」, 『조선일보』, 1923.7.6, 3면.

「토월회의 출연할 〈기갈(飢渴)〉의 한 장면」, 『동아일보』, 1923.7.5, 3면.

「편시춘 작 〈대장깐의 하로〉」, 『동아일보』, 1931.6.9, 4면.

「풍문과 사실 겨우 제2회 공연 마춘 연극협회 해산설」, 『동아일보』, 1937.6.22, 6면.

「풍문과 사실」, 『동아일보』, 1937.6.22, 6면.

「학생예술좌의 초(初) 공연」, 『동아일보』, 1935.6.2, 3면.

「해설」, 이형식 역, 『무기와 인간』, 지만지, 2013, 106면.

「현대화된 〈춘향전〉」, 『동아일보』, 1925.9.16, 5면.

「현상 당선자 소개」, 『동아일보』, 1935.1.9, 3면.

「협전특선(協展特選) 〈교회당〉 정현웅」, 『동아일보』, 1930.10.28, 5면.

「혜숙(惠淑) 여사의 생애와 예술세계」, 『경향신문』, 1982.10.7, 12면.

「화보」, 『극예술』(창간호), 극예술연구회, 1934.4.

「황진이의 목욕하던 비취경(翡翠鏡) 가튼 기담」, 『조선일보』, 1938.8.17, 3면.

『경향신문』, 1949.11.13.

『동아일보』, 1930.11.27.

『동아일보』, 1930.11.30.

『동아일보』, 1932.1.27.

『동아일보』, 1940.4.24, 1면.

『동아일보』, 1950.9.20.

『만선일보』, 1940.6.20, 3면.

『매일신보』 1933.11.22, 8면.

『매일신보』, 1929.12.21, 2면.

『매일신보』, 1930.10.25.

『매일신보』, 1930.11.5.

『매일신보』, 1930.8.12, 1~2면.

『매일신보』, 1931.12.17.

『매일신보』, 1931.1.31, 4면.

『매일신보』, 1931.6.13, 7면.

『매일신보』, 1931.6.14, 1면.

『매일신보』, 1931.6.9, 7면.

『매일신보』, 1932.12.14, 3면.

『매일신보』, 1932.12.16, 2면.

『매일신보』, 1932.12.20, 8면.

『매일신보』, 1933.10.5, 2면.

『매일신보』, 1933.5.2, 8면.

『매일신보』, 1933.5.5, 8면.

『매일신보』, 1934.4.24.

『매일신보』, 1934.5.14.

『매일신보』, 1936.4.8, 6면.

『매일신보』, 1936.8.9, 2면.

『매일신보』, 1937.10.18, 4면.

『매일신보』, 1937.10.28, 2면.

『매일신보』, 1937.12.10, 2면.

『매일신보』, 1937.6.6, 8면.

『매일신보』, 1937.7.31, 3면.

『매일신보』, 1937.7.5, 4면.

『매일신보』, 1938.2.18, 2면.

『매일신보』, 1938.2.25, 2면.

『매일신보』, 1938.4.16, 2면.

『매일신보』, 1940.10.9, 2면.

『매일신보』, 1940.4.30, 3면.

『매일신보』, 1940.5.1, 6면.

『매일신보』, 1940.6.7, 4면.

『매일신보』, 1941.1.27, 3면.

『매일신보』, 1941.1.30, 6면.

『매일신보』, 1941.3.26, 4면.

『매일신보』, 1941.5.17, 4면.

『매일신보』, 1941.5.1, 4면.

『매일신보』, 1941.5.28, 6면.

『매일신보』, 1941.5.7, 6면.

『매일신보』, 1941.6.24, 4면.

『매일신보』, 1941.6.4, 6면.

『매일신보』, 1941.7.25, 4면.

『매일신보』, 1941.8.22, 2면.

『매일신보』, 1941.8.27.

『매일신보』, 1941.8.9, 4면.

『매일신보』, 1942.2.3.

『매일신보』, 1942.5.19, 4면.

『매일신보』, 1942.5.7, 4면.

『매일신보』, 1942.6.20, 4면.

『매일신보』, 1943.12.9, 1면.

『매일신보』, 1944.9.1, 2면.

『매일신보』, 1945.2.12, 2면.

『민주중보』, 1947.8.8.

『서울신문』, 1949.2.11.

『오호천명』, 영창서관, 1926; http://viewer.nl.go.kr:8080/main.wviewer

『오호천명』, 영창서관, 1926, 52～63면.

『조선일보』, 1929.12.21, 3면.

『조선일보』, 1930.11.12.

『조선일보』, 1930.8.12, 7면.

『조선일보』, 1931.1.31, 5면.

『조선일보』, 1931.2.14, 5면.

『조선일보』, 1937.7.25, 6면.

『조선일보』, 1938.6.22, 4면.

『조선일보』, 1939.10.20, 4면.

『조선일보』, 1939.10.21, 1면.

『조선일보』, 1939.9.26, 4면.

『조선일보』, 1939.9.27, 3면.

『조선일보』, 1940.4.28, 4면.

『조선일보』, 1940.4.2, 4면.

『조선일보』, 1940.5.1, 3면.

『조선일보』, 1940.5.5, 4면.

『조선일보』, 1940.6.6, 4면.

『조선일보』, 1940.6.7, 4면.

『중앙신문』, 1946.8.10.

『중앙일보』, 1931.12.18, 2면.

『중앙일보』, 1932.2.3.

『중앙일보』, 1946.7.25.

『한국민족문화대백과』 참조, http://terms.naver.com/

『한성일보』, 1946.7.25.

〈박홍보가〉, 김태준 역주, 『홍부전/변강쇠가』, 고려대 민족문화연구원, 1995, 131면.

〈심청전-완판본〉, 정하영 역주, 『심청전』, 고려대 민족문화연구원, 1995, 125~133면.

〈쌍옥루 금전재(禁轉載) 하편(下篇)(49)〉, 『매일신보』, 1913.2.4, 1면.

〈쌍옥루 전편(前篇) 제1회〉, 『매일신보』, 1912.7.17, 1면.

G. 루카치, 이영욱 역, 『역사소설론』, 거름, 1987. 136~139면.

SH生, 「토월회의 공연의 〈아리랑 고개〉를 보고」(1~2), 『동아일보』, 1929.11.26~27일, 5면.

고설봉 증언, 『증언 연극사』, 진양, 1990, 23~137면.

고승범, 「금강산 해금강의 풍경」.

고혜산, 「신흥극장의 첫 공연 〈모란등기〉 인상기-보고 듣고 생각나는 대로(1)」, 『매일신보』, 1930.11.13.

고혜산, 「실험무대 제1회 시연 〈검찰관〉을 보고(1~2)」, 『매일신보』, 1932.5.8~10일, 5면.

권   용, 「죠셉 스보보다(Josef Svoboda)와 그의 현대무대미술」, 『드라마논총』 20집, 한국드라마학회, 2003, 38~43면.

_____, 「현대 공연예술의 연출방법, 연기양식, 무대미술의 시각적 분석」, 『드라마논총』 23집, 한국드라마학회, 2004, 84~86면.

권현정, 「1945년 이후 프랑스 무대미술의 형태 미학」, 『한국프랑스학논집』, 한국프랑스학회, 2005, 215면.

_____, 「무대미술의 관례성」, 『프랑스어문교육』 15권, 한국프랑스어문교육학회, 2003, 307~315면.

_____, 「무대미술의 형태미학」, 『한국프랑스학논집』 53집, 한국프랑스학회, 2006, 366~367면.

그레고리 부인(Isabella Augusta Gregory), 최정우 역, 〈옥문〉(상), 『조선일보』, 1933.2.8, 3면.

_____, 〈옥문〉(상~하), 『조선일보』, 1933.2.8~13일, 3면.

극예술연구회동인 합평, 「중외극장 제1회 공연을 보고」, 『조선일보』, 1931.12.20, 5면.

기획사업팀, 「원우전 무대미술자료 수집 계획서」, 예술자료원, 2013.10, 2면.

김경미, 「이광수 기행문의 인식 구조와 민족 담론의 양상」, 『한민족어문학』 62호, 2012. 한민족어문학회, 302~305면.

김광섭, 「룬돈(倫敦) 초연 당시에는 6개월 계속 상연 희곡 〈무기와 인간〉에 대하여」(3), 『동아일보』, 1933.6.25, 4면.

김기진, 「〈심야의 태양〉(1~112)」, 『동아일보』, 1934.5.3~9.19, 5~7면.

_____, 「〈심야의 태양〉을 끝내면서」, 『동아일보』, 1934.9.19, 7면.

김기형, 「신문기사 여성국극 공연연보(1948~1969)」, 『여성국극 60년사』, 문화체육관광부, 2009, 219~237면.

김기형, 『여성국극 60년사』, 문화체육관광부, 2009, 41~92면.

김남석, 「낭만좌 공연에 나타난 대중극적 성향 연구-공연 대본 〈승무도(僧舞圖)〉를 중심으로」, 『한국예술연구』 19호, 한국예술연구소, 2018, 140면.

_____, 「동양극장 발굴 자료로 살펴본 장치가 원우전의 무대미술 연구」, 『동서인문』 5호, 경북대 인문학술원, 2016, 135~149면.

_____, 「사주 교체 직후 동양극장 레퍼토리 연구」, 『영남학』(통합 60호), 경북대 영남문화연구원, 2017, 307~338면.

_____, 「유치진과 함세덕의 상동성 연구」, 『문학비평』 11집, 한국문학비평가협회, 2006, 67~87면.

_____, 「〈개화당이문〉의 시나리오 형성 방식과 영화사적 위상에 대한 재고」, 『국학연구』 31집, 한국국학진흥원, 2016, 699면.

_____, 「〈뇌우〉 공연의 변모 과정에 대한 연구」, 『한국연극학』 22호, 한국연극학회, 2004, 118~120면.

_____, 「〈바람 부는 시절〉에 반영된 서울의 형상과 그 의미에 관한 연구-서울과 농촌의 대립 구도를 바탕으로」, 『서울학연구』 79호, 서울시립대 서울학연구소, 2020, 6~11면.

_____, 「〈집 없는 천사(家なき天使)〉와 1930~40년대 조선의 현실-실화의 리얼리티를 통해 본 친일(성)의 재조명」, 『한국극예술연구』 56집, 한국극예술학회, 2017.6.30, 40~43면.

_____, 「〈호상의 비극(湖上의 悲劇)〉의 공연 상황과 무대디자인의 효과에 관한 연구」, 『한국전통문화연구』 25호, 전통문화연구소, 2020, 188~203면.

_____, 「1920년대 극단 토월회의 연기에 대한 가설적 탐구」, 『한국연극학』 53호, 한국연극학회, 2014, 19~22면.

_____, 「1930년대 공연 대본에 나타난 여성의 몸과 수난 모티프 연구」, 『인문사회과학연구』 14권 2호, 부경대 인문사회과학연구소, 2013, 51~74면.

_____, 「1930년대 공연 대본에 나타난 여성의 몸과 수난 모티프 연구」, 『조선의 대중극단과

공연미학』, 푸른사상, 2013, 137~140면.

_____, 「1930년대 극단 '인생극장'과 '중간극'의 의미」, 『한국연극학』 49호, 한국연극학회, 2013, 109~112면.

_____, 「1930년대 대중극단 '태양극장'의 공연사 연구」, 『현대문학이론연구』 51집, 현대문학이론학회, 2012, 88~107면.

_____, 「1930년대 대중극단 레퍼토리의 형식 미학적 특질」, 『조선의 대중극단과 공연미학』, 푸른사상, 2013, 55~68면.

_____, 「경성촬영소의 역사적 전개와 제작 작품들」, 『조선의 영화제작사들』, 한국문화사, 2015, 23~65면.

_____, 「극단 고협 후기 공연사 연구」, 『어문연구』 39권 1호, 한국어문교육연구회, 2011, 259~262면.

_____, 「극단 낭만좌 공연의 대중 지향성 연구」, 『한국극예술연구』 44집, 한국극예술학회, 2014, 39면.

_____, 「극단 아랑의 극단 체제 개편 과정 연구」, 『영남학』 11권, 경북대 영남문화연구원, 2007, 298~300면.

_____, 「극단 아랑의 운영 방식 연구 : 1939년 9월부터 1941년 9월까지」, 『민족문화연구』 46호, 민족문화연구원, 2007, 69~102면.

_____, 「극단 아랑의 운영 방식 연구」, 『민족문화연구』 46호, 고려대 민족문화연구원, 2007, 77~85면.

_____, 「극단 아랑의 운영 방식 연구」, 『조선의 대중극단들』, 푸른사상, 2010, 465~466면.

_____, 「극예술연구회 〈자매〉 공연의 무대디자인과 '단면(斷面)'의 공연 미학적 의미」, 『국학연구』 41집, 한국국학진흥원, 2020, 443~492면.

_____, 「극예술연구회 공연 체제의 변화와 제10회 정기공연 형식에 대한 일 고찰 — 제10회 정기공연에 이르는 도정에서 발현된 연극 콘텐츠의 형식 교류와 공연 체제 확산을 중심으로」, 『민족문화연구』, 고려대 민족문화연구원, 2020.

_____, 「극예술연구회 제4회 공연작 〈무기와 인간〉의 무대장치와 그 의미에 대한 연구」, 『민족문화연구』 83호, 고려대 민족문화연구원, 2019, 546~564면.

_____, 「극예술연구회의 창단 공연작 〈검찰관〉에 관한 연구 — 실험무대 출범 정황과 창립 공연 무대디자인을 중심으로」, 『공연문화연구』 39집, 공연문화학회, 2019, 167~196면.

_____, 「동양극장 〈춘향전〉 무대미술에 나타난 관습적 재활용과 독창적 면모에 대한 양면적 고찰」, 『현대문학이론연구』, 현대문학이론학회, 2016, 33~45면.

_____, 「동양극장 발굴 자료로 살펴본 장치가 원우전의 무대미술 연구」, 『동서인문』 5호, 경북대 인문학술원, 2016, 126~160면.

_____, 「동양극장 청춘좌에 승계된 토월회의 영향(력)에 관한 연구」, 『국학연구』 34집, 한국국학진흥원, 2017, 331~334면.

_____, 「동양극장 호화선의 무대미술에 관한 연구」, 『한국학연구』, 고려대 한국학연구소, 2017, 61~94면.

_____, 「동양극장의 극단 운영 체제와 공연 제작 방식」, 『조선의 대중극단과 공연미학』, 푸른사상, 2014, 287~291면.

_____, 「무대 사진을 통해 본 〈명기 황진이〉 공연 상황과 무대 장치에 관한 진의(眞義)」, 『한국전통문화연구』 18호, 전통문화연구소, 2016, 7~62면.

_____, 「발굴된 무대 사진으로 살펴본 동양극장 무대미술에 대한 일 고찰」, 『우리어문연구』, 우리어문학회, 2017, 9~27면.

_____, 「배구자악극단의 레퍼토리와 공연 방식에 대한 연구」, 『한국연극학』 56호, 한국연극학회, 2015, 12면.

_____, 「배우 서일성 연구」, 『현대문학의 연구』 27호, 한국문학연구학회, 2005, 169~171면.

_____, 「사주 교체 직후 동양극장 레퍼토리 연구」, 『영남학』 통합60호, 경북대 영남문화연구원, 2017, 307~338면.

_____, 「새롭게 발굴된 원우전 무대 스케치의 역사적 맥락과 무대미술의 특징에 관한 연구」, 『한국연극학』, 한국연극학회, 2015, 334면.

_____, 「새롭게 발굴된 원우전 무대 스케치의 역사적 맥락과 무대미술의 특징에 관한 연구」, 『한국연극학』 56호, 한국연극학회, 2015.8.30, 329~364면.

_____, 「소리없이 참여하는 연극」, 『예술원 50년사(1954~2004)』, 대한민국예술원, 2004, 653~657면.

_____, 「신무대 연구」, 『우리어문연구』, 우리어문학회, 2006, 72면.

_____, 「어촌 소재 희곡의 상동성 연구」, 『오태석 연극의 미학적 지평』, 연극과인간, 2003, 205~210면.

_____, 「여배우 이월화 연구」, 『조선의 여배우들』, 국학자료원, 2006, 39~40면.

_____, 「연극시장 연구」, 『한국문학이론과 비평』 31집, 한국문학이론과비평학회, 2006, 194면.

_____, 「울산의 지역극장 '울산극장'의 역사와 문화적 의의 연구」, 『울산학연구』 10호, 울산학연구센터, 2015, 7~84면.

_____, 「이기세의 유일단 연구」, 『한어문교육』 29집, 한국언어문학교육학회, 2013, 456~457면.

_____, 「재정 변동으로 살펴본 극예술연구회의 운영 정황과 대응 과정으로 도출된 '관중 본위'의 신방침」, 『한국예술연구』, 한국예술연구소, 2020, 245~250면 참조

_____, 「제2회 극예술연구회 공연 현황과 〈옥문〉의 위치」, 『한국연극학』 72호, 2019.11.30, 21~25면 참조

_____, 「조선성악연구회 〈춘향전〉의 공연 양상」, 『민족문화논총』 59집, 영남대 민족문화연구소, 2015, 230~232면.

_____, 「조선성악연구회와 창극화의 도정」, 『인문과학논총』 72권 2호, 서울대 인문학연구원, 2015, 358~363면.

_____, 「조선연극사의 공연사 연구」, 『민족문화연구』 44호, 고려대 민족문화연구원, 2006, 129~134면.

_____, 「조선예술좌 〈토성낭〉 공연의 무대디자인」, 『건지인문학』 22집, 전북대 인문학연구소, 2018, 37~59면.

_____, 「최초의 무대미술가 원우전」, 『인천학연구』 7호, 인천대 인천학연구원, 2007, 211~240면.

_____, 「최초의 무대미술가 원우전」, 『인천학연구』 7호, 인천대 인천학연구원, 2007, 223~225면.

_____, 「표절의 사회학」, 『빈터로의 소환 - 지역에서 생각하다』, 지식과교양, 2018, 297~301면.

_____, 『배우의 정석』, 연극과인간, 2015.

_____, 『빛의 향연』, 연극과인간, 2017, 184~187면.

_____, 『조선 대중극의 용광로 동양극장(1~2)』, 서강대 출판부, 2018.

_____, 『조선의 대중극단과 공연미학』, 푸른사상, 2013, 19~41면.

_____, 『조선의 대중극단들』, 푸른사상, 2010, 452~465면.

_____, 『조선의 여배우들』, 국학자료원, 2006, 43~44면.

_____, 『조선의 지역 극장』, 연극과인간, 2018, 143~144면.

_____, 『탈경계인문학(Trans-Humanities)』 13권 1호, 이화여자대 인문과학원, 2020, 130면.

김동원, 『미수의 커튼콜』, 태학사, 2003, 167~168면.

김미도, 「임선규, 그 극적인 삶과 연극세계」, 『한국희곡작가연구』, 태학사, 1997, 190면.

김병길, 「'황진이' 설화의 역사소설화와 그 계보」, 『동방학지』 147권, 연세대 국학연구원, 2009,

492면.

김병철, 「한국여성국극사 연구」, 동국대 석사논문, 1997, 30~31면.

_____, 『추억의 여성국극 53년사』, 한국여성국극예술협회, 1999, 81면.

김석만, 「극적 행동의 이해와 분석방법 연구」, 『한국극예술연구』 5집, 한국극예술학회, 1995, 329~330면.

_____, 『인간의 마음을 사로잡는 연기의 세계』, 연극과인간, 2001, 146면.

김석배 편저, 『금강산 설악산 200경』, 삼보북, 2001, 13면.

김수남, 「활극배우로서 나운규의 민족정신과 영화 속 연인들의 상징에 대한 고찰」, 『영화연구』 30집, 한국영화학회, 2006, 40~44면.

김숙경, 「근대극 전환기 신파극과 신극의 관련 양상 연구」, 『한국연극학』 28호, 한국연극학회, 2006, 149~150면.

김순주, 「식민지시대 도시생활의 한 양식으로서 대극장-1930년대 경성부민관을 중심으로」, 『서울학연구』 56집, 서울시립대 서울학연구소, 2014, 11~25면.

김양수, 「개항장과 공연예술」, 『인천학연구』 1호, 인천학연구원, 2002, 175면.

김연수, 「1930년의 조선연극계」, 『매일신보』, 1931.1, 1~2면.

김영수, 「연극의 각성」, 『인문평론』, 1941.1, 31~33면.

김영주, 「〈배비장전〉의 풍자구조와 그 의미망」, 『판소리연구』 25집, 판소리학회, 2008, 130~131면.

김용길, 「동경학생예술좌 제 일회 공연을 끗내고 그 한사람으로 시의 후감(後感)」(하), 『조선중앙일보』, 1935.6.11, 4면.

김용범, 「『문화주택』을 통해 본 한국 주거 근대화의 사상적 배경에 대한 연구」, 한양대 박사논문, 2009, 3~4면.

김용준, 「을해예원총력산 화단 일 년의 동정(動靜)(하)」, 『동아일보』, 1935.12.28, 3면.

김우종, 「조선신극 운동의 동향」, 『동아일보』, 1937.11.14, 4면.

김우철, 「한국 근대 무대미술의 고찰」, 성균관대 석사논문, 2003, 51면.

김유미, 「1950년대 여성국극에 나타난 대중 역사극의 변화」, 『어문논집』 57집, 민족어문학회, 2008, 267면.

_____, 「신파극 혹은 멜로드라마의 지속성 연구-관객의 입장에서 본 〈장한몽〉과 〈사랑에 속고 돈에 울고〉」, 『한국연극학』 28호, 한국연극학회, 2006, 163~188면.

김을한·김팔봉·이서구 대담, 「극단 토월회 이야기」, 『세대』, 1971.5, 227~231면.

김일영, 「장치자로서의 말」, 『극예술』 4호, 1936.5, 13~14면.

김일영, 『연극과 영화의 이해』, 중문, 2000, 126면.

김재석, 「1900년대 창극의 생성에 대한 연구」, 『한국연극학』 38집, 한국연극학회, 2009, 12~22면.

_____, 「1920년대 〈인형의 집〉 번역에 대한 연구」, 『한국극예술연구』 36집, 한국극예술학회, 2012, 13~14면.

_____, 「극예술연구회 제2기의 번역극 공연에 대한 연구」, 『한국극예술연구』 46집, 한국극예술학회, 2014, 60면.

_____, 「유치진의 손 오케이시 수용에 대한 연구」, 『어문학』, 한국어문학회, 2014, 266~274면.

_____, 「토월회의 창립 공연 연구」, 『한국극예술연구』 43집, 한국극예술학회, 2014, 68~69면.

_____, 「조선연극사(朝鮮演劇史) 삼국이전(三國以前)으로부터 현대(現代)까지」(36), 『동아일보』, 1931.7.4, 4면.

김정환 작, 정현웅 화, 〈항진기〉, 『조선일보』, 1937.2.9, 4면.

김종철, 「실전 판소리의 종합적 연구」, 『판소리 연구』 3집, 판소리학회, 1992, 104면.

김종태, 「제8회 미전평(美展評)(5)」, 『동아일보』, 1929.9.7, 3면.

김종호, 「황진이 소재 서사의 궤적과 이태준의 〈황진이〉」, 『우리문학연구』 42집, 우리문학회, 2014, 191~206면.

김주경, 「제11회 조미전 인상기(朝美展印象記)(4)」, 『동아일보』, 1932.6.7, 5면.

김주야·石田潤一郎, 「1920~1930년대에 개발된 金華莊주택지의 형성과 근대주택에 관한 연구」, 『서울학연구』 32집, 서울시립대 서울학연구소, 2008, 153~160면.

김중효, 「「새롭게 발굴된 원우전 무대 스케치의 기원과 무대 미학에 관한 연구」에 관한 질의문」, 『한국의 1세대 무대미술가 연구 I』, 한국연극학회·한국문화예술위원회 예술자료원 공동 춘계학술대회, 2015, 61면.

김지혜, 「1950년대 여성국극의 공연과 수용의 성별 정치학」, 『한국극예술연구』 30집, 한국극예술학회, 2009, 257면.

_____, 「1950년대 여성국극의 단체 활동과 쇠퇴 과정에 대한 연구」, 『한국여성학』 27권 2호, 한국여성학회, 2011, 15면.

_____, 조영숙과의 인터뷰, 2009.1.30.

김진나, 「입센의 무대 이미지 읽기」, 『한국연극학』 30호, 한국연극학회, 2006, 39~41면.

김태준, 「〈흥부전〉 해제」, 김태준 역주, 『흥부전/변강쇠가』, 고려대 민족문화연구원, 1995, 10~11면.

김팔봉, 「나의 '토월회' 시대」, 『신천지』 60호, 1954.2, 165면.

김현철, 「축지소극장(築地小劇場)의 체험과 홍해성 연극론의 상관성 연구」, 『한국극예술연구』, 한국극예술학회, 2007, 97~98면.

김희정, 「여성 국극(女性國劇)과 다카라즈카 가극(寶塚歌劇)의 남장(男裝) 의상에 관한 연구」, 『복식문화연구』 15권 3호, 복식문화학회, 2007, 144면.

나운규, 「〈개화당〉」, 『삼천리』 4권 7호, 1932.7, 52~54면.

_____, 「〈개화당〉의 영화화」, 『삼천리』 3권 11호, 1931.11, 53면.

나 웅, 「극연 제6회 공연 〈인형의 집〉을 보고(3)」, 『동아일보』, 1934.5.1, 3면.

_____, 「실험무대(實驗臺舞) 제1회 시연(試演) 초일을 보고(2)」, 『동아일보』, 1932.5.11, 5면.

_____, 「실험무대(實驗臺舞) 제1회 시연(試演) 초일을 보고(3)」, 『동아일보』, 1932.5.13, 5면.

남궁운, 「혁신 중앙무대의 〈부활〉 상연을 보고」(하), 『동아일보』, 1937.11.21, 5면.

남 림, 「아랑소연 〈김옥균〉을 보고」, 『조선일보』, 1940.6.9, 4면.

_____, 「역사물과 각색 – 충분한 고증 있기를」, 『조선일보』, 1940.6.7, 4면.

남 석, 『조선 대중극의용광로 동양극장』(1), 서강대 출판부, 2018, 395~404면.

노승희, 『해방 전 한국 연극 연출의 발전 양상 연구』, 동국대 박사논문, 2004, 22~49면.

노재명, 「〈정정렬 도창 창극 춘향전〉 빅타판 유성기 음반 복원 공연의 의미」, 『〈판에 박은 소리 춘향〉 공연 팸플릿』, 국립민속국악원, 2013.6, 5~6면.

_____, 「최초로 확인된 판소리 명창 정정렬 장고 반주 1932년 음반 해제」, 『한국음반학』 23권, 한국고음반연구회, 2013.

류경호, 「창극 공연의 연출 특성과 발전적 대안」, 『판소리연구』 27권, 판소리학회, 2009, 64~65면.

박관수, 「〈춘향가〉의 〈농부가〉 수용 양상」, 『한국민요학』 2집, 한국민요학회, 1994, 132~133면.

박노홍, 「식민치하와 해방 언저리의 발자취」, 『한국연극』, 1978.7, 73면.

_____, 〈마의태자〉, 김의경·유인경 편, 『박노홍 전집 3』, 연극과인간, 2008, 221~291면.

박동진, 「판소리 배비장타령 서문」, 『SKCD-K-0256』, 김종철, 「실전 판소리의 종합적 연구」, 『판소리 연구』 3집, 판소리학회, 1992, 120~121면.

박봉례, 「판소리 〈춘향가〉 연구 : 정정렬 판을 중심으로」, 단국대 석사논문, 1979, 14면.

박승희, 「신극운동 7년」, 『조선일보』, 1929.11.5.

_____, 「토월회 이야기」(1~2), 『사상계』 120호, 1963년 5~6월.

박영정, 「유치진의 〈토막〉과 함세덕의 〈산허구리〉 비교 연구」, 『대학원학술논문집』, 건국대 대학원, 1995, 11~24면.

박용구, 「풍류유명인야화(風流名人夜話)(66)」, 『동아일보』, 1959.8.2, 4면.

박용철, 「실험무대 제2회 시연 초일을 보고(1~4)」, 『동아일보』, 1932.6.30~7월 5일, 4~5면.

박우수, 「코러스의 극적 기능 : 〈헨리 5세〉의 경우-」, 『Shakespeare Review』(1), 한국셰익스피어 학회, 2009, 61~62면.

박일용, 「〈유충렬전〉의 문체적 특징」, 『한글』, 한글학회, 1994, 101~118면.

_____, 「판소리계 소설 〈춘향전〉의 사실적 성격」, 『조선시대의 애정소설』, 집문당, 1993, 239면.

박정애, 「일제의 공창제 시행과 사창 관리 연구」, 숙명여대 박사논문, 2009, 100~109면.

박종화, 〈삼절부〉, 『한국작가출세작품전집(1)』, 을유문화사, 1976, 24~35면.

_____, 〈삼절부〉, 『한국작가출세작품전집(1)』, 을유문화사, 1976, 29~31면.

_____, 〈황진이의 역천〉, 『월탄박종화문학전집(11권)』, 삼경출판사, 1980, 294~311쪽.

박  진, 『세세연년』, 세손, 1991.

박  황, 『창극사 연구』, 백록출판사, 1975, 86~258면.

반재식 · 김은신, 『여성국극왕자 임춘앵 전기』, 백중당, 2002.

배연형, 「정정렬 론」, 『판소리연구』 17권, 판소리학회, 2004, 155면.

_____, 「정정렬 론」, 『판소리연구』 17권, 판소리학회, 2004, 219~210면.

백두산, 「우전(雨田) 원세하(元世夏), 조선적 무대미술의 여정-원우전 무대미술 연구 시론」, 『한국연극학』 56호, 한국연극학회, 2015, 365~405면.

백현미, 「1930년대 기생-가정극 연구 : 〈사랑에 속고 돈에 울고〉와 〈어머니의 힘〉을 중심으 로」, 『대중서사연구』 21권 1호, 대중서사학회, 2015, 227~257면.

_____, 「송만갑과 창극」, 『판소리연구』 13집, 판소리학회, 2002, 232~240면.

_____, 「어트렉션의 몽타주와 모더니티」, 『한국극예술연구』, 한국극예술학회, 2010, 86면.

_____, 『한국 창극사 연구』, 태학사, 1997, 217면.

버나드 쇼, 이형식 역, 『무기와 인간』, 지만지, 2013, 33~68면.

복혜숙, 「나의 교유록 원로 여류가 엮는 회고77 신극좌(新劇座) 시절」, 『동아일보』, 1981.4.24, 11면.

산목생, 「〈내가 사랑하는 사람들〉」, 『동아일보』, 1937.6.3, 5면.

새뮤엘 셀던, 김진석 역, 『무대예술론』, 현대미학사, 1993, 166면.

서연호, 「연출가 홍해성론」, 서연호 · 이상우 편, 『홍해성 연극론 전집』, 영남대 출판부, 1998, 340면.

서연호, 『식민지 시대의 친일극 연구』, 태학사, 1997, 71~74면.

_____, 『한국연극사(근대편)』, 연극과인간, 2003, 79~122면.

_____, 『한국현대회곡사연구』, 고려대 민족문화연구원, 1982.

서일성, 「뾰족집으로 간 엄미화」, 『삼천리』 13권 3호, 1941.3, 202~203면.

서항석(인돌), 「태양극장 제 8회 공연을 보고(하)」, 『동아일보』, 1932.3.11, 4면.

_____, 「〈검찰관〉에서 〈풍년기〉까지 − 녯날의 극예술연구회 7년 간 자최」, 『삼천리』 10권 11
호, 1938.11, 193~194면.

_____, 「검찰관〉에서 〈풍년기〉까지」, 『삼천리』 10권 11호, 1938.11, 195면.

_____, 「극연경리의 이면사」, 『극예술』 5호, 1936.9.29, 29면.

_____, 「나와 국립극장(2)」, 『극장예술』, 1979년 6월호, 25면.

_____, 「나의 이력서」, 『서항석 전집』 5권, 하산출판사, 1987, 1779~1782면.

_____, 「신연극이십년의 소장(消長)」, 『동아일보』, 1940.5.14, 3면.

_____, 「우리 신극운동의 회고」, 『삼천리』 13권 3호, 1941.3, 171면.

_____, 「중간극(中間劇)의 정체」, 『동아일보』, 1937.6.29, 7면.

성현경, 「〈유충렬전〉 검토」, 『고전문학연구』 2집, 한국고전문학회, 1974, 35~64면.

손경석, 『북한의 명산』, 서문당, 1999, 29~264면.

송관우, 「무대미술의 활성화에 대한 일고」, 『미술세계』(35), 미술세계, 1987, 64면.

송명진, 「이식된 '광기'와 소설적 형상화 : 1910년대 소설을 중심으로」, 『대중서사연구』 22권
4호, 대중서사학회, 2016, 95~97면.

송인화, 「이태준의 〈청춘무성〉 고」, 『여성문학연구』 9권, 한국여성문학회, 2003, 157면.

스테판 샤프, 이용관 역, 『영화구조의 미학』, 영화언어, 1991, 125~126면.

신수경・최리선, 『시대와 예술의 경계인 정현웅』, 돌베개, 1912, 23~95면.

심   훈, 「극예술연구회 제5회 공연 참관기(3)」, 『조선중앙일보』, 1933.12.5, 3면.

_____, 「극예술연구회 제5회 공연 참관기(완)」, 『조선중앙일보』, 1933.12.7, 3면.

안석영, 「신극 의기 높을 때」, 『동아일보』, 1939.4.7, 5면.

안성호, 「일제 강점기 주택개량운동에 나타난 문화주택의 의미」, 『한국주거학회지』 12권 4호,
한국주거학회, 2001, 186~190.

안용순, 「극예술연구회 제4회 공연을 보고(하)」, 『동아일보』, 1933.7.4, 4면.

안종화, 『신극사 이야기』, 진문사, 1955, 3~107면.

_____, 『한국영화측면비사』, 춘추각, 1962, 37면.

양승국, 「1910년대 한국 신파극의 레퍼터리 연구」, 『한국극예술연구』 8집, 한국극예술학회,
1998, 9~69면.

_____, 「1930년대 농민극의 딸 팔기 모티프의 구조와 의미」, 『한국 근대극의 존재형식과 사유 구조』, 연극과인간, 2009, 159면.

엄국천, 「배우 황철 연구」, 중앙대 석사논문, 1999, 27면.

원우전, 「원우전 무대미술 자료(54점)」, 예술자료원 소장(열람), 2015.

우미영, 「'황진이' 담론의 형성 방식과 여성의 재현」, 『한국문학이론과 비평』, 한국문학이론과 비평학회, 2005, 168~174면.

유민영, 「'토월회' 연극을 풍성케 했던 신무용 개척자 조택원(趙澤元)」, 『연극평론』 58호, 한국 연극평론가협회, 2005년 5월호, 208~224면.

_____, 「근대 창극의 대부 이동백」, 『한국인물연극사(1)』, 태학사, 2006, 52~54면.

_____, 「무대미술의 사적 고찰」, 『미술세계』 74, 미술세계, 1990, 135~136면.

_____, 『우리시대 연극운동사』, 단국대 출판부, 1989, 83~85면.

_____, 『한국근대연극사신론』(상), 태학사, 2011, 237~273면.

_____, 『한국근대연극사신론』(하), 태학사, 2011, 144~517면.

_____, 『한국현대희곡사』, 홍성사, 1982.

유영대, 「20세기 창작판소리의 존재 양상과 의미」, 『한국민속학』 39권, 한국민속학회, 2004, 196~197면.

유인경, 「여성국극 공연 목록(1948~1959)」, 김의경 · 유인경 편, 『박노홍 전집 3』, 연극과인간, 2008, 525~534면.

유치진, 「〈소〉(3막)」(1~12), 『동아일보』, 1935.1.30~2월 13일, 3면.

_____, 「〈소〉(3막)」(15), 『동아일보』, 1935.2.16, 3면.

_____, 「各 劇團 上演 名作戱曲」, 『삼천리』 7권 2호, 1935.2, 231~232면.

_____, 「극단과 희곡계」(상), 『동아일보』, 1937.12.24, 4면.

_____, 「노동자 출신의 극작가 숀 오케이시」(20), 『조선일보』, 1932.12.22, 4면.

_____, 「동경 문단 극단 견문초(見聞抄)」(6), 『동아일보』, 1935.5.18, 3면.

_____, 「신극 수립의 전망(1)」, 『동아일보』, 1934.1.6, 4면.

_____, 「자서전」, 『동랑 유치진 전집』 9권, 서울예술대 출판부, 1993, 107~111면.

_____, 「지난 1년간의 조선 연극계 총결산-특히 희곡을 중심으로」, 『동랑 유치진 전집』 8권, 서울예술대 출판부, 1993, 171~172면.

_____, 『동랑자서전』, 서문당, 1975, 199면.

_____, 〈버드나무 선 동리의 풍경〉(1~14), 『조선중앙일보』, 1933.11.1~15일, 3~9면.

_____, 〈자매〉, 『조광』(9~11), 1936년 7~9월.

_____, 〈토막〉, 『문예월간』, 1931.12, 34면.

_____, 〈토막〉, 서연호 편, 『한국 희곡 전집』(3), 태학사, 1996.

윤갑용, 「토월회의 〈아리랑 고개〉를 중심 삼고(중)」, 『동아일보』, 1929.11.30, 5면.

윤백남, 「연극과 사회」(8), 『동아일보』, 1920.5.13, 4면.

윤분희, 「'황진이 이야기'의 의미 생성과 변모」, 『우리말글』 34집, 우리말글학회, 2005, 158~
159면.

윤채근, 「『전등신화(剪燈新話)』의 악귀(惡鬼)와 초월(超越)의 윤리-〈모란등기(牡丹燈記)〉를
중심으로」, 『일본학연구』, 단국대 일본연구소, 2017, 64~65면.

윤현철, 「삼원법과 탈원근법을 통한 증강현실의 미학적 특성」, 『디자인지식저널』 32권, 한국
디자인지식학회, 2014, 47~48면.

이경아, 「경성 동부 문화주택지 개발의 성격과 의미」, 『서울학연구』 37집, 서울시립대 서울학
연구소, 2009, 47~49면.

이경아・전봉희, 「1920~30년대 경성부의 문화주택지개발에 대한 연구」, 『대한건축학회논
문집-계획계』 22권 3호, 대한건축학회, 2006, 197~198면.

_____, 「1920년대 일본의 문화주택에 대한 고찰」, 『대한건축학회 논문집-계획계』
21권 8호, 대한건축학회, 2005, 97~105면.

이규희 작, 황토수 화, 〈외로운 사람들〉(1), 『동아일보』, 1938.3.15, 3면.

이기세, 「신파극의 회고(상) 경도서 도라와 유일단을 조직」, 『매일신보』, 1937.7.2, 8면.

이두현, 『한국 신극사 연구』, 민속원, 2013(개정판), 316~325면.

_____, 『한국신극사연구』, 민속원, 2013, 88~103면.

_____, 『한국신극사연구』, 서울대 출판부, 1966.

이만희, 「그리스 코러스 기능의 전복: 솔로르사노의 〈신의 손〉을 중심으로」, 『이베로아메리
카연구』 20(1), 서울대 라틴아메리카연구소, 2009, 23~24면.

이무영 작, 정현웅 화, 〈똘똘이〉(1), 『동아일보』, 1936.2.9, 5면.

_____, 〈먼동이 틀 때〉(45), 『동아일보』, 1935.9.20, 13면.

이문성, 「방각본 〈춘향전〉의 〈농부가〉와 민요 〈상사소리〉의 상관성」, 『한국민요학』 9집, 한
국민요학회, 2001, 162면.

이상우, 「극예술연구회에 대한 연구-번역극 레퍼터리에 대한 고찰을 중심으로」, 『한국극예
술연구』 7집, 한국극예술학회, 1997, 97~100면.

이서구, 「한국 연극 운동의 태아기 야사」, 『신사조』, 1964.1.

_____, 『〈아들의 심판〉』, 청춘극장 대본, 18면~39면.

_____, 〈폐허에 우는 충혼〉,『신민』, 신민사, 1931.7, 127~129면.

이성미.『대기원근법』, 대원사, 2012, 38~80면.

이승희, 「멜로드라마의 이율배반적 운명 - 〈사랑에 속고 돈에 울고〉와 〈어머니의 힘〉을 중심
    으로」,『민족문학사연구』 20집, 민족문학사연구소, 2004. 208~234면.

_____, 「한국 사실주의 희곡에 나타난 성의 정치학」,『한국극예술연구』, 한국극예술학회,
    2003, 165~187면.

이영미, 「화류비련담과 며느리 수난담의 조합 : 〈사랑에 속고 돈에 울고〉의 서사구조」,『한국
    극예술연구』 27집, 한국극예술학회, 2008, 95~122면.

이영석, 「신파극 무대장치의 장소 재현 방식」,『한국극예술연』 35집, 한국극예술학회, 2012,
    26~27면.

_____, 「신파극 무대장치의 장소 재현 방식」,『한국극예술연구』 35집, 한국극예술학회, 2012,
    24~33면.

이영수, 「20세기 초 이왕가 관련 금강산도 연구」,『미술사학연구』 271/272호, 한국미술사학회,
    2011, 207~209면.

이운곡, 「중앙무대 공연평」,『동아일보』, 1937.7.9, 6면.

이원경, 「무대미술」,『문예총감(개화기~1975)』, 한국문화진흥원, 1976, 417면.

_____, 「장치가 강성범(姜聖範) 그의 급서(急逝)를 애도하며」,『경향신문』, 1961.5.25, 4면.

이원희, 『전북연극사 100년』, 전라북도연극협회, 2008, 36면.

이정숙, 「유치진의 희곡 〈소〉에 미친 일본 희곡 〈말〉의 영향」,『한국극예술연구』 32집, 한국극
    예술학회, 2010, 141~142면.

이정하, 「나운규의 〈아리랑〉(1926)의 재구성 : 〈아리랑〉의 활극적 효과 혹은 효과의 생산」,
    『영화연구』, 한국영화학회, 2005, 265~290면.

이해랑, 「예술에 살다(54)」,『일간스포츠』, 1978.7.19.

_____, 「함세덕」,『또 하나의 커튼 뒤의 인생』, 보림사, 1985, 147면.

이헌구, 「극연 1년간의 업적과 보고(4) 창립 1주견 기념을 제(際)하야」,『동아일보』, 1932.7.12,
    5면.

이희환, 「인천 근대연극사 연구」,『인천학연구』 5호, 인천학연구원, 2006, 12~13면.

인터뷰, 「판소리 명창 정광수」,『판소리연구』 2권, 판소리학회, 1991.

임금복, 「새로 쓴 〈황진이〉 연구」,『돈암어문학』 17집, 돈암어문학회, 2004, 268~269면.

_____, 「새로 쓴 〈황진이〉 연구」,『돈암어문학』 17집, 돈암어문학회, 2004, 271~272면.

임선규 원작, 예술자료원 제공, 「〈바람 부는 시절〉 공연 대본」.

_____, 함세덕 정리, 〈동학당(여명)〉, 이재명 외 편, 『해방전(1940~1945) 공연희곡집 3』, 평민사, 2004, 10면~58면.

임성래, 「완판 영웅소설의 판소리 문체 수용 양상」, 『판소리연구』 12집, 판소리학회, 2001, 7~31면.

자클린 나카시, 박혜숙 역, 『영화배우』, 동문선, 2007, 156~163면.

장기제, 「역자로서의 일언(一言)(기일)」, 『동아일보』, 1932.6.24, 5면.

장시광, 「황진이 관련 자료」, 『동방학』 3집, 한서대 동양고전연구소, 1997, 308~400면.

장재니 외, 「회화적 랜더링에서의 대기원근법의 표현에 관한 연구」, 『한국멀티미디어학회논문지』, 13권 10호, 한국멀티미디어학회, 2010, 1474~1486면.

전성희, 「한국여성국극연구」, 『드라마 연구』, 한국드라마학회, 2008, 143~148면.

전일검, 「동경 학생예좌(學生藝座)의 제1회 공연을 보고서(중)」, 『동아일보』, 1935.6.12, 3면.

전한(田漢), 김광주 역, 〈호상의 비극〉, 『조선문단』, 1935.8, 73면.

정노식, 『조선창극사』, 조선일보출판사, 1940, 186면.

정현웅, 「편집후기」, 『조광』, 1941.5.

조규익, 「금강산 기행가사의 존재 양상과 의미」, 『한국시가연구』 12집, 한국시가학회, 2002, 245~246면.

조중환 번안, 〈쌍옥루〉(전편(前篇) 1회~하편(下篇) 49회), 『매일신보』, 1912.7.17~1913.2.4, 1면.

_____, 박진영 편, 『쌍옥루』, 현실문화, 2007, 158~390면.

조풍연, 「화우교류기」, 『월간미술』, 1985년 가을(호), 신수경·최리선, 『시대와 예술의 경계인 정현웅』, 돌베개, 1912, 64면.

죠셉 보그스, 이용관 역, 『영화보기와 영화읽기』, 제3문학사, 1991, 144~147면.

주수전, 「대만 초기 공공미술 연구」, 『미술이론과 현장』 8권, 한국미술이론학회, 2009, 164면.

천마상인, 「조선미전단평(朝鮮美展短評)(7)」, 『동아일보』, 1933.6.8, 4면.

초병정, 「대난전중(大亂戰中)의 동아일보조선일보(東亞日報對朝鮮日報) 신문전(新聞戰)」, 『삼천리』 5권 10호, 1933.10, 32~33면.

최상철, 『무대미술 감상법』, 대원사, 2006, 119~121면.

카이제르, 서항석 역, 「〈우정(友情)(원명 유아나)〉 1막(1~8)」, 『동아일보』, 1933.2.1~2월 14일, 4~6면.

켄 던시거·제프 러시, 안병규 역, 『얼터너티브 시나리오』, 커뮤니케이션북스, 2006, 287~289면.

土屋積, 「大講堂の基本的調查」, 『朝鮮と建築』(15-3), 1936.3.

팔극(유지영), 〈인간모욕〉, 『동광』 38호, 1932, 92면.

한국문화예술진흥원 간, 『연기』, 예니, 1990, 46~143면.

한국영화데이터베이스, http://www.kmdb.or.kr/vod/

한노단, 「신극과 상업극-국립극장 재출발에 제(際)하여」, 『서울신문』, 1953.3.22.

한상언·정태수, 「1920년대 초반 조선영화의 형식적 특징」, 『한국콘텐츠학회논문지』 13권 12호, 한국콘텐츠학회, 2013, 123~125면.

한용운, 〈천하명기 황진이〉, 『별건곤』, 1929.1, 43면.

한적선, 「동경학생예술좌 제1회 공연을 앞두고(상)」, 『동아일보』, 1935.5.19, 3면.

_____, 「동경학생예술좌 제1회 공연을 앞두고(하)」, 『동아일보』, 1935.5.21, 3면.

한태천, 「〈토성낭〉(1막)(1)」, 『동아일보』, 1935.1.11, 3면.

_____, 「〈토성낭〉(1막)(6)」, 『동아일보』, 1935.1.18, 3면.

_____, 「〈토성낭〉(1막)(7)」, 『동아일보』, 1935.1.19, 3면.

_____, 「〈토성낭〉(1막)(완)」, 『동아일보』, 1935.1.23, 3면.

함대훈, 「국민연극에의 전향-극계 일년의 동태(6)」, 『매일신보』, 1941.12.13, 4면.

함세덕, 〈동어의 끝〉, 『조광』, 조선일보사 출판부, 1940, 152~162면.

_____, 〈무의도기행〉, 『인문평론』, 1941.3, 70~71면.

_____, 〈산허구리〉, 『조선문학』, 1936.9, 100면.

헨릭 입센, 양백화 역, 『노라』, 영창서관, 1922.

_____, 양백화·박계강 역, 〈인형의 가〉, 『매일신보』, 1921.1.25~3월 14일, 1면.

_____, 이상수 역, 『인형의 가』, 한성도서, 1922.

_____, 『인형의 가』, 한성도서, 1929(재간본). 7~103면.

현철, 「조선 극계도 이미 25년」, 『조광』, 1935.12.

호혜여인, 「토월회의 공연 〈아리랑 고개〉를 보고」, 『중외일보』, 1929.11.26.

홍종인, 「고전 가곡의 재출발 창극 〈춘향전〉 평(2~3)」, 『조선일보』, 1936.10.4~8일, 6면.

홍해성, 「연출자로서 본 '고-골리'와 〈검찰관〉(적(績))」, 『동아일보』, 1932.5.3, 5면.

_____, 「연출자로서 본 '고-골리'와 〈검찰관〉(1)」, 『동아일보』, 1932.4.28, 4면.

_____, 「연출자로서 본 '고-골리'와 〈검찰관〉(2)」, 『동아일보』, 1932.4.30, 4면.

_____, 「연출자로서 본 '고-골리'와 〈검찰관〉(3)」, 『동이일보』, 1932.5.2, 4면.

_____, 「조선민족과 신극운동(1)」, 『동아일보』, 1929.10.20, 5면.

# 원고 출전

「소리없이 참여하는 연극」, 『예술원 50년사(1954~2004)』, 대한민국예술원, 2004, 653~
657면.

「극단 아랑의 운영 방식 연구」, 『민족문화연구』 46호, 고려대 민족문화연구원, 2007, 69~
102면.

「최초의 무대미술가 원우전」, 『인천학연구』 7호, 인천대 인천학연구원, 2007, 211~240면.
1920년대 극단 토월회의 연기에 대한 가설적 탐구」, 『한국연극학』, 한국연극학회,
2014, 5~30면.

「조선성악연구회 〈춘향전〉의 공연 양상-1936년 9월 〈춘향전〉을 중심으로」, 『민족문화논
총』 59집, 영남대 민족문화연구소, 2015, 213~240면.

「조선성악연구회와 창극화의 도정-1934년 4월부터 1936년 9월 〈춘향전〉 공연 직전까지의
활동상을 중심으로」, 『인문논총』 72권 2호, 서울대 인문학연구원, 2015, 343~374면.

「조선성악연구회의 창극 〈흥보전〉과 〈심청전〉에 관한 일 고찰-1936년 11월~12월의 '형식
적 실험'과 '양식 정립 모색'을 중심으로」, 『국학연구』, 한국국학진흥원, 2015, 257~
311면.

「새롭게 발굴된 원우전 무대 스케치의 역사적 맥락과 무대미술의 특징에 관한 연구」, 『한국연
극학』 56호, 한국연극학회, 2015, 329~364면.

「조선성악연구회의 창극 대본 산출 방식과 대본 작가의 활동 양상-1937~1938년 김용승의
공연 활동을 중심으로」, 『한국전통문화연구』 16호, 전통문화연구소, 2015, 1~41면.

「조선성악연구회의 〈옥루몽〉 창극화 도정과 창극사적 의의 연구」, 『국학연구』 30집, 한국국
학진흥원, 2016, 363~401면.

「동양극장 발굴 자료로 살펴본 장치가 원우전의 무대미술 연구」, 『동서인문』 5호, 경북대 인문
학술원, 2016, 123~160면.

「동양극장 〈춘향전〉 무대미술에 나타난 관습적 재활용과 독창적 면모에 대한 양면적 고찰」,
『현대문학이론연구』 66집, 현대문학이론학회, 2016, 33~56면.

「무대 사진을 통해 본 〈명기 황진이〉 공연 상황과 무대 장치에 관한 진의(眞義)」, 『한국전통문
화연구』 18호, 전통문화연구소, 2016, 7~62면.

「발굴된 무대 사진으로 살펴본 동양극장 무대미술에 대한 일 고찰」, 『우리어문연구』, 우리어문

학회, 2017, 7~36면.

「동양극장 호화선의 무대미술에 관한 연구」, 『한국학연구』 62집, 고려대 한국학연구소, 2017, 61~94면.

「1930년대 〈숙영낭자전〉의 창극화 도정 연구-1937년 2월 조선성악연구회의 공연 사례를 중심으로」, 『열상고전연구』 59집, 열상고전연구회, 2017, 193~231면.

「동양극장 청춘좌에 승계된 토월회의 영향(력)에 관한 연구」, 『국학연구』, 한국국학진흥원, 2017, 303~368면.

「동양극장과 〈김옥균전〉의 위치-1940년 〈김옥균(전)〉을 통해 본 청춘좌의 부상 전략과 대내외 정황을 중심으로」, 『현대문학이론연구』 71집, 현대문학이론학회, 2017, 39~64면.

「조선예술좌 〈토성낭〉 공연의 무대 디자인」, 『건지인문학』, 전북대 인문학연구소, 2018, 37~59면.

「동경 조선 유학생의 〈소〉 공연 현황과 무대에 관한 연구」, 『열린정신 인문학연구』 20집 1호, 원광대 인문학연구소, 2019, 211~236면.

「1910년대 〈쌍옥루〉 공연에 나타난 바다와 물의 무대 디자인과 그 의의에 관한 연구」, 『고전과 해석』 27집, 고전문학한문학연구학회, 2019, 29~61면.

「극예술연구회 제4회 공연작 〈무기와 인간〉의 무대 장치와 그 의미에 대한 연구-조선 신극인이 바라 본 전쟁의 형상과 동아시아(인)의 '공존' 질서에 관한 무대미술적 함의를 바탕으로」, 『민족문화연구』 83호, 고려대 민족문화연구원, 2019, 539~580면.

「극예술연구회의 창단 공연작 〈검찰관〉에 관한 연구-실험무대 출범 정황과 창립 공연 무대 디자인을 중심으로」, 『공연문화연구』, 공연문화학회, 2019, 167~196면.

「제2회 극예술연구회 공연 현황과 〈옥문〉의 위치」, 『한국연극학』 72호, 2019, 5~30면.

「동양극장 공연작 〈아들의 심판〉의 무대 디자인과 기생 소재 레퍼토리에 관한 연구」, 『근대서지』 20호, 2019년 하반기, 근대서지학회, 2019, 938~968면.

「극예술연구회 〈자매〉 공연의 무대 디자인과 '단면(斷面)'의 공연 미학적 의미」, 『국학연구』 41집, 한국국학진흥원, 2020, 443~492면.

「〈바람 부는 시절〉에 반영된 서울의 형상과 그 의미에 관한 연구-서울과 농촌의 대립 구도를 바탕으로」, 『서울학연구』 79호, 서울시립대 서울학연구소, 2020, 1~40면.

「발굴 대본으로 재구한 〈바람 부는 시설〉의 장작 배경과 그 의의에 관한 연구」, 『열린정신 인문학연구』 21집 1호, 원광대 인문학연구소, 2020, 55~78면.

「〈호상의 비극(湖上的悲劇)〉의 공연 상황과 무대 디자인의 효과에 관한 연구」, 『한국전통문화연구』, 전통문화연구소, 2020, 157~203면.

「연극〈아리랑 고개〉의 창작 과정에 수용된 영화〈아리랑〉의 영향 관계 연구」, 『철학·사상·
  문화』, 동국대 동서사상연구소, 2020, 1~23면.

「공연작〈제사〉를 통해 본 극예술연구회 창작극의 역할에 관한 연구」, 『인문논총』 52집, 경남
  대 인문과학연구소, 2020, 5~28면.

「극예술연구회〈어머니〉와 여성 연극의 양상」, 『공연문화연구』, 공연문화학회, 2020, 39~
  67면.

『조선 대중극의 용광로 동양극장』 1·2, 서강대 출판부, 2018.

『현대 희곡의 생성과 맥락』, 연극과인간, 2019.

# 찾아보기

## 용어